세도나 메서드

마음의 평화와 감정의 자유, 영원한 행복과 성공으로 가는 길

세도나
메서드

The Sedona Method

헤일 도스킨 지음 | 편기욱 옮김

알에이치코리아

이 책에
쏟아진 찬사 。

『세도나 메서드』에서 헤일 도스킨은 우리에게 실제적이고 지혜로운 공식을 제공한다. 감정과 정신 작용으로부터 우리를 자유롭게 하여 존재 자체에 대한 기쁨과 즐거움을 경험할 수 있게 해준다.
존 그레이 박사, 『화성에서 온 남자, 금성에서 온 여자』 저자

『세도나 메서드』는 감정적 자유와 행복으로 가는 가장 강력한 최선의 방법이다!
마크 빅터 한센, 『영혼을 위한 닭고기 수프』 저자

『세도나 메서드』는 자신이 희생자라는 생각을 없애주는 아주 효과적인 도구이다. 헤일 도스킨은 우리가 갖고 있는 힘을 낭비하지 않고, 자신의 내면을 통찰하고, 스스로 각자의 삶을 경험하며 책임질 수 있도록 격려한다. 그것은 강력하다!
수잔 제퍼스 박사, 『도전하라 한번도 실패하지 않은 것처럼』 저자

『세도나 메서드』는 당신 삶에 긍정적인 변화를 가져다주는 아주 독특한 프로그램이다. 이 간단한 릴리징 프로그램을 통해 당신은 자신의 풍요로움과 기쁨을 앗아가는 내재된 감정들을 놓아줌으로써 두려움과 걱정이 슬그머니 자취를 감추게 될 것이다. 이 책의 과정을 따라가다보면 당신의 삶은 깜짝 놀랄 만큼 빠르게 변화될 것이다.
쉐럴 리처드슨, 『네 자신의 편에 서라』 저자

『세도나 메서드』는 당신에게 내적인 균형과 감정적 자유를 찾게 해줄 엄청나게 강력한 도구이다. 이 책에 소개된 테크닉들은 마음속으로 스트레스와 저항을 느낄 때 그것을 재빨리 이완과 허용의 상태로 바꿀 수 있게 해준다. 나는 이 책을 강력히 추천한다.
데비 포드, 『행복 선택의 기술』 저자

헤일 도스킨은 보물과도 같은 실례를 보여줌으로써 궁극의 치유 시스템을 소개하는 데 성공했다. 『세도나 메서드』에는 우리 삶을 좀 더 높은 단계로 이끌어주는 소중한 깨달음이 많이 담겨 있다. 이 책에서 제시한 원칙들을 수행하면 당신의 진면목을 찾게 될 것이다. 이 책은 깨달음에 대한 아주 드물고 귀한 안내자이다.
알렌 코헨, 『내 것이 아니면 모두 버려라』 저자

뛰어나게 단순하고 단순하게 뛰어난 『세도나 메서드』는 코치, 치료 전문가, 관리자 그리고 누구든 깊고 점진적인 변화를 얻고 싶어 하는 사람들에게 거대한 보고寶庫와도 같다.
　　　　　　　　　　　　　　　게이 핸드릭스 박사, 『다섯 가지 소원』 저자

헤일 도스킨은 우리 자신이 만든 한계로부터 우리의 마음을 자유롭게 해주는 붓다의 가르침을 세도나 메서드만의 방식으로 이해하기 쉽게 설명한다.
　　　　　　　　　　　　　　　라마 수리야 다스, 『어제의 나를 놓아보낸다』 저자

우리 자신을 탐험하는 것보다 더 중요한 순례는 없다. 『세도나 메서드』는 자신의 한계를 깨고 도약해 새로운 시작을 할 수 있도록 도와주는 아주 유용한 도구이다. 지혜롭고 단순한 작업을 통해 당신이 항상 꿈꿔왔던 삶을 살 수 있는 방법을 알려줄 것이다.
　　　　　　　　　　　　　바바라 디 엔젤리스 박사, 『내가 꿈꾸는 작은 행복』 저자

이것은 즉각적이고 지속적인 성장과 개인적·사업적 한계를 극복하는 강력하고 심오한 방법이다. 믿을 수 없을 정도로 효과적이다!
　　　　　　　　　　　　　　　브라이언 트레이시, 『백만불짜리 습관』 저자

헤일 도스킨은 부정적 감정이 만들어내는 증상을 치유하는 것을 뛰어넘어 감정으로부터 완전한 자유에 이르는 길을 보여준다. 가장 짧은 시간에 삶을 근본적으로 바꾸고 싶다면 오늘부터 '세도나 메서드'를 시작하라.
　　　　　　　　　　　　　　　예후다 베르그, 『신의 72가지 이름』 저자

당신의 목표와 꿈을 이루게 하는 책. 삶을 더 부유하게, 더 의미 있고 더 즐겁게 살 수 있도록 해주는 책. 『세도나 메서드』는 죽도록 일하지 않고 모든 것을 얻을 수 있는 방법이다!
　　　　　　　　　　　　　로버트 크리겔, 『죽도록 일하지 않고 성공하는 법』 저자

『세도나 메서드』는 아주 쉽게 감정적 긴장에서 벗어날 수 있도록 실제적인 방법을 안내한다. 이것은 내가 의학적으로 마음의 안정과 활력, 건강 유지를 위해 추천하는 중요한 과정 중 하나이다. 모든 건강 치유 프로그램에 접목할 수 있는 아주 유용한 책이다.
　　　　　　　　　　　　　프랭크 리프먼, 『Total Renewal(완전한 회복)』 저자

추천의 글 。

잭 캔필드,
『영혼을 위한 닭고기 수프』 저자

저는 20여 년간 고객과 친구들로부터 세도나 메서드에 대한 놀라운 이야기를 들어왔습니다. 그러다 마침내 최근에 제 아내와 열두 살 난 아들과 함께 세도나 메서드 과정에 참여하게 되었습니다. 그 과정을 통해 저는 세도나 메서드의 단순함과 제 삶에 미친 강력한 영향력에 놀랐습니다. 『영혼을 위한 닭고기 수프』 작업과 '자존감Self Esteem' 세미나를 통해 저는 여러 가지 자기계발 테크닉 등을 경험했습니다. 그러나 세도나 메서드는 다른 어떤 기법보다 훨씬 더 쉽고, 영향력이 엄청날 뿐만 아니라 결과도 빨리 나타납니다. 세도나 메서드는 분노, 좌절, 시기, 불안, 스트레스, 공포 등의 감정과 육체적 고통을 포함해 거의 모든 사람이 한 번쯤은 겪는 여러 문제를 엄청나게 빠른 속도로 '흘려보낼' 수 있도록 도와줍니다.

세도나 메서드 과정을 통해 얻은 멋진 선물 중 하나는 바로 헤일 도스킨과 친구가 되었다는 것입니다. 그는 아주 차분하고, 정결하고, 기쁨으로 가득 찬 사람이며 세도나 메서드가 이뤄낸 경이로움의 산 증인입니다. 저는 우리의 우정을 정말 기쁘게 생각합니다. 세도나 메서드

세미나 동안 저는 헤일 도스킨의 뛰어난 교수법에 경외심을 가졌고, 성과를 하나둘씩 경험하면서 친척과 친구와 동료들에게도 세도나 메서드 세미나를 추천했습니다. 그리고 '영혼을 위한 닭고기 수프사Chicken Soup for the Soul Enterprises'의 전 직원에게 헤일 도스킨의 세도나 메서드 관련 오디오 프로그램을 듣도록 했습니다.

이 책을 읽는 것은 세도나 메서드의 기본 코스와 여러 고급 코스를 함께 배우는 것과 같다고 볼 수 있습니다. 실용적인 기술과 실화로 가득 찬 이 책에서 헤일 도스킨은 '흘려보내기', 즉 '릴리징releasing' 과정을 익히고 세도나 메서드를 실생활에서 매 순간 지속적으로 활용하기 위해 알아야 할 모든 것을 명확하고 친절하게 설명합니다. 그것을 통해 우리는 삶에서 좀 더 충만하고 조화로운 관계를 맺고, 재정적으로 안정되고, 직업에서 만족감을 높이고, 나쁜 습관을 버리고, 몸무게를 줄이고, 건강을 누릴 수 있습니다. 헤일 도스킨은 여러분이 이미 갖고 있는 것들과 어떻게 편안해질 수 있는지 보여줌과 동시에 삶에서 원하는 것을 구현할 세도나 메서드의 강력한 비밀을 소개합니다. 세도나 메서드는 또한 일상의 모든 경험 속에서 여러분에게 더 큰 편안함과 즐거움, 마음의 평화를 가져다줄 것입니다. 그래서 저는 여러분이 모쪼록 열린 마음과 가슴으로 『세도나 메서드』를 읽을 것을 강력하게 권합니다. 세도나 메서드가 제시하는 메시지의 명료함과 그 힘을 받아들여 삶이 주는 모든 경이로움에 자기 자신을 열어보시기 바랍니다. 세도나 메서드는 오늘날의 세상에서 약속한 것 이상을 주는 몇 안 되는 것들 중 하나입니다. 이 책 속에 담긴 헤일 도스킨의 메시지에 귀를 기울이기 바랍니다. 그러면 여러분의 삶에 변화가 찾아올 것입니다.

세도나 메서드란
무엇인가?

여러분의 가슴은 따뜻한 상태로 열려 있고, 척추에는 기분 좋은 짜릿짜릿함이 느껴지고, 온몸은 공중에 떠 있는 것 같습니다. 방을 둘러보니 마치 자기 주변을 처음으로 진실되게 경험하는 것처럼 색깔은 더 밝아지고 소리는 더 명확해진 것 같습니다. 마음에서는 깊은 고요함이 느껴지고, 의식 속에서는 지금 여러분의 삶을 어떻게 발전시키고 행복하게 살 수 있는지에 대한 새롭고 경이로운 수많은 가능성이 떠다닙니다. 모든 것이 좋고 순리대로 펼쳐진다는 것을 알고 있는 여러분은 여유와 편안함을 느낍니다.

여러분의 눈에 눈물이 살짝 맺힙니다. 바로 이런 간단한 과정을 통해 자신의 감정에 이토록 심도 있고 즉각적인 변화를 가져올 수 있다는 사실이 믿기지 않기 때문입니다. 삶에서 어떤 일이 일어나든 내면의 힘과 편안함 그리고 자신감이라는 새로운 감정으로 그 어떤 것과도 마주할 수 있다는 것을 알기에 자신의 미래에 흥분을 느낍니다.

무엇보다 여러분은 이것이 단지 시작일 뿐이라는 것을 알고 있습니다.

세도나트레이닝협회Sedona Training Associates에서 오랫동안 세미나와 오디오 프로그램을 통해 전파된 이 단순하지만 강력한 기술을 사용하며 살아가는 수만 명의 다른 사람들처럼 여러분도 쉽게 이런 경험을 할 수 있습니다. 이제 이 책에서 그 기술을 배울 것입니다.

진정한 행복에 마음을 열 준비가 되었나요? 기꺼이 자신의 삶에서 원하는 모든 것을 이루겠습니까? 마음으로 항상 추구했던 것을 찾을 준비가 되었나요? 만약 이 세 가지 질문에 모두 "예."라고 대답했다면 세도나 메서드가 여러분 내면에 있는 끝없는 행복의 원천을 이용하는 방법과 무모할 것만 같은 여러분의 꿈과 최고의 잠재력을 성취하는 방법 그리고 영적 탐구자가 아닌 영적 '발견자'가 되는 실질적인 방법을 보여줄 것입니다.

우리는 급속도로 변화하지만 모든 것이 긍정적이지는 않은 세상 속에서 살고 있습니다. 우리 대부분은 자기 외부에서는 아무리 노력해도 찾을 수 없는 확실성과 안전성 그리고 견고함을 갈망하고 있습니다. 그러나 이런 것들은 이미 우리 내면에 존재하고 있습니다. 다만 드러나기만을 기다리고 있을 뿐입니다. 이것은 마치 우리 내면에 물 공급이 끊긴 '소원을 비는 우물wishing well'이나 활력과 기쁨의 분수를 갖고 있는 것과 마찬가지입니다. 그리고 비밀스럽게도 우리 모두는 그것을 다시 연결할 도구를 갖고 있습니다.

호기심이 생기나요? 그렇길 바랍니다. 저는 이 약속을 이룰 수 있는 간단한 과정을 여러분과 함께 나누고 싶습니다. 그것이 바로 세도나 메서드입니다. 이 기술은 이미 수천수만 명의 사람들에게 자신의 본래 능력을 이용해 불편하고 원치 않는 감정을 그 자리에서 흘려보내는 데 도움을 주었습니다. 막연한 감정이 우리가 선택한 삶을 창조하고 유지하는 데 방해물로 작용하고 있습니다. 우리의 결정권이 그 감정들에게 넘어간 것입니다. 심지어 감정이 우리에게 어떤 인간이 될지 알려줄 거라고 기대합니다. 이것은 언어 사용에서도 명확히 나타납니다. 누군가에게 "나는 화났어." 또는 "나는 슬퍼."라고 말한 적이 있나요? 이렇게 말할 때마다 우리는 미처 깨닫지 못하는 사이 주변과 자기 스스로에게 나는 곧 '화anger'이고 '슬픔grief'이라고 말하는 것과 다름없습니다. 다른 사람과 자신에게 마치 내가 감정 그 자체인 양 말하는 것입니다.

하지만 감정은 감정일 뿐 나 자신이 아닙니다. 게다가 우리는 쉽게 그 감정을 흘려보낼 수 있습니다. 그 감정을 흘려보냄으로써 우리는 자유로워지고, 실제 현실이 무엇인지 깨닫게 됩니다. 그리고 그 상황에 따라 어떻게 행동할지 판단합니다. 삶을 다루는 이런 능력을 통해 우리는 더욱 강하고 명확한 선택을 할 수 있습니다. 자신의 목표와 열망에 맞서는 대신 스스로를 돕는 방향으로 행동하게 됩니다. 그동안 저는 세도나 메서드의 '감정 흘려보내기' 과정을 통해 수많은 사람이 더 많은 돈을 갖고, 더 나은 관계를 맺고, 더 건강하고, 더 흡족할 뿐만 아니라 주변 환경과 상관없이 행복하고, 평화롭고, 집중력이 성장하는 것을 보아왔습니다.

환상적이지 않나요?

모든 것은 1976년, 제 멘토이자 세도나 메서드 창조의 영감을 준 레스터 레븐슨을 만난 때로 돌아갑니다. 당시 저는 비록 혼란스럽긴 했지만 호기심이 많은 탓에 동서양을 막론하고 여러 스승에게서 많은 가르침을 받던 탐구자였습니다. 요가와 태극권, 지압 요법을 포함해 다양한 신체 중심의 수련을 했습니다. 그리고 여러 개인 성장 프로그램에도 적극 참가했습니다. 이런 세미나를 통해 많은 경험을 했고, 유용한 개념들을 습득했고, 적어도 머리로는 그것들을 이해했습니다. 그러나 완전함을 느낄 수는 없었습니다.

"내 삶의 목적은 무엇인가?" "진리란 무엇인가?" "나는 누구인가?" "어떻게 해야 내 삶에서 편안함과 평화를 느낄 수 있는가?" 저는 중요하지만 성가신 이런 질문에 단순하고도 강력한 답을 원했습니다. 하지만 제가 듣고 경험한 것들은 오직 궁금증만 더해줄 뿐이었습니다. 어느 누구도 진실로 만족스러운 해답을 갖고 있거나 자신의 진정한 본성에 만족하는 것 같아 보이지 않았습니다. 거기에는 성장이란 자신의 영혼을 벗겨내고 해결되지 않는 고통스러운 문제를 다시금 체험하는 아주 힘든 작업이라는 강력하고도 보편적인 믿음이 있었습니다. 그러나 운좋게도 이 놀라운 사람과 만남으로써 모든 것이 바뀌었습니다.

레스터 레븐슨과의 만남

제가 레스터 레븐슨을 만난 것은 한 세미나에서였습니다. 그날 여러 사람과 함께 점심을 먹었는데, 레스터의 존재감이 워낙 독특해서 바로 제 눈에 띄었습니다. 완전한 평화와 정적인 마음이라고나 할까, 아무튼 굉장히 편안한 모습이었습니다. 처음 보는 저를 포함해 모르는 사람들과 이야기할 때도 마치 오래 알고 지낸 친구처럼 편안하고 꾸밈이 없었습니다. 제가 찾던 답을 이미 알고 있는 게 틀림없었습니다. 그에 대해 좀 더 알아보고 싶다는 생각이 들었습니다.

무슨 수행을 했는지 묻자 레스터는 대답 대신 그다음 주말에 열리는 세미나에 저를 초대하며 이렇게 말했습니다. "많은 사람이 탁자 주변에 둥글게 앉아 흘려보낼 것입니다." 저는 '흘려보낸다releasing'는 것이 무엇을 의미하는지 몰랐습니다. 하지만 그것이 레스터가 저에게 생생하게 보여준 그 모습으로 저를 이끌어준다면 주저할 필요가 없었습니다. 저는 무조건 믿었고, 그 자리에서 바로 등록을 했습니다.

그 주말에 저는 정확히 여러분이 지금 있는 그 자리에 있었습니다. 저는 약간의 두려움을 느끼며 여행을 떠날 준비를 했습니다. 정확히 어떤 여행을 하게 될지 몰랐습니다. 한편으론 이미 많은 세미나에 참석해봤기 때문에 어느 정도 의심도 갖고 있었습니다. "또 다른 실망을 하게 되는 건 아닐까?" 이런 생각을 하기도 했으니까요. 그러나 막상 세미나가 시작되자 저를 비롯한 참가자 모두는 놀랍도록 편안하고 빠른 속도로 오랫동안 지녀온 믿음과 한계를 벗어버렸습니다. 자신이 살아온 삶에 대해 설명할 필요도 없었습니다.

거의 하룻밤 만에 제가 찾던 것을 드디어 발견했다는 사실을 깨달았습니다. 내면 깊은 곳에서 제가 이 흘려보내기 과정을 체험하고 그 기술을 세상 사람과 나누기 위해 태어났다는 것을 알았고, 지금까지 그 믿음에 흔들림이 없습니다. 지난 26년 동안 저는 수천 명의 사람이 이 우아하리만큼 간단하고 강력한 기술을 배워 자기 삶을 빠르고 부드럽게 더 좋은 방향으로 변화시키는 것을 보아왔습니다.

세도나 메서드의 시작

레스터와 가깝게 지내면서 그에 대한 저의 첫 인상이 옳았다는 사실을 알았습니다. 그는 삶의 가장 큰 도전들에 통달한 사람이었습니다.

1952년, 42세의 레스터는 물리학자이자 성공한 기업인으로서 세계적으로 성공한 사람 중 한 명이었습니다. 하지만 그는 불행했고, 건강 또한 무척 안 좋았습니다. 우울증, 간비대증, 비장 기능 장애, 위산 과다증 그리고 궤양으로 인한 위 천공 등 건강에 문제가 많았습니다. 두 번째 관상 동맥 질환에 걸렸을 때는 건강이 너무 나빠져 의사도 포기할 정도였습니다.

하지만 레스터는 도전을 좋아하는 사람이었습니다. 그래서 포기하는 대신 자기 내면의 연구실로 들어가 답을 찾기로 결심했습니다. 특유의 결단력과 집중력을 갖춘 그는 자신의 의식에 길을 내고 자신이 필요로 하던 것을 찾을 수 있었습니다. 그가 찾은 것은 개인의 성장을 위한 궁극적인 방법이었습니다. 바로 내면의 모든 한계를 흘려보내는 것입니다. 자신의 발견에 너무 흥분해 3개월 동안 그 방법을 집중적으로 활용했습니다. 머지않아 그는 완전히 건강을 되찾았습니다. 뿐만 아니라 1994년 1월 18일, 84세로 세상을 떠나는 그날까지 깊은 평화의 상태를 유지했습니다.

레스터가 직접적인 체험을 통해 발견한 것은 '우리 모두는 무한한 존재'라는 것입니다. 우리가 마음속으로 붙잡고 있는 한계라는 개념에 의해서만 제약을 받을 뿐입니다. 이 한계라는 개념은 진실이 아닙니다. 나아가 정말 진실이 아닌 까닭에 쉽게 흘려보내거나 '떠나보낼discharge' 수 있습니다. 레스터는 이 기술을 다른 사람에게도 가르쳐줄 수 있다는 것을 깨달았습니다. 그래서 소규모 그룹이나 개인적으로 작업을 하기 시작했습니다.

레스터는 한 개인의 성장은 교사 같은 그 어떤 외부적인 것에 달려 있지 않다고 확신했습니다. 그래서 자신 스스로 그 누구의 구루(영적 스승)도 되길 원치 않았습니다. 그럼에도 불구하고 수많은 학생이 그를 구루로 받들며 존경했습니다. 그래서 1973년, 레스터는 자신의 가르침을 체계화해 그 자신이 아니더라도 누구나 똑같이 가르칠 수 있도록 해야 한다고 생각했습니다. 개인의 성장을 위한 레스터의 강력한 기법을 혼자서도 할 수 있는 시스템으로 바꾼 것입니다. 그것이 바로 지금 세도나 메서드라 불리는 이 책의 내용입니다.

흘려보내기가 나의 삶에 준 영향

처음부터 레스터와 저의 관계는 정말 좋은 친구였습니다. 저는 레스터와 그의 가르침에 끌려 곧바로 그가 진행하는 세 가지 과정에 모두 참여했습니다. 11월에 기본 코스Basic Course, 1월에는 고급 코스Advanced Course, 2월에는 교사 트레이닝Instructors Training을 들었습니다. 그렇게 제가 할 수 있는 모든 것을 배웠습니다. 그리고 레스터와 함께 세상에 그의 가르침을 나누기 시작했습니다.

레스터와 함께 일하며 저는 큰 감동을 받았습니다. 우리는 종종 카페에 앉아 있곤 했는데, 그는 죽기 직전까지 그렇게 커피 한 잔을 앞에 두고 앉아 끊임없이 이야기하는 것을 좋아했습니다. 이따금 이렇게 말하기도 했습니다. "서류 가방 있는 곳이 내 사무실이고, 맛있는 커피 한 잔을 마실 수 있는 곳이 내 사무실이기도 하네." 우리의 이야기가 항상 재미있었던 것은 아닙니다. 저는 항상 진리에 대해 토론하는 것이 중요하다고 생각했는데, 레스터는 가능하면 언제나 일상적인 주제에 대해 대화하려 했기 때문입니다. 그래도 우리는 언제나 함께했습니다. 굳이 진리에 대해 이야기하지 않아도 진리에 대한 저의 이해와 직접적인 경험은 깊어졌습니다.

저는 세도나 메서드의 매력에 빠져 어퍼웨스트사이드에 있는 제 아파트 거실에서 사람들이 세도나 메서드를 할 수 있게 도와줄 그룹을 만들었습니다. 그러나 얼마 지나지 않아 레스터와 이제 막 알려지기 시작한 그의 조직에 큰 도움이 되려면 스스로 성숙하고 성장해야 한다는 사실을 깨달았습니다. 그래서 흘려보내기, 즉 릴리징이 제 일상에 영향을 미치는 여러 가지 방법을 탐구함과 동시에 직원 대신 봉사자이자 적극적인 참가자로서 도움을 주기로 결심했습니다.

얼마 후, 저는 보석 판매업을 시작했습니다. 다행히 이 사업의 성공으로 삶과 흘려보내기 탐구에 집중할 수 있었습니다. 사업과 개인적인 생활에 세도나 메서드를 활용하면서 전보다 한층 큰 확신을 갖게 되었고, 누구든지 도울 수 있는 기술을 찾게 되었습니다. 1970년대 후반, 레스터가 애리조나로 거처를 옮긴 뒤에는 수업 때 말고는 가끔 연락만 했지만 그는 여전히 저에게 큰 영향을 주었습니다.

그리고 1981년 다시 교사 트레이닝에 초대받아 피닉스로 날아갔습니다. 이 세미나로 인해 우리의 관계는 새로운 전기를 맞게 되었습니다. 그리고 레스터와 함께 전 세계에 세도나 메서드를 전파하고 싶다는 욕구가 생겨났습니다. 저는 뉴욕에서 세도나 메서드 과정을 수료한 사람들을 위한 세미나를 이끌었고, 1년에 수차례씩 애리조나로 날아가 더 많은 트레이닝을 받고 심화 코스라고 불리는 일주일 혹은 그 이상의 수행에 참여했습니다. 세미나를 이끌고 트레이닝과 집중 코스에 참여하면서 세도나 메서드 활용에 가속이 붙기 시작했습니다.

이 기간 동안 저는 더 적극적으로 사업에 매진하기로 결심했습니다. 그러던 중 아버지 회사의 투자 부서 설립에 형과 함께 참여할 기회가 찾아왔습니다. 저는 즐거운 마음으로 사무용 건물과 쇼핑센터, 기타 투자 부동산 판매에 전념했습니다.

이때 처음으로 저와 형은 친구가 되었습니다. 어린 시절의 형제 관계라는 오래된 짐을 흘려보내고 형과 환상적인 팀을 이루었습니다. 몇 가지 어려운 점도 있었지만 우리는 생각했던 것보다 훨씬 많은 계약을 체결했습니다. 그러던 어느 날 갑자기 레스터가 제게 전화를 걸어 안부를 물었습니다. 제가 그동안에 있었던 일을 설명하자 레스터는 앞으로의 제 사업 경력을 완전히 바꿔줄 한마디를 했습니다. "예금은 은행에 하는 것이지, 당신의 머릿속에 하는 것이 아닙니다." 저를 비롯해 판매업에 종사하는 사람들 대부분이 "머릿속으로만 예금을 한다."고 꼬집은 것입니다. 저는 계약을 할 때 그 일의 표면적 성과에만 신경을 쓰느라 종종 실패를 맛보곤 했습니다. 그 후 일에 대한 환상을 갖는 대신 흘려보내기를 시작하자 훨씬 더 많은 계약을 체결할 수 있었습니다. 이때 저는 완전히 흘려보내면 불가능한 일도 가능해진다는 사실을 깨달았습니다.

1987년 초까지 저는 레스터의 놀라운 기법을 세상과 함께 나누는 것을 지원할 만큼의 돈을 벌었습니다. 그래서 아버지와 형의 실망을 뒤로하고 피닉스로 가서 레스터가 설립한 비영리 기관 세도나협회Sedona Institute에서 자원 봉사자로 활동하며 세도나 메서드를 전파하는 데 심혈을 기울였습니다. 제가 이렇게 보수를 바라지 않고 열심히 일할 수 있었던 이유는 그 일이 얼마나 훌륭하고 제 개인적으로 얼마나 훌륭하게 성장하는지를 잘 알고 있었기 때문입니다.

1989년, 가라테 수업을 받을 때 제 아내 에이미를 만났습니다. 한눈에 제 반려자라는 것을 알았지요. 지금 에이미와 저는 사랑 가득한 아름다운 관계를 유지하고 있지만 처음부터 그랬던 것은 아닙니다. 시작은 어려웠습니다. 우리가 만날 당시, 에이미는 다른 남성에게 관심이 있어 저는 수많은 흘려보내기를 해야 했습니다. 결혼 후에는 의견이 충돌하는 경우도 더러 있지만 그것은 자연스러운 현상일 뿐입니다. 아내와 저는 세도나 메서드를 사용하기 때문에 화나는 일이 생기면 그것을 흘려보냅니다. 덕분에 정말 흔치 않게 점점 더 좋아지고 사랑이 넘치는 가정생활을 하고 있습니다.

1990년대 초에 레스터는 자신의 가르침이 담긴 모든 저작권을 제게 넘겨주기로 결정했습니다. 레스터가 세상을 떠난 후, 저는 그가 설립한 조직을 2년 동안 유지했습니다. 그리고 1996년, 에이미와 저는 세도나 메서드를 한층 더 효율적으로 세계에 알릴 수 있도록 새로운 회사, 즉 세도나트레이닝협회를 설립했습니다.

흘려보내기 과정과 관련해 제게 가장 인상 깊었던 것 한 가지는 주변에서 어떤 일이 일어나든 제 내면에는 언제나 흔들리지 않는 평화와 행복, 기쁨, 평온의 감정이 있다는 것입니다. 더러는 기복이 있지만 레스터가 말한 것처럼 이것은 정말 '바닥이 올라가는 bottoms-up' 기법입니다. 제가 최고의 경험 또는 정말 환상적이라고 생각했던 경험이 이제는 일상이 되었습니다. 제가 어디까지 올라갈지는 모르지만 그것을 알게 되길 기대합니다.

좋은 소식은 저의 경험이 특별한 경우가 아니라는 것입니다. 이 세상 사람 모두 자신의 삶에서 그런 결과를 만들어낼 수 있습니다. 수년 전 뮤추얼 오브 뉴욕Mutual of New York이라는 보험 회사와 함께 세도나 메서드의 효율성에 대한 연구를 한 적이 있습니다. 세도나 메서드를 배운 그룹과 그렇지 않은 그룹의 실적을 6개월간 비교한 것입니다. 그 결과 세도나 메서드를 배운 그룹이 33퍼센트나 높은 성과를 보여주었습니다. 이 연구는 3개월씩 두 번에 걸쳐 실시했는데, 놀랍게도 두 번째 3개월의 결과가 첫 번째 3개월보다 훨씬 더 좋았습니다. 세도나 메서드의 효과가 시간이 갈수록 더 커졌던 것입니다.

이 책을 활용하는 방법

여러분은 이 책에서 남은 인생 동안 매일 사용할 수 있는 세도나 메서드 기술을 배우게 될 것입니다. 반드시 해야 하고, 하고자 하는 것을 못하게 막는 모든 감정의 짐을 흘려보내기 시작하면 여러분은 모든 것을 더욱 성공으로 이끄는 자신을 발견할 것입니다. 이 책은 여러분에게 '해야 할 것'이나 '하지 말아야 할 것' 따위의 새로운 목록이나 살면서 '반드시 해야 할' 새로운 행동 따위를 제시하지 않습니다. 우리는 이미 자신에게 수많은 '의무'를 부과하고 있습니다. 여러분은 그 대신 내면에서부터 자신을 어떻게 바꿔나갈지를 배우게 될 것입니다. 내면에서부터 자신을 변화시키면 그 변화는 영원히 지속됩니다.

게다가 자신의 삶에 이 간단한 시스템을 활용하다 보면 그것을 적용할 수 있는 더 많은 방법을 계속해서 발견할 것입니다. 이 책을 읽고 세도나 메서드를 수행하면서 여러분이 얻을 첫 번째 통찰이 무엇이든 그것은 빙산의 일각일 뿐입니다. 이 하나의 기법은 여러분 삶의 모든 것에 영향을 줄 수 있습니다. 그것은 바로 이 기법이 우리가 무한한 존재라는 사실에 바탕을 두고 만들어진 것이기 때문입니다. 자신의 삶을 되돌아보면 이런 무한의 상태였던 순간을 여러분도 이미 맛본 적이 있을 것입니다. 그 순간은 우리 모두에게 자연스러운 상태입니다. 또 모든 것이 딱 들어맞고 자연스럽게 이루어지는 '흐름의 상태'에 자신을 맡긴 순간도 있었을 것입니다. 세도나 메서드를 사용하면 바로 지금 이 순간부터 그 흐름을 일상생활의 일부로 경험할 수 있습니다.

저는 여러분이 어떤 부류의 독자인지 알지 못합니다. 자신이 읽은 것을 모두 따라 하는 유형일 수도 있고, 나중에 사용하기 위해 유용한 정보를 모아놓기만 하는 유형일 수도 있습니다. 저는 여러분이 이 책에 있는 내용을 모두 따라 하고 연습하기를 권합니다. 제 경험으로 볼 때 흘려보내기를 효과적으로 배울 수 있는 유일한 방법은 스스로 해보는 것입니다. 이 책을 반복해서 읽으면 더 도움이 될 것입니다. 그러면 여러분의 본성을 활용하는 실질적인 기술을 배우고 통합해서, 여러분에게 있는 수많은 한계를 흘려보낼 수 있기 때문입니다.

이 책은 2부로 나누어져 있습니다. 1부에서는 흘려보내기, 즉 릴리징 과정의 기본적인 내용과 내면의 한계를 조장하는 근본적인 원인을 탐구할 것입니다. 저항감에 대처하고, '지금 이 순간' 존재하고, 과거의 갈등과 관련한 감정을 해소하고, 목표를 성취하고, 긍정과 부정 사이의 균형을 이루는 데 필요한 다양한 기법을 소개할 것입니다. 이는 여러분이 자유의 길로 좀 더 빨리 들어서는 데 도움이 될 것입니다. 2부에서는 삶 속에서 세도나 메서드를 활용해 강력하면서도 긍정적인 효과를 볼 수 있는 구체적인 적용 방법에 대해 알아볼 것입니다. 죄의식·수치심·공포·걱정에서 해방되고, 습관을 깨고, 부를 창조하고, 사업을 운영하고, 관계를 개선하고, 건강을 향상시키고, 조화롭고 평화로운 세상을 창조하는 데 기여하는 것 등이 여기에 포함됩니다.

이 책의 순서대로 수행하시기 바랍니다. 각 장은 이어지는 다음 장을 위한 단단한 토대가 되어줄 것입니다. 이 책의 내용을 순서대로 따르고 책에서 배운 것을 일상생활에 적용하기 전까지는 모든 것을 다 얻었다고 할 수 없습니다. 각 장에는 여러분의 삶을 풍요롭게 해줄 보석이 적어도 몇 개씩은 있습니다. 가능한 한 마음을 활짝 열고 이 책과 소통하며 여러분의 의식과 삶을 변화시킬 기회를 모색하기 바랍니다.

그 어떤 것도 믿지 말자

스스로 입증하기 전까지는 이 책의 어떤 내용도 믿지 마십시오. 반드시 쓰인 대로 되는 것은 아니기 때문입니다. 우리는 권위 있는 사람의 이야기를 쉽게 받아들이는 경향이 있습니다. 레스터는 특히 흘려보내기 교사와 함께 수행할 때 이런 일이 일어나면 안 된다고 확신했습니다. 대신 성장이라는 측면에서 하나의 경험으로 교사의 메시지를 받아들이기 바랍니다. 교사의 가르침은 자신의 직접적인 경험을 통해 그것을 확인한 후에 받아들여야 합니다. 레스터는 이것을 '확인 후 받아들이기'라고 말했습니다.

저는 여러분이 이 책에서 배운 모든 것을 확인해보기를 권합니다. 맹목적으로 이 책의 메시지를 수용할 것이 아니라 그 메시지에 최대한 마음을 열어보도록 하세요. 직접 익히고 실제 생활에서 그 내용을 경험하거나 확인하면 이 책은 그 가치를 더할 것입니다.

세도나 메서드의 개념은 여러분이 배운 다른 기법이나 원칙과 상충될 수도 있습니다. 하지만 그렇다고 해서 기왕에 배운 것들을 버릴 필요는 없습니다. 그저 이 책을 탐구할 동안만 살짝 옆으로 치워두세요. 비교와 판단은 잠깐 미뤄두길 바랍니다. 어느 정도 시간이 지나 자신만의 결론에 도달하게 되면, 그때 이전에 배웠던 것들과 이 책의 내용을 비교해보십시오. 대개의 경우, 사람들은 자신이 이미 사용하고 있는 기법이나 치료법에 흘려보내기를 훌륭히 접목하곤 합니다.

내면의 성장과 관련해 다른 방법이나 전통과 비교할 때 모순은 피할 수 없습니다. 다른 관점이 틀렸다고 말하는 것은 절대 아닙니다. 자아 발견과 관련해 만약 다양한 가능성을 수용한다면 여러분은 자신이 얻은 통찰력을 더 깊게, 더 진심으로 그리고 더 유용하게 이해하고 적용하는 자신을 발견할 것입니다. 태양에서 나오는 빛이 한 가지가 아닌 것처럼 말입니다.

공명의 문제

제 관점에서 볼 때, 여러분과 여러분이 만나는 모든 사람을 포함해 이 세상 모든 것은 각자 고유한 진동 또는 공명을 갖고 있습니다. 함께 있을 때면 어떤 말이나 행동을 하지 않아도 기분이 좋아지는 사람이 있는가 하면, 기분을 가라앉게 하는 사람이 있다는 것을 느낀 적이 있나요? 우리가 흘려보내기를 하고 이해력이 성장하면 우리의 공명 또는 주파수는 상승합니다. 그러나 이것은 '높다' 혹은 '낮다'의 문제가 아닙니다.

우리는 사람들이 모두 같은 진동 수준을 가지고 있다 해도 그중 특정한 사람들과 더 잘 어울리고 친하게 지냅니다. 물론 이것은 교사와 개념들에도 똑같이 적용됩니다.

이 책을 읽으면서 어떤 장은 약간 혼란스럽거나 특별한 감흥이 없는 데 비해, 어떤 장은 크게 와 닿는 경우가 있을 것입니다. 여러분이 처한 상황에 따라 읽을 때마다 그 가치가 달라질 것이기 때문입니다. 시간이 지나 흘려보내기를 하게 되면 이 책의 다른 부분도 처음보다 더 가까이 마음에 와닿을 것입니다. 이는 여러분이 변화했고 새로운 시각에서 사물을 볼 준비를 갖추었다는 뜻입니다. 이런 일이 일어나면 그 변화에 감사하고 거기에 맞게 여러분의 관심과 초점을 바꾸십시오.

부드러우면서 즐길 줄 아는 자세

무엇보다도, 이 책의 과정을 따라 하면서 자기 자신을 돌보십시오. 교관이나 감독이 아닌 스스로가 최고의 친구이자 지원자가 되어주길 바랍니다. 기쁨을 경험함으로써 자신을 변화시키십시오. 머지않아 스스로를 한계 지었던 것들을 발견하고자 하는 열망을 갖게 될 것입니다. 그러면 그 한계들이 하나씩 떨어져나가 더 가볍고, 더 행복하고, 더 느긋하고, 더 편안해질 것입니다.

세도나 메서드는 우리의 영혼이 이미 직관적으로 인식하고 있는 것들을 우리에게 상기시켜줍니다. 우리는 지금 자유와 행복을 누릴 수 있습니다. 행복과 자유는 힘들게 애써서 누릴 자격을 얻는 것도, 먼 미래의 어느 날 도달할 수 있는 것도 아닙니다. 우리는 기다릴 필요가 없습니다. 우리에게는 지금 기쁨을 누리고 즐거워할 이유가 충분합니다.

차례 。

1부 세도나 메서드 과정

1 감정의 억압과 표출을 넘어서 · 32

2 성공을 위한 공식 · 68

2부 실제 생활에서의 적용

1 부

세도나 메서드
과정

The Sedona Method

1장

감정의 억압과
표출을 넘어서

만약 마음이 평화롭고 고요하지 못하다면
그 어떤 것도 성취할 수 없습니다.

_레스터 레븐슨

세도나 메서드가 우리 모두에게 어떤 변화를 일으키는지에 대해서는 조의 경우가 이상적인 모델이 될 수 있을 것입니다. 세도나 메서드를 시작하자마자 조에게는 빠르고 긍정적인 변화가 일어났습니다. 그를 끈질기게 괴롭히던 문젯거리가 말끔히 사라지고, 흥분되리만큼 새로운 가능성이 나타나고, 우연처럼 보이는 뜻밖의 행운이 많은 일을 순조롭게 해결해준 것입니다.

세도나 메서드를 배울 당시 조는 개인적으로나 직업적으로나 최악의 상황이었습니다. 1년 6개월 전에는 비행기 사고로 7개월간 휠체어 신세를 져야 했고, 회사에서는 그를 퇴출시키려 했습니다. 게다가 별거 중인 아내와 이혼 소송을 하느라 3년이라는 세월을 고통 속에서 보냈습니다.

그런 그에게 불과 몇 주 만에 모든 것이 180도로 바뀌기 시작했습니다. 무엇보다 아내와의 이혼이 무난하게 마무리되었습니다. 그리고 한 자선 행사 모임에서 부당 퇴출 건으로 소송 중이던 회사의 사장을 우연히 만나 이야기를 나눴습니다. 그때까지 사장은 조가 해고되었다는 사실을 모르고 있었죠.

그다음 주 월요일, 조의 변호사가 좋은 소식을 알려주었습니다. 조가 원래 제기했던 것보다 훨씬 좋은 조건으로 회사와 만족할 만한 합의안을 도출했던 것입니다.

조는 이런 행운을 자축하기 위해 따뜻한 남쪽의 파라다이스 같은 섬 바하마로 여행을 떠났습니다. 나소Nassau의 해변에 앉아 책을 읽던 그는 한 여인과 한가한 대화를 나누게 되었습니다. 몇 시간 안에 집으로 가는 비행기를 타야 했기 때문에 데이트는 생각도 못했지요. 하지만 진이라는 이름의 그 여자가 왠지 친숙한 느낌이 들었습니다. 그녀 역시 토론토에 산다고 했습니다. 두 사람은 이런저런 이야기를 나누었습니다.

"이건 절대 작업 멘트가 아니니까, 오해하지 마시고⋯⋯. 혹시 ○○에 살지 않나요?"

"네, 맞아요. 거기 살아요."

"와, 이거 참 재밌군요. 저도 물리 치료 받으러 그쪽으로 종종 갑니다. 아마 틀림없이 지하철에서 봤을 거예요. 혹시 시내에 있는 극장에도 자주 가나요?"

"네. 일주일에 한두 번은 가요."

"저는 토론토 시내에서 일합니다. 53번가 스코티아 플라자에서요."

"어머, 그것 참 신기하네요. 저는 30번가에서 일하거든요."

그렇게 한 시간쯤 흘러 조는 떠날 때가 되었습니다. 둘은 헤어지기 전에 전화번호를 교환했는데, 조는 그때부터 몇 주 동안 진의 존재를 까맣게 잊고 지냈습니다. 노트북에서 진의 전화번호를 적은 종이가 떨어질 때까지 말입니다. 다시 연락해서 만난 두 사람은 곧 사랑에 빠졌고, 조는 진에게 프러포즈를 했습니다.

세도나 메서드를 적용함으로써 조의 경력은 투자 금융 업계에서 더욱 빠르게 상승했고, 수입도 기하급수적으로 늘었습니다. 부와 돈이란 측면에서 세도나 메서드는 그에게 믿을 수 없을 정도로 완벽했습니다. 조는 또한 자신의 육체적 상황에 대한 근심 걱정을 세도나 메서드를 사용해 계속 흘려보냈습니다. 비행기 추락 사고로 인해 그는 왼쪽 다리와 오른쪽 무릎, 손목, 머리를 포함해 서른두 군데의 뼈가 부러진 상태였습니다. 주치의는 평생 동안 다시는 똑바로 걸을 수 없다고 말했습니다. 하지만 그는 지금 아무런 통증도 없이 똑바로 서서 완벽하게 걷고 있습니다.

조는 여러분이 이 책을 통해 배우게 될 세도나 메서드를 아침부터 저녁까지 하루 종일 사용하고 있습니다. 그 결과, 행복과 성공을 얻었습니다. 삶은 즐거워지고, 매사가 평화롭습니다. 조는 이렇게 말합니다. "저는 축복을 받았다고 느낍니다. 세도나 메서드가 큰 사건처럼 보이는 일을 일상의 작은 일로 만들어주거든요."

✧ 우리의 일상적인 삶

조화롭고 완전무결한 행복은 우리 모두에게 당연한 것입니다. 그러나 너무도 많은 사람이 살아가는 전형적인 모습이 있습니다. 바로 이런 것입니다.

아침에 일어나 무거운 몸을 잠자리에서 끌어내립니다. 그리고 씻기 위해 화장실로 가지요. 그러나 세면대에 손을 채 대기도 전에 오늘 하루는 또 무슨 일이 일어날지 걱정하거나 그날의 계획을 짜기 시작합니다. 지난밤 잠을 자는 동안 충전해놓은 얼마 안 되는 에너지를 이렇게 소모해버리고 마는 것입니다. 운 좋게도 충전할 만큼 푹 잤다면 말입니다. 그러고 나서 일터로 출근합니다. 출근하는 동안에는 교통 체증과 엄청난 인파에 스트레스를 받지요. 일터에 도착해서는 기쁨과 흥분 대신 처리해야 할 업무 때문에 두렵습니다. 점심시간이나 퇴근 시간만을 애타게 기다립니다. 직장에서의 동료 관계 또한 항상 만족스러운 것은 아닙니다. 이런 모든 것에 그냥 몸과 마음을 내맡긴 채 하루를 보냅니다. 그렇게 하루가 끝날 때쯤이면 완전히 지쳐버립니다. 그래서 인근 술집에서 몇몇 동료들과 수다를 떨거나 먹고 마십니다. 그리고(오히려 스트레스를 더 받게 하는) 텔레비전 뉴스를 보지요. 하루 동안 억눌린 감정이 사라지길 바라면서 말이죠. 그렇게 해서 감정이 조금 풀렸다 하더라도, 사실은 무의식의 영역 속에 고스란히 남아 있습니다. 마치 스톱 꼭지가 막힌 인간 압력 밥솥과 같습니다. 그 감정을 숨기려면 엄청난 에너지가 필요합니다. 집에 돌아와 남편 또는 아내와 아이들을 봐도 그들의 얘기를 들어줄 에너지가 전혀 남아 있지 않습니다. 웃는 얼굴을 하려고 억지로 노력하지만 아주 작은 일 때문에 이내 분노가 폭발하기도 합니다. 그러다 텔레비전 앞에서 멍하게 있다 잠자리에 듭니다. 그리고 다음 날 아침, 지금까지의 시나리오를 다시 한 번 반복합니다.

참 처량하지 않나요? 하지만 어쩐지 아주 익숙한 모습 아닌가요? 여러분의 이야기는 좀 다를 수도 있을 것입니다. 바라건대 위에서 언급한 것보다는 밝았으면 좋겠습니다. 아마도 여러분은 아이들과 함께 지낼 수 있는 재택근무자일 수도 있습니다. 또는 프리랜서로 모든 일을 전화나 인터넷상으로 해결할 수도 있을 겁니다. 또는 예술가일 수도 있겠지요. 하지만 대체적인 경향은 아마 매우 비슷할 겁니다. 판에 박힌 듯한 생활은 시간이 갈수록 심해지고 마침내 탈출구가 없다고 느끼게 되지요. 하지만 그렇게 생각할 필요 없습니다. 탈출구가 있으니 말입니다.

✧ 흘려보내기

우리 스스로가 실망, 불행 그리고 판단 착오 같은 것을 하게 되는 주요인 중 하나는 바로 제한된 생각과 감정을 꽉 붙잡는 것입니다. '붙잡는 것' 자체가 문제라기보다는 적절하지 못한 '붙잡음'이 문제인 것입니다. 붙잡는 것은 여러 상황에서 완벽하게 필요하지요. 말하자면, 운전 중에 꽉 붙들고 있는 핸들을 놓으라는 뜻이 아닙니다. 마찬가지로 사다리를 붙잡은 손을 놓으라는 말도 아닙니다. 그런데 여러분은 혹시 전혀 도움도 안 되는 관점을 꽉 붙들고 있던 적이 없나요? 한 가지 감정을 꽉 붙들고 있던 적은요? 그 감정을 만족시켜줄 수도 없고, 나아지게 할 수도 없고, 상황을 바꿀 수도 없는, 이를테면 아무것도 할 수 없는 처지인데도 불구하고 말입니다.

혹시 긴장이나 불안을 꽉 붙잡고 있었던 적은 없나요? 더군다나 이미 오래전에 지나간 일 때문에 말입니다. 바로 이런 것이 우리가 이 책을 통해 탐구해보고자 하는 '붙잡음' 상태입니다.

그렇다면 '붙잡음'의 반대는 무엇일까요? 바로 '흘려보내기(놓아주기)'입니다. '흘려보내기'와 '붙잡음'은 둘 다 자연스러운 삶의 일부죠. 이것들에 대한 근본적인 이해가 세도나 메서드의 기본 바탕이 됩니다. 여러분이 누구든 이미 여러 번 흘려보내기를 경험했을 거라고 확신합니다. 그런 일은 종종 언제 일어났는지도 모르게 일어납니다. 세도나 메서드를 배우지도 않았는데 말입니다. 흘려보내기는 우리가 태어날 때부터 가지고 있던 자연스러운 능력입니다. 하지만 어른이 되면서 점점 그 능력을 쓰지 못하게 제약을 받습니다.

우리는 빈번히 곤경에 빠집니다. 언제 흘려보내야 하고 언제 붙들어야 할지 잘 모르기 때문이지요. 우리는 대부분 붙들음 쪽에서 많은 실수를 합니다. 종종 우리 자신을 해치면서까지 말입니다.

이 부분을 명료하게 이해하기 위해 '붙들음' 또는 '흘려보내기'와 비슷한 말들을 한 번 살펴봅시다.

예를 들면, '쥠 상태'와 '폄 상태'가 있습니다. 우리가 공을 던진다고 칩시다. 던지는 동작을 시작하기 전에는 공을 꽉 쥐고 있어야 합니다. 하지만 만약 적절한 시점에 손을 펴 공을 놓아주지 않으면, 공은 우리가 원하는 방향으로 가지 않을 것입니다. 심지어 손을 다칠 수도 있지요. 또 다른 비슷한 말로는 '수축'과 '팽창'이 있습니다. 우리가 숨을 쉬기 위해서는 사용한 공기를 밖으로 배출하기 위해 폐를 수축해야 합니다. 그러고 나서 폐를 팽창시켜 공기를 다시 채웁니다. 숨을 들이마시기만 할 수는 없습니다. 숨 쉬기 과정을 완성하기 위해서는 반드시 숨을 내쉬기도 해야 합니다. 근육의 '수축'과 '이완'도 하나의 예가 될 수 있지요. 만약 두 동작 모두를 할 수 없다면, 말 그대로 우리 근육은 제대로 기능할 수 없을 겁니다. 대부분의 근육은 상대적으로 짝을 이루어 작용하기 때문입니다.

붙잡기도 하고 놓아주기도 하는 이런 감정적 요소와 사람의 몸이 감정의 정도에 따라 영향을 받는다는 사실을 이야기하는 것은 아주 흥미로운 일입니다. 사람들이 화를 낼 때 자주 숨을 멈춘다는 걸 아시나요? 들숨과 날숨의 두 가지 호흡 과정은 모두 풀리지 않은 감정을 붙잡는 것으로 인해 방해를 받을 수 있습니다. 또 사람들은 대부분 근육 속에 긴장이 남아 있어 완전히 이완하기가 아주 어렵다고 합니다. 다시 말하면, 이런 형태의 수축에 기반을 둔 것이 바로 풀리지 않은 감정 또는 억압된 감정인 것입니다.

그런데 왜 우리는 이처럼 꼼짝달싹 못하는 곤경에 빠지는 것일까요? 감정이 올라올 때 그것을 충분히 발산하지 못하고 오히려 억누르면 그런 감정이 마음속에 더 오래 머무르게 되고 그래서 우리를 불편하게 만듭니다. 감정을 회피하면 그것이 우리를 통과해 흐르지 못하거나 변화되지 못하고 또는 풀리지도 못한 채 기분을 안 좋게 만드는 것입니다.

✧ 감정의 억압과 표출

혹시 아주 어린 아이가 넘어진 후에 주위를 살펴보는 걸 본 적이 있나요? 아이들은 아무도 자기를 보지 않는다고 생각하면 곧바로 넘어졌다는 사실을 흘려보냅니다. 마치 아무 일도 없었던 것처럼 싹 무시하고 행동하지요. 비슷한 상황에서 똑같은 아이는 무언가 관심을 끌 만한 기회를 포착하면, 갑자기 울음을 터뜨리며 부모 품으로 뛰어듭니다. 혹은 어린아이가 또래 친구들에게 화를 내며 "난 네가 싫어. 다시는 너랑 얘기 안 할 거야." 해놓고는 딱 5분 만에 아무 일도 없었다는 듯이 행동하는 모습을 본 적이 있나요? 우리 모두는 이런 타고난 감정 흘려보내기 능력을 잃어버렸습니다. 왜냐하면 어렸을 때는 무의식적으로 또는 자동적으로 그렇게 했을지라도 점점 커가면서 부모님, 선생님, 친구 그리고 사회 전체가 그렇게 하지 못하도록 훈련을 시켰기 때문입니다. 사실, 흘려보내기 능력은 무의식적인 것이기 때문에 의식적으로 못하도록 훈련하는 것이 가능합니다.

"안 돼."라는 소리를 들을 때마다, "남자는 우는 게 아니야." 또는 "언니는 그렇게 화내면 안 돼."라는 행동을 강요받을 때마다, 어떤 요구와 책임을 강요받을 때마다 우리는 감정을 억압하는 것을 배우게 됩니다. 더 나아가 삶에 대한 타고난 열정과 패기를 능숙하게 억누르거나, 사람들이 그래서는 안 된다고 믿게 만든 감정을 잘 억눌러야 흔히 어른이 된 것으로 여깁니다. 우리는 자신에게 필요한 감정적 행복보다 다른 사람이 우리에게 기대하는 것에 더 많은 책임감을 갖게 되지요. 이런 것을 적절히 표현한 유머가 하나 있습니다. 아이가 태어난 후 첫 2년 동안 사람들은 그 아이가 빨리 걷거나 빨리 말하게 하려고 온갖 노력을 다하지만, 그다음 18년간은 어떻게든 그 아이를 조용히 앉아 있거나 입을 다물게 하려고 갖은 노력을 다한다는 것입니다.

물론 아이를 훈육하는 것에는 잘못이 없습니다. 아이들은 삶을 살아가는 데 필요한 규칙을 배워야 합니다. 그리고 때로는 분명한 위험들로부터 보호를 받아야 합니다. 그런데 바로 이때 어른들은 본의 아니게 흥분을 하기도 합니다.

여기에서 우리가 말하는 '억압'은 바로 감정의 뚜껑을 '꾸욱' 누르는 것, 다시 말해 그 감정을 다시 밀어 넣고, 부정하고, 참고 그리고 마치 그것이 존재하지 않는 척하는 것을 말합니다. 우리가 인식하는 모든 감정은 흘려보내지 않을 경우 자동적으로 잠재의식이라고 부르는 곳에 저장됩니다. 감정을 억압할 때 주로 쓰는 방법은 바로 '회피'입니다. 그 감정에 대한 관심을 한동안 꺼버림으로써 다시 안으로 밀어 넣는 것입니다. 여러분은 아마도 "시간이 모든 상처를 치료해준다."는 말을 들어봤을 것입니다. 여기엔 이론의 여지가 없습니다. 하지만 그 말은 "충분한 시간을 줘봐. 그러면 나는 무엇이든 다 억압할 수 있어."라는 뜻과 같습니다.

물론 때로는 억압이 표출보다 더 나은 선택이 될 수도 있다는 걸 인정합니다. 예를 들어, 회사에서 보스나 동료가 여러분과 다른 의견을 얘기했을 때 곧바로 반론을 제기하는 것은 부적절한 일이 되겠지요. 건강하지 못하고 비생산적인 것은 바로 '습관적인 억압'입니다.

텔레비전을 보거나, 극장에 가거나, 책을 읽거나, 술을 마시거나, 또는 약을 먹거나, 운동을 하는 등의 수많은 활동을 통해 우리는 감정적 고통으로부터 긴 시간 동안 신경을 끊도록 도움을 받고, 그런 감정을 원래 자리로 되돌립니다. 여러분도 그것 자체는 별로 문제가 없다고 생각할 것입니다. 이런 활동에 과도하게 집착하거나 절제를 잃어버리지만 않으면 된다고 생각할 것입니다. 그러나 우리는 흔히 내면에 있는 감정적 혼란을 제대로 다루지 못하는 것에 대한 보상으로서 위와 같은 활동을 하는 것이 사실입니다. 그래서 과도한 회피는 문화적으로도 수많은 산업을 양산해냈습니다.

우리에게 어른이란 딱지가 붙을 때쯤이면, 우리는 거의 대부분의 시간을 감정을 억압하는 데 사용하고, 거기에 익숙해져 그런 억압이 완벽한 제2의 천성이 됩니다. 태어날 때 부여받은 흘려보내기, 즉 릴리징 능력만큼이나 혹은 그 이상으로 이제는 억압을 잘하게 됩니다. 사실, 우리는 감정적 에너지를 너무 많이 억압해서 모두가 마치 걸어 다니는 시한폭탄처럼 되어버렸습니다. 우리는 종종 일이 벌어진 뒤에도 자신의 솔직한 감정을 스스로 억압해왔다는 사실을 깨닫지 못하곤 합니다. 스트레스성 질병에 걸리거나, 어깨가 딱딱하게 굳거나, 위장이 꼬이거나 혹은 폭발해서 말을 퍼붓고 거친 행동을 한 후 곧바로 후회하면서도 말입니다.

억압은 감정을 대하는 우리의 행동 패턴 중 한 축입니다. 그리고 다른 한 축은 바로 '표출'이지요. 우리는 화가 날 때 소리를 지릅니다. 슬플 때는 웁니다. 감정을 행동으로 나타냅니다. **이는 내면에 있는 감정의 압력솥에서 증기가 살짝 빠져나가도록 하는 것입니다. 하지만 솥을 가열하고 있는 불을 끈 것은 아닙니다.** 감정의 표출은 종종 억압보다 기분이 나을 수 있습니다. 특히 표현하는 능력을 계속 막아왔을 때 그러합니다. 우리는 종종 그렇게 표출하고 나면 기분이 나아지는 것을 느낍니다. 하지만 그럼에도 불구하고 '표출' 역시 문제점을 갖고 있습니다.

훌륭한 치료법은 일반적으로 우리의 감정을 어루만져주고 그것을 표현하도록 돕는 것을 기반으로 하고 있습니다. 그리고 건강하고 오래 지속되는 훌륭한 인간관계는 우리의 느낌을 상대에게 제대로 표현할 수 있어야 가능합니다. 하지만 치료실 밖에서 자신을 부적절하게 표출한다면 어떻게 될까요? 또 감정 표출의 대상이 된 당사자의 감정은 어떻게 될까요? 부적절한 표출은 종종 커다란 의견 충돌이나 혼란 또는 상호간의 제어할 수 없는 감정적 확대로 이어질 수 있습니다.

억압이나 표출 모두 그것 자체로는 문제가 되지 않습니다. 그것은 모두 감정을 다루는 스펙트럼의 양 축일 뿐입니다. 억압과 표출 중 어느 한쪽이 발생한 상황에서, 그것을 제어할 수 없다고 느낄 때 문제가 되는 것입니다. 많은 경우 우리는 스스로 의도한 것과 정반대로 행동하고 있음을 알아채게 됩니다. 자주 감정 스펙트럼의 한쪽 끝에 꽉 막혀서 오도 가도 못하게 됩니다. 때론 다른 쪽 끝에서도 그렇습니다. 우리가 빠져나갈 자유를 찾아야 할 때가 바로 이런 순간입니다.

✧ 제3의 선택: 흘려보내기

억압이나 표출 같은 부적절한 기제에 비해 균형 잡히고 자연스러운, 즉 우리가 타고난 제3의 대안은 흘려보내기입니다. 바로 세도나 메서드라고 부르는 것이지요. 이것은 여러분 안에 있는 압력솥의 열을 낮춰주고, 안전하게 그 내용물을 비우는 방법입니다. 왜냐하면 억압된 모든 감정은 스스로 분출하려는 경향이 있는데, 흘려보내기는 이런 욕구를 잠시 멈추게 하고 그것들을 흘려보낼 수 있도록 해주기 때문입니다. 세도나 메서드를 통해 여러분은(비록 적절한 순간의 것일지라도)

억압과 표출 모두로부터 자유로울 수 있다는 걸 알게 될 것입니다. 그리고 좀 더 자주 균형 잡힌 관점, 이를 테면, 흘려보내기라는 제3의 선택을 취할 수 있다는 사실도 알게 될 것입니다. 그걸 어떻게 하는지는 이미 여러분도 알고 있습니다.

비록 억압과 표출에 관해 전문가 수준이 되었다 할지라도 여러분은 여전히 흘려보내기를 하고 있습니다. 예를 들어, 진짜 웃음은 저절로 흘려보내는 방법 중 하나입니다. 건강과 스트레스 해소에 대한 웃음의 긍정적 효과는 이미 입증되었습니다. 가장 최근에 여러분이 정말 배꼽 빠지게 웃었던 순간을 한 번 생각해보세요. 재미난 방송 프로그램을 봤을 수도 있고, 친구와 얘기를 나누던 중 갑자기 뭔가가 재밌었을 수도 있습니다. 속으로 재미를 느끼고, 몸통 중간쯤 어딘가 깊은 곳에서 큰 웃음소리가 올라오는 게 들리고, 그러고 나서 몸 전체가 위아래로 들썩거리기 시작하지요. 웃는 동안 점점 마음이 가벼워지고, 더 행복해지고, 더 이완되고, 따뜻한 희열을 맛볼 수 있을 것입니다. 이는 이 책에서 설명하는 세도나 메서드 과정을 활용했을 때 경험할 수 있는 것이기도 합니다. 흘려보내기를 할 때 대부분 크게 소리 내어 웃지는 않겠지만 이따금 미소를 짓고, 진짜 웃음소리에서 비롯된 내면의 안도감 같은 것을 느끼게 될 것입니다.

여러분은 잃어버린 열쇠나 반지를 찾기 위해 온 집 안을 샅샅이 뒤지다 정작 자기 주머니에서 그것들을 찾은 경험이 있나요? 그런 일이 있었던 때를 한 번 생각해보세요. 집 안을 샅샅이 뒤질 때 점점 더 긴장했을 것입니다. 너무도 절실해서 심지어 쓰레기통까지 뒤져봤을 것입니다. 마음속으로는 "도대체 열쇠를 어디다 두었을까?" 하고 계속해서

되뇌입니다. 그러다 문득 어떤 생각이 떠올라 윗주머니에 손을 넣어보고는 안도의 한숨을 내쉽니다. 바로 그 순간 긴장과 걱정, 불안이 일시에 날아갑니다. 마음이 고요해지고, 어깨가 이완되고, 안도감이 온몸을 훑고 지나갑니다. 이것이 여러분에게 흘려보내기 방법을 알려주는 또 하나의 좋은 예입니다.

여러분은 세도나 메서드를 완벽하게 사용함으로서 새로운 인식과 이완의 지점까지 곧바로 들어갈 수 있습니다. 심지어 자기 삶에서 가장 고통스럽고 오래 지속된 주제에 관해서도 말입니다. 해답은 바로 여러분 곁에 항상 함께 있었다는 사실을 깨닫게 될 것입니다.

때로는 논쟁 중에도 자연스럽게 흘려보내기가 일어납니다. 여러분이 좋아하는 누군가와 열띤 대화를 하고 있는 모습을 한 번 상상해보세요. 그때 다음과 같은 일이 일어납니다. 여러분은 논쟁에 정말 깊이 몰입합니다. 절대적으로 자신이 옳고, 자신의 관점이 정당합니다. 그때 문득 상대방의 눈을 봅니다. 순간, 상대방이 특별한 존재라는 느낌이 듭니다. 그러자 곧 내면에서 뭔가가 이완되고 더 이상 여러분의 관점만이

데이비드 포댐, 영국

나는 직장에서 훨씬 더 활발하고, 주도적이고, 긍정적인 사람이 되었습니다. 나는 영업 일을 하고 있는데, 거절은 더 이상 내게 예전과 같은 영향을 주지 않습니다. 사실 요즘은 영업적으로 거절이 많이 줄었다는 것을 발견하곤 합니다.

옳다는 생각에서 벗어납니다. 심지어 상대방의 관점에서 갈등을 바라보기도 합니다. 그래서 잠시 논쟁을 멈추고 지금의 상황을 생각합니다. 그리고 나서 마침내 서로에게 이익이 될 수 있는 해결책을 찾습니다.

여러분은 이 책에서 소개한 개념들을 마스터함으로써 자신만의 관점이 아닌 좀 더 큰 시야를 얻게 될 것입니다. 그리고 그것이 여러분을 모든 갈등과 충돌로부터 자유롭게 만들어줄 것입니다. 자신이 갖고 있었는지조차 잊어버리고 있던 갈등으로부터도 말입니다.

✧ 흘려보내기의 효과

여러분의 삶을 뒤돌아보면 흘려보내기를 했던 많은 순간이 기억날 수도 있습니다. 대개 우리는 우연히, 혹은 더 이상 물러설 수 없을 때 그리고 다른 선택의 여지가 없을 때 흘려보내기를 합니다. 여러분이 세도나 메서드를 연습함으로써 자신 안에 있던 이 능력을 다시 일깨우고 강하게 만들기 위해 집중한다면 의식적으로 흘려보내기를 선택할 수 있게 될 것입니다. 그리고 매일의 생활 속에서, 심지어 앞에서 언급한 처량하고 일상적인 삶에서조차 흘려보내기를 할 수 있을 것입니다.

다음 도표는 저절로 일어난 흘려보내기든 의식적인 흘려보내기든 상관없이 흘려보내기 과정을 이해하는 데 도움을 줄 것입니다. 또 여러분으로 하여금 흘려보내기와 억압 그리고 표출을 구별하는 데에도 도움을 줄 것입니다.

흘려보내기 흐름도

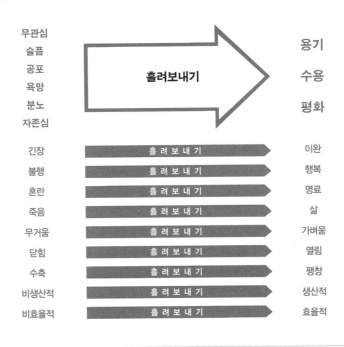

무관심
슬픔
공포
욕망
분노
자존심

흘려보내기

용기
수용
평화

긴장	흘 려 보 내 기	이완
불행	흘 려 보 내 기	행복
혼란	흘 려 보 내 기	명료
죽음	흘 려 보 내 기	삶
무거움	흘 려 보 내 기	가벼움
닫힘	흘 려 보 내 기	열림
수축	흘 려 보 내 기	팽창
비생산적	흘 려 보 내 기	생산적
비효율적	흘 려 보 내 기	효율적

흘려보내기를 연습할수록 여러분은 이 도표의 좌측에서 우측으로 변화하는 것을 알게 될 것입니다. 때로는 한 가지 항목에서만 또 때로는 많은 항목에서 변화를 느끼겠지요. 여러분은 도표의 오른쪽으로 가기 위해 억지로 자신을 몰아세울 수도 있습니다. 예를 들면, 특정한 문제에 대한 생각을 멈추기 위해 강제로 결단을 내리는 것입니다. 그러나 그것은 진정한 흘려보내기가 아닙니다. 만약 강제로 결정을 내리게 되면 여러분 내면에서 불편한 마음이 자라나고 이내 긴장이 증가합니다.

감정의 변화 없이 행동만을 강제로 변화시킬 때, 어떤 항목은 도표의 우측으로 움직일지라도 나머지 것들은 모두 좌측으로 움직이게 된다는 사실을 잊지 마십시오. 여러분이 '의식적으로' 흘려보내기를 할 때 모든 항목이 도표의 우측으로 움직입니다. 그렇다면 도대체 의식적으로 흘려보내기를 한다는 것은 무엇일까요? 우리는 또 어떻게 흘려보내기를 연습할 수 있을까요?

✧ 흘려보내기의 다섯 가지 방법

흘려보내기에는 다섯 가지 방법이 있으며, 이 다섯 가지 방법은 모두 같은 결과를 가져옵니다. 원치 않는 감정이라면 어떤 것이라도 흘려보낼 수 있는 우리의 타고난 능력을 되살려주고, 잠재의식 속의 억압된 에너지를 사라지도록 해줍니다.

첫째, 원치 않는 감정을 흘려보내겠다고 결정하는 것입니다.

둘째, 감정을 환영하며 받아들이는 것입니다.(감정을 있는 그대로 허용하는 것)

셋째, 감정의 중심으로 다이빙해 뛰어드는 것입니다.

넷째, 어떤 주제나 믿음의 '양쪽'을 전부 포용하는 것입니다.

다섯째, 지금 있는 그대로 여러분의 존재를 깨닫는 것입니다.(흘려보내기의 마지막 방법으로서 '제5의 길'이라고도 부릅니다.)

위의 다섯 가지 방법 중 네 번째와 다섯 번째 방법은 제2부에서 따

로 설명하기로 하고, 여기서는 앞의 세 가지 방법에 대해서만 설명하기
로 합니다.

1. 흘려보내기로 결정하기

여러분이 간단하게 흘려보내기를 경험할 수 있도록 설명해보겠습
니다. 먼저(아무 생각 없이 떨어뜨릴 수 있는) 펜이나 연필 또는 작은 물건을
집어보세요. 이제 그 물건을 들고, 아주 꽉 쥐어보세요. 이것이 여러분
의 제한된 감정들이라고 생각해봅시다. 그리고 손은 여러분의 의식이
라고 가정하지요. 그 물건을 오래 붙들고 있으면 점차 불편한 느낌이
들기 시작할 것입니다.

이제 손을 펴고 손바닥 위에서 그 물건을 이리저리 굴려보세요. 여
러분 자신이 바로 그 물건을 붙들고 있는 주체이지 그것 스스로 당신
손에 들러붙어 있는 게 아니라는 사실을 깨달았습니까? 감정도 마찬가
지입니다. 감정 또한 그 물건처럼 우리에게 붙어 있는 것입니다.

우리는 감정을 붙들고 난 후, 그걸 우리 자신이 붙잡았다는 사실을
잊어버립니다. 이런 일은 심지어 언어에서도 나타나지요. 우리는 분노
나 슬픔을 느낄 때 일반적으로 다음과 같이 **말하지 않습니다.** "I feel
angry(나는 분노를 느껴)." "I feel sad(나는 슬픔을 느껴)." 대신 이렇게 표현
합니다. "I am angry(나=분노)." "I am sad(나=슬픔)." 이런 사실을 인식
하지 못하면, 스스로를 감정과 동일시하는 잘못된 정체성을 갖게 됩니
다. 우리는 매우 자주 감정이 우리를 붙들고 있다고 믿습니다. 그건 진
실이 아닙니다. 항상 우리가 붙들고 나서, 바로 그 사실을 잊어버리는
것입니다.

이제 그 물건을 놓아줘(흘려보내)보세요.

무슨 일이 벌어졌나요? 당신이 흘려보내자 그 물건이 바닥에 떨어졌습니다.

이것이 어렵나요? 전혀 아니지요! 이게 바로 우리가 "흘려보내세요."라고 말할 때 의도하는 바로 그 뜻입니다.

여러분은 어떤 감정에 대해서도 이와 똑같이, 즉 흘려보내기로 선택할 수 있습니다.

2. 감정을 환영하고 받아들이기

똑같은 비유가 여기서도 통합니다. 만약 여러분이 손을 편 채로 돌아다닌다면 펜이나 다른 물건이 달라붙어 있기가 아주 힘들지 않을까요? 마찬가지로 감정을 환영하거나 허용할 때, 여러분은 자신의 의식을 열어두는 것과 다름없습니다. 그러면 감정이 스스로 떨어져나가지요. 마치 구름이 하늘을 지나가듯이, 또는 연기가 굴뚝을 통해 올라가는 것과 같습니다. 우리는 감정이 자유롭게 우리를 통과하는 걸 허용하기보다는 너무 많은 시간을 들여 그 감정에 저항하거나 또는 그 감정을 억압합니다. 따라서 감정을 환영하거나 허용하는 것만으로도 우리는 종종 그것을 완전히 흘려보낼 수 있습니다.

저의 학생인 나탈리는 감정이 나타날 때 곧바로 알아차림으로써 힘들이지 않고 흘려보내는 법을 배웠습니다. 회사원인 그녀는 고속도로에서 트럭이 지나갈 때마다 불안에 떨었습니다. 교통사고의 섬뜩한 장면이 마음속을 휘저으면서 공포에 휩싸였지요. 그녀는 출퇴근길에 고속도로를 지나면서 흘려보내기 오디오 프로그램을 듣기 시작했습니다.

그리고 자신과 이런 대화를 했습니다.

"음, 지금 불안하니?"

"응, 난 지금 불안해."

"그 불안감을 최대한 느낄 수 있게 그 감정을 받아들일 수 있겠니?"

"좋아. 한 번 해볼게."

나탈리는 짧은 사이에 공포를 극복했습니다. 공포에 저항하기보다 단지 그것을 허용함으로써 급박했던 호흡과 떨림이 사라져버린 것입니다. 그리고 마음이 고요해졌습니다.

3. 감정의 중심으로 뛰어들기

이제 똑같은 물건을 잡은 뒤, 그것이 최대한 커지는 것을 상상해보세요. 그렇게 상상하다 보면 그것이 마치 텅 빈 공간처럼 보일 것입니다. 여러분은 심지어 분자와 원자 사이의 공간도 보게 될 것입니다. 여러분이 감정의 중심으로 뛰어들면, 이와 비슷한 현상을 관찰하게 될 것입니다.

거기엔 아무것도 존재하지 않습니다.

흘려보내기 과정을 마스터할수록 여러분은 자신의 가장 깊은 감정조차도 단지 표면적인 것일 뿐이라는 사실을 깨달을 것입니다. 감정의 중심은 우리 대부분이 추측하는 것처럼 고통스럽거나 어둡지 않습니다. 텅 비어 있고, 고요하고, 평화롭습니다. 사실 가장 극단적인 감정들조차 실제로는 비눗방울과 같습니다. 손가락으로 비눗방울을 찌르면 어떻게 되나요? 터지지요. 그게 바로 우리가 감정의 중심으로 뛰어들었을 때 일어나는 현상입니다.

한 가지 주의 사항이 있습니다. 어떤 일을 하고 있을 때는 감정의 중심으로 뛰어들려고 하지 마십시오. 혼자만의 시간을 내서, 홀로 내면에 집중할 때 더욱 효과적입니다. 또는 아주 강렬한 어떤 감정을 느낄 때 훨씬 효과가 있습니다.

아주 흔한 예를 하나 들어보지요.

여러분이 언짢은 소식을 접했다고 칩시다. 진한 공포나 슬픔의 감정을 느끼기 시작합니다. 그리고 그것을 흘려보내기 위해 잠시 시간을 갖습니다. 의자에 앉아 눈을 감고, 최대한 감정을 이완합니다. 그러고 나서 스스로에게 다음과 같이 질문합니다.

"이 감정의 중심은 무엇일까?"

"내가 의식 속에서 이 감정의 중심까지 갈 수 있게 허용해줄 수 있겠니?"

"내가 이 감정 속으로 뛰어들도록 허용해줄 수 있겠어?"

여러분은 이런 질문을 계속하면서 아마도 자신에게 맞는 자기만의 질문을 만들 수도 있을 겁니다. 감정의 중심으로 다이빙해 들어가는 자기 모습을 상상할 수도 있습니다. 또는 단순히 "그 감정의 중심은 무엇일까?" 하고 느낄 수도 있습니다. 일단 깊이 들어가기 시작하면 여러분은 다양한 이미지와 감각을 경험할 수도 있습니다. 또 일시적으로 감정이 확대되고 강해지는 것을 느낄 수도 있습니다. 그럴 때는 스스로 질문을 계속하세요.

"내가 더 깊이 들어갈 수 있을까?"

보여지고, 느껴지고, 감정에 대해 스스로 이야기하는 것이 무엇이든 그것을 뛰어넘어 더욱더 깊이 들어갈 수 있도록 스스로를 다독여보세요. 이렇게 계속하다 보면 내면에서 무언가가 풍선처럼 터지는 지점에 도달할 것입니다. 또는 더 이상 깊이 들어갈 수 없는 지점을 발견하게 될 것입니다. 마음이 고요해지고 내면의 평화가 느껴질 때 자신이 드디어 그 감정의 중심에 와 있음을 알게 될 것입니다.

다음을 기억하세요. 만약 감정이 여전히 강하거나 혹은 더 증가했다면 여러분은 그 중심에 도달한 것이 아닙니다. 우리 대부분은 감정 속으로 뛰어 들어가는 것을 회피합니다. 왜냐하면 길을 잃거나 더 나빠질 수도 있다고 두려워하기 때문입니다. 그러나 만약 여러분이 감정의 표면을 지나 진정한 중심에 도달하도록 스스로를 허용한다면 그게 전혀 사실이 아님을 알게 될 것입니다. 마치 내 학생이었던 마지가 발견한 것처럼 말이죠.

마지가 우리 교실에 처음 왔을 때, 그녀는 매우 슬픈 상태였습니다. 10년 넘게 간직한 슬픔이었지요. 그 슬픔은 예전에 알고 지내던 사람에게서 받은 배신감 때문에 생긴 것이었습니다. 그녀는 과거에 휘말리지 않고 그 슬픔 속으로 들어가는 것이 그런 감정을 흘려보내는 최선의 길이라는 것에 동의했습니다. 저는 위에서 언급한 질문들을 그녀에게 했고, 처음에 그녀의 슬픔은 증폭되었습니다. 그녀가 울음을 터뜨리자, 저는 감각과 이야기를 넘어서 좀 더 깊이 들어가자고 격려했습니다.

이윽고 마지는 깜짝 놀랄 정도로 단 몇 분 만에 심오한 평화 상태에 잠겼습니다. 그녀는 나중에 자신이 슬픔을 피하려고만 했다고 말했습니다. 그러지 않으면 슬픔의 바다에 빠져 죽을 것만 같았기 때문입니다. 마지는 흘려보내기를 한 뒤, 슬픔은 항상 표면에만 있을 뿐이라는 사실을 깨달았습니다. 그녀가 자신도 모르게 피하려 했던 것이 사실은 바로 사랑의 바다였던 것입니다. 슬픔만 가득했던 표면을 지나 내면 깊숙이 들어감으로써 평화로운 사랑의 바다를 만난 것입니다.

✧ 기본적인 흘려보내기 테크닉

"당신의 지금 감정은 무엇인가요?" (지금 무엇을 느끼고 있나요?)
"그 감정을 허용(환영)할 수 있나요?"
"그 감정을 흘려보낼 수 있나요?"
"기꺼이 흘려보내고 싶나요?"
"언제요?"

이 다섯 가지 질문이 바로 세도나 메서드의 근간을 이루는 흘려보내기 테크닉입니다. 이제부터 이것을 어떻게 적용하는지 그 방법을 소개하겠습니다. 먼저 1인칭시점(자기가 자신에게)과 3인칭시점(제삼자가 나에게) 모두를 사용해 위의 질문을 한 뒤 어떤 것이 나에게 더 적합한지를 알아내세요.

1단계

좀 더 나은 기분이 되고 싶은 주제를 하나 정해서 그것에 집중하고, 지금 이 순간 그것에 대한 내 감정이 어떤지 느껴보세요. 어떤 감정이 느껴지든 그걸 허용하세요. 그리고 스스로에게 묻습니다. "이 주제에 대한 지금의 내 기분은 어떤 것이지?" 그것이 아주 강한 감정 또는 느낌일 필요는 없습니다. 당신이 이 책에 대해 어떻게 느끼는지, 이 책에서 무엇을 원하는지를 체크해봐도 괜찮습니다.

2단계

어떤 감각이나 소리, 생각 그리고 느낌과 함께 떠오르는 이미지와 감정을 환영(허용)해주세요. 지금 이 자리에서 완벽하게 또는 최대한 그 경험을 할 수 있도록 자신을 허용하는 것입니다. 그리고 스스로에게 묻습니다. "내가 이 느낌을 환영해줄 수 있을까?" "내가 이 감정을 허용해줄 수 있을까?" 이 지침은 간단한 것처럼 보이지만 실은 아주 중요합니다. 우리 대부분은 지금 이 순간 깨어 있는 존재로 느끼기보다는 우리의 생각과 이미지 그리고 과거와 미래에 대한 이야기들 속에서 살고 있기 때문입니다. 우리가 어떤 감정을 느끼는 방식에 대해 그리고 우리의 삶과 사업에 대해, 실제로 무언가를 할 수 있는 유일한 시간은 바로 '지금'입니다. 감정을 흘려보내기 위해서, 감정이 강해질 때까지 기다리거나 혹은 감정에 이름표가 붙을 때까지 기다릴 필요는 없습니다. 사실 당신이 멍하거나, 맥이 빠져 있거나, 아무 생각이 없거나, 단절된 느낌을 갖거나 또는 마음이 텅 비었다고 느끼는 모든 감정은 더 또렷하게 인식되는 다른 감정만큼이나 쉽게 흘려보낼 수 있는 것들입니다. 그러니 최선을 다하세요.

3단계

스스로에게 묻습니다. "이 감정을 흘려보낼 수 있나요?" "이 느낌을 놓아줄 수 있나요?" 이 질문은 단순히 당신에게 이 행동이 가능한지를 물어보는 것입니다. "예." 혹은 "아니요." 모두 괜찮습니다. 당신은 "아니요."라고 했음에도 불구하고 종종 그 감정을 흘려보내게 될 것입니다. 속으로 이런 행동의 장점이나 결과에 대해 궁리하지 말고 대답하세요. 또한 추측해서 대답하지 마세요. 가능한 한 떠오르는 대로 대답하세요. 이 과정에서 사용되는 모든 질문은 정말 너무도 단순합니다. 그 질문 자체는 전혀 중요하지 않습니다. 그것들은 당신에게 흘려보내기 경험을 할 수 있게 그리고 붙잡고 있는 것을 멈추는 경험을 할 수 있게 고안된 것입니다. 3단계 질문에 어떻게 대답했느냐에 상관없이 4단계로 진행합니다.

4단계

스스로에게 묻습니다. "기꺼이 흘려보내고 싶나요?"(억지로가 아니라 흔쾌하게) 다시 말하지만, 최대한 많은 생각을 피하세요. 그리고 이것을 기억하세요. 당신은 이 과정을 자기 자신을 위해, 자신의 자유와 명료함을 얻기 위해 하고 있다는 사실입니다. 이것을 하면서 그 감정(느낌)이 정당한지, 옳은지, 오래되었는지 따위는 중요하지 않습니다. 만약 "아니요."라고 대답하거나, 뭐라고 답해야 할지 확실하지 않다면 스스로에게 이렇게 묻습니다. "이 감정을 계속 가지고 있는 게 나을까? 아니면 내가 자유로운 게 나을까?" 대답이 계속 "아니요."일지라도 5단계로 나아갑니다.

5단계

스스로에게 묻습니다. "언제?" 이것은 지금 그것을 흘려보내겠다는 초대입니다. 당신은 자신이 쉽게 감정을 흘려보낸다는 사실을 깨달을 수도 있습니다. 흘려보내기는 당신이 어느 때라도 선택할 수 있는 당신만의 결정이란 사실을 꼭 기억하세요.

6단계

위에서 설명한 5단계의 과정을 필요할 때마다 자주 반복하세요. 이 과정을 시작할 때 갖고 있던 주제에 대해 당신의 느낌(감정)이 자유로워질 때까지 계속하세요.

주의 사항

여러분이 만약 흘려보내려는 결심을 하기 어렵다든가, 또는 붙들거나 흘려보내는 것의 차이점을 느끼기 어렵다면, 자신에게 그 감정을 좀 더 붙들고 있을 시간을 허용해주세요. 그렇게 해준다면 새로운 결정을 내리기도 훨씬 쉬워질 것입니다.

처음에는 흘려보내기 결과가 아주 미흡할 수도 있지만, 꾸준히 한다면 매우 빠르게 그 결과가 점점 더 눈에 띌 것입니다. 또 특정 주제에 대해 어떤 감정이 여러 단계의 층을 갖고 있다는 사실도 발견할 수 있습니다. 그러나 여러분이 한 번 흘려보낸 것은 영원히 흘려보낸 것입니다.

✧ 감정은 거짓말쟁이

스스로 어떤 감정을 합리화할 때, 여러분은 스스로에게 그것이 얼마나 유용한 것인지 말하고 또 자신이 그것을 붙들고 있는 게 완전히 옳다고 정당화할 것입니다. 사실 이것은 여러분이 거짓말을 한 꾸러미를 건네받는 것이나 마찬가지입니다. 흘려보내기 과정을 점점 더 깊이 할수록 깨닫게 되는 것 중 하나는 이런 것입니다. 우리가 흘려보내려 하는 감정은 스스로 계속 살아남기 위해 우리와 논쟁을 벌입니다. 감정은 우리에게 거짓말을 하고 공수표를 남발합니다.

"공포가 너를 안전하게 해줄 거야."

"죄책감을 느끼면, 다시는 그것을 하지 않을 거야."

"내가 계속 분노를 붙들고 있으면, 나 혼자만 상처받는 게 아니라 다른 사람에게도 그걸 되돌려줄 수 있어."

이런 말들이 특정한 문제를 막아줄 것처럼 들리지만 사실은 그 문제를 영속화하는 것입니다. 감정이 하는 얘기는 거짓입니다. 제가 수업 때 쓰는 간단한 두 문장이 이런 것을 잘 요약해줍니다. 선불교에서 쓰는 공안과 비슷하다고 느낄 수도 있을 것입니다. 흘려보내기를 하지 않는다면 도저히 이해할 수 없는 그 얘기는 이렇습니다.

"감정은 거짓말만 합니다. 우리가 흘려보내기를 해서 얻는 것이 그걸 붙들고 있기 때문에 얻는 것일 뿐이라고 말합니다."

✦ 컴퓨터 같은 마음

세도나 메서드의 전체적인 그림을 보기 위해 일단 인간의 마음과 비슷한 컴퓨터의 여러 가지 기능을 살펴봅시다. 컴퓨터의 기능 중 일부는 인간의 작용을 바탕으로 하고 있으니 잘못된 비교는 아닐 것입니다. 컴퓨터가 작동하려면 하드웨어와 소프트웨어가 필요합니다. 하드웨어는 뇌와 신경 시스템으로, 소프트웨어는 우리의 타고난 지능뿐 아니라 생각, 느낌, 기억, 믿음과 비교할 수 있겠지요.

메모리 용량이 클수록 컴퓨터 기능이 더 빠르고 효율적으로 작동하는 것처럼 인간도 그렇습니다. 우리는 삶을 살아가면서 메모리가 가득 찰 때까지 경험과 데이터를 축적합니다. 그러면 우리의 처리 능력은 과부하를 일으켜 느려집니다. 컴퓨터는 파일을 삭제하거나 압축해서 공간을 만들 수 있습니다. 이런 방식으로 데이터를 처리할 때, 중립적인 감정이나 완전하게 받아들인 경험은 고효율로 압축이 잘 됩니다. 반대로 격렬한 감정이나 완전하게 받아들이지 못한 경험은 우리 삶 이면에서 계속 돌아가는 프로그램 또는 파일과 같습니다. 그렇게 되면 우리의 메모리와 처리 능력을 너무 많이 소모하게 되겠지요.

어릴 때는 이런 프로그램이 큰 문제가 아니지만 나이가 들수록 호흡과 소화 같은 신체 기능을 수행하는 데 필요한 메모리마저 줄어듭니다. 그 결과 전체 시스템이 과부하에 걸려 고장 나게 됩니다. 이처럼 우리 내면에 있는 프로그램과 파일은 삶을 효과적으로 작동하거나 새롭고 유용한 기술을 배우고자 하는 우리의 기본 능력에 큰 피해를 줍니다. 그리고 우리의 의도에 반하거나 방해하는 메시지를 보내기 때문에 정신적 혼란과 갈등을 일으키지요.

세도나 메서드를 적용하면 우리의 삶 이면에서 오래도록 이런 프로그램과 파일을 작동시키는 격렬한 감정을 흘려보낼 수 있습니다. 그럼으로써 우리가 사용할 수 있는 메모리가 늘어나 처리 능력도 빨라집니다. 흘려보내기는 불완전한 감정 때문에 에너지와 메모리를 허비하지 않고, 경험을 통해 얻은 지혜를 지키도록 해줍니다. 다시 말해, 세도나 메서드를 사용할수록 인간의 시스템은 더 잘 작동하게 됩니다.

✧ '글로 쓰는 흘려보내기' 테크닉: 당신은 삶에서 무엇을 이루고 싶은가?

때때로 세도나 메서드는 여러분으로 하여금 손수 자신의 감정을 글로 써서 통찰하는 기회를 갖게 해줄 것입니다. 세도나트레이닝 협회에서는 이런 종류의 과정을 '글로 쓰는 흘려보내기'라고 부릅니다. 이 책을 읽는 동안 '글로 쓰는 흘려보내기'를 하기 위해 노트 한 권을 준비하기 바랍니다. 그리고 이 책을 다 읽으면 프라이버시를 위해 당신이 쓴 흘려보내기 내용을 모두 찢어버리거나 없애세요. 당신의 릴리징 노트를 보관하거나 계속 간직할 필요는 없으니까요.

자, 이제 여러분이 삶에서 바꾸거나 나아지게 하고 싶은 것을 목록으로 만들어보세요. 이 목록은 세도나 메서드를 공부하는 데 자신의 의도와 목적을 분명하고도 명확하게 만들어주는 역할을 할 것입니다. 우리는 앞으로 세도나 메서드의 각 과정을 함께하면서 그 목록을 다시 세도나 메서드를 수행함으로써 내가 얻은 성취는 가장 먼저 직장에서의 걱정으로부터 자유로워졌다는 것입니다. 직장에서의 성공과 기쁨은 한층 늘어났고, 미래에 대한 공포는 훨씬 줄어들었습니다.

언급할 것입니다. 그러니 필요한 만큼 시간을 충분히 들여 가능한 한 완벽하게 목록을 만드세요. 목록을 쓰면서 이것을 기억하세요. 절대로 여러분이 가능하다고 '생각하는 것들만' 적지 마세요. 그런 생각들로 자신을 제한하지 마세요. 여러분은 지금 앞으로 남은 평생 동안 사용할 수 있는 방법을 배우는 중입니다. 즐기세요! 이 책은 여러분이 갖고 싶은, 되고 싶은, 하고 싶은 모든 것을 할 수 있게끔 이끌어줄 것입니다. 사실, 이 과정은 매우 강력합니다. 따라서 기초적인 수준만으로도 여러분의 목록에 있는 많은 소망이 직접적인 작업을 하지 않아도 결실을 맺게 될 것입니다.

✧ 당신이 얻은 것을 꼭 적어보라

흘려보내기를 하면서 여러분이 얻은 것들을 반드시 글로 적어보길 강력히 권합니다. 그 목록들이 여러분을 더욱더 큰 깨달음으로 나아갈 수 있게 하는 원동력이 될 것입니다. 이러한 긍정적인 결과물을 릴리징 노트에 적거나 혹은 핸드백이나 윗주머니에 들어갈 만한 작은 수첩을 준비해 그때그때 생각날 때마다 적어보세요.

예를 들면 이런 것들입니다.

- 행동과 태도의 긍정적인 변화
- 더욱 큰 편안함, 효율성 그리고 일상적 삶에서의 기쁨
- 좀 더 열려 있고 효과적인 의사소통
- 문제 해결 능력의 향상
- 한층 큰 유연성 또는 융통성
- 좀 더 이완된 상태와 행동할 때의 자신감
- 성취, 완성, 새로운 시작
- 새로운 기술과 능력의 획득
- 긍정적 감정의 증가 및 부정적 감정의 감소
- 타인에 대한 더욱 큰 사랑

이 책의 내용을 탐구하면서 얻을 수 있는 추가적인 혜택은 여러분을 제한하는 패턴은 물론 삶을 더욱 훌륭하게 바꾸는 구체적인 방법도 찾을 수 있다는 것입니다. 저는 여러분에게 이런 깨달음이 일어날 때마다 그것을 꼭 적어보기를 적극 권합니다.

✧ 다시 태어나기

이 글의 목적은 여러분이 갖고 싶은, 되고 싶은, 하고 싶은 것을 이루는 데 필요한 모든 것을 배울 수 있도록 돕는 데 있습니다. 여러분이 만약 세도나 메서드를 진지하게 실행한다면 삶의 모든 부분이 더 나은 쪽으로 변화되리라는 것을 보장합니다. 여러분은 마치 새로 태어난 것처럼 느낄 것입니다. 내면의 스트레스와 긴장이 쉽게 사라져버림으로써 얼굴에 미소를 띠고 큰 소리로 웃는 자신의 모습을 발견하게 될 것입니다.

지금부터 다음 장으로 들어가기 전에 우리가 방금 함께했던 것들을 한 번 더 시험해보세요. 그리고 자기 스스로 무엇을 찾을 수 있는지 확인하세요. 하루 동안 흘려보내기 연습을 해보고, 자신만의 방법으로 이미 흘려보내기를 하고 있었던 것들을 체크하세요. 감정을 이런 방식으로 다루는 데 집중하면 할수록 더 많은 혜택이 생기고 흘려보내기도 한결 쉬워질 것입니다.

부디 꾸준히 하세요. 여러분이 흘려보내기를 더욱더 탐구할수록 더욱더 자연스럽게 그것이 억압과 표출을 대체할 것입니다. 그리고 여러분을 자유롭게 해줄 것입니다.

래리 크레인의
릴리징 기초 다지기

릴리징을 효과적으로 하는 방법 중 하나를 소개합니다. 다양한 릴리징 방법 모두를 사용할 필요는 없지만 적재적소에 쓰면 더욱 효과적인 방법이 몇 가지 있습니다. 여기서는 릴리징을 처음 배우는 사람이나 숙련된 사람 모두에게 도움이 될 만한 '기초 다지기'에 대해 알아봅니다. 이른바 고급 기술이란 것들은 모두 잊어버리고 기초를 닦으세요. 특히 릴리징에서는 기초가 전부입니다. 릴리징을 정말로 배우고 통달하기 위해서는 전문가와 함께 이 과정을 계속 반복해야 합니다. 제가 여러분에게 비행기 조종법을 가르쳐드릴 수도 있습니다. 하지만 전문가의 도움을 받아 계속 연습해서 정말로 그것을 체득하지 않는다면 여러분은 결국 큰 사고를 내고 말 것입니다.

핵심 욕구와 욕망을 릴리징하세요

여러분이 일단 어떤 감정을 느끼고 그것을 알아차렸다면 그 속에 숨어 있는 욕구와 욕망을 추적해서 알아내십시오. 그러고 나서 그것을 흘려보내세요. 어떤 감정, 어떤 느낌, 어떤 대답이든 그것을 느끼면, 스스로에게 물어보세요. "이것은 인정받길 원하는 욕구, 통제하길 원하는 욕구, 안전하길 원하는 욕구에서 비롯한 것인가?"

그러고 나서 아래의 세 가지 질문을 합니다.

1. 나는 이것을 흘려보낼 수 있을까?
2. 나는 이것을 기꺼이 흘려보내고 싶은가?
3. 그렇다면 언제가 좋을까?

이것은 가장 효과적인 릴리징 방법입니다. 왜냐하면 내재된 욕구와 욕망이 수많은 결핍감을 만들어내기 때문입니다. 하나의 욕구가 수백 가지 결핍된 느낌(욕구)을 만들어내고 수천 가지 제한된 생각을 만들어내기 때문입니다. 이제, 내재된 욕구를 잘라내야 하는 이유를 이해할 수 있나요? 뿌리를 도끼로 찍어내는 것은 내재된 욕구를 처리함으로써 거기에서 파생된 수많은 생각과 감정을 몽땅 제거하는 것과 같습니다. 위의 세 가지 질문은 흘려보내기로의 초대와 같습니다. 이것은 명령이나 요구가 아닙니다. 그렇게 해야만 한다는 압박이 아니라 초대와 허용입니다. 이것은 여러분을 용기와 수용의 자리로 데려갑니다.

첫 번째 질문 "나는 이것을 흘려보낼 수 있을까?"는 우리에게 구별할 수 있는지를 물어보는 것입니다. "그것을 흘려보내는 것이 가능한가요?" 이에 대한 대답은 언제나 "예."입니다. 그것은 언제나 가능합니다. 여러분은 감정의 주인입니다. 그렇지 않나요? 이런 감정은 여러분이라는 컴퓨터에 깔려 있는 프로그램입니다. 만약 여러분 자신이 'delete' 키를 누르지 않는다면 누가 그 일을 할 수 있을까요?

두 번째 질문 "나는 이것을 기꺼이 흘려보내고 싶은가?"는 여러분이 기꺼이 그것을 흘려보낼지 물어보는 것입니다. 흘려보내는 데 필요한 것은 기꺼운 마음입니다. 강제나 억압이 아닙니다. 만약 여러분이 흘려보내길 원치 않는다면 흘려보내지 않으면 됩니다. 만약 그럴 경우 여러분은 결국 폭발하고 말 것입니다. 레스터가 말한 '릴리징을 위한 6단계(12장 참조)' 중 1단계는 매우 중요합니다. "여러분은 자신이 갖고 있는 인정 욕구, 통제 욕구, 안전 욕구보다 초연함과 자유를 더욱 원해야 합니다." 그런데 대부분의 사람들이 바로 이 부분에서 이탈합니다. 여러분은 "나는 이제까지 충분히 경험했어. 이런 부족감, 결핍감을 계속 붙들고 있기보다는 자유를 원해. 집착하기보다는 자유롭게 되겠어."라는 결정을 할 수 있는 지점까지 와야 합니다. 그러고 나면 어떤 생각이든, 어떤 감정이든, 어떤 욕구든 완전한 자유와 초연함에 어울리지 않는 것은 모두 흘려보낼 수 있게 될 것입니다. 레스터는 사람들이 흘려보내지 않는 이유는 딱 두 가지라고 말했습니다. 하나는 자신이 할 수 있을 거라고 생각하지 않기 때문이며, 다른 하나는 그러길 원치 않기 때문입니다. 위의 첫 번째, 두 번째 질문은 바로 이런 부분을 나타내는 것입니다. 첫 번째 질문을 통해 여러분은 할 수 '있음'을 깨닫게 되고, 실제로 흘려보낼 수 '있게' 됩니다. 그리고 두 번째 질문을 통해 기꺼이 흘려보내겠다는 결정을 내릴 기회를 얻게 됩니다.

세 번째 질문 "언제?"는 그것을 좀 더 편할 때 또는 나중에 작업한다거나 지금 하고 있는 중이라고 말하는 것과 달리 지금 이 순간 그것을 흘려보내는 것으로의 초대를 뜻합니다. 나중으로 미루는 것은 항상 여러분의 에고ego가 스스로를 파괴시키는 프로그램을 보호하기 위해 동원하는 방법입니다. 만약 여러분이 흘려보내고자 한다면 "언제?"라는 질문에 대한 대답은 항상 "지금 당장!"이 될 것입니다. 이 세 번째 질문은 많은 사람이 알고 있는 것보다 훨씬 더 중요합니다. 이것이 세도나 메서드가 세상의 다른 모든 자기 성장 프로그램보다 효과적이고 중요한 방법임을 보여주는 부분입니다. 여러분이 갖고 있는 프로그램을 어지럽게 만들거나 프로그램 한 개 혹은 부정적인 패턴 하나를 몇 개월에 걸쳐 떨어져나가게 만드는 종류의 방법들과 달리 여러분은 이런 부정적이고 제한적인 패턴을 매 순간 하나씩 제거할 수 있습니다. 4초 안에 여러분은 네 개의 제한된 습관을 떨쳐버릴 수 있습니다. 1년에 걸쳐 이뤄낼 성장을 한순간에 이뤄낼 수도 있습니다. 릴리징 테크닉이 왜 그렇게 강력한지 이제 이해되시나요?

2장

성공을 위한
공식

어느 누구도 진실을 배울 수 없습니다.
각자는 스스로 진실을 깨달아야만 합니다.
스승은 방향과 길을 가리킬 뿐입니다.
그리고 학생은 그 길을 선택할 수 있습니다.
모든 진실은 증명될 수 있습니다.
귀로 듣기만 하지 말고 반드시 각자 스스로가 증명해야 합니다.

_레스터 레븐슨

이 책의 목적은 여러분이 최선을 다하고, 잠재력을 실현하고, 행복, 기쁨, 건강이 충만한 인생을 살고자 할 때 여러분 자신을 뒤로 잡아끄는 '반응과 감정'을 흘려보내는 법을 이론이 아니라 직접 경험하는 방식으로 배우게끔 안내하는 것입니다. 흘려보내기와 관련한 얘기를 1장을 통해 약간 경험해봤으므로 이번 장에서는 세도나 메서드를 효과적으로 사용하는 법에 대해 더 자세한 가이드라인을 제공하도록 하겠습니다.

앞으로 세도나 메서드를 배우는 동안, 흘려보내기 과정은 철저히 내적인 것이라는 사실을 명심하세요. 여러분 자신을 제외하고 어떤 것도, 어떤 사람도 아무런 관련이 없다는 뜻입니다. 오직 여러분의 삶과 관련된 사람 또는 상황에 대한 여러분 자신의 내적 반응과 감정하고만 관련이 있습니다. 여러분이 흘려보내기를 할 때, 그 과정이 너무 간단하고 즐거워서 웃음이 나올지도 모릅니다. 실제로 세도나 메서드 워크숍에서는 많은 사람들이 자주 웃습니다. 흘려보내기 과정은 매우 기본적이고 내적인 수준에서 작용하기 때문에 심지어 파트너와 그 방법을 연습할 때조차 사적인 세세한 부분까지 공유할 필요는 없습니다. 파트너와 함께 흘려보내기를 하면서도 프라이버시를 지킬 수 있다는 뜻입니다.

이 책을 통해 탐험에 참여하는 동안 가능한 한 여러분의 감정을 흘려보내게끔 자신을 허용해주세요. **'가능한 한'이란 말은 '바로 그 순간, 여러분의 능력만큼'을 의미하는 것입니다.** 여러분은 감정을 억누르거나 진짜로 있지도 않은 걸 흘려보낼 필요가 절대 없습니다. 바로 지금 이 순간 느끼는 감정만을 흘려보낼 수 있지요. 예를 들어, 여러분이 분노하고 있다면 흘려보내기 질문은 모든 때의 모든 분노를 언급하는 것이 아닙니다. 오직 여러분이 **지금** 느끼는 분노를 흘려보내기 위한 초대일 뿐입니다. 이 과정은 인간의 본성만큼이나 자연스럽고 편안하기 때문에 항상 자신의 감정을 강하게 느끼는 것은 아닙니다. 이것은 여러분이 거창한 일을 한다는 의미가 아닙니다. 일반적으로, 흘려보내기는 약한 감정이든 강한 감정이든 효과적입니다. 그리고 아무리 사소한 것일지라도 매일매일 삶 속에서 흘려보내는 습관을 들인다면, 결국 모든 게 사소한 것처럼 느껴질 것입니다. 내적인 긴장과 스트레스를 흘려보내기 시작할 때, 여러분은 스스로 편안해지고 주의력이 높아졌다는 사실을 알아차리게 되겠지요. 이런 것은 여러분이 세도나 메서드를 통해 얻을 수 있는 많은 이득 중 하나일 뿐입니다.

저는 여러분이 세도나 메서드를 통해 배운 것을 삶에 잘 적용하면 거대하고 빠른 진보와 강력하고 긍정적인 결과를 경험할 거라고 장담합니다. 세도나트레이닝협회에서는 이런 변화를 '결과물(성취물)'이라고 부릅니다. 물론 여러분이 세도나 메서드를 적용해 바꾸고 싶은 삶의 특정한 영역은 당장 바뀌는 다른 영역과 달리 원하는 만큼 빨리 바뀌

지 않을지도 모릅니다. 여러분이 목표한 영역은 어쩌면 변화시킬 여러
분의 삶 중에서 가장 마지막 영역이 될지도 모릅니다. 그러나 여러분이
생각하는 것보다는 훨씬 빨리 변화될 것이라고 저는 확신합니다.

예를 들어 설명해보겠습니다. 어떤 사람이 커다란 경제적 성공을 위
해 자신을 오픈하고 세도나 메서드 작업을 시작했다고 칩시다. 그는 주
의 깊게 책을 읽고, 성실하게 수행에 임했습니다. 그러나 당장 얻은 경
제적 이익은 없었습니다. 그 대신 건강과 인간관계에서 대단한 성과를
얻었을지도 모릅니다. 이후 일터에서 숙련된 능력을 계발하기 시작하
고, 마침내 원래 찾던 경제적 성공을 거둘 수도 있습니다. 오해하지 마
세요. 세도나 메서드는 분명히 여러분의 삶에 중요한 변화를 가져올 것
입니다. 단지 이따금 그 변화가 여러분이 바라고 예측한 식으로 정확히
오지 않을 뿐입니다. 변화는 서서히 일어날 수 있습니다. 친구, 동료, 고
용인이 여러분보다 먼저 그 변화를 알아차릴 수도 있습니다.

자신의 인생에 흘려보내기를 추가할 때 여러분은 감정에 더 민감해지는 자신을 발견할 것입니다. 이는 발전의 징조입니다. 여러분이 회피하고 억눌러온 많은 감정들을 인식하고 흘려보낼 준비가 됐다는 사실을 의미하기 때문입니다. 제 경험상 사람들은 대개 느닷없이 닥친 감정을 감당하지 못합니다. 세도나 수업을 들은 학생 중에도 어떤 감정에 대한 저항감 때문에 며칠 동안 잠을 이루지 못한 경우가 있습니다. 결국은 자신을 괴롭히는 감정을 흘려보내 평화를 찾았지만 말입니다.

좋은 소식은 흘려보내기를 하면 할수록 그 작업이 점점 더 쉬워진다는 것입니다. 그리고 바로 이것이 자신의 모든 감정(기쁜 것이든 고통스러운 것이든)을 더 깊이 경험하도록 여러분을 이끕니다. 여러분은 모든 감정을 더 완전히 느낌으로써 모든 것에서 더 많은 즐거움과 생동감을 경험할 것입니다.

다음의 비유는 세도나 메서드를 사용하는 것과 좀 비슷합니다. 여러분은 접시 디스펜서(스위치를 누르면 접시나 쟁반이 튀어나오는 기계-옮긴이)가 설치된 샐러드 바나 카페테리아에서 식사를 한 적이 있나요? 만약 그렇다면 디스펜서에서 접시나 쟁반을 빼고 나면 다른 것이 공간을 차지하려고 튀어나오는 것을 보았을 것입니다. 우리가 감정을 내보내려 할 때도 같은 일이 일어납니다. 흘려보내기 시작한 주제와 관련된 감정이 더 남아 있다면, 그것들이 올라오기 시작할 것입니다. 그 특정 주제에서 그런 감정들이 사라질 때까지, 이를테면 디스펜서가 완전히 빌 때까지 말입니다. 그러나 접시 디스펜서와 달리 여러분이 꺼내서 흘려버린 모든 감정은 영원히 사라집니다. 이 책에 소개한 과정을 탐험하면서 여러분은 아마 처음엔 한 번에 한 감정만 흘려보내고, 나중에는 그룹별로 감정을 흘려보내게 될 것입니다. 이런 과정은 여러분이 흘려보내기에 매우 능숙해져 궁극적으로 모든 감정이 쌓여 있는 가장 깊은 영역에서 작업을 수행할 수 있을 때까지 계속 진행될 것입니다.

종종 어떤 것도 찾거나 성취하려고 애쓰지 않을 때가 바로 마음이 흘려보내기와 깨달음을 허용하도록 충분히 이완된 순간입니다. 의식적으로 세도나 메서드를 수행하면서 여러분은 분명 흘려보내기와 깨달음 그리고 '결과물'을 경험할 것입니다. 하지만 별로 기대하지 않던 순간에 그런 때가 올 수도 있습니다. 그러니 매일매일 깨달음의 가능성을 위한 공간을 만들어보세요. 예상치 못한 결과물에 마음이 열려 있도록 말입니다. 최대한 긴장을 풀고, 자신의 진면목에 대한 궁극적인 깨달음의 때가 여러분의 예측을 완전히 벗어날 수도 있다는 것을 받아들이세요.

◇ 자주 묻는 질문

사람들은 세도나 메서드를 수행하면서 종종 다음과 같은 질문을 합니다. 흘려보내기를 할 때마다 참고하면 많은 도움이 될 것입니다.

얼마나 자주 흘려보내기를 해야 하나요?
흘려보내기는 아무리 많이 해도 결코 지나치지 않습니다. 세도나 메서드를 삶에 적용하면 할수록 더 많은 이익을 얻을 것입니다. 흘려보내기는 여러분의 기분을 더 나아지게 하고, 더 명료하게 해주고, 더 자신 있게 해주고, 더 생동감 있게 해줍니다. 그리고 언제 어디서나 실행할 수 있습니다. 감정이 올라와 여러분의 마음을 통과하는 동안, 그냥 자신의 내면이 열려 있도록 허용해주세요. **속상한 일을 더 큰 자유의 기회로 삼으세요. 단, 흘려보내기가 여러분을 속박하는 또 다른 '의무'로 바뀌지 않게 조심하세요.**

흘려보내는 것을 배우려면 얼마나 걸리나요?

그것은 오직 여러분에게 달렸습니다. 1장에서 여러분은 기본적인 흘려보내기 테크닉을 배웠습니다. 얼마나 빨리 눈에 보이는 결과물을 얻을 수 있느냐는 여러분이 배운 것을 일상의 삶에 얼마나 자주 적용하느냐에 달려 있습니다. 흘려보내기는 하면 할수록 쉽습니다. 즉시 큰 변화를 느낄 수도 있고, 그렇지 않을 수도 있습니다. 결과물은 미묘할 수도 있고 아주 놀라우리만큼 심오할 수도 있습니다.

이렇게 간단한 것이 어떻게 그토록 파워풀할 수 있나요?

인생에서 가장 강력하고 유용한 도구는 대부분 아주 단순합니다. 단순하다는 것은 그만큼 기억하기도, 적용하기도 쉽다는 얘기죠. 숨 쉬기를 예로 들어봅시다. 숨 쉬기가 얼마나 중요한지는 굳이 말할 필요도 없습니다. 들이마시고 내쉬기를 필요한 만큼 반복하면 그만입니다. 세도나 메서드도 마찬가집니다. 세도나 메서드를 사용하면 거의 생각할 필요도 없이 흘려보내기를 할 수 있습니다. 아주 쉽게 제2의 천성이 되는 것이지요. 1장에서 억눌린 감정을 압력솥에 비유한 것 기억하시죠?

여러분이 흘려보내기에 익숙해지면, 감정을 억누르고 있는 뚜껑을 없애고 그것을 흘려보내도록 허용하는 것이 내면에 잔뜩 쑤셔 넣고 있는 것보다 훨씬 자연스럽다는 사실을 알게 될 것입니다.

흘려보내는 건 어떤 느낌인가요?

사람마다 매우 다릅니다. 대부분의 사람들은 즉각 가벼워지고 이완되는 것을 느낍니다. 어떤 사람들은 마치 새로 태어난 것처럼 자기 몸을 통과하는 에너지를 느끼기도 합니다. 시간이 지날수록 이런 변화는 말로 표현할 수 없을 만큼 더욱 커집니다. 육체적인 감각과 더불어 마음이 고요해지고, 남아 있는 생각이 점점 명료해지는 것을 느낄 것입니다.

내가 잘하고 있는지 어떻게 알 수 있나요?

흘려보내기를 할 때 감정이나 태도, 행동에서 어떤 긍정적인 변화가 일어난다는 것을 알아차린다면 잘하고 있는 것입니다. 여러분이 흘려보내고자 하는 각각의 주제는 그 양이 각기 다릅니다. 그러니 한 번 시도해서 변화하지 않았다면, 흘려보내고 또 흘려보내세요. 바라던 결과를 성취할 때까지 흘려보내기를 계속하세요.

내가 예전의 패턴이나 행동양식에 다시 갇히거나 흘려보내는 것을 완전히 잊어버렸다면 어떻게 해야 하나요?

먼저, 이것은 예견된 일이라는 걸 이해하는 것이 매우 중요합니다. 그리고 괜찮습니다. 필요한 순간에 맞춰 흘려보내는 능력은 자연스럽게 시간이 지나면서 나아질 테니까요. 세도나 메서드를 계속하면 머지 않아 여러분은 '실시간으로' 흘려보낼 수 있게 될 것입니다. 여러분이 예전의 패턴이나 행동 양식에 다시 갇혔다는 것을 깨닫는 순간, 그것을 흘려보내면 그만입니다. 이를테면 그 패턴조차도 여러분 스스로 바꿀 수 있다는 것입니다. 그런 과정을 거치다 보면 옛 패턴을 완전히 흘려 보내 더 이상 그것에 갇히는 일은 없을 것입니다.

세도나 메서드를 하기 위해 내 신념을 바꾸거나 뭔가 새로운 것을 믿어 야 하나요?

절대 아닙니다. 서문에서 언급했듯이 여러분 스스로 증명하지 못한 다면 이 책에 있는 어떤 것도 그냥 믿어서는 안 됩니다. 어떤 지식이든 여러분이 직접 경험해서 증명하기 전까지는 유용하지 않습니다. 그냥 이 책이 전달하고자 하는 것에 가능한 한 마음을 여세요. 그리고 여러 분의 의식과 인생을 바꿀 기회라고 생각하세요. 여러분의 종교적 믿음 이나 신념이 어떻든 흘려보내기 과정은 그 믿음과 신념을 지지해줄 것 입니다. 오히려 세도나 메서드를 사용함으로써 진정한 영적 경험과 확 신을 얻을 수 있고, 좀 더 조화로운 삶을 살 수 있습니다.

만약 내가 다른 심리 치료를 받고 있거나 개인적 성장을 위해 다른 단체 에서 활동하고 있다면 어떻게 해야 하나요?

흘려보내기는 심리 치료나 개인적인 성장에 가장 효과적인 방법이 므로, 여러분이 기존에 하고 있는 활동에 이상적인 도움을 줄 수 있습 니다. 여러분이 지금 하고 있거나 앞으로 하게 될 것들을 포함해서 말입니다. 흘려보내기를 다른 자아 탐험의 도구와 결합할 때, 그 결과물을 더욱 빠르고 쉽게 얻을 것입니다.

주의 만약 현재 어떤 심리적 또는 의학적 치료를 받고 있는 중이라면, 여러분의 주치의와 상담하기 전에는 그 치료 요법을 섣불리 바꾸지는 마세요.

◇ 당신만의 주된 감각을 장점으로 활용하라

보통 사람이 주로 사용하는 육체적 감각은 세 가지입니다. 시각(시력), 운동 감각(신체적인 느낌), 청각(소리)이 그것이지요. 만약 이 세 가지 중 어느 것이 여러분만의 주된 감각인지 확실치 않다면, 흘려보내기 질문을 하는 동안 이 세 가지 방식 모두를 적용해보세요. 그런 후에 여러분에게 가장 잘 맞는 감각을 사용하도록 하세요.

시각
여러분이 시각을 주로 사용하거나 시각적으로 작업하는 걸 좋아한다면, 흘려보내기 질문을 하는 동안 시각적인 이미지들이 올라오도록 자신을 허용해주세요. 그런 다음, 아래의 설명 중 자신에게 가장 적합한 것을 골라 사용하세요.

• 여러분 몸에서 긴장을 비롯해 흘려보낼 감정을 느끼는 부분에 매

듭을 짓고 그것을 시각화하세요. 그리고 그것들을 흘려보낼 때 매듭이 풀리는 것을 지켜보세요.

• 여러분 내면에 압력밥솥이 있고, 거기에 경첩 달린 뚜껑이 있다고 상상하세요. 그리고 여러분이 해야 할 일은 뚜껑을 여는 것뿐이고, 그러면 감정이 빠져나갈 것이라는 사실을 받아들이세요. 뚜껑을 열고, 압력이 빠져나가는 것을 지켜보세요. 이 이미지를 자주 사용하면, 얼마 지나지 않아 이 뚜껑을 열린 상태로 쉽게 유지하고, 올라오는 감정을 쉽게 빠져나가도록 할 수 있을 것입니다.

• 여러분의 손으로 어떤 감정을 세게 쥐고 있다고 상상하세요. 그리고 손을 펴고 감정이 떠나가는 것을 바라보세요. 운동 감각에서 다시 설명하겠지만, 이 이미지를 육체적으로 강화할 수도 있습니다. 감정에 집착할 때는 실제로 주먹을 꽉 쥐고, 흘려보낼 때는 주먹을 펴듯이 말입니다.

• 여러분의 감정이 여러분 몸에 갇혀 있는, 원치 않은 에너지의 주머니라고 상상하세요. 이 주머니에 구멍을 뚫는 여러분을 바라보고, 부정적인 에너지가 새어나가는 것을 지켜보세요.

• 여러분은 자신의 제한된 감정을 어둠 같은 느낌으로 경험할지도 모릅니다. 그럴 때는 어둠이 밝은 빛에 의해 씻겨나가는 것을 그려보세요.

운동 감각

여러분이 운동 신경이 발달한 타입이라면, 육체적인 감각을 주로 사용할 것입니다. 그럴 때는 먼저 몸 안에 있는 감정을 가능한 한 완전히 경험하게끔 여러분 자신을 허용해주세요. 그러고 나서 이완하고, 스스로를 열어두고, 흘려보내기를 하며 감정이 떠나는 것을 느껴보세요. 여러분은 아마 손을 대거나 만지거나 움직임을 이용해 흘려보내기 경험을 강화하는 것을 특히 즐거워할지도 모릅니다. 다음을 시도해보세요.

• 두 손을 서로 포개 태양신경총 부위(명치)에 올려놓으세요. 감정을 흘려보내면서, 양손을 위로 젖히세요. 감정이 통과해 밖으로 빠져나가는 가상의 공간을 창조하면서 말입니다.

• 한 손으로 주먹을 쥐고 태양신경총 부위에 대세요. 이어서 감정을 흘려보내며 손바닥을 펴세요.

• 매우 아끼는 누군가를 안으려 할 때처럼 팔을 활짝 여는 동작을 이용하세요. 양손을 기도하듯 앞으로 모으고, 여러분이 그 순간 무엇을 느끼는지 알아차릴 수 있도록 스스로를 허용하세요. 천천히 팔을 넓게 벌리면서, 동시에 받아들이는 기분을 느끼도록 스스로를 허용하세요. 최대한 멀리 두 손을 천천히 움직이는 동안(두 팔이 땅기지 않을 만큼 최대한 큰 동작을 취하세요) 마음을 최대한 열어두세요. 마지막으로, 여러분이 어떻게 느끼는지 지켜보세요. 이 과정을 인위적인 생각 없이 할수록 더 가벼워지는 것을 느낄 것입니다.

• 육체적으로 흘려보내기 기법을 강화하고 머리보다 가슴을 더욱 잘 사용할 수 있도록 도와주는 쉬운 방법이 있습니다. 여러분의 손을 어떤 감정을 느끼고 있는 몸 부위에 놓으세요. 이 부위는 대부분 태양신경총이나 위장 근처입니다. 이런 작업을 그 감정에 대한 여러분의 생각보다 감정 자체에 집중하도록 일깨워주는 도구로 사용하세요.

청각

여러분이 청각을 주로 사용한다면 이 책에서 소개한 기본적인 흘려보내기 질문이 더욱더 효과적으로 여러분을 이끌어줄 것입니다. 또 흘려보내기 질문을 할 때, 긍정적이고 힘을 북돋워주는 내적인 대화에 몰입함으로써 여러분은 더욱 큰 확신을 갖게 될 것입니다. 하지만 내적인 대화를 할 경우에는 말을 최소한으로 줄이고, 논쟁은 피하도록 하세요. 흘려보내기 질문을 할 때는 흘려보내기의 장점에 대해 논쟁하거나 그것의 잠재적인 결과를 기대하기보다는 단순히 "예." 혹은 "아니요."라고 말하는 것이 언제나 효과적입니다. 흘려보내기를 경험하면 할수록 내면에서 들려오는 소리에 깜짝 놀랄 수도 있습니다. 제 학생 중 한 사람은 비판하는 감정을 허용하자 자신이 마치 버릇없는 강아지라도 된 양 '너는 틀렸어. 너는 나빠. 네가 잘못했어.'라는 말을 마음속으로 계속해서 들었습니다.(비판하는 감정에 저항하지 않고 그것을 허용하자 마음속에서 끊임없이 자신을 비판하는 소리가 많다는 것을 깨닫고, 그제야 그 소리들을 들을 수 있게 되었다는 뜻-옮긴이) 물론 그녀는 피식 웃으며 그것을 흘려보냈습니다.

이 세 가지 감각 중 어느 하나를 주로 사용하는 사람은 자신에게 해당하는 방법을 선택해 유익한 혜택을 볼 수 있습니다. 앞장에서 배운 것처럼 펜이나 연필 또는 다른 물건을 손에 들고 있다가 떨어뜨리는 간단한 연습을 다시 생각해봅시다. 만약 도움이 된다면 그 방법을 다시 시도해보는 것은 어떨까요? 여러분이 흘려보내기 질문에 대해 스스로 물어볼 때마다 물건을 하나씩 잡으세요. 그리고 흘려보낼 준비가 되면 내적인 경험을 감지할 수 있는 일종의 강화reinforcement(유쾌한 자극을 주면 그 자극과 관련된 반응이 빈번해지고, 불쾌한 자극을 주면 관련된 반응이 감소하거나 소멸한다는 심리학 이론 - 옮긴이)처럼 그 물건을 흘려보내는 겁니다.

흘려보내기 능력에 집중하기 위해 하루를 시작할 때 작은 게임을 한다고 자신을 허용해보세요. 게임의 목표는 감정을 붙잡는 것과 흘려보내는 것 양쪽 모두입니다. 일단 사소한 짜증이나 가벼운 감정만을 선택해 압박을 낮게 유지하도록 합시다. 그리고 감정을 붙잡거나 흘려보내는 것을 주목하세요. 감정을 붙잡을 때는 그것을 계속하도록 허락해주세요. 그리고 스스로 흘려보내기 과정을 한 번 더 시도할 마음이 있는지 점검하세요. 만약 그렇다면 흘려보내기 질문을 해봅시다. 이렇게 말입니다. "내가 지금 뭘 느끼고 있지? 내가 이 감정을 가지고 있도록 허용할 수 있을까? 내가 이것을 흘려낼 수 있을까? 이것을 흘려보낼까? 언제? (흘려보낸 후) 자, 지금 느낌은 어떻지? 내가 이 감정을 흘려보낼 수 있을까? 그러고 싶니? 언제?" 계속해서 이런 식으로 자신을 점검하세요. 이 게임은 감정적 자유로움을 향상시킵니다.

✧ 두 명 이상이 목표에 집중할 때

여러분은 다양한 버전으로 회자되는 이런 이야기를 들어봤을 겁니다.

천국으로 간 한 남자가 진주로 장식된 문 앞에서 신을 만났습니다. 신은 그를 환영하며 물었지요.

"아들아, 천국에서 삶을 보내기 전에 혹시 소원이 있느냐?"

남자는 대답했습니다.

"네. 제 행운에 더 많이 감사하기 위해 지옥이 어떻게 생겼는지 보고 싶습니다."

신은 "좋다!" 하며 손가락을 튕겼고, 그들은 즉시 지옥으로 갔습니다. 그런데 눈앞에 끝도 보이지 않는 넓은 테이블이 펼쳐져 있었습니다. 그 테이블 위에는 최고로 훌륭하고 맛있는 음식이 산더미처럼 쌓여 있는데, 주위에는 헤아릴 수 없을 만큼 많은 사람이 아사 직전에 빠져 신음하고 있었습니다.

"아니, 이 사람들은 왜 이렇게 굶주리고 있습니까?"

남자가 묻자 신이 대답했습니다.

"모든 사람이 반드시 11피트(약 3.5미터)짜리 젓가락으로 음식을 먹어야 하기 때문이지."

"아, 저런! 너무 가혹하군요."

남자는 동정심에 가득 차서 말했습니다.

신이 다시 손가락을 튕기자, 그들은 천국으로 이동했습니다.

천국에서 남자는 지옥과 똑같은 테이블을 보았습니다. 그런데 사람들이 지옥에서와 달리 잘 먹고 행복한 것을 보고 매우 놀랐습니다. 그는 돌아서서 신에게 물었습니다.

"여기 사람들은 왜 이렇게 다르죠? 다른 도구를 쓰는 게 틀림없는 것 같아요."

그러자 신이 대답했습니다.

"아니다, 아들아. 여기 있는 모든 이들 또한 11피트짜리 젓가락으로 먹는단다."

남자는 혼란스러워하며 물었습니다.

"이해가 되지 않아요. 그게 어떻게 가능하죠?"

신이 대답했습니다.

"천국에서는 모두가 서로에게 음식을 먹여준단다."

이 책에 담긴 과정은 세도나트레이닝협회에서 가르치는 기본 코스와 심화 코스를 그대로 가져온 것입니다. 여러분이 혼자서도 할 수 있고, 친구 혹은 연인과 함께할 수 있도록 고안한 것입니다.

사람들이 자유를 추구하고 자기 자신을 탐구하기 위해 함께 모일 때, 엄청난 힘이 발휘됩니다. 그것이 바로 세도나트레이닝협회가 세미나를 주최하는 이유이며, 여러분이 다른 사람과 흘려보내기를 나눔으로써 특별한 혜택을 받는 이유입니다. 서로의 요구를 돌봐줄 때 우리는 천국에서처럼 아무도 굶지 않습니다.

이 책을 누군가와 함께 연습하기로 결정했다면, 서로 질문을 하거나 탐구 과정에서 서로를 이끌어줄 수 있습니다. 여러분이 할 일은 파트너와 함께하며 책을 읽는 것입니다. 여러분의 파트너가 자신만의 경험을 하도록 허용함으로써 파트너에게 자기 이해의 권한을 부여하도록 하세요. 파트너의 흘려보내기를 도와주며 여러분 역시 그것을 흘려보내는 데 최선을 다하세요. 여러분이 열려 있다면 이는 매우 자연스러운 일입니다. 여러분의 파트너가 자신이 선택한 과정으로 깊이 들어가게끔 허용하세요. 파트너의 반응을 이끌거나, 판단하거나, 조언하는 것을 삼가세요. 파트너를 '고쳐주는' 것은 여러분의 몫이 아닙니다. 여러분과 파트너가 모두 탐구를 끝내고 토론을 해도 좋다고 합의할 때까지는 서로 간섭하지 마세요. 파트너의 관점을 허용하세요. 비록 여러분의 관점과 다를지라도 말입니다. 예를 들어, 여러분이 볼 때 파트너가 실제로 느끼는 것은 분노인데, 그것과 달리 파트너가 "나는 슬퍼요."라고 말할 수도 있습니다. 그럴 때조차 그들이 슬픔을 흘려보내도록 도와주세요. 그들이 여러분 앞에서 말하는 것을 허용함으로써 그들에게 영광을 주는 것입니다. 파트너 사이에서 가장 흔한 불일치는 완전히 흘려보냈는지, 그렇지 않은지에 대한 판단입니다. 여러분은 아마 파트너가 특정 주제에 관해 흘려보내기를 더 해야 한다고 생각할지도 모릅니다. 그들이 "나는 기분이 좋아요. 이제 다 했어요."라고 할지라도 말입니다. 다시 한 번 말하지만, 여러분의 감정과 해석을 파트너에게 강요하는 것은 매우 부적절한 행동입니다.

✧ 케네스: 이야기에 관한 집착 흘려보내기

케네스는 2001년 9월 11일 뉴욕에서 발생한 세계무역센터

공격을 직접 겪은 사람입니다. 이제까지 해온 '매일 흘려보내기' 과정 대신 그해 10월 열린 7일간의 수련회에 참석하기 위해 도착했을 때, 그는 거의 한 달 동안 심한 격정에 사로잡혀 있었습니다. 그리고 우리에게 당시의 드라마틱한 이야기를 해주었습니다.

"고객과 9시에 만나기로 약속을 했는데, 시간이 늦어 '그라운드 제로(세계무역센터가 있던 곳 - 옮긴이)'에서 길을 건너 뛰었습니다. 지하철에서 내렸더니 에스컬레이터가 전형적인 뉴욕 스타일의 짜증난 사람들로 꽉 막혔더군요. 거리로 나온 저는 오른쪽으로 돌아서 '노스 타워'를 바라보았습니다. 그때는 누구도 무슨 일이 일어났는지 몰랐습니다. 2층에 불이 난 것처럼 보였습니다. 저는 서둘러 걸으면서 단지 소방차가 빨리 왔으면 좋겠다는 생각만 했을 뿐입니다.

고객의 빌딩으로 들어가 14층까지 엘리베이터를 타고 올라갔습니다. 그런데 엘리베이터엔 아무도 없고, 사무실도 잠겨 있었습니다. 사람들이 그 건물에서 탈출한 지 벌써 한 시간 남짓 지난 때였던 겁니다. 계단을 통해 건물을 나온 저는 보도에 서서 불난 곳을 바라보았습니다. 5분이나 10분쯤 지났을까. 저도 얼마 동안인지 정확히 기억이 안 납니다. 갑자기 다른 쪽 건물에서 엄청난 폭발이 일어났습니다. 마치 가스난로 위의 연소기가 딸각거리는 것 같았죠.(이상하게도, 집으로 돌아와 일리노이에서 CNN을 보고 있던 여자 친구와 전화 통화를 할 때까지도 저는 비행기가 충돌한 것에 대해선 전혀 몰랐습니다. 그제야 비로소 명백해졌죠. 그것이 단순한 화재 이상의 사건이었다는 게 말입니다.) 폭발이 일어나면서 엄청난 양의 종이가 비처럼 쏟아지기 시작했습니다. 사람들은 패닉 상태가 되어 '데이스트리트'로 뛰어갔습니다. 가능한 한 멀리 달아나려는 그들과 함께 저도 덩달아 달렸습니다. 당시 저는 '의식적인 흘려보내기'를 하지 않았습니다. 공포보다는 호기심이 앞섰죠. 제가 본 것을 알려주려고 여자 친구에게 전화를 걸려고 했지만 휴대폰이 작동하지 않았습니다. 우릴 향해 오는 소방차와 경찰차의 불협화음이 계속 이어졌습니다. 모든 게 왠지 비현실적이기만 했습니다. 그때 종이 한 장이 내 발아래 떨어졌습니다. 독일은행의 서류 종이였죠. 그때 문득 제가 독일인이라는 것이 생각났습니다.

이어서 정말 드라마틱한 일이 벌어졌습니다. 사람들이 노스 타워 꼭대기 층에서 뛰어내리기 시작한 것입니다. 아름답고 화창하기만 했던 그날 아침에 말입니다. 마치 영화를 보는 것 같았습니다. 제 뇌리에 아주 특별한 장면이 들어와 박혔습니다. 한 비즈니스맨이 서류 가방을 들고 떨어지는 모습이었습니다. 그 맑은 날, 다리는 위로, 손은 아래로, 넥타이를 휘날리며 마치 허공을 나는 듯했습니다. 워낙 높은 건물이라 추락하기까지 시간이 꽤 걸렸을 겁니다. 다른 빌딩에 가려 그의 몸이 바닥에 떨어지는 것을 보지는 못했지만 말입니다.

그제야 뭔가 심각한 일이 벌어졌다는 것을 알았습니다. 사람들은 길에서 울부짖고, 누군가가 뛰어내릴 때마다 숨을 삼키며 신음소리를 내뱉었습니다. 그 끔찍한 장면을 지켜보며 저는 자신에게 이렇게 말했습니다, '여길 떠나야 해. **지금 당장!** 무슨 일이 또 일어날지 몰라. 다른 폭탄이 더 있을지도 몰라. **당장 집으로 가!**' 그래서 사람들의 물결을 뚫고 북쪽으로 몇 블록 떨어진 브룩클린 다리의 전철역에 도착했습니다. 역 근처 공원에서도 지금 펼쳐지고 있는 드라마를 망연자실 지켜보는 사람들이 많았습니다. 한 번인가 두 번 정도 걸음을 멈추고 뒤를 돌아봤습니다. 다행히 전철은 그때까지 운행하고 있었는데, 승객은 거의 저 한 사람뿐이었죠. 그나마 곧 멈춰버렸지만 말입니다. 집에 도착하자마자 여자 친구에게 전화를 걸었습니다. 제가 본 것을 설명해주었죠. 그때의 충격과 감정을 그대로 말입니다. 그리고 이내 쇼크 상태에 빠졌습니다. 황급히 장롱 안에 처박혀 있던 텔레비전을 꺼냈습니다. 수신 상태가 엉망이었습니다. 그때 직접 그 일을 목격했지만, 저는 지금도 그것이 사실이 아니라는 강렬한 느낌에 사로잡혀 있습니다."

그때 저는 케네스에게 천천히 다가가 여러 층의 경험을 흘려보내게 했습니다. 소리들, 장면들, 감정들, 생각들, 감각들을 말입니다. 그렇게 공포와 격정을 어느 정도 흘려보냈습니다. 하지만 케네스는 많은 저항을 했습니다. 제가 "이것을 흘려보낼 수 있겠어요?"라고 물으면 "아니요."라고 대답하는 경우가 많았습니다.

우리 모두는 그 비극에 충격을 받았기 때문에 그의 흘려보내기 과정이 그룹 모두에게 도움이 될 거라고 저는 생각했습니다. 자신이 그 특별한 상황을 경험했다는 사실을 자랑스러워하고, 그 굉장한 이야기에 사로잡혀 있다는 걸 알아차릴 때까지 그는 그것을 완전히 흘려보내지 못했습니다. 그러나 그 자랑스러움을 발견하고 흘려보내자, 그때까지의 격정이 모두 씻겨나가고 두 번 다시 나타나지 않았습니다.

케네스는 이렇게 말합니다.

"자랑스러움은 매우 강한 감정입니다. 그러나 나는 그걸 흘려보낼 수 있었죠. 저항감은 사라졌습니다. 마침내 그룹을 의식하지 않게 된 것입니다. 그 특별한 사건을 다룰 사람은 바로 저였습니다. 선생님을 기쁘게 해주거나 다른 사람의 인정을 받는 게 아니라 말입니다. 심지어나 자신에게조차 말입니다. 흘려보내기를 하고 나자 기분이 좋아졌습니다. 9·11 사건은 여전히 사람들 마음속에 남아 있고 끊임없는 얘기가 나돌지만, 저는 세도나에 있는 동안 단 한 번도 그것을 떠올리지 않았습니다. 더 좋은 것은 제가 그것에 넌더리가 났다는 것입니다."

✧ 피해야 할 흔한 함정

많은 사람이 개인적인 성장의 길로 들어설 때, 흔한 함정에 빠지곤 합니다. 그 함정을 피할 수 있는 몇 가지 조언을 드려볼까요?

"나는 고통스럽다. 그게 바로 나야"

이상해 보이겠지만, 이 말은 우리 대부분이 삶을 살아가는 방식을 반영합니다. 우리와 문제를 동일시하고 그것을 지닌 채 살아가는 사람인 양 믿는 것이죠. 우리는 극복해야 할 장애물, 고쳐야 할 문제, 견뎌야 할 수많은 고통을 갖는 있는 존재라고 정당화하는 것입니다. 또 우리가 스스로 만들어낸 고통과 우리를 동일시하기도 합니다. 고통이 없으면 우리 자신이 누구인지조차 모르게 될 거라는 두려움에 매우 익숙해진 것입니다. 하지만 우리가 직면한 문제를 반추하는 순간, 우리는 자신이 이런 생각이나 행동 패턴에 너무 집착하고 있다는 것을 깨달을 것입니다. 그것들 없이는 각자의 삶을 상상하기도 힘들 정도로 말입니다. 우리는 흘려보내기를 통해 얻게 될 어떤 결과를 받아들이려 하기보다는 무언가를 기대하는 것에서 비롯된 인위적 안정감에 매달립니다.

그 기대가 별다른 도움이 되지 않을지라도 말이죠.

그럴 필요가 없습니다. 여러분이 갖고 있는 문제를 떠올려보세요, 그리고 스스로에게 물어보세요. "내가 이 문제에 대해 전부 알고 있다는 데서 얻는 거짓 안정감이 더 나을까, 아니면 자유로운 게 더 나을까?" 더 자유롭고 싶다면, 여러분은 문제에 대한 집착을 저절로 흘려보낼 것입니다. 그리고 자연스러운 해결 방법을 발견하게 될 것입니다. 문제에 갇히거나 그걸 계속 갖고 있는 걸 정당화하는 것과 반대로 말입니다.

"그러면 대체 무엇에 대해 이야기를 하죠?"

우리의 대인 관계는 대부분 자신의 문제에 대해서는 공감을 구하고, 다른 사람의 문제에 대해서는 동정하는 것에 기반을 두고 있습니다. 종종 자신의 문제를 다른 사람들에게 묘사하는 데 전문가가 되기도 하죠. 자신의 문제를 나누는 것이 해롭다는 뜻이 아닙니다. 사실, 여러분을 괴롭히고 있는 문제를 다른 사람과 나누는 것은 흘려보내기의 첫 단계입니다. 또 친구나 파트너가 감정적으로 타인을 필요로 할 때, 그들 옆에 있어주는 것은 좋은 친구의 상징입니다. 우리를 곤경에 빠뜨리는 것은 아무런 위안도 없이 계속 반복적으로 같은 문제를 나누고자 할 때입니다. 여러분이 똑같은 이야기를 한 번 이상 말하는 걸 느꼈다면, 혹시 그 문제에 대해 동의나 인정을 구하고 있는 것은 아닌지 확인해보세요. 만약 그렇다면 스스로 물어보세요.

내가 이 문제에 대해 다른 사람의 동의를 얻길 원하는 마음을 흘려보낼 수 있을까?

내가 이 문제에 대해 인정받고자 하는 욕구를 흘려보낼 수 있을까?

"이건 내 거야. 그게 이유야"

자부심은 구린 데가 있는 감정입니다. 왜냐하면 우리는 뭔가 성취했을 때만 자부심을 느끼는 것이 아니라, 문제 자체에 대해서도 미묘한 자부심을 느끼기 때문입니다. 이를테면 어떤 문제 자체에 대해 매우 특별한 감정을 느끼는 겁니다. 자유를 향해 가는 길에 있는 이 걸림돌은 아마도 문제를 극복하고 있다는 자부심이거나, 그것을 오랫동안 참고 견뎠다는 자부심이거나, 나 혼자서만 특별한 문제를 갖고 있다는 자부심의 형태를 취할 수 있습니다.

자부심에 눈을 크게 뜨고 주목하세요. 문제들을 흘려보내기 할 때, 그것들을 주시하면서 그것들이 여러분을 '특별하게' 만들어주는지 확인하세요. 만약 조금이라도 그렇다면 그것을 솔직하게 인정하고 그에 따른 자부심을 흘려보내십시오. 그러면 그 문제 역시 흘려보낼 수 있을 만큼 자유로워졌다는 것을 깨닫게 될 것입니다.

"왜?"라는 질문은 현명하지 않다

문제가 왜 일어났는지, 혹은 어디서 일어났는지를 이해하거나 알아내려는 마음은 그것을 흘려보내는 데 가장 큰 장애물이 될 수도 있습니다. 우리가 어떤 문제를 이해하거나 해결하려면 그것에 매달려야 하기 때문이죠. 재미있게도, 이해하길 원하는 마음을 흘려보내는 것 자체로 여러분이 그렇게 찾고자 했던 이해가 가능해질 수도 있습니다. 그다지 큰 노력 없이 말입니다. 스스로에게 질문해보세요. "내 문제를 이해하는 게 더 좋을까, 아니면 그것으로부터 자유로워지는 게 더 좋을까?"

만약 자유롭고 싶다면, 이해하길 원하는 마음을 흘려보내라고 강력하게 권합니다.

이것이 매우 중요한 이유는 어떤 문제를 이해하기 위해서는 그 문제를 진정으로 풀 수 있는 유일한 장소인 현재를 떠나야만 하기 때문입니다. 게다가 그 문제를 다시 일으키려고 계획하거나 어떤 방식으로든 지속시키려 할 때에만 그 문제를 이해할 필요가 있는 것입니다.

몇 년 전 세도나 메서드 수업 때의 일입니다. 저는 우리 반 학생들에게 자신의 문제를 이해하길 원하는 마음을 흘려보내면, 그 문제에 대한 해답이 저절로 나올 것이라고 설명했습니다. 그런데 그 개념을 좀처럼 받아들이지 못하는 한 남자가 있었습니다. 전기 엔지니어인 그는 자기 분야에 대해 반드시 모든 것을 알아야만 한다고 생각했지요. 그렇지 않으면 일을 제대로 할 수 없을 것이라고 철석같이 믿었습니다. 저는 그의 관점을 갖고 논쟁하지 않았습니다. 다만, 알고 싶어 하는 욕구 자체를 흘려보내는 게 도움이 될 수도 있다는 가능성에 대해 마음을 열라고만 제안했지요.

세미나가 진행되는 2주 동안 그 엔지니어의 인식이 완전히 바뀌었습니다. 그는 전기회로의 샘플을 만들고 있었는데, 그 일을 마치기 위해서는 특정한 부품이 필요했습니다. 그러나 부품실을 아무리 뒤져도 필요한 것을 찾을 수 없었습니다. 이런 상황에서는 흘려보내기가 아무런 소용도 없을 거라고 확신했지만, 어쨌든 시험 삼아 한 번 해보기로 하고 그 자리에서 몇 분 동안 가만히 서 있었습니다. 그리고 그 부품을 찾고 싶다는 마음을 흘려보냈습니다. 그런 다음 천천히 다른 쪽 코너로 발길을 돌렸습니다. 그런데 바로 그곳에 그가 찾던 부품이 있었습니다. 말문이 막혔습니다. 그저 장난삼아 한 것뿐인데 어쨌든 흘려보내기를 통해 부품을 찾았으니 말입니다. 이 엔지니어처럼 여러분도 알고자 하는 욕구를 흘려보냄으로써 원하는 답을 얻을 수 있다는 가능성에 마음을 열기 바랍니다.

목표를 향해서만 돌진하는 것을 멈추자

세상의 모든 시간을 다 가진 것처럼 여러분의 삶에 접근해보세요. 우리는 단지 따라가기 위해 더욱더 빨리 움직이게끔 우리를 강요하는, 엄청 빠르게 돌아가는 세상에서 살고 있습니다. 목표를 향해 돌진하느라 심지어 자기계발 분야에서조차 자아 발견과 자아 인식이라는 엄청난 기회를 제공하는 '지금 이 순간'을 지나쳐버립니다.

✦ 탐구: 지금 여기에 있는 자유를 찾자

여러분의 의식이 과거의 특정 문제에 얽혀 있을지라도 그 문제를 직접 흘려보낼 뿐만 아니라 그 이면의 자유로움을 찾는 습관을 계발해보세요. 우리는 대부분 문제와 한계를 찾는 데에만 익숙합니다. 그래서 현재 아무런 문제가 없는데도 그 습관 때문에 문제를 찾는 데 전문가가 되었죠. 한계에 대해서도 마찬가집니다.

우리가 선천적으로 타고난 자유는 항상 '다음 생각'보다 가까이 있습니다. 우리가 자유를 잃어버리는 이유는 생각에서 다음 생각으로, 익숙한 개념에서 다음 개념으로 뛰어넘기 때문입니다. 지금 여기에서 실제로 일어나는 일은 잃어버린 채 말입니다.

여러분이 특정한 문제를 작업하고 있다 하더라도 문제가 없는 곳을 찾을 수 있도록 스스로를 허용해주세요. 아무리 최악으로 느껴지는 문제일지라도 현재 이 순간(지금)에는 항상 여러분과 함께 있지 않다는 것을 느끼세요. 여러분이 자신의 본성인 자유를 알아차리기 시작할 때, 문제처럼 느껴지던 모든 것을 해결할 수 있는 관점을 갖게 되고, 여러분의 본래 상태인 자유를 누리며 살 수 있게 될 것입니다.

다음에 소개하는 과정이 여러분을 이런 방향으로 이끌게끔 도와줄 것입니다. 이것은 문제 너머에 있는 것을 경험하는 방법이며, 흘려보내기의 두 번째 형태인 '환영하기'에 한층 가까이 접근할 수 있는 방법이기도 합니다.

여러분의 감각을 잘 알아차릴 수 있게끔 허용하세요. 청각부터 시작합니다.

당신은 지금 이 순간 들리는 것이 무엇이든 그저 받아들이고, 듣고, 환영하도록 스스로를 허용할 수 있나요?

계속 청각에 집중하세요.

들리는 것이 무엇이든 그것을 관통하거나 둘러싸고 있는 고요함(침묵)을 환영하도록 허용할 수 있나요?

잠시 동안 들리는 것과 들리지 않는 것을 위에서처럼 번갈아 해보세요. 여러분의 생각까지 포함해서요.

준비가 됐다고 느낄 때 눈에 들어오는 것(눈앞에 보이는 것)에 집중할 수 있도록 스스로를 허용해주세요.

당신은 보이는 것이 무엇이든 최대한 환영할 수 있나요?

그리고 지금 이 책에 있는 페이지의 여백을 포함해서 물체나 그림을 둘러싸고 있는 공간과 허공을 환영하도록 스스로를 허용할 수 있나요?

다시 한 번 잠시 동안 두 가지 관점을 바꿔가면서 되풀이하세요. 그런 다음, 이 순간 일어나는 감각이 무엇이든 거기에 집중하세요.

당신은 지금 이 순간에 일어나는 감각이 무엇이든 환영할 수 있나요?

그리고 감각을 둘러싸고 있는 공간 또는 감각의 부재 등을 허용할 수 있나요?

두 가지 감각을 번갈아가며 되풀이하세요.

당신은 특정한 문제에 집중하고 그 기억과 관련한 모든 그림, 소리, 감각, 생각, 감정을 허용할 수 있나요?

그리고 당신의 경험 대부분이 이 특정한 문제와 상관없이 별도로 발생한다는 것을 알아차리도록 스스로를 허용할 수 있나요?

적어도 가능성만큼은 환영할 수 있나요? 이 문제가 보이는 것처럼 그렇게 강렬하게 온 마음을 사로잡는 것만은 아니라는 가능성을 말입니다.

문제와 거기에 관련된 모든 감각을 환영하면서 번갈아가며 작업합니다. 그러고 나서 지금 여기에 실제로 존재하고 있는 것이 무엇인지 정확히 알아차리고 환영해주세요.

여러분이 위에서 소개한 대로 한다면 점차 어떤 문제에 대해 명료함을 얻게 될 것입니다. 또 지금 여기에 이미 존재한다는 게 얼마나 절묘한 것인지를 알아차릴 것입니다.

✧ 성장을 즐기자

부디 흘려보내기 과정에 능동적으로 참가해주세요. 더 몰입하면 할수록 더 많은 걸 얻을 것입니다. 수행에 관해 여러분이 알고 있는 불유쾌한 격언일랑은 한쪽으로 치워두세요. 많은 사람들이 "고통 없이는 얻는 것도 없다."는 격언을 믿습니다. 흘려보내기를 연습하면 여러분은 이 격언이 사실이 아니라는 걸 깨달을 거라고 확신합니다. 이 과정을 수행처럼 하기보다는 마치 게임하듯 여겨주세요. 네, 그렇습니다. 개인적 성장과 치유, '전체'가 되는 경험은 즐겁고 재미있는 일입니다.

삶을 더 멋지게 변화시키기 위해 용기를 가지세요. 스스로에게 행복, 성공, 웰빙을 선사하세요. 여러분은 그럴 자격이 있습니다. 여러분이 그 모든 걸 갖게 되길 바랍니다. 이 과정은 여러분이 그것을 가질 수 있도록 돕기 위해 개발되었습니다. 쉽고, 단순하고, 놀라운 세도나 메서드의 힘에 여러분을 허용하세요. 이런 힘이 작용할 수 있도록 허용한다면, 여러분은 지금부터 평생 함께할 하나의 도구를 얻는 것입니다. 거의 30년 동안 여러분과 같은 사람들이 삶의 모든 것을 극적으로 개선하기 위해 이 놀라운 기법을 사용해왔습니다.

흘려보내기와
차크라

흘려보내기를 하면서 가장 많은 감각을 느끼는 부위는 바로 제3차크라와 제4차크라입니다. 다음은 이 두 가지 차크라에 대한 설명입니다.

- 노란색 연꽃으로 상징되는 제3차크라(마니푸라 차크라)는 중완(명치와 배꼽 사이)에 위치하며 태양신경총solar plexus을 지배합니다. 원격 지각 능력, 심령 에너지, 이성적인 사고와 관련이 있습니다. 이 중추를 활성화하면 영혼의 재능을 발휘할 수 있습니다. 권위, 욕망, 행복, 기쁨, 인정 등 육체에 뿌리를 둔 자아와 감정에 연결된 차크라로서 신체 기능의 조절을 담당합니다. 제3차크라의 상태는 식욕을 통해 가장 쉽게 알 수 있습니다.

제3차크라가 저하되면 식욕을 전혀 느끼지 못합니다. 반면, 식욕이 지나치게 왕성한 것도 제3차크라의 균형에 이상이 발생한 것을 암시합니다. 제3차크라가 활성화된 사람은 일에 대한 의욕과 자신감이 넘칩니다.

• 초록색 연꽃으로 상징되는 제4차크라(아나하타 차크라)는 가슴 중앙(단중혈)에 위치하며 심장신경총을 지배합니다. 사랑, 헌신, 봉사, 완성, 연민, 용서, 이해, 정열, 정직, 성실과 관련이 있습니다. 금성을 상징하며, 우리 몸의 에너지를 원활하게 확산시켜 상하좌우 모든 방향으로 에너지를 동등하게 흐르도록 합니다. 또 남성과 여성, 이성과 감정 등 상반된 모든 에너지와 조화를 이룹니다. 육체 에너지와 정신 에너지를 연결하는 제4차크라가 각성되면 집착에서 벗어나 모든 존재에 대한 순수한 사랑과 연민이 싹트고 몸과 마음의 균형을 이룰 수 있습니다.

3장

감정의 자유를 향한
로드맵

나는 말로 할 수 있는 것이 아닌,
오직 행할 수 있는 것만을 압니다.
여러분도 증명하세요.

_레스터 레븐슨

이번 장은 마음을 활짝 열고 읽어주세요. 이 장은 모든 사람이 하루를 살면서 경험하는 아홉 가지 기본적인 감정을 탐험하고 흘려보내는 것을 돕도록 구성되었습니다. 그 아홉 가지 기본 감정은 무관심, 슬픔, 공포, 갈망, 분노, 자존심, 용기, 수용, 평화 등을 말합니다. 이 정보들은 자신과 타인의 감정에 대해 더 명확하게 알 수 있도록 도와줄 뿐 아니라 여러분의 삶 속에서 흘려보내기 기법을 통합하는 데에도 도움을 줄 것입니다.

✧ 자유와 초연함

자유 혹은 초연함은 세도나 메서드의 궁극적인 목표입니다. 무엇이든 갖기로, 되기로, 하기로 선택할 자유 혹은 그 어떤 것도 갖지 않기로, 되지 않기로, 하지 않기로 선택할 자유까지 말입니다. 이것은 우리가 인생에서 벌어지는 모든 일들로부터 더 이상 방해받지 않을 때의 자연스러운 존재 상태입니다.

여러분의 자유는 이미 지금, 여기에 있습니다. 여러분의 감정 표면 아래에 말입니다. 흘려보내기를 마스터한다면, 마침내 여러분 자신 안에 있던 자유가 그 모습을 드러낼 것입니다. 그러면 여러분은 그 어떤 것에도, 어떤 사람에게도 동요하지 않게 됩니다. 일어나는 모든 것을 인식한다 할지라도, 어떤 결과에도 상관없이 그것을 즐기고, 집착하지 않고, 방해받지 않을 것입니다. 휴식과 평화의 상태로 남을 것입니다.

지금 여러분은 궁금할 것입니다. "난 내 모든 감정을 흘려보내고 싶은지 잘 모르겠어. 그것들이 내 삶에 그럴듯한 느낌을 줘. 나에게 생동감을 줘."

여러분에게 장담합니다. 그 반대가 정확히 진실입니다. 흘려보내지 않는 것은 정서적인 죽음을 낳습니다. 일반적으로 우리는 너무나 억눌린 상태에 있느라 스스로 충분히 감정을 경험하지 못하고 있습니다. 그런 무감각은 이른바 '부정적인 감정'이라고 불리는 것을 차단하는 것보다 더 많이 삶의 자연스러운 영양소와 풍요를 차단합니다. 일단 감정을 흘려보낼 수 있다는 것을 이해하고 흘려보내기를 시작한다면, 여러분은 아주 긍정적인 방식으로 모든 것을 더 깊이 있게 느낄 것입니다.

스스로 허락하지 않는다면, 그 어떤 감정도 여러분을 휘두를 수 없습니다.

그것을 깨달음으로써 여러분은 안전하게 휴식을 만끽할 수 있을 것입니다.

✧ 직관을 드러내자

흘려보내기를 할 때 많은 사람이 주저하는 또 다른 이유는 감정이 중요한 정보와 직관을 준다는 믿음 때문입니다. 제 경험상 그 반대가 진실입니다. 비록 제한된 감정은 직관이 그러하듯 의식적인 인식의 작용 아래에서 올라오는 것처럼 보이지만, 사실 직관은 감정에 의해 가려진 우리의 진짜 본성이 갖고 있는 자연스러운 '앎'입니다. 우리가 흘려보낼 때, 우리의 직관도 드러납니다.

레스터 레븐슨은 종종 이렇게 말했습니다. "직관은 언제나 100퍼센트 맞습니다." 직관과 감정적인 반응의 차이를 구별하기 전까지는 아마 이 사실을 받아들이기 어려울지도 모릅니다. 그러므로 이 둘의 차이점을 더 쉽게 구별하기 위해 흘려보내기 과정을 활용하세요. 단지 그 순간에 흘려보내고 기다리세요. 제한된 감정을 흘려보내면 그 감정은 줄어들거나 사라지는 반면, 직관은 더 명확해지고 더 고요해진다는 것을 발견할 것입니다. 여러분은 직관을 흘려보낼 수 없습니다. 더 많이 흘려보낼수록, 여러분은 더욱더 직관적이 될 것입니다. 그 순간에는 흘려보내기를 할 필요도 없이 말입니다.

✧ 아홉 가지 감정의 상태

우리 모두에게는 아홉 가지 감정의 상태가 내재되어 있습니다. 무관심, 슬픔, 공포, 갈망, 분노, 자존심, 용기, 수용 그리고 평화가 바로 그것입니다. 이것들은 에너지와 행동의 정도에 따라 아래쪽으로 떨어집니다. 무관심할 때는 에너지가 거의 없고, 아주 조금 행동하거나 어떤 외적인 행동도 하지 않습니다. 그러다 슬픔으로 옮겨가면 약간의 에너지를 가지고 어떤 외적인 행동을 합니다. 각각의 모든 감정은 모두 평화 쪽으로 갈수록 점점 에너지가 강해지고 외적인 행동을 할 수 있는 더 큰 능력을 줍니다.

여기 유용한 비유가 있습니다. 감정을 에너지의 흐름이라고 상상해 보세요. 여러분의 몸과 마음을 상징하는 정원의 호스를 통해 흐르는 에너지의 흐름 말입니다. 여러분이 무관심 상태에 있을 때 이 호스는 완전히 쪼그라져 있습니다. 극도로 적은 에너지만 흐릅니다. 슬픔에 잠길 때는 조금 열립니다. 용기에 다다를 때쯤이면 거의 다 열려서 여러분이 선택한 것을 창조하는 데 필요한 에너지에 집중할 수 있습니다. 그리고 평화에 이르면, 더 이상 에너지를 방해하는 것은 없습니다. 여러분이 흐름과 하나가 된 것입니다. 여러분이 자신의 감정을 이런 식으로 본다면, 가지고 있거나 혹은 가지고 있지 않은 감정 때문에 스스로를 비판하지 않게 될 것입니다. 결국 모든 감정은 단지 에너지일 뿐입니다.

여러분이 주어진 순간에 어떤 감정 상태를 경험하고 있는지 알고 싶다면 이번 장의 나머지 내용을 활용하세요. 여러분의 감정을 파악하기 어려울 때마다 아홉 가지 감정의 상태를 설명하는 각각의 단어 리스트를 참조하세요. 예를 들어, 만약 자주 포기하거나 자신과 다른 사람에 대해 부정적인 감정을 느끼거나, 뭔가를 시작하는 것에 어려움을 느낀다면 여러분은 아마도 '무관심'의 상태에 있는 것으로 볼 수 있습니다. "나는 그들과 같지 않아. 내가 옳아. 나는 남들보다 똑똑해." 이런 생각을 하거나 우쭐함을 느끼는 자신을 발견한다면, 여러분이 '자존심'의 단계를 경험하고 있다는 것을 알려줍니다.

이 책을 통해 여러분은 자신이 어떤 감정에 더 쉽게 공감하는지, 어떤 감정의 상태를 더 오래 경험하는지 알게 될 것입니다. 그러나 인생의 진정한 자유와 초연함을 얻기 위해서는 아홉 가지 모든 감정을 경험하는 동안, 그것들을 흘려보내는 것이 매우 중요합니다.

아홉 가지 감정은 의식적인 인식 아래에 있는 마음(잠재의식, 무의식)입니다. 이 부분은 잡동사니 서랍과 같습니다. 어떻게 써야 할지 모르는 것들을 던져버리는 곳 말입니다. 어떤 사람은 그런 식의 잡동사니 방, 혹은 잡동사니 다락, 잡동사니 창고를 갖고 있습니다. 시간이 지날수록 우리는 마음의 이 영역에 어떻게 다뤄야 할지 모르거나, 풀리지 않은 채 남겨진 모든 것을 던져 넣습니다. 앞서 언급했듯이 흘려보내지 않은 감정은 잠재의식 속에 저장됩니다. 그래서 잠재의식에는 감정적인 응어리와 제한된 생각이 가득 차 있습니다. 풀리지 않은 이런 문제를 축적함으로써 우리는 중요한 것을 쉽게 기억하지 못하고, 잊고 싶은 것을 쉽게 기억하게 되는 것입니다.

여러분은 어떨지 모르지만 제 경우는 그 잡동사니 서랍에서 뭐라도 하나 찾으려면 매우 혼란스러웠습니다. 그래서 그것을 깨끗이 정리하고 내용별로 분류했습니다. 세도나 메서드를 이용해 여러분도 그렇게 마음을 정리하고 분류할 수 있습니다. 아홉 가지 감정의 상태를 흘려보낼 때, 여러분은 모든 감정이 매우 조직적으로 서로 연결되어 있다는 사실을 깨달을 것입니다. 바로 이것이 여러분으로 하여금 서랍에 잔뜩 쌓여 있는 것들을 조사하고, 더 이상 필요 없는 것을 버리고, 중요한 것을 발견하는 데 도움을 줄 것입니다. 흘려보내기를 할수록 마음은 점점 명료해지고, 기억은 점점 또렷해지는 것을 발견할 것입니다. 한순간 느끼는 자기 자신의 감정에만 명료해지는 것이 아니라, 다른 사람의 감정도 더 잘 이해하게 될 것입니다.

여러분이 자신의 무관심, 슬픔, 공포, 갈망, 분노, 자존심을 흘려보낼 때, 높은 단계의 에너지 감정(용기, 수용, 평화)이 드러납니다. 항상 그 자리에 있던, 진짜 당신의 모습이 드러나는 것입니다. 그 결과 여러분의 인생 전체가 바뀔 것입니다. 모든 것이 더욱 쉬워질 것입니다.

변화는 갑자기 일어나지 않는다는 것을 잊지 마세요. 그것은 점진적인 과정입니다. 그러나 흘려보내기를 할 때마다 무관심, 슬픔, 공포, 갈망, 분노, 자존심 중 어떤 단계에서 시작하든 상관없이 용기, 수용, 평화로 자연스럽게 이끌리는 자신을 발견하게 될 것입니다. 이렇게 자신의 잠재된 감정(용기, 수용, 평화)을 알아차리는 것은 여러분의 느낌과 행동에 엄청난 차이를 낳을 뿐 아니라 인생관에도 큰 변화를 줄 것입니다.

이제 아홉 가지 감정에 대해 읽을 때 어떤 감정, 생각, 그림(마음속에 나타나는 심상이나 영상)이 올라오더라도 자신을 활짝 열어놓도록 허용해주세요. 무엇이 올라오든 그걸 흘려보내고 싶다면, 잠시 하던 일을 멈추고 시간을 가지세요. 각각의 주제가 끝날 때마다 의식 속에 있는 모든 것을 흘려보내는 시간을 가지세요.

무관심

무관심을 경험할 때 우리는 욕망이 사라지거나 아무런 쓸모도 없는 것처럼 느낍니다. 아무것도 할 수 없고, 아무도 우리를 도울 수 없다고 느낍니다. 기운도 없고 출구도 보이지 않습니다. 뒤로 물러서거나 상처 받지 않기 위해 약자弱者 행세를 합니다. 마음이 너무 시끄럽기 때문에 거의 무감각해집니다. 마음속 그림, 즉 자꾸 떠오르는 생각은 제한적이고 파괴적입니다. 오직 실패만을 봅니다. 또 왜 그것을 할 수 없는지 그리고 왜 그것을 아무도 할 수 없는지에 대해서만 생각합니다. 내적으로 혼란스럽기 때문에 마음속 그림과 생각을 행동으로 옮길 에너지가 거의 없습니다.

현업에서 은퇴한 셰릴은 30년간 같은 집에서 살아왔습니다. 긴 세월 동안 모든 종류의 물건과 잡동사니를 모으는 데 허비했습니다. 사실, 그녀의 집은 잡동사니 서랍 같았습니다. 세도나 메서드 기초 과정에 등록하기로 결정할 때까지 그녀는 자기 환경에 무관심했고, 아주 무기력했습니다. 재미있게도, 수업을 받는 동안 그녀는 자신이 지금껏 쌓아온 생각과 감정의 축적물, 즉 무관심을 직접 흘려보내려 한 적이 한 번도 없었습니다. 겨우 미루는 버릇 목록을 작성한 게 고작이었습니다. 그러나 수업 2주차에 이르렀을 때 그녀는 훨씬 생기 있는 모습으로 자신이 일주일 동안 어떻게 흘려보내기 작업을 했고, 어떻게 집 안의 불필요한 물건들을 내다버렸는지 말해주었습니다. 주변이 정돈될수록 그녀의 에너지와 자신감도 꾸준히 높아졌습니다.

셰릴은 수년 동안 집 안을 치우려고 애썼지만 소용이 없었다고 말했습니다. 그런데 흘려보내기를 통해 마음이 가벼워지자 어느덧 집 안을 정리하는 자신을 발견하게 된 것입니다.

무관심을 표현하는 단어와 문구

• 지루한	• 헛된	• 상실
• 이길 수 없어	• 포기	• 부정적인
• 부주의한	• 몽롱한	• 무감각한
• 냉담한	• 희망이 없는	• 압도당한
• 중단	• 유머가 없는	• 힘없는
• 죽은	• 난 못해	• 체념하는
• 패배한	• 상관없어	• 충격
• 낙담한	• 우유부단한	• 취한
• 의기소침한	• 항복	• 꽉 막힌
• 적막한	• 보이지 않는	• 너무 지쳤어
• 절망	• 너무 늦었어	• 냉정한
• 낙심한	• 게으른	• 초점 없는
• 환멸을 느끼는	• 미룸	• 쓸모없는
• 불운한	• 무기력한	• 모호한
• 진이 빠진	• 패배자	• 쇠약한
• 실패	• 그렇게 생각하지 않아	• 무슨 소용이야?

잠깐 동안 시간을 갖고 '무관심'을 경험한 가장 최근의 일을 기억해 보세요. 그리고 그 기억이 일으키는 감정이 무엇이든 그것과 함께 잠시 있어보세요.

당신은 할 수 있는 한 최선을 다해 그 감정을 환영할 수 있나요?
당신은 그것을 흘려보낼 수 있나요?

당신은 그것을 흘려보내고 싶나요?

언제요?

여러분의 느낌 일부나 전부를 흘려보낼 수 있다고 여길 때까지 흘려보내기 과정을 몇 번 더 되풀이하세요. 그러고 나서 다음 감정으로 넘어가세요.

슬픔

슬픔을 경험할 때 우리는 스스로 아무것도 할 수 없기 때문에 누군가 다른 사람이 도와주기를 원합니다. 다른 사람이 뭔가 해주기를 기대합니다. 누군가가 도와주기를 바라며 고통 속에서 울부짖습니다. 무관심 상태에 있을 때보다 우리 몸에는 조금 더 많은 에너지가 있지만, 그 에너지가 너무나 위축되어 고통스럽기만 합니다. 마음은 무관심 상태 때보다 조금 덜 어수선하지만, 여전히 많은 소음과 불확실함이 있습니다. 자신의 고통과 상실을 생각하고, 얼마나 상처받았는지, 뭘 잃었는지, 도와줄 누군가를 찾을 수 있을지에 대해서만 생각이 맴돕니다.

연로하신 어머니가 심장 발작을 일으켰을 때, 새라는 두 사람의 관계가 새로운 국면에 접어들었다는 것을 알았습니다. 어머니가 그토록 넘치던 활력을 잃었다는 것에 극도로 슬픔을 느꼈죠. 어머니에게는 많은 도움이 필요했습니다. 어머니가 아기 역할을 맡고, 새라가 대신 부모 역할을 맡은 것 같았습니다. 그러던 어느 날, 새라는 자신의 슬픔 속으로 뛰어들었고, 마침내 평화로 가는 길을 찾았습니다. 세도나 메서드를 하는 동안, 그녀는 자신이 지속적인 슬픔에 갇히는 대신 그 슬픔을 적절하게 조절할 수 있다는 것을 배웠습니다. 비록 슬프기는 했지만,

슬픔을 표현하는 단어와 문구

• 버려진	• 상처받은	• 한심하구나
• 남용된	• 향수병	• 후회
• 고소당한	• 무시당한	• 거절당한
• 번뇌로 가득한	• 부적당한	• 회한
• 수치스러운	• 배제당한	• 슬픔
• 배신당한	• 갈망하는	• 비통함
• 우울한	• 상실	• 눈물이 나는
• 속은	• 쓰라린	• 고통을 겪는
• 절망적인	• 오해	• 고통스러운
• 실망한	• 애도	• 불행한
• 제정신이 아닌	• 방치된	• 사랑받지 못한
• 당황한	• 슬픔을 가눌 수 없는	• 원치 않는
• 잊혀진	• 공정하지 않아	• 마음이 약해진
• 죄책감	• 아무도 신경 쓰지 않아	• 왜 하필 나야
• 비통해하는	• 아무도 날 사랑하지 않아	• 상처를 입은
• 심적인 고통	• ~였다면 좋았을 텐데	• 동정

자신도 알 수 없는 커다란 위안과 안도감을 느꼈습니다. 흘려보내기가 어머니의 변화를 쉽게 받아들일 수 있도록 해준 것입니다.

잠깐 동안 시간을 갖고 '슬픔'을 경험한 가장 최근의 일을 기억해보세요. 그리고 그 기억이 일으키는 감정이 무엇이든 그것과 함께 잠시 있어보세요.

당신은 할 수 있는 한 최선을 다해 그 감정을 환영할 수 있나요?

당신은 그것을 흘려보낼 수 있나요?

당신은 그것을 흘려보내고 싶나요?

언제요?

다음으로 나아가기 전에 여러분의 감정 일부나 전부를 흘려보낼 수 있다고 여길 때까지 흘려보내기 과정을 몇 번 더 하세요. 그러고 난 후 다음 감정으로 넘어가세요.

공포

공포를 경험할 때 우리는 그것에서 벗어나려 하지만 좀처럼 불가능합니다. 왜냐하면 감수해야 할 위험이 너무 크다고 생각하기 때문입니다. 아마 더 강한 공포를 갖게 될 거라고 믿습니다. 팔을 뻗고 싶지만, 그러면 다칠 거라는 생각에 포기합니다. 우리 몸에는 슬픔 상태보다 에너지가 조금 더 있지만, 그 에너지가 너무 적어서 대부분 고통스럽기만 합니다. 우리의 마음은 슬픔보다는 조금 덜 어수선하지만, 여전히 소란스럽습니다. 마음속에서 일어나는 그림과 생각들은 파멸과 파괴에 관한 것뿐입니다. 우리가 생각하고 보는 것은 자신이 얼마나 다칠 것인지, 무엇을 잃을 것인지, 자신의 주변과 스스로를 얼마나 잘 지켜낼지에 관한 것뿐입니다.

흘려보내기는 공포를 다루는 아주 훌륭한 도구입니다. 주디가 모로코에서 케냐까지 6주 동안 캠핑 여행을 하면서 발견한 것처럼 말입니다. 고립되고 위태로운 아틀라스 산길에서, 그녀와 11명의 승객이 타고 있던 사륜 지프가 갑자기 전복됐습니다. 그 몇 분 동안, 그들은 모두

공포를 표현하는 단어와 문구

- 걱정스러운
- 불안한
- 조심스러운
- (기분 나쁘게) 축축한
- 비겁
- 방어적인
- 불신
- 의심
- 공포에 질린
- 당황한
- 얼버무리는
- 불길한 예감
- 두려움
- 망설이는
- 몹시 무서운, 몹시 두려운
- 걱정으로 제정신이 아닌

- 히스테릭한
- 불안정한
- 비이성적인
- 메스꺼움
- 신경질적인
- 겁에 질린
- 마비된
- 피해망상
- 두려운
- 비밀스러운
- 회의적인
- 무대 공포증
- 미신적인
- 의심스러운
- 긴장
- 어색한

- 무서운
- 위협적인
- 소심한
- 덫에 갇힌
- 불확실한
- 어려운
- 연약한
- 경계하는
- 겁쟁이
- 고립된
- 폐쇄
- 심약한
- 탈출하고 싶어
- 경계하는
- 근심

자신이 죽을 거라고 생각했습니다. 지프가 절벽 가장자리에서 멈춰 설 때까지 말입니다. 뛰는 심장을 가라앉히며 그들은 조심스럽게 지프에서 나왔습니다. 그리고 그 악조건에서 오도 가도 못한 채 밤새 공포에 떨었습니다. 바람도 많고 추운 날이었죠. 다행히 약간의 식량과 장비가 있었지만 몇몇 사람은 배탈에 시달렸고, 부상당한 한 남자는 쇼크 상태에 빠졌습니다. 그러나 이런 상황 속에서도 주디는 공포를 계속 흘려보내겠습니다. 그 결과 침착함을 되찾을 수 있었죠. 심지어 이런 상황을 즐기기까지 하며, 과연 이 곤경에서 탈출할 수 있을지 궁금했습니다. 그리고 이것이 엄청난 모험이라고 생각했습니다. 그리고 그 모험은 마침내 끝났습니다. 무엇보다 중요한 것은 그런 상황에서 살아난 그녀가 그 사고에 대한 이야기를 할 때 어떤 트라우마도 갖고 있지 않다는 것입니다.

잠깐 시간을 갖고 공포를 경험한 가장 최근의 일을 기억해보세요. 그리고 그 순간의 감정이 어떤 것이든 잠시 함께 있어보세요.

당신은 할 수 있는 한 최선을 다해 그 감정을 환영할 수 있나요?

당신은 그것을 흘려보낼 수 있나요?

당신은 그것을 흘려보내고 싶나요?

언제요?

다음으로 나아가기 전에 여러분의 감정 일부나 전부를 흘려보낼 수 있다고 여길 때까지 흘려보내기 과정을 몇 번 더 하세요. 그러고 난 후 다음 감정으로 넘어가세요.

갈망

갈망을 경험할 때 우리는 소유하기를 바랍니다. 우리는 원합니다. 돈, 권력, 섹스, 사람, 공간, 물건을 갈망합니다. 그러나 약간 망설이기도 하죠. 그것에 손을 뻗을 수도, 뻗지 못할 수도 있습니다. 갈망의 이면에 가질 수 없고, 가지면 안 된다는 감정이 있기 때문입니다. 우리의 몸에는 공포보다 조금 더 많은 에너지가 있지만 여전히 그 양은 적습니다. 지금의 감정은 때때로 꽤 즐겁기까지 합니다. 특히 앞서 설명한 세 가지 낮은 감정들에 비하면요. 그 감정은 매우 격렬할 수도 있습니다. 우리의 마음은 공포보다는 좀 덜 어수선하지만, 여전히 시끄럽고 강박적입니다. 우리의 그림을 긍정적인 환상들로 뒤덮고 꾸미려 시도하지만, 그 아래에는 온통 우리가 갖고 있지 않은 그림만 있습니다. 우리의 생각은 갖고 싶은 것들 그리고 갖고 있지 않은 것들에 대해서만 맴돕니다. 아무리 많이 가졌더라도 전혀 만족하지 못하고, 가진 것을 거의 즐기지도 못합니다.

시애틀에 사는 론은 소닉스 팀을 꾸준히 좋아한 농구 팬입니다. 그 팀이 시카고 불스와 플레이오프를 치르던 해에 그는 격한 갈망에 사로잡힌 자신을 발견했습니다. 그는 아주 어려서부터 경기에 대해 생각할 때마다 안절부절못했습니다. 자신이 응원하는 팀이 이겼으면 좋겠다는 생각에 문자 그대로 덜덜 떨었죠. 그래서 소닉스 대 불스의 플레이오프 게임을 관전할 때는 관중석에 앉아 자신의 갈망을 흘려보내기로 했습니다. 그런데 이것이 그를 더 기분 좋게 만들어주었죠. 그는 경기를 더욱더 많이 즐겼고, 후반전 무렵에는 안달하지 않고도 희열을 느낄 수 있었습니다. 론의 아내는 이제 남편이 소닉스의 모든 게임에 다 가야 한다고 농담을 하곤 합니다. 그가 관전할 때마다 항상 소닉스 팀이 이기기 때문입니다.

잠깐 시간을 갖고 갈망을 경험한 가장 최근의 일을 기억해보세요. 그리고 그 순간의 감정이 어떤 것이든 잠시 함께 있어보세요.

당신은 할 수 있는 한 최선을 다해 그 감정을 환영할 수 있나요?

당신은 그것을 흘려보낼 수 있나요?

갈망을 표현하는 단어와 문구

- 버리다
- 고대
- 냉담한
- 기다릴 수 없어
- 강박적인
- 갈망, 열망
- 요구하는
- 기만적인
- 투지 넘치는
- 질투하다
- 상술적인, 착취하는
- 광분
- 좌절

- 게걸스레 먹는
- 탐욕스러운
- 구두쇠 같은
- 굶주림
- 나는 원한다
- 참을성 없는
- 음탕한
- 호색한
- 조종하는
- 비밀리에 비축하다
- 그걸 꼭 가져야만 해
- 절대 충분하지 않아
- 절대 만족스럽지 않은

- 집착하는
- 너무 방임하는
- 소유욕이 강한
- 포식자 같은
- 강요하는
- 무모한
- 무자비한
- 이기적인
- 심술궂은
- 고의적인
- 책략을 꾸미는
- 못된
- 의욕 넘치는

당신은 그것을 흘려보내고 싶나요?

언제요?

다음으로 나아가기 전에, 여러분의 감정 일부나 전부를 흘려보낼 수 있다고 여길 때까지 흘려보내기 과정을 몇 번 더 하세요. 그러고 난 후 다음 감정으로 넘어가세요.

분노

분노를 경험할 때 우리는 다른 사람을 해치기 위해 공격하길 원하거나 상대를 멈추게 하고자 하는 욕구를 갖게 됩니다. 그러나 약간 망설입니다. 공격할 수도 있고, 그렇지 않을 수도 있습니다. 우리 몸에는 갈망보다 좀 더 많은 에너지가 있습니다. 에너지는 덜 위축되고, 감각은 종종 강렬하고 폭발적일 수 있습니다. 우리의 마음은 갈망보다 조금 덜 어수선하지만 여전히 시끄럽고, 완고하고, 강박적입니다. 마음속 그림들은 파괴와 남들에게 무엇을 할 것인지에 대한 것뿐입니다. 우리의 생각은 심지어 남들에게 어떻게 앙갚음할 것인지에 대한 것으로 가득합니다. 복수에 대해, 혹은 상대방에게 어떤 대가를 치르게 할지에 대해 생각합니다. 이 에너지는 우리를 놀라게 할 수도 있고, 더 낮은 에너지 수준으로 끌고 갈 수도 있으며, 심지어 자신을 해칠 수도 있습니다. 이때 취하는 행동은 대부분 자신과 주변에 매우 파괴적입니다.

페이지는 자신을 배신한 예전 남자 친구에게 분노를 품고 있었습니다. 두 사람의 관계는 2년 전에 끝났지만, 그에 관해 생각할 때마다 자기 자신을 잃을 정도로 분노를 억제하지 못한다는 사실을 발견했죠. 이런 일이 일어날 때마다 복수라는 환영에 빠졌습니다. 이처럼 자신을 해치는 기억을 계속 되살릴수록 그 고통은 더욱더 생생하기만 했습니다. 더 중요한 것은 그녀의 분노가 새롭고 만족스러운 인간관계를 맺는 데 방해물로 작용하기 시작했다는 것입니다.

세도나 메서드 수업에 참여했을 때 페이지의 목표는 그 오래된 분노를 흘려보내고 예전 남자 친구를 용서하는 것이었습니다. 수업을 들으면서 그녀는 자신에게 남은 상처와 실망을 흘려보내는 것이 얼마나 쉬운지 발견하고는 깜짝 놀랐습니다. 몇 차례의 질문을 하자마자 그것이 완전히 사라져버렸기 때문입니다. 거의 동시에 그녀는 새로운 인간관

분노를 표현하는 단어와 문구

- 거친
- 공격적인
- 짜증나는
- 논쟁적인
- 적대적인
- 격분한
- 화가 나는
- 신랄한
- 반항적인
- 요구가 많은
- 파괴적인
- 역겨움
- 폭발하기 쉬운
- 험악한
- 불만스러운
- 화가 나서 씩씩대는
- 몹시 화가 난

- 증오
- 미움
- 조급함
- 일을 곱씹는
- 욕구불만
- 질투하는
- 격노한
- 미칠 듯이 화가 나는
- 비열한
- 자비 없는
- 살기등등한
- 복수심에 불타는
- 심통 사나운
- 밀어붙이는
- 반체제적인
- 분개
- 저항하는

- 무례한
- 흉포한
- 폭발 직전의 분노
- 타는 듯한 분노
- 노여움
- 앙심을 품은
- 매서운
- 험한
- 속이 타는
- 완고한
- 무뚝뚝한
- 화가 치민
- 악의적인
- 폭력적인
- 격한
- 사악한
- 고의로

계의 가능성에 다시 마음을 열기 시작했습니다. 부정적인 감정이 올라올 때마다 흘려보내기를 하자 삶이 점점 더 밝아지고, 행복해지고, 희망차게 되었습니다.

잠깐 시간을 갖고 분노를 경험한 가장 최근의 일을 기억해보세요. 그리고 그 순간의 감정이 어떤 것이든 잠시 함께 있어보세요.

당신은 할 수 있는 한 최선을 다해 그 감정을 환영할 수 있나요?

당신은 그것을 흘려보낼 수 있나요?

당신은 그것을 흘려보내고 싶나요?

언제요?

다음으로 나아가기 전에 여러분의 감정 일부나 전부를 흘려보낼 수 있다고 여길 때까지 흘려보내기 과정을 몇 번 더 하세요. 그러고 난 후 다음 감정으로 넘어가세요.

자존심

자존심을 경험할 때 우리는 그 상태를 지속시키고 싶어 합니다. 변하거나 행동하기를 원치 않습니다. 그러므로 다른 사람이 움직이지 못하도록 막아버리고, 거절을 받아들이지도 않습니다. 우리의 몸에서 분노보다는 에너지가 조금 더 있지만, 이것은 때때로 전혀 쓸 수 없게 되어버립니다. 심지어 덜 위축되었다 해도, 들리지도 않고 보이지도 않습니다. 우리의 마음은 분노보다는 덜 어수선하지만, 여전히 시끄럽고, 완고하고, 자아도취적입니다. 우리 마음의 그림과 생각은 우리가 무엇을 해냈고, 무엇을 아는지에 관한 것뿐입니다. 심지어 끊임없이 드는 의문을 덮어버리는 데 얼마나 능숙한지 다른 사람들이 알아주기를 기대하기도 합니다.

마틴은 모두가 핵심 권력을 가진 회사의 중역이라고 인정하는 사람이었습니다. 그는 일찍이 직장 내의 승진 사다리를 타고 위로 올라갔습니다. 물론 자신이 밟고 올라간 사람에 대해 별 신경을 쓰지 않았죠. 그러나 세도나 메서드 오디오 프로그램을 구입할 무렵, 그는 직장에서 벽

자존심을 표현하는 단어와 문구

• 나무랄 데 없는	• 만족스러운	• 자기만족에 빠진
• 냉담한	• 거드름	• 이기적인
• 오만한	• 고고한 척하다	• 우쭐해하다
• 편견이 심한	• 위선적인	• 속물적인
• 뽐내는	• 얼음같이 찬	• 예외적인
• 지루한	• 고립된	• 응석받이
• 영리한	• 판단적인	• 금욕적인
• 옹졸한	• 모든 것을 다 알아	• 완강한
• 현실에 안주하는	• 좁은 소견	• 교만한
• 자만하는	• 절대 틀리지 않는	• 우월한
• 멸시하는	• 독선적인	• 타협하지 않는
• 냉정한	• 잘난 체하는	• 무정한
• 비판적인	• 경건한	• 용서 없는
• 업신여기는	• 편견이 있는	• 포용적이지 않은
• 독단적인	• 주제 넘는	• 고압적인
• 위엄 있는 척	• 독실한	• 미덕이 있는 척
• 겸손한 척	• 자신에게만 몰두하는	• 융통성 없는

에 부딪치게 되었습니다. 스스로 옳은 일을 한다고 생각했지만, 사람들은 그가 원하는 대로 결과를 내지 않았고, 프로젝트는 중단되고 말았습니다. 그러던 중 몇 번 승진에서 탈락했죠. 그는 사장이 왜 승진한 사람들보다 자신이 더 일을 잘한다는 걸 몰라주는지 이해할 수 없었습니다.

세도나 메서드 오디오 프로그램을 들으면서 그는 자신이 자존심에 빠져 있었다는 사실을 알게 됐습니다. 그 자존심으로 인해 자신의 단점을 보지 못했고, 마음을 열면 언제라도 받을 수 있는 주변의 지지도 얻지 못했던 것이죠. 하지만 흘려보내기를 하면서, 동료와 직원들에게 자연스레 더 고마운 마음을 갖게 되었고, 과거처럼 팀원들과 거리를 두려 하지 않았고, 더 융화되도록 노력했습니다. 이런 변화를 이뤄낸 뒤, 그는 승진할 수 있었습니다. 이제 마틴은 자신이 누군가를 밟고 올라서거나 방해하지 않고도 정상을 향해 계속 올라갈 수 있다는 사실을 알게 되었습니다.

잠깐 시간을 갖고 자존심을 경험한 가장 최근의 일을 기억해보세요. 그리고 그 순간의 감정이 어떤 것이든 잠시 함께 있어보세요.

당신은 할 수 있는 한 최선을 다해 그 감정을 환영할 수 있나요?

당신은 그것을 흘려보낼 수 있나요?

당신은 그것을 흘려보내고 싶나요?

언제요?

다음으로 나아가기 전에 여러분의 감정 일부나 전부를 흘려보낼 수 있다고 여길 때까지 흘려보내기 과정을 몇 번 더 하세요. 그리고 난 후 다음 감정으로 넘어가세요.

명심하세요. 처음 여섯 가지 감정은 다음에 올 세 가지 감정 상태인 용기, 수용, 평화 위에 얇은 판을 형성합니다. 우리 안에 있는 이 세 가지 감정 상태를 드러낼 수 있게 스스로를 허용한다면, 처음의 여섯 가지 감정에서 대부분 느껴지는 "나는 못해."라는 느낌이 점점 더 "나는 할 수 있어."로 바뀔 것입니다.

용기

용기를 경험할 때, 우리는 망설임 없이 행동할 의지가 있습니다. 우리는 할 수 있습니다. 바로잡을 수 있습니다. 무엇이든 언제든 필요할 때 변화시킬 수 있습니다. 흘려보내고 다음으로 넘어갈 의지가 있습니다. 우리의 몸에는 자존심 상태보다 훨씬 많은 에너지가 있고, 그것을 건설적인 행동으로 변화시킬 수 있습니다. 우리의 에너지는 높고, 사용 가능하며, 깨끗합니다. 우리의 마음은 자존심 상태에 있을 때보다 덜 어수선하고 훨씬 덜 시끄럽습니다. 유연하고, 탄력적이며, 개방적입니다. 우리 마음속의 그림과 생각은 우리가 무엇을 할 수 있는지, 배울 수 있는지, 다른 사람을 어떻게 하면 지지할 수 있는지에 관한 것입니다.

다른 이들의 성공을 기꺼이 도우려 할 때 스스로 동기 부여가 되고, 자립적이 됩니다. 심지어 자신의 실수에 대해서도 큰 소리로 웃을 수 있습니다. 인생은 즐겁습니다.

흘려보내기 질문들에 대해 "예."라고 대답할 때마다 우리는 용기의 에너지를 이용합니다. 왜냐하면 용기는 본래 우리의 자연스러운 상태이기 때문입니다. 그래서 용기가 아무리 다른 감정에 덮여 있는 것처럼 보여도 우리는 그것에 접근할 수 있는 것입니다.

세도나 메서드 강사이기도 한 데이비드는 전문적인 마임 배우입니다. 그는 마약의 위험에 노출된 뉴욕의 공립 학교에서 40분 동안 마임 공연을 합니다. 매년 적어도 2만 명의 학생들(유치원생에서 8학년까지)이 그를 보러 오죠. 그는 끊임없는 용기와 수용으로써 학생들을 대합니다. 그러나 항상 그랬던 것은 아닙니다. 5~6년 동안, 그는 종종 학생들을 어떻게 다뤄야 할지 몰랐습니다. 아이들을 통제하지 못할 것 같은 두려

용기를 표현하는 단어와 문구

- 진취적인
- 위험을 알리다
- 생기 있는
- 장담하는
- 의식이 높은
- 중심 잡힌
- 확신하는
- 생기를 주는
- 명료함
- 동정심
- 만족할 만한
- 자신 있는
- 창조적인
- 대담한
- 결정적인
- 역동적인
- 열망하는
- 열렬한

- 모험적인
- 자유자재로
- 집중하다
- 나눔
- 행복한
- 자랑스러운
- 유머
- 난 할 수 있어
- 독립적인
- 자신감 있는
- 통합
- 천하무적의
- 애정 어린
- 명료한
- 의욕적인
- 무저항주의
- 열린
- 낙관주의

- 긍정적인
- 의도적인
- 충격을 잘 견디는
- 풍부한
- 호응을 보이는
- 안전한
- 자족적인
- 예리한
- 자발적인
- 강한
- 힘을 주는
- 지칠 줄 모르는
- 활발한
- 예지력 있는
- 의지
- 열정
- 유쾌함
- 균형감

움이 엄습하는 경험을 하곤 했습니다. 공연에는 500명이나 되는 반항적인 아이들로 관람석이 꽉 찰 때가 있는데, 그들이 서로 싸우거나 소란을 피우는 등 항상 뭔가가 잘못될 것 같은 추상적인 공포를 느꼈던 것입니다. 당연히 공연은 성공적일 수 없었습니다. 하지만 지금은 다릅니다. 공연 전과 공연 중에 하는 흘려보내기 덕분에 데이비드는 어떤 상황에서도 문자 그대로 공포가 아예 없습니다. 그는 위腑 부위에 존재하는 긴장을 흘려보내고 아주 평화롭게 말합니다. "저는 여기서 여러분을 위해 준비한 퍼포먼스를 공연하고 싶습니다. 저는 한 번도 멈추지 않고 공연을 계속할 것입니다. 그러나 제가 퍼포먼스를 하는 동안 여러분도 쇼를 한다면(일테면 떠들고 난리를 친다면) 제가 이 퍼포먼스를 시작할 수 없을 것입니다." 그러면 아이들은 완전히 그의 편이 되죠. 자유로운 그의 퍼포먼스는 위험에 노출된 아이들에게 생생한 메시지를 전달하고 위대한 영향을 줄 수 있지요. 데이비드는 말합니다. "용기와 수용의 상태에서 공연을 하면, 저는 세상과 조화를 이룹니다. 그것은 오직 내 안에 있는 것을 흘려보냄으로써만 일어납니다. 그러면 저의 퍼포먼스는 저절로 사랑이 넘치고, 자애롭게 됩니다."

잠깐 시간을 갖고 용기를 경험한 가장 최근의 일을 기억해보세요. 그리고 그 순간의 감정이 어떤 것이든 잠시 함께 있어보세요.

당신은 할 수 있는 한 최선을 다해 그 감정을 환영할 수 있나요?

당신은 그것을 흘려보낼 수 있나요?

당신은 그것을 흘려보내고 싶나요?

언제요?

좋은 감정을 흘려보내는 게 힘들다면 기억하세요. 그것을 흘려보낼 때, 더 좋은 것을 받을 수 있도록 허용된다는 사실을요. 우리 모두는 긍정적인 감정을 무한히 공급받을 수 있습니다. 비록 지금은 제한된 감정들로 덮여 있다 하더라도 말입니다. 이것이 바로 우리가 흘려보내기를 할 때, 부정적인 감정은 점점 약해지는 반면 긍정적인 감정은 점점 더 커지는 이유입니다. 여러분은 억압하고 집착하는 평생의 습관을 무력화시키고 있는 것입니다.

여러분이 지금 현재 느끼고 있는 감정의 일부와 전부를 다 흘려보낼 수 있을 것처럼 느껴질 때까지 흘려보내기 과정을 몇 번 더 반복하세요. 그리고 다음 감정으로 넘어가세요.

수용

수용을 경험할 때 우리는 모든 것을 있는 그대로 즐깁니다. 어떤 것도 바꿔야 할 필요성을 느끼지 못합니다. 그저 있는 그대로 괜찮습니다. 그저 있는 그대로 아름답습니다. 우리의 몸은 용기보다 훨씬 많은 에너지를 갖게 됩니다. 그 에너지는 대부분 휴식 같은 상태이지만, 필요하면 언제든지 쓸 수 있습니다. 우리의 에너지는 가볍고, 따뜻하고, 열려 있습니다. 우리의 마음은 용기보다 덜 어수선하고, 훨씬 더 고요하며, 만족스럽습니다. 우리 마음속의 그림과 생각은 존재의 아름다움에 사랑을 느끼는 것입니다. 삶은 기쁨입니다.

랠프와 그의 아내는 세도나의 7일 프로그램에 참가했습니다. 그들은 아침마다 수업 시작 전에 함께 걷곤 했습니다. 어느 특별한 날, 그들은 랠프가 자신의 목표를 흘려보내는 데 많은 시간을 보내곤 했던 '벨록Bell Rock'이라는 곳으로 올라갔습니다. "그 목표는 절대 이뤄질 수 없어."라는 익숙한 감정이 올라올 때마다 랠프는 그 메시지가 **단지 감정일 뿐임**을 즉각적으로 알아차렸죠. 그는 그것을 붙잡을 필요도 없었습니다. 그 경험이 그토록 특별했던 까닭은 그것이 매우 시각적이었기 때문입니다. 그곳에 서서 그는 자신 안에서 감정의 회오리바람이 일어나

수용을 표현하는 단어와 문구

- 풍부함
- 감사해하는
- 균형
- 아름다운
- 일체감
- 어린아이 같은
- 동정심
- 사려 깊은
- 기쁨
- 마냥 행복해하는
- 포용하는
- 공감
- 여유로운
- 모든 것이 다 괜찮다

- 친근한
- 충만함
- 온화한
- 반짝반짝 빛나는
- 자애로운
- 화목한
- 조화
- 직관력 있는
- 나는 갖는다
- 받아들이는
- 즐거운
- 다정한
- 관대한
- 그윽한

- 자연스러움
- 바꿀 것이 없어
- 열려 있는
- 장난기 많은
- 따사롭게 빛나는
- 수용적인
- 안전한
- 부드러운
- 상냥한
- 이해
- 따스한
- 행복
- 놀라운

는 것을 볼 수 있었고, 그것을 붙잡으려고 애쓰지 않고 그저 수용하는 자신을 지켜보았습니다. 회오리바람의 이미지는 완전히 사라질 때까지 몇 차례 더 약하게 일어났습니다.

영상은 고작 몇 분 정도 지속됐을 뿐이지만, 그 효과는 매우 강력했습니다. 랠프는 이렇게 말합니다. "떠돌이 강아지를 문 앞에 계속 오게 하는 것처럼 내가 감정에게 먹이를 준다면 다시 돌아올 거라는 걸 깨달았습니다. 그러나 내가 먹이를 주지 않으면, 그건 결국 가버리겠지요." 수업 시간에 그는 자신이 얼마나 멋지고 자유롭게 느끼는지를 모두와 공유했습니다.

잠깐 시간을 갖고 수용을 경험한 가장 최근의 일을 기억해보세요. 그리고 그 순간의 감정이 어떤 것이든 잠시 함께 있어보세요.

당신은 할 수 있는 한 최선을 다해 그 감정을 환영할 수 있나요?

당신은 그것을 흘려보낼 수 있나요?

당신은 그것을 흘려보내고 싶나요?

언제요?

긍정적인 감정도 최선을 다해 흘려보내야 한다는 것을 명심하세요. 우리가 이전에 작업했던 것처럼 이 과정을 여러분이 느끼는 감정의 일부 및 전부를 흘려보낼 수 있다고 느껴질 때까지 몇 차례 되풀이하세요. 그런 다음, 마지막 감정인 평화로 넘어가세요.

평화

평화를 경험할 때 우리는 "나는 존재한다. 나는 전체이고, 완벽하고, 완전히 나 자신이다. 모든 사람과 모든 것이 나의 일부다. 모든 것은 완벽하다"라고 느끼게 되지요. 몸에는 수용보다 훨씬 많은 에너지가 있지만, 매우 고요합니다. 그 에너지는 차분하고 조용합니다. 마음은 명료하고 텅 비어 있지만, 완전히 깨어 있습니다. 삶은 있는 그대로이며, 모든 것이 다 괜찮습니다.

스테파니는 자신이 최근에 친구의 생후 6주 된 아기를 안았을 때 경험했던 평화 그리고 하나 됨의 순간에 대해 말해주었습니다. 아기가 천진하게 가슴을 파고들 때, 그녀는 긴장이 풀리면서 아이의 신뢰를 경험

평화를 표현하는 단어와 문구

- 영원한
- 의식
- 존재
- 한계 없는
- 침착한
- 중심 잡힌
- 완전한
- 끊임없는

- 자유로운
- 성취감을 느끼는
- 극찬하는
- 나는 〜이다
- 빛
- 하나 됨
- 완성
- 순수한

- 조용한
- 평온
- 공간
- 고요한
- 변치 않는
- 평정
- 무한한
- 전체의

했죠. 그녀는 자기의 기대와 근심 걱정을 완전히 흘려보냈습니다. 미래를 계획하지도 과거를 걱정하지도 않았고, 그저 그 조그만 아기와 '지금 이 순간' 쉬고 있었습니다. 사랑하고 사랑받는 데 어떠한 장애물도 없었습니다. 그녀에게 필요한 것은 마음뿐이었습니다. 평화롭기 위해서, 그저 있는 그대로 있기만 하면 되었던 것입니다.

잠깐 시간을 갖고 평화를 경험한 가장 최근의 일을 기억해보세요. 그리고 그 순간의 감정이 어떤 것이든 잠시 함께 있어보세요.

당신은 할 수 있는 한 최선을 다해 그 감정을 환영할 수 있나요?

당신은 그것을 흘려보낼 수 있나요?

당신은 그것을 흘려보내고 싶나요?

언제요?

✧ 탐구: 당신은 당신의 감정이 아니다

아홉 가지 감정의 상태를 거친 후 여러분이 어떻게 느끼는지 주의를 기울여보세요. 이 책의 메시지를 충분히 느끼도록 스스로를 허용했다면, 아마도 벌써 한층 이완되고, 감동하고, 자신의 감정에 마음이 열려 있을 것입니다. 확실치 않거나 변화가 전혀 없어도 걱정하지 마세요. 여러분은 지금 새로운 기술을 배우고 있답니다. 능숙해질 때까지 시간이 좀 걸릴지 모릅니다. 지금껏 감정을 흘려보내는 것보다 그것을 억압하고 표현하는 것을 더 많이 연습해왔기 때문입니다. 머지않아 감정과 더 자주 접촉할 것이고, 그것들을 알아차리고 흘려보내는 것이 한층 쉬워질 것입니다.

잠깐 시간을 갖고 아홉 가지 에너지 상태를 통한 우리의 여정을 정리하기 위해 다음 문장을 음미해보세요. **"감정은 그저 감정일 뿐입니다. 그것들은 당신이 아닙니다. 그것들은 사실이 아닙니다. 그러므로 당신은 감정을 흘려보낼 수 있습니다."** 이 단순한 말은 세도나 메서드가 무엇에 관한 것인지를 보여주는 완벽한 예입니다. 그런데 이 말이 진정으로 뜻하는 것은 무엇일까요?

첫 번째 문장인 "감정은 그저 감정일 뿐입니다."라는 명제는 너무나 당연하고 분명한 것처럼 보이지만, 실제로 우리는 이렇게 살고 있지 않습니다. 우리는 감정의 넓은 스펙트럼 양 극단만을 다루는 문화에서 살고 있습니다. 스펙트럼의 한쪽 끝에서 우리는 우리의 감정 자체를 부정할 뿐만 아니라 그것이 우리의 합리적인 사고 체계, 건강, 삶의 경험에 미치는 영향도 부정합니다. 다른 한쪽 끝에서 우리는 감정이 우리가 누구인지를 알려주는 것이라고 여기며 그것에 너무 많은 중요성을 부여한 나머지 감정을 신격화합니다.

합리적으로 행동하는 것과 우리의 감정을 부정하지 않는 것 모두가 다 진실입니다. 그러나 우리 대부분은 각각의 관점에서 스스로를 잃어버리고, 선택할 능력도 잃어버렸습니다. 우리의 합리적인 마음이 순간순간 입력되는 감각적인 정보를 어떻게 해석하는가에만 의지함으로써 자주 그 양 극단 사이에서 심하게 흔들립니다.

우리 대부분은 감정이 자기 자신인 것처럼 동일시하는 경향이 있습니다. 서문과 1장에서도 언급했듯이 이러한 동일시는 심지어 언어에서도 발견됩니다. 우리가 "feeling angry"이는 말 대신 "being angry"라고 표현할 때 말입니다. 흘려보내는 것을 실제보다 훨씬 더 어렵게 만드는 것이 바로 이 같은 감정과의 동일시입니다. **우리는 "그것이 바로 내가 누구인지 말해줘."라 생각하고 "나는 느낀다. 그러므로 나는 존재한다."고 믿기 때문에 감정과의 동일시에 자주 매달립니다.**

흘려보내기의 관점에서 볼 때 이것은 사실이 아닙니다. 이어지는 문장인 "그것들은 당신이 아닙니다."는 그것이 가짜 동일시라는 것을 상기시켜줍니다. 저는 여러분이 스스로 이것을 시험해보기를 권합니다. **진정한 여러분은 언제나 그대로 있지만, 감정은 왔다가 사라지는 것입니다. 그것을 지켜보세요.** 감정 너머의 여러분이 누구인지 미심쩍다면, 지금 이 순간 그것을 허용해보세요. 세도나 메서드를 탐험하면서 하루 동안 계속 흘려보내는 연습을 시작해보세요. 그러면 감정에 의해 스스로 부여한 한계 너머에 있는 자신의 진정한 본성을 발견할 것입니다. 만약 여러분이 감정과의 동일시에 빠진 자신을 발견했다면, 스스로 물어보세요. **"내가 이 감정일까, 아니면 나는 그저 이 감정을 느끼고 있는 것일까?"** 이 단순한 질문은 여러분으로 하여금 스스로 거짓 정체성과 분리되는 것을 도와줍니다. 여러분은 또한 자신이 감정 자체가 아니라는 것을 알기 위해 세도나 메서드의 첫 번째 단계에 있는 질문을 이용할 수도 있습니다. **"내가 무엇을 느끼고 있지?"** 여러분은 그것을 느끼는 존재입니다. 그러니 그것을 흘려보낼 수 있는 기회를 허락하십시오.

이 문장을 더 깊이 이해할 때, 우리는 "그것들은 사실이 아니다."라는 상태에 도달합니다. 누군가가 여러분을 좋아한다는 생각이 사실이라고 믿었는데, 그 반대가 진실이었던 적이 있나요? 혹은 뭔가가 잘못되어가고 있다고 확신했는데, 매우 잘된 경우가 있나요? 이것은 우리가 어떻게 감정에서 비롯된 정보와 관계를 맺는지 잘 보여주는 두 가지 예입니다. **우리는 자신이 사실을 이해한다고 믿으면서 가정, 추측의 세계에 살고 있습니다.** 어떤 면에서, 우리의 감정은 그저 특정한 감각에 대해 우리가 지어낸 이야기들에 불과합니다.

감정을 사실처럼 취급하는 것은 문제가 될 수 있습니다. 너무 늦어버릴 때까지 우리 스스로 그 가설을 만들었다는 사실을 알아차리지 못하기 때문입니다. 우리는 자신이 생각한 것을 합리적인 결정으로 만들어버리고, 나중에 가서야 그것이 반사적인 감정의 반응을 기반으로 한 것이었다는 사실을 깨닫게 됩니다.

마지막 문장은 이 책 전체에서 말하고자 하는 것을 강조합니다. **"당신은 그것을 흘려보낼 수 있습니다."** 더 많이 수용하고, 흘려보내는 능력을 더 많이 사용할수록 여러분이 살아가면서 경험하는 모든 것이 더 많이 변화할 것입니다.

✧ 자신의 성장에 헌신하라

다음 장으로 넘어가기 전에 '아홉 가지 감정의 상태 흘려보내기'를 몇 차례 더 연습할 것을 권합니다. 이 장을 다시 읽을 때마다 여러분은 더 많은 것을 얻게 될 것이며, 세도나 메서드를 더 깊이 사용하게 될 것입니다. 여러분의 인생을 높고 낮은 에너지의 새로운 관점으로 시험해볼 기회를 갖고, 서로 다른 감정의 상태가 어떻게 여러분의 인생에 영향을 주는지 지켜보세요. 또 흘려보내기 과정을 여러분의 삶에 더 충실히 접목하는 데 최선을 다하세요. 하루하루 세도나 메서드를 적용하는 것은 말하자면 최종적인 승부의 여정이 펼쳐지는 지점입니다. 또한 이 책에서 언급한 심오한 결과물을 얻기 시작하는 지점입니다.

아홉 가지 감정 상태

감정의 자유로 가는 여정

무관심	슬픔	공포	갈망	분노
지루한	버려진	걱정스러운	버리다	거친
이길 수 없어	남용된	불안한	고대	공격적인
부주의한	고소당한	조심스러운	냉담한	짜증나는
냉담한	번뇌로 가득한	(기분 나쁘게) 축축한	기다릴 수 없어	논쟁적인
중단	수치스러운	비겁	강박적인	적대적인
죽은	배신당한	방어적인	갈망, 열망	격분한
패배한	우울한	불신	요구하는	화가 나는
낙담한	속은	의심	기만적인	신랄한
의기소침한	절망적인	몹시 무서운, 몹시 두려운	투지 넘치는, 의욕 넘치는	반항적인
적막한	실망한	당황한	질투하다	요구가 많은
절망	제정신이 아닌	얼버무리는	상술적인, 착취하는	파괴적인
낙심한	당황한	불길한 예감	집착하는	역겨움
환멸을 느끼는	잊혀진	두려움	광분	폭발하기 쉬운
불운한	죄책감	걱정으로 제정신이 아닌	좌절	험악한
진이 빠진	비통해하는	망설이는	게걸스레 먹는	불만스러운
실패	심적인 고통	공포에 질린	탐욕스러운	화가 나서 씩씩대는
잘 잊어 먹는	비탄에 잠긴	히스테릭한	비밀리에 비축하다	몹시 화가 난
헛된	무력한	(감정 표현을) 어색해하는	굶주림	가혹한
포기	상처받은	불안정한	나는 원한다	증오
몽롱한	~였다면 좋았을 텐데	비이성적인	참을성 없는	미움
희망이 없는	무시당한	메스꺼움	음탕한	조급함
유머가 없는	부적당한	신경질적인	호색한	일을 곱씹는
난 못해	슬픔을 가눌 수 없는	겁에 질린	조종하는	욕구불만
상관없어	공정하지 않아	마비된	구두쇠 같은	질투하는
그렇게 생각하지 않아	배제당한	피해망상	그걸 꼭 가져야만 해	격노한
우유부단한	갈망하는	두려운	절대 충분하지 않아	미칠 듯이 화가 나는
항복	상실	비밀스러운	절대 만족스럽지 않은	비열한
보이지 않는	쓰라린	회의적인	망각, 의식하지 못하는	자비 없는
너무 늦었어	오해	무대 공포증	집착하는	살기등등한
게으른	애도	미신적인	너무 방임하는	화가 치민
미룸	방치된	의심스러운	소유욕이 강한	심통 사나운
무기력한	아무도 신경 쓰지 않아	긴장	포식자 같은	밀어 붙이는
패배자	아무도 날 사랑하지 않아	무서운	강요하는	반체제적인
상실	향수병	위협적인	무모한	분개
부정적인	괴로운	소심한	무자비한	저항하는
무감각한	동정	덫에 갇힌	책략을 꾸미는	반란을 일으키는
압도당한	한심하구나	불확실한	이기적인	무례한
힘없는	후회	어려운	심술궂은	흉포한
체념하는	거절당한	연약한, 심약한	고의적인	폭발 직전의 분노
충격	회한	탈출하고 싶어	못된	타는 듯한 분노
취한	슬픔	경계하는		노여움
꽉 막힌	비통함	근심		앙심을 품은
너무 지쳤어	눈물이 나는			매서운
냉정한	고통을 겪는			험한
초점 없는	갈기갈기 찢긴 마음			속이 타는
쓸모없는	고통스러운			완고한
모호한	불행한			무뚝뚝한
쇠약한	사랑받지 못한			복수심에 불타는
무슨 소용이야?	원치 않는			악의적인
왜 노력해?	마음이 약해진			폭력적인
가치 없는	왜 하필 나야			격한
	상처를 입은			사악한
				고의로

자유, 초연함

자존심	용기	수용	평화
나무랄 데 없는	진취적인	풍부함	영원한
냉담한	위험을 알리다	감사해하는	의식
오만한	생기 있는	균형	존재
편견이 심한	장담하는	아름다운	한계 없는
뽐내는	의식이 높은	일체감	침착한
지루한	중심 잡힌	어린아이 같은	중심 잡힌
영리한	확신하는	동정심	완전한
옹졸한	생기를 주는	사려 깊은	끊임없는
현실에 안주하는	명료한	기쁨	자유로운
자만하는	동정심	마냥 행복해하는	성취감을 느끼는
멸시하는	만족할 만한	포용하는	극찬하는
냉정한	자신 있는	공감	나는 ~이다
비판적인	창조적인	여유로운	빛
업신여기는	대담한	모든 것이 다 괜찮다	하나 됨
독단적인	결정적인	친근한	완성
위엄 있는 척	역동적인	충만함	순수한
겸손한 척	열망하는	온화한	조용한
미덕이 있는 척	열렬한	반짝반짝 빛나는	평온
만족스러운	유쾌함	자애로운	공간
거드름	모험적인	화목한	고요한
고고한 척하다	자유자재로	조화	변치 않는
위선적인	집중하다	직관력이 있는	평정
얼음같이 찬	나눔	나는 갖는다	무한한
고립된	행복한	받아들이는	전체의
판단적인	자랑스러운	즐거운	
모든 것을 다 알아	유머	다정한	
좁은 소견	난 할 수 있어	관대한	
절대 틀리지 않는	독립적인	그윽한	
독선적인	자신감 있는	자연스러움	
잘난 체하는	통합	바꿀 것이 없어	
경건한	천하무적의	열려 있는	
편견이 있는	애정 어린	장난기 많은	
주제 넘는	명료한	따사롭게 빛나는	
독실한	의욕적인	수용적인	
융통성 없는	무저항주의	안전한	
자신에게만 몰두하는	열린	부드러운	
자기만족에 빠진	낙관주의	상냥한	
이기적인	균형감	이해	
우쭐해하다	긍정적인	따스한	
속물적인	의도적인	행복	
예외적인	새로운 것을 잘 받아들이는	놀라운	
응석받이	충격을 잘 견디는		
금욕적인	풍부한		
완강한	호응을 보이는		
교만한	안전한		
우월한	자족적인		
타협하지 않는	예리한		
무정한	자발적인		
용서 없는	강한		
포용적이지 않은	힘을 주는		
자만심	지칠 줄 모르는		
고압적인	활발한		
	예지력 있는		
	의지		
	열정		

4장

내적 저항감
녹이기

여러분은 우리가 말한 것을 어떤 것도 믿으면 안 됩니다.
여러분 스스로가 커다란 부를 성취하고
행복해지고 건강해짐으로써 직접 증명하세요.

_레스터 레븐슨

우리는 삶의 흐름이 우리를 원하는 곳에 데려다주기를 허용하기보다는 대부분 거슬러 헤엄쳐 가는 데 많은 시간을 소비하고 있습니다. 원하는 것을 얻으려면 애를 써야 하고 현재 상황을 밀어내야 한다고 생각합니다.

그러나 만약 그것이 사실이 아니라면 어떨까요? 사실 삶의 자연스러운 흐름에 따라 우리가 원하는 것을 가질 수 있다면 어떨까요? 여러분은 이미 흐름의 상태 속에 있는 게 어떤 것인지 경험했습니다. 모든 게 완벽하게 돌아갔던 날을 생각해보세요! 적절한 시간에 적절한 장소에서 아주 적절한 일을 한 것처럼 느꼈을 것입니다. 그럼 이제 일반적인 날들을 생각해보세요. 어떤 날이 더 좋은가요? 매일매일, 하루 종일 자신을 흐름에 맡기는 데 가장 큰 장애물은 바로 흐름에 대한 저항감입니다.

좋은 소식은 다른 감정처럼 저항감 역시 놓아버릴 수 있다는 것입니다. 저항감은 삶의 모든 분야에서 앞으로 나아가는 것을 막습니다. 특히 개인적 성장과 행복에서 말입니다. 이 책을 여기까지 읽었다면, 여러분은 이미 많은 종류의 감정을 놓아주는 경험을 했을 것입니다. 아마 어떤 때는 기꺼이 놓아주었겠지만 어떤 때는 차라리 책을 덮고 다른 일을 하는 게 더 쉬웠을 겁니다. 그것이 바로 좋은 의도를 갖고 있지만 그것을 행동으로 옮기지 못하게 하는 일종의 저항감입니다. 심지어 이 책에서 우리가 하는 작업(흘려보내기) 같은 좋은 활동들까지도 못하게 만듭니다.

저항감을 흘려보내는 것은 다른 사람들로 하여금 여러분을 조종하도록 허용한다는 의미가 아니라는 사실을 인식하는 게 중요합니다. 저항감 없이도 옳은 것을 유지할 수 있습니다. 합기도, 태권도 같은 무술을 배운 적이 있다면 주먹을 단단하게 쥐는 것이 오히려 나쁘다는 것을 알 것입니다. 그러나 저항감 없이 주먹을 살짝 풀어주면 더 많은 힘을 실을 수 있습니다. 또한 무도인들은 저항하지 않음으로써 언제 상대가 공격할지 알고 그 에너지를 상대에게 되돌려줄 수 있습니다.

이는 바로 저항감을 흘려보내기 때문입니다. 더 적게 애쓸수록 더 강한 힘을 갖고, 더 큰 회복력을 갖게 됩니다.

✦ 저항감이란?

진심으로 열정을 갖고 어떤 일을 시작했지만 중간에 그 열정을 잃어버린 적이 있나요? 그것이 바로 저항감입니다. 저항감은 서서히 퍼져나갑니다. 이것이 바로 삶에서 우리가 갖고 싶고, 하고 싶고, 되고 싶은 것으로부터 우리를 가로막는 원인 중 하나입니다. 사실 우리는 정말 좋아하거나 관심을 갖고 있는 것에 자주 저항감을 갖습니다.

그리고 누군가가 무언가를 하라고 명령하면 바로 저항감이 일어납니다. 심지어 그것이 자신이 하고 싶은 일일지라도 저항감을 느끼죠. 저항감은 자신을 방해하고 역효과를 낳습니다. '반드시 해야 한다.'는 의무가 끊임없이 저항감을 일으키는 작용을 하는 것입니다. 이처럼 명령은 언제나 저항감을 동반합니다.

무언가를 반드시 해야 한다는 명령을 들으면 어떤 기분이 드나요? "싫어! 나한테 명령하지 마!" 이렇게 느낄 것입니다. 나 자신에게 무언가를 해야 한다고 말할 때도 똑같은 반응이 일어납니다. 자신에게 "넌 생활비를 벌어야 해!"라고 말하면 무슨 일이 일어날까요? 아마 "아, 그러셔?" 하는 식의 반응이 나타날 겁니다. 또 버리고 싶은 습관과 관련해 "더 이상 이런 행동은 하지 않는 게 좋을걸."이라고 말하면 오히려 더 심하게 행동하는 자신을 발견하게 될지도 모릅니다. 이것이 바로 자연스러운 우리의 마음입니다. 우리는 명령받는 것을 좋아하지 않습니다. 스스로에게 계속 '무언가를 해야만 한다는 의무'를 부과하면서도 그 일이 왜 재미없고, 그 일을 왜 완수 못하는지 궁금할 겁니다.

제가 기억하는 제 인생의 첫 저항감은 어린 시절에 느꼈던 것입니다. 밖에 나가 놀지 않고 조용히 혼자 있고 싶던 어느 날, 처음으로 저항감을 느꼈습니다. 밖에서 동네 친구들과 놀기를 좋아했지만 이날만큼은 혼자서 장난감을 갖고 놀고 싶었습니다. 그런데 어머니가 저 혼자만의 시간을 방해했습니다. 밖에 나가서 친구들과 놀라는 것이었죠. 이런 일이 몇 번 반복되자 어머니와 저 사이에 갈등이 일어났습니다. 저는 밖에서 친구들과 노는 걸 싫어하게 되었고, 무슨 수를 써서라도 나가지 않으려고 했죠. 어머니가 자신도 모르게 아들로 하여금 친구들과 노는 것에 저항감을 갖도록 만든 것입니다. 비록 어머니의 강요에 저항감을 느낀 것뿐이지만, 그 후 수년간 저는 제가 다른 사람들과 어울리기 싫어하는 사람이라는 잘못된 믿음을 갖게 되었습니다.

저항감은 여러 가지 다양한 방식으로 나타나기 때문에 종종 그것을 알아차리기 어렵습니다. 중요한 일을 잊을 수도 있고, 정말 도움이 되는 무언가에서 점점 멀어지기도 합니다. 예를 들어, 흘려보내기를 아주 잘한다고 칩시다. 흘려보내기를 진심으로 즐기고, 정말 최고라고 생각하는 겁니다. 그런데 얼마 후 흘려보내기가 자신에게 얼마나 큰 도움을 주는지 직접 경험했음에도 불구하고 더 이상 흘려보내기를 하기가 힘들어졌습니다. 무슨 일이 일어난 걸까요? 저항감에 부딪힌 것입니다. 아마도 흘려보내기가 '의무'로 바뀌었을 것입니다. **이런 경우 의무는 어떤 일을 하려고 애쓸 때 들이는 힘만큼 또는 그 이상의 저항력을 만들어냅니다.**

저항감을 이해하는 데 도움이 되는 몇 가지 정의를 설명해보겠습니다.

- 저항감은 브레이크를 밟고 앞으로 나아가려는 것과 같은 느낌입니다.
- 무언가를 해야 한다고 느낄 때마다 저항감에 갇히게 됩니다.
- 저항감은 어떤 힘에 대한 반작용입니다. 그 힘이 실재하든 상상이든 말입니다.
- 저항감은 세상을 밀어내기 때문에, 세상은 반대로 나를 밀어내게 됩니다.

- '할 수 없다.'는 생각이나 느낌이 저항감입니다. 그 느낌을 붙잡으려는 무의식적 노력(습관)을 극복하려면 의식적인 노력이 필요합니다. 그 무의식적인 습관이 저항감입니다.
- 저항감은 단지 다른 프로그램을 보호하기 위해 만든 또 다른 프로그램일 뿐입니다.(이것이 무슨 프로그램이고 어떤 영향을 주는지는 12장에서 설명합니다.)
- 저항감은 무언가를 할지 결정하지 않았지만 어쨌든 그 무언가를 할 때의 어려움입니다. 무언가를 쉽게 하려면 그걸 하기로 결정하고 하거나, 하지 않기로 결정하고 안 하기만 하면 됩니다.

✧ 저항감 흘려보내기

수시로 저항감을 느낀다면 1장에서 배운 기본적인 흘려보내기 단계를 사용할 수 있습니다. 그 질문들을 스스로 읽어도 되고, 파트너를 정해 함께해도 좋습니다.

1. 지금 이 순간 느끼는 저항감을 환영하고 허용해주세요.
지금 이 순간 느끼는 저항감을 허용해줄 수 있나요?
(저항의 느낌을 환영할 수 있나요?)

2. 다음 세 가지 질문을 스스로에게 해보세요.
저항감을 흘려보낼 수 있나요?

그러고 싶나요?

그렇다면 언제?

3. 자유로움을 느낄 때까지 위의 두 단계를 가능한 한 자주 반복하세요.

저항감을 흘려보낼 수 있다는 사실을 진정으로 이해하면, 여러 가지 번거로운 생각 없이 그걸 해내는 자신을 발견할 것입니다. **위의 질문에 대한 답으로는 언제나 "예."나 "아니요." 모두 적절하다는 것을 기억하세요.** 여러분은 종종 "아니요."라고 말했음에도 불구하고 흘려보내기를 할 수 있습니다. 그러므로 대답할 때는 많은 생각을 할 필요가 없습니다. 진심에서 우러나오는 답이 중요합니다. 추측해서 답하지 마세요. 저항감 흘려보내기를 통해 얻을 수 있는 장점 혹은 흘려보내기의 결과에 대해 마음속으로 토론하지 마세요. 여러분의 대답이 무엇이든 다음 단계로 넘어갑니다.

처음에는 결과가 아주 미묘할 수 있습니다. 그러나 그 결과는 아주 빠르게, 특히 꾸준히 연습한다면 더욱더 심오해질 것입니다. 여러분은 특정 주제에 대한 저항감이 여러 겹으로 이루어졌음을 발견할 수도 있습니다. 그래서 그것을 완전히 흘려보내려면 시간이 좀 더 필요할 수도 있습니다. 그러나 여러분이 흘려보낸 모든 껍질(층)은 영원히 사라질 것입니다.

제인은 회사에서 수년간 시간 관리에 관한 교육을 받았습니다. 하지만 질질 미루는 습관은 그녀 말대로 "아직 건재하게 살아 있습니다." 하

테렌스 오브라이언, 30년간 아파트를 청소하는 것은 항상 고된 일이었
일본 습니다. 나는 그것이 싫었고 언제나 청소 문제와 씨
름을 해야 했습니다. 하지만 지금은 자발적으로 방
을 치우고 오래된 물건을 내다버리게 되었습니다. 내 인생에서 처음으
로 방에서 껑충껑충 뛰지 않고도 두 걸음 이상을 걸을 수 있게 된 겁니
다. 나는 항상 청소할 시간이 없다는 변명을 만들어내곤 했습니다. 그러
나 지금은 다릅니다. 직업을 네 개나 갖고 있고 일주일에 80시간을 일
하지만, 방을 치울 시간과 에너지가 있습니다. 그리고 더 이상 철부지가
아닙니다. 세도나 메서드가 나에게 준 것은 뭔가를 할 수 있는 자유입
니다.

지만 질질 미루는 습관에 대해 스스로를 자학하기보다 자기 일에 대한
저항감을 흘려보내는 것이 훨씬 쉽다는 것을 깨달았죠. 그녀는 자신에
게 물었습니다. "내가 이 끔찍한 일들을 얼마나 싫어하는지 그 마음을
받아들일 수 있을까?" 얼마 후 그녀는 자기 일을 아주 작은 부분부터
다시 시작할 수 있었고, 그 일에 속도를 높일 수 있다는 것을 깨달았습
니다. 물론 항상 천사들의 합창을 들으면서 앞을 향해 나아간 것은 아
니지만, 예전보다 한결 쉽게 전진할 수 있었습니다. 꽉 막혀 오도 가도
못하는 상황에서 벗어난 것입니다. 제인은 이렇게 말합니다.

**"다른 모든 일처럼 저항감을 흘려보내는 것도 당신이 실제로 행하지
않으면 아무런 효과가 없습니다. 하지만 당신이 흘려보내기를 실행할**

때, 그것은 궁극의 기술입니다. 시간이 지날수록 관점이 변화하고 성장하는 느낌이 들 것입니다."

◇ 저항감을 녹이는 세 가지 방법

저항감을 흘려보내는 훌륭한 방법은 여러분이 갖거나, 되거나, 뭔가를 하고 싶어 하는 것에 저항할 때, 그뿐 아니라 여러분이 갖지 못하는 상황, 되지 못하는 상황, 하지 못하는 상황에도 함께 저항하고 있음을 인정하는 것입니다.

이런 상황이 생기면, 다음 과정을 적용해보세요.

1. 당신이 저항감을 느끼는 '무언가 하기'를 떠올려보세요.

   이제 당신에게 질문해보세요.

   그 '무언가 하기'에 대한 저항을 흘려보낼 수 있을까?

   그러고 싶은가?

   그렇다면 언제가 좋을까?

2. 그러고 나서 반대로 질문해봅니다.

   그 '무언가 하지 않기'에 대한 저항을 흘려보낼 수 있을까?

   그러고 싶은가?

   그렇다면 언제가 좋을까?

3. 위의 두 가지 질문을 번갈아 계속해보세요. 여러분의 저항감이 풀릴 때까지 말입니다. 그리고 이 일이 얼마나 쉬운 것인지 한 번 느껴보세요.

똑같은 과정이 '갖거나 되기'를 거부하는 것들을 흘려보내는 데에도 유용합니다. 간단히 '한다'는 단어를 '가진다' 또는 '된다'로 바꾸기만 하면 되지요.

이 테크닉을 생활 속에서 어떻게 대입해 연습할지 궁금한가요? 두 가지 예를 보여드리겠습니다. 돈이 없는 것에 저항하는 것(아주 흔한 감정이죠)부터 얘기해볼까요? 여러분이 돈을 소유하는 것에 대해서도 저항하고 있지는 않은지 생각해보세요. 만약 돈을 소유하는 것에 저항하고 있지 않다면, 여러분은 아마 이미 충분하고도 남을 만한 돈을 갖고 있어야 할 것입니다. 이번엔 외로움에 저항하는 것(인간관계가 없는 상태)을 얘기해볼까요? 저는 여러분이 관계를 맺는 것에도 저항한다고 확신합니다. 이런 주제들의 양극단 모두를 흘려보내세요. 그리고 여러분의 삶에 무슨 일이 벌어지는지 지켜보세요. 깜짝 놀랄 만한 즐거운 일들이 생길 것입니다.

흘려보내기를 하려 할 때 종종 그것이 잘 안 될 수 있습니다. 그때 우리는 저항감의 벽에 부딪힌 것입니다. 이런 일이 일어날 때, 스스로에게 **완강한 저항감을 붙들고 있어도 된다고 허락하는 것은 아주 효과적인 방법입니다.** 이미 하던 대로 하게끔 일단 허용해준다면 여러분 내면에 흘려보내기를 할 수 있는 여유로운 공간이 생겨날 것입니다. 스스로에게 이렇게 물어보세요. **"잠깐 동안 이것을 붙잡고 있도록 허용해줄**

수 있겠니?"

종종 바로 이 순간에 흘려보내기가 저절로 일어날 것입니다. 만약 저항을 완전히 흘려보내지 못했다면 흘려보내기의 기본 질문으로 돌아가세요. "붙들고 있는 것을 흘려보낼 수 있을까? 그러고 싶니? 언제?" 붙잡고 있도록 스스로를 허용해주는 방법과 일반적인 흘려보내기 방법을 몇 번씩 교대로 활용해도 괜찮습니다.

밥은 자신이 많은 문제에 대해 저항감을 갖고 있는 사람이라고 생각했습니다. "저는 평소 결단력 있고 통제력도 있었습니다. 하지만 며칠 전부터 어떤 것도 결정할 수 없었습니다. 마치 돌아가는 선풍기 날개 사이에 기다란 막대기가 꽉 끼어버린 것 같았죠. 하지만 제가 그 꽉 끼어 있는 상황을 허용하겠다고 결정하자마자 즉시 모든 것이 제자리를 찾았습니다."

밥은 자신이 그 저항 속으로 뛰어들거나 스스로에게 "내가 저항하고 있는 그대로를 허용할 수 있을까?"라고 질문할 때 모든 일이 대부분 해결된다는 것을 발견한 것입니다.

✦ 탐구: 저항감과 접촉하기

세도나 메서드 수업을 할 때 우리는 간단하지만 강력한 효과가 있는 연습을 자주 합니다. 그 연습은 저항이 신체에 어떻게 느껴지는지를 알 수 있도록 해줍니다. 우리가 저항의 느낌과 더 많이 연결될수록(저항이 어떤 느낌인지 더 잘 알아차릴수록), 그것을 흘려보내는 것은 더욱 쉬워집니다. 그러니 이 연습을 할 때는 머리가 아닌 가슴으로 접근하시길 바랍니다. 다시 말해서, 옳은 결과물이란 것을 미리 결정짓거나 이해하려 하지 말라는 뜻입니다.

이 연습은 두 가지 방식이 가능합니다. 첫 번째는 혼자 하는 방식입니다. 두 번째는 파트너와 하는 방식입니다. 대부분의 사람들은 이 연습이 저항뿐 아니라 그 밑에 숨겨진 감정들까지도 흘려보내는 데 큰 도움이 된다는 사실을 깨닫습니다.

혼자서 신체적 저항감 탐험하기

우선 양손의 손바닥을 맞대고 기도하는 자세로 몸 앞에 모읍니다. 그리고 밀어낼 손과 저항할 손을 정합니다. 밀어내기를 할 손으로 반대쪽 손을 부드럽게 밀고 반대쪽 손은 원래 자리를 지킵니다. 이렇게 하는 동안 최선을 다해 저항한다는 것이 어떤 느낌인지 잘 느끼고 알아차리도록 자신을 허용하세요.

그런 다음, 특히 어떤 손도 통제하지 않도록 주의하면서 저항을 놓아주세요. 그저 양손이 하는 대로 두세요. 미는 손과 저항하는 손을 바꿔가면서 여러 번 반복하세요. 그리고 자신의 감정을 흘려보내면서 그것을 알아차리세요. 그런 다음, 이 연습을 하며 느낀 점을 되새기며, 기본 흘려보내기 과정을 사용해 떠오르는 모든 생각과 감정을 흘려보내세요.

파트너와 함께 신체적 저항감 탐험하기

두 번째 방식으로 연습할 때는 이것이 그저 탐구라는 점을 기억하세요. 이것은 누가 더 힘이 센지를 자랑하거나, 상대를 넘어뜨리려는 것이 아닙니다. 여러분의 파트너에게 정신적으로나 신체적으로 어떤 위협도 가하려 하지 않는 것이 가장 중요합니다. 먼저 파트너와 서로 마주 보고 서서 눈을 마주칩니다. 누가 먼저 밀고 누가 저항할지를 결정하세요. 쉽게 설명하면, 우선 파트너가 먼저 '미는 쪽'이 됩니다. 그리고 두 사람 모두 상대편 쪽으로 팔을 길게 뻗어 서로의 손바닥을 마주합니다.

이제 파트너가 여러분의 손을 부드럽게 밉니다. 파트너가 손을 밀수록, 단순하게 거기에 저항합니다. 서로 두 손을 붙인 채 말입니다. 서로가 저항을 느낄 만큼 충분히 압력을 가해야 합니다. 하지만 미는 사람이 뒤로 넘어질 걱정은 하지 않을 만큼만 저항하세요.

힘의 증가에 따라 저항하는 느낌이 어떤지 느낄 수 있도록 자신을 허용하세요. 그러고 나서 당신 손에 어떤 특별한 행동이나 조작도 하지 말고 최대한 저항을 흘려보내세요. 그저 당신 손을 있는 그대로 놔두세요.

그다음엔 서로 역할을 바꿔서 똑같은 연습을 해보세요. 누가 미는 사람이었든 이제는 저항하는 사람이 됩니다. 몇 번씩 역할을 바꿔서 서로가 저항하는 것이 어떤 느낌인지, 또 저항을 흘려보내는 것이 어떤 느낌인지 명확히 알 때까지 해보는 겁니다.

이 연습 과정에서 여러분 자신 안에 있는, 혹은 파트너가 갖고 있는 저항과 연관된 몇 가지 패턴을 발견할지도 모릅니다. 연습이 다 끝난 후에는 파트너와 함께 이런 발견에 관해 자유롭게 얘기를 나눠보세요. 하지만 지적인 토론이 되는 것은 피하세요. 서로 돌아가며 떠오르는 것을 흘려보낼 수 있도록 도와주세요.

✧ 글로 써서 흘려보내기: 해야만 하는 것들

다음 과정은 여러분의 저항을 흘려보내기 위해 고안한 것입니다. 아주 간단합니다. 먼저 여러분의 '릴리징 노트'를 꺼내 새로운 페이지를 펼치고 제일 위쪽에서부터 아래쪽으로 줄을 그어 좌우로 나눕니다. 좌측 공간 위쪽에 '내가 해야만 하는 것들'이라 쓰고, 우측 공간 위쪽에는 '그것에 대한 나의 지금 느낌은 무엇인가?'라고 씁니다.

먼저 좌측 공간에 여러분이 해야만 한다고 생각하는 **모든 것의 목록을 만드세요.**

이제 각각 한 가지 항목을 선택해서 한 번에 한 가지씩 그것에 대한 지금의 감정(느낌)을 적습니다. 거기에는 몇 가지 감정이 연관되어 있을 수도 있습니다. 이 작업을 해나가면서 특히 저항에 주의를 기울입니다. 물론 올라오는 다른 감정들도 살피면서요. 그러고 나서 각각의 느낌, 특히 저항을 완전히 흘려보내세요. 완전히 흘려보냈다면, 그 항목 옆에 체크 표시를 해두거나 그 항목에 줄을 그어 표시하세요.

내가 해야만 하는 것들	그것에 대한 나의 지금 느낌은 무엇인가?	
세금 납부하기	분노	저항 ✓
집 안 청소하기	우울함 ✓	저항
출근하기	피곤함	저항
친절하기	두려움	저항 ✓

위의 과정을 반복하세요. 여러분의 지금 감정을 계속해서 흘려보내세요. 좌측 공간에 있는 각각의 항목을 완전히 흘려보낼 때까지 합니다. 흔히 말하는 긍정적인 느낌 또한 흘려보내야 한다는 것을 잊지 마세요. 그렇게 할 때 당신은 계속해서 더 높은 에너지 상태로 올라갈 수 있습니다.

✧ 저항 흘려보내기 과정

저항 흘려보내기는 '내가 해야만 하는 것들' 목록에서 한 가지 주제를 뽑아서 할 수도 있고, 혹은 뭔가를 할 때 느껴지는 내부의 저항으로부터 자유롭고 싶을 때도 할 수 있습니다. 질문을 스스로 읽거나, 혹은 릴리징 파트너가 여러분에게 읽어주어도 좋습니다. 만약 혼자 릴리징할 때 '당신'을 '나'라는 말로 바꿔 써서 그게 더 자연스럽게 느껴진다면 그렇게 해도 좋습니다.

여러분이 마땅히 해야만 하는 일, 반드시 해야 할 일이라 믿고 있는 것, 혹은 가장 중요한 일이라고 생각하는 것, 어떤 것도 좋습니다. 한번 생각해보세요. 그것에 대해 생각할 때 얼마나 마음이 조이는지 그리고 자신이 어떻게 그것을 미루는지 주의 깊게 관찰하세요.

당신은 저항의 느낌을 기꺼이 받아들일 수 있나요?

그것이 그저 여기에 있도록 허용할 수 있나요?

그리고 나서 그것을 흘려보낼 수 있나요?

그러길 바라나요?

그렇다면 언제 그렇게 할 건가요?

이제 여러분이 해야만 하는 아주 중요한 일이나 또는 누군가가 여러분이 반드시 해야만 한다고 말했던 일들, 가령 살빼기, 금연, 더 많은 돈 벌기, 세금 납부하기, 빚 갚기 등을 생각해보세요. 그리고 그것이 어떻게 즉각적으로 여러분 내부에서 저항을 불러일으키는지 주목해보세요.

당신은 그 저항의 느낌을 기꺼이 받아들일 수 있나요?

그러고 나서 그것을 흘려보낼 수 있나요?

그러길 바라나요?

그렇다면 언제 그렇게 할 건가요?

다음으로, 삶에서 여러분이 저항을 갖고 있는 또 다른 것들을 생각해보세요. 우리는 반복해서 해야만 하는 일들에 대해 저항하는 경향이 있습니다. 심지어 이를 닦거나 쓰레기통을 비우거나 잔디를 깎는 일처럼 단순한 것들에도 저항합니다. 우리가 자주하는 일, 이를테면 설거지 같은 일이 많은 사람에게는 실제로 큰 문제입니다. 저항하는 느낌이 어떤지 솔직하게 느껴보세요. 그리고 그것을 환영하세요. 그것이 여기 있을 수 있도록 허용해주세요.

그러고 나서 당신은 그것을 흘려보낼 수 있나요?

그러길 바라나요?

그렇다면 언제 그렇게 할 건가요?

삶에서 여러분이 저항하고 있는 또 다른 것을 찾아보세요. 거기에는 우리가 싫어하는 어떤 감각들이 있습니다. 예를 들면 시끄러운 잡음, 눈부신 빛, 사람들의 특정 억양, 심지어 어떤 냄새들이 그러합니다. 자신이 저항하는 것을 찾아보세요.

당신은 그 저항이 인식되는 것을 환영할 수 있나요?

그것을 그저 수용할 수 있나요?

그러고 나서 그것을 흘려보낼 수 있나요?

그러길 바라나요?

그렇다면 언제 그렇게 할 건가요?

우리는 또 특정 사람들에게 저항합니다. 삶 속에서 자신이 저항하는 사람을 지금 한 번 떠올려보세요. 저항이 그 사람을 싫어한다는 의미가 아니란 걸 기억하세요. 때때로 우리는 사랑하는 사람에게조차 저항합니다. 마음에 떠오르는 사람이 있나요? 아마도 가족 또는 인척 관계에 있는 사람들이나 혹은 여러분이 저항을 경험했던 누군가일 것입니다.

당신은 그 저항이 인식되는 걸 허용할 수 있나요?

그것을 환영할 수 있나요?

그러고 나서, 그것을 흘려보낼 수 있나요?

그러길 바라나요?

그렇다면 언제 그렇게 할 건가요?

또 하나의 큰 저항거리는 우리의 감정입니다. 우리는 매우 자주 우리가 느끼는 감정에 저항합니다. 특히 우리가 '기분 나쁜'이라는 이름표를 붙인 것들에 더 그러합니다. 대부분의 사람은 특정한 감정, 즉 두려움이나 분노 같은 것들에 더욱 저항합니다. 지금 당장, 여러분이 어떤 감정에 어떻게 저항하는지 느껴볼 수 있나요?

당신은 그 저항이 인식되는 걸 환영할 수 있나요?

그저 잠시 저항하는 것을 허용할 수 있나요?

그러고 나서 그것을 흘려보낼 수 있나요?

그러길 바라나요?

그렇다면 언제 그렇게 할 건가요?

다음으로, 여러분이 즐기는 것임에도 불구하고, 그것을 하는 데 저항감을 느끼는 것에 대해 생각해보세요. 아이러니하게도, 우리 대부분은 자신이 좋아하는 것들, 자신에게 좋은 것들에 저항합니다. 거기엔 여전히 망설임이 있습니다. 그것이 바로 우리가 즐겁게 활동할 시간을 절대 찾을 수 없는 것처럼 보이는 이유입니다.

당신은 그냥 그 저항을 느끼도록 허용할 수 있나요?

그것을 의식 안으로 들어오게 환영해주세요.

그러고 나서 그것을 흘려보낼 수 있나요?

그러길 바라나요?

그렇다면 언제 그렇게 할 건가요?

우리는 또한 자신의 신체에 저항합니다. 특정 감각, 혹은 우리 몸이 남에게 어떻게 보이는지에 대해, 심지어 이상적인 체중일 때조차도 몸무게에 강박 관념을 갖고 집착합니다. 그리고 기분 좋은 날에 대해서도, 자신이 다른 사람에게 어떻게 보이는지에 대해서도 저항합니다. 저항하고 있는 신체적인 것을 찾아보세요.

그 저항이 당신의 인식에 들어오는 것을 그저 환영하세요.

당신은 그것을 흘려보낼 수 있나요?

그러길 바라나요?

그렇다면 언제 그렇게 할 건가요?

위에서 살펴본 어떤 저항거리도 깊게 탐험해볼 가치가 있습니다. 저항을 느낄 때는 언제든 이 과정을 이용해보세요.

✦ 삶의 자연스러운 흐름 속에 머물기

저항이 없다면 우리는 정말 신속하게 자유로워질 것입니다. 언제든지 여러분이 무언가에 막혔거나 걸렸다는 생각이 들면 그 저항을 흘려보내세요.

여기 저항을 다루고 그 흐름의 상태 속에 머물 수 있게 해주는 중요한 세 가지 조언이 있습니다.

명령하지 말고 부탁하자

우리는 앞에서 누군가가 당신에게 "~를 해야만 해." "당연히 ~를 해야지."라고 말할 때 무슨 일이 벌어지는지 알아봤습니다. 그것은 즉시 내면의 저항을 불러옵니다. 반대로 여러분의 명령 역시 상대방에게 저항을 불러일으킵니다. 그러니 현명해집시다. 다른 사람에게 명령하는 대신 그들이 했으면 하는 바를 요청함으로써 상대방이 불필요한 저항을 일으키는 것을 피하세요. 이것이 습관화되면 여러분은 더욱더 많은 협력을 얻게 될 것입니다. 저는 여러분이 여러분 자신과 소통할 때도 이런 방식을 사용하기를 권합니다. 그렇게 하면 여러분 내면의 저항도 줄일 수 있을뿐더러 더 많은 협력을 얻게 될 테니까요.

하고 있는 것은 하고, 하지 않는 것은 하지 말자

우리는 어떤 일에 대해 지금 하는 것과 다르게 해야 한다고 느끼거나, 하고 있지 않은 뭔가를 해야 한다고 자주 느낍니다. 이 딜레마에서 벗어나는 방법은 자신에게 '의무'라는 짐을 지우지 않고 무언가를 하고 있을 때는 스스로 그것을 하도록 허용하고, 반대로 무언가를 하고 있지 않을 때는 그것을 하지 않도록 허용하는 것입니다.

언제라도 무엇을 해야만 한다고 강요하는 자신을 발견하면, 잠시 시간을 내어 자신의 저항을 흘려보내세요. 틀에 박힌 생활을 하라는 것이 아닙니다. 사실 이렇게 하면 그 결과는 정반대가 될 것입니다. 의무감과 그에 따른 저항감을 놓아주면 지금 하고 있는 일을 쉽게 해내고, 하지 않는 일에 집착하지 않는 자신을 발견하게 될 것입니다.

이런 연습은 자신이 하려 하는 일과 하지 않으려는 일 모두에 적용할 수 있습니다. 그러면 저항감에서 비롯된 삶의 단조로움에서 벗어날 것입니다.

압박을 완화하자

지금 하는 일이 힘겹게 느껴지나요? 이것은 여러분이 저항의 벽에 부딪혔다는 확실한 증거입니다. 여러분은 아마 스스로를 압박하거나 혹은 다른 무언가로부터 압박을 느낄 것입니다. 만약 여러분이 스스로를 압박하고 있다면 그 압박을 완화하겠다는 **의식적인 결정을 하세요.** 그러면 여러분이 무엇을 하든 훨씬 더 쉽고, 훨씬 더 빠르고, 훨씬 더 효율적이고 즐겁게 해낼 수 있을 것입니다.

여기 흥미로운 사실이 있습니다. **여러분은 다른 사람이 여러분을 압박하는 건 느낄 수 없습니다. 오직 여러분이 압박에 저항하는 것만 느낄 수 있을 뿐입니다.** 그러므로 만약 상대방이 여러분을 압박한다고 느낀다면, 그것에 대항하거나 저항하는 감정을 흘려보내세요. 그러면 무엇을 하든 훨씬 더 쉽고 우아하게 그 일을 해낼 수 있을 것입니다.

다음 장으로 넘어가기 전에 여러분이 1장 뒷부분에서 작성한 자신의 목표가 저항에 의해 얼마나 방해받고 있는지 한 번 조사해보세요. 이 부분에서 여러분의 저항을 흘려보내면 보낼수록 더욱 편안하고 고요한 흐름 속에 있는 상태가 나타날 뿐만 아니라 그 편안함과 흐름의 상태가 항상 그 자리에 있었다는 것도 깨달을 것입니다. '저항 흘려보내기'를 연습하면 할수록 기분이 한결 나아지는 것을 느끼고 삶은 더욱 편안해질 것입니다. 저항은 여러분이 원하는 것을 갖지 못하게 하거나, 여러분이 원하는 방식대로 느낄 수 없게 하는 주요 장애물입니다. 그러나 여러분은 쉽게 저항을 흘려보낼 수 있으며, 여러분이 선택한 모든 것에서 충만한 삶의 혜택을 누릴 수 있습니다.

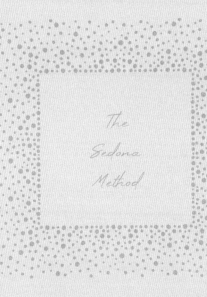

The

Sedona

Method

5장

평온의
열쇠

절대 미래에 그것이 이루어질 것이라고 생각하지 마세요.
왜냐하면 마음은 항상 그것을 미래로 투사할 것이기 때문입니다.
마치 지금 여러분이 그것을 보고, 느끼고, 맛보고, 가진 것처럼 하세요.
절대 '미래에 그렇게 될 것이다.'라고 생각하지 마세요.

_레스터 레븐슨

"신이시여, 저에게 바꿀 수 없는 것은 받아들일 수 있는 평온함을, 바꿀 수 있는 것은 바꿀 수 있는 용기를 그리고 이 둘의 차이를 알 수 있는 지혜를 주시옵소서."

_평온의 기도, 라인홀트 니부어Reinhold Niebuhr

여러분은 아마 이 '평온의 기도'를 들어본 적이 있을 겁니다. 그리고 여러분이 다른 사람과 비슷하다면 여전히 이 기도에 대한 응답을 바랄 것입니다. 여기에 그 답이 있습니다! 이 장을 함께하다 보면 바꿀 수 없는 것은 받아들이게 되고, 삶에서 변화해야 할 것은 쉽고 거침없이 바꾸게 될 것입니다. 게다가 이 두 가지를 구분하는 지혜가 어느 순간 손안에 들어와 있을 것입니다.

과연 어떻게 그것이 가능할까요? 너무 간단해서 여러분을 어리둥절하게 만들 것입니다. **무언가를 바꾸고 싶은 욕구를 흘려보내세요.** 여기서 '무언가'는 삶에서 무엇이든 될 수 있고, 과거에 일어난 일을 포함해 여러분이 좋아하지 않거나 다른 모습을 원하는 개인적인 모든 경험이 될 수 있습니다. 이 간단한 해결책에 마음을 열어두면 그 힘이 여러분을 자유롭게 할 것입니다.

변화를 바라는 마음을 흘려보내는 것이 어떻게 도움이 될까요? 흘려보내기를 함으로써 명백히 나타나는 현상으로는 기분의 나아짐뿐 아니라 다른 몇 가지 장점이 있습니다.

우선 '수용하기acceptance'부터 알아봅시다. 바꿀 수 없는 것을 받아들이기란 언제나 쉽지 않은 일입니다. 마음은 모든 개념에 저항합니다. 그러나 있는 그대로의 모습을 바꾸고 싶어 하는 욕구를 흘려보내면, 억지로 하려 하지 않아도 자연스럽게 커다란 수용 상태에 들어갈 수 있습니다.

변화가 필요한 것을 바꾸는 일과 관련해서는 자신의 개인적 경험을 되짚어보세요. 신속하게 자신의 삶을 되돌아보며 바꾸고 싶어 하는 것의 목록을 머릿속에 그려보세요. 아마 상당히 많을 것입니다. 그리고 그중 상당수는 오래되고 질긴 것들이겠죠. 여러분은 지금까지 많은 것을 바꾸고 싶어 했지만 정작 그렇게 하진 못했군요. 그렇죠? 뭔가를 바꾸려는 욕구가 실제로 그것을 바꿀 수 있게 해준다거나, 또는 바꾸고 싶어 하는 욕구가 우리를 실제 행동으로 이끌어준다고 마음은 우리에게 말하지만, 사실 대부분은 그 반대가 진실입니다. **문제를 바꾸고 싶다는 마음에 집중하면 그 생각 때문에 문제가 계속됩니다. 문제를 바꾸거나 저항하기 위해 마음이 그 문제를 붙잡기 때문입니다.**

그 과정을 좀 더 설명해드리겠습니다. 우리가 싫어하는 일(소리를 지르는 상사)이 생기거나 아끼는 사람에게 어떤 일이 일어나거나(병에 걸리거나 자동차 사고를 당한 친구) 또는 그날의 뉴스(주식 시장의 폭락 소식)가 마음에 들지 않았던 경우가 있을 것입니다. 그래서 그것들을 바꾸고 싶습니다. "이 일이 나한테 일어나지 않았으면 좋겠어." 또는 "이런 일이 다시는 일어나지 않았으면 좋겠어." 같은 식으로 생각하지만 우리는 바로 이 생각에 빠져서 갇혀버립니다. 마음은 그림(이미지)으로 보기 때문에 사실 부정적인 단어(이를테면, 절대 ~하지 않은, ~이 아닌, ~을 못하는)는 번역하지 않습니다. 그 결과 우리의 바람을 반대로 해석하고 그것을 계속 유지해나갑니다.

제 말이 믿기지 않는다면, 지금 이 순간 신발을 떠올리지 '말아'보세요. 어떻습니까? 대부분의 사람은 이 순간 마음의 눈으로 즉시 신발을 보게 됩니다. 이런 식으로 원하지 않는 것을 보지 않으려고 애쓰면 애쓸수록 우리는 그 생각을 더 강하게 붙잡게 됩니다. 현실 속에서 그것을 더 보게 되는 것입니다.

그럼 해결책은 무엇일까요? 쉽습니다. 무언가 바꾸고 싶은 그 마음 자체를 흘려보내면 마음속에 붙잡고 있던 그 원치 않던 그림이 사라집니다. 그러면 여러분은 용감하게 나아가 바꿀 필요가 있는 것을 바꿀 수 있게 될 것입니다.

마지막으로, 바꿀 수 있는 것과 바꿀 수 없는 것은 어떻게 구분할까요? 간단한 방법이 있습니다. 삶에서 바꿀 필요가 있는 것인지 아니면 그대로 허용해야 할 것인지 확신이 서지 않을 때는 언제라도 바꾸고 싶은 마음을 흘려보내세요. 그 감정을 흘려보내면, 그것이 바꿀 수 없는 것일 경우 자연스럽게 그것을 받아들이는 자신을 발견할 것입니다. 반대로 바꿀 필요가 있는 경우, 여러분이 쉽게 행동에 옮길 수 있도록 흘려보내기가 도움을 줄 것입니다. 이 원칙을 삶 속에서 시험해보고 어떤 일이 일어나는지 지켜보세요. 이 책의 다른 모든 부분처럼 제 이야기를 그냥 받아들이기만 하지 마세요. 반드시 스스로 실천해보고 자기 것으로 받아들이세요.

✧ 감정에 푹 빠져 있는가?

특정 감정이나 믿음을 흘려보내기 어렵거나 흘려보내기를 할 때 망설여진다면, **지금의 느낌을 바꾸고 싶어 하는 욕구를 흘려보내는 것**이 평안을 얻는 열쇠입니다. 흘려보내기가 망설여지는 이유는 보통 계속 통제하고 싶은 욕구 때문입니다. 이 과정은 통제 욕구를 흘려보내는 데 도움이 됩니다. 우리는 4장에서 저항감을 놓아주는 다양한 방법을 탐구했습니다. 앞으로 배울 내용은 비슷한 종류의 딜레마에 접근하는 또 다른 방법입니다. 릴리징 과정 어느 단계에서나 작업이 꽉 막혀 진전이 없을 때 활용할 수 있는 것입니다. 무언가를 바꾸길 원하는 마음을 흘려보내는 것은 세도나 메서드의 안전밸브 역할을 합니다.

감정에 빠져 있다면, 빠져 있는 것을 바꾸고 싶어 하는 마음 자체를 흘려보내세요. 자신에게 간단한 질문을 해보세요. **"내가 그것을 바꾸고 싶어 하는가?"** 그 대답은 한결같이 **"그렇다."**일 것입니다. 그렇다면 그것을 흘려보내세요. 여기 직접 적용해볼 수 있는 간단한 과정이 있습니다. 흘려보내기 어렵거나 자신이 좋아하지 않는 특정 감정을 느낄 때마다 2인칭(**당신은 ~을 할 수 있나요?**)이나 1인칭(**내가 ~을 할 수 있을까?**)으로 스스로에게 질문하세요. 이 과정을 릴리징 파트너와 함께해도 좋습니다.

우선 삶의 어떤 부분에서 막혀 있다고 느끼는지 또는 흘려보내기 과정 중 어느 부분에서 막혀 있는지 생각해보세요. **당신은 그 막힌 감정을 최대한 환영할 수 있나요?**

그런 다음 막힌 그것을 바꾸고 싶은 마음이 있는지 확인하세요. **그렇다면 당신은 그 감정 역시 허용할 수 있나요?**

이제 막힌 그것을 바꾸고 싶은 마음을 흘려보낼 수 있나요?

그러고 싶나요?

언제 그렇게 할 건가요?

지금 어떤 느낌이 드는지 확인하세요. **막힌 느낌이 드나요? 이전보다 덜 막힌 느낌인가요?** 그 대답이 무엇이든, 당신에게 그것을 바꾸고 싶은 마음이 더 남아 있나요?

당신은 그것을 바꾸고 싶은 마음을 흘려보낼 수 있나요?

할 수 있다면 그렇게 할 건가요?

언제 그렇게 할 건가요?

다시 한 번 내면의 느낌을 확인합니다. 이 경험에 마음을 열었다면 이미 작든 크든 좀 더 가벼워졌을 것입니다.

이제 다시 한 번 내면을 봅니다. 느낌을 바꾸고 싶다는 마음이 여전히 남아 있는지 보세요. **남아 있다면 당신은 그것을 바꾸고 싶은 마음을 흘려보낼 수 있나요?**

그러고 싶나요?

언제 그렇게 할 건가요?

그렇습니다. 막힌 것을 흘려보내기란 이렇게 간단합니다. 자신의 느낌을 바꾸고 싶은 때를 알아차리는 습관을 꼭 만들어보세요. 많은 사람이 이런 과정 자체를 자주 잊어버립니다. 제 경우도 그랬죠. 하지만 무언가를 변화시키려 할 때 스스로에게 이런 질문을 하고 변화시키고자 하는 그 욕구를 흘려보내자 예전에는 정말 다룰 수 없을 것만 같던 기분과 감정이 사라졌습니다.

일찍이 세도나 메서드 교사들은 이것이 흘려보내기를 하는 아주 쉬운 방법이란 사실을 잘 알고 있었습니다. 그래서 수업 시간에 이 방법에 대해 농담도 자주 했습니다. 예를 들면 이런 식이었죠. 제가 어떤 문제에 대해 그것이 저에게 얼마나 중요한 것인지 그리고 제가 정말 열심히 노력했는데도 왜 이루어지지 않는지 투덜대고 있으면 교사들은 살짝 웃으면서 간단한 질문을 던졌습니다. "헤일 도스킨 씨, 당신은 그것을 바꾸고 싶나요?" 이 질문 하나만으로 저는 자연스럽게 그 문제를 흘려버릴 수 있었고, 우리는 서로를 보며 함께 웃었습니다.

레스터 레븐슨은 이 기술이 내면의 한계들로부터 자신을 자유롭게 하는 열쇠라는 것을 깨달았습니다. 그것을 깨달은 후 그는 자신의 삶을 돌아보며 영화의 결말이나 오래전 있었던 작고 사소한 일을 포함해 모든 것을 자신이 얼마나 바꾸고 싶어 하는지 알게 되었습니다. 과거를 바꾸고 싶어 하는 마음을 흘려보냄으로써 내면의 한계라는 큰 장애물을 쉽게 풀 수 있었던 것입니다. 그리고 자신이 꿈꿔온 것 이상으로 행복해졌습니다. 물론 레스터 레븐슨은 거기서 멈추지 않았지요.

✧ 프랭크: 혼돈 속의 평온

프랭크는 시 법원에서 경범죄를 담당하고 있는 검사입니다. 그가 다루는 사건은 프랭크의 말을 빌리면 '냉장고 안쪽에 붙어 있는 끈적끈적한 때' 같은, 대부분 교통 위반이나 작은 도둑질 같은 것들입니다. 사건 일람표는 항상 가득 차 있어 언제나 정신이 없었습니다. 과거에는 정신없이 바쁠 때 쉽게 지쳤습니다. 하지만 몇 년 전 세도나 메서드를 배우고 난 후부터는 법원 안에서의 업무와 각기 다른 성격의 사람들을 다루는 일이 매우 쉬워지고 거의 힘들지 않게 되었죠. 대부분의 검사들이 많은 시간을 들여서 처리하는 일을 프랭크는 이제 조용한 가운데 몇 시간 만에 해결할 수 있습니다. 그는 다음과 같이 말합니다.

"어느 판사가 제게 이렇게 말하더군요. '검사들은 대부분 기소 중지가 되면, 자신을 추스를 시간이 필요해요. 만약 그런 일이 여섯 번 정도 일어나면 짜증을 내고, 열 번 정도 일어나면 누군가의 다리를 부러뜨릴 정도로 화를 내죠. 그런데 내가 본 당신은 기소 중지를 마흔 번이나 당했는데도 조용히 사람들을 도와주고, 곧장 자기 일에 집중하고, 최상의 상태로 돌아오더군요.' 그 판사는 저의 침착함과 초연함에 감명을 받았다고 했습니다. 저는 아직도 세도나 메서드를 계속 배우는 중입니다. 누군가가 저를 짜증나게 만들면 저는 그들을 흘려보냅니다. 그러면 즐거워지고, 법정 내에서조차 사람들에게 훨씬 더 큰 사랑을 갖고 행동하게 됩니다. 제가 훨씬 가벼워지고 자유로워졌음을 느낍니다."

프랭크는 자주 스스로에게 질문합니다. **내가 수월하고 편안한 하루를 보낼 수 있도록 스스로를 허용할 수 있을까? 내가 모든 사람을 존경심을 갖고 대할 수 있도록 스스로를 허용할 수 있을까? 내가 스스로를 망치는 과거, 현재, 미래의 행동을 흘려보낼 수 있을까?** 프랭크는 그 어떤 것도 흘려보낼 수 있다는 사실을 깨달았습니다.

"신기한 일이 법정에서 벌어지기도 합니다. 저는 법정 절차에서 피고인을 자주 돕습니다. 대부분의 피고인은 제가 존엄성을 갖고 그들을 대할 때 고마워하죠. 저는 그들에게 솔직하게 말합니다. '당신은 근본적으로 나쁜 사람이 아닙니다. 당신은 그저 어느 순간 어떤 잘못된 행동을 한 것뿐입니다.' 반면 어떤 피고인들은 그런 저에게 저항합니다. 그들은 제가 해코지를 할 거라 믿고 제 도움을 거절함으로써 상황을 더욱 안 좋게 만들죠. 사람들이 그런 반응을 보여도 저는 그들에 대한 사랑을 계속 유지합니다. 그리고 제 마음에서 그들을 흘려보내고 더 이상 판결 결과에 신경 쓰지 않습니다. 결과는 제가 아닌 판사와 배심원에게 달려 있기 때문입니다. 이런 피고인들은 나중에 소송에서 패할 경우가 많은데, 그럴 때면 미안한 마음이 들기도 하지만 그런 마음조차도 흘려보냅니다."

프랭크는 평온을 찾았습니다. 왜냐하면 지금 일어나는 모든 것을 받아들이기로 선택했기 때문입니다. 그에게 마음의 평화보다 더 중요한 건 없습니다. 세도나 메서드를 사용함으로써 그는 '삶은 매 순간을 즐기는 것'이라는 사실을 깨달았습니다.

✧ 바꾸고자 하는 마음 흘려보내기

이제 조금 더 나아가서, 바꾸고자 하는 욕구에 대해 함께 알아봅시다. 앞에서 저는 여러분에게 삶에서 싫고 바꾸고 싶은 것들을 재빠르게 한 번 검토해보라고 제안했습니다. 이 연습을 하기 위해 1장 뒷부분에서 적었던 자기 삶의 목표들을 다시 펼쳐보세요.

잠시 내면에 집중하고 이완하는 것부터 시작합니다. 눈을 감아도 좋습니다. 마음대로 하세요. 하루하루 생활하면서 세도나 메서드를 적용할 때는 눈을 뜨고 해도 전혀 상관없습니다. 눈을 감고 하든 뜨고 하든 주의력을 내면으로 더욱더 옮겨가세요. 주의력이 내부로 옮겨가는 걸 알아채고, 감정과 내면의 상태를 더욱 의식하세요. 단지 이런 변화만으로도 여러분은 이미 고요해지기 시작합니다.

만약 혼자 이 책을 읽고 있다면, 여러분 자신만의 속도로 작업하면 된다는 것을 기억하세요. 그리고 제가 여러분에게 뭔가를 물어보는 것처럼 혹은 자신이 상대방이 되어 스스로에게 물어보는 것처럼 하세요.

이제 여러분의 삶에서 달라졌으면 혹은 바꾸고 싶은 특정 사람, 장소, 물건을 생각해보세요.

이제 그로 인해 떠오르는 감정과 느낌이 무엇이든 그것을 있는 그대로 환영할 수 있나요? 완전히 그것을 허용해주세요.

당신은 그것을 바꾸고자 하는 마음을 흘려보낼 수 있나요?

그러길 원하나요?

그렇다면 언제 할 건가요?

이제 느낌이 어떤가요? 이 특정한 상황을 바꾸고 싶은 어떤 느낌이나 생각이 조금이라도 남아 있나요?

만약 그렇다면 그것을 바꾸고자 하는 마음을 흘려보낼 수 있나요?

그러길 원하나요?

그렇다면 언제 할 건가요?

자신이 아직도 그걸 바꾸고 싶은지 다시 확인하세요. 만약 여러분이 이 과정에 대해 마음이 열려 있다면, 아마도 문제에 집착하고 있는 상태보다는 해결책을 모색하는 관점으로 상황을 바라볼 것입니다. 그리고 변해야 할 게 아무것도 없다는 것을 또는 상황이 있는 그대로 완벽하다는 것을 깨닫게 될지도 모릅니다.

더 이상 바꾸고 싶은 마음이 없어질 때까지 그리고 있는 그대로를 완전히 받아들일 수 있을 때까지 질문을 계속합니다. 이 과정을 수행함에 있어 어떤 단계에서든 흘려보내기를 할 수 있다는 것을 항상 기억하세요. 예를 들어, 무언가를 바꾸고자 하는 욕구를 흘려보내는 데 어려움이 있을 때는 스스로에게 "당신은 이 어려움을 바꾸고 싶은가요?"라고 물어본 다음 그것을 흘려보내세요. 그러면 곧바로 온전한 작업 과정으로 되돌아가게 될 것입니다. 만약 여전히 흘려보내기 어렵다면, 다른 질문을 사용해보세요. "내가 그것을 이대로 내버려둔다면 어떻게 될까?"

이 놀라운 질문의 의미를 알아챘다면 여러분은 자유롭게 흘려보내기를 할 수 있을 것입니다.

여러분은 이 질문들을 좀 과장해서 다음과 같이 확장할 수도 있습니다. "이 꽉 막힌 상황을 더 나아지게 하려고, 혹은 좀 덜 어렵게 만들기 위해 내 전 생애를 다 소비해버린다면 어떻게 될까?" 여러분은 저절로 흘려보내기를 하게 될 것입니다.

흘려보내기를 할 때 어려움이 있다면, 잠시 동안 좀 더 집착하도록 허락해주세요. 이는 언제나 좋은 효과가 있는 아주 훌륭한 방법입니다. 여러분의 내면에 흘려보내기를 할 수 있는 여유를 만들어주거든요.

다시 내면에 집중하세요. 그리고 여러분이 바꾸고자 하는 또 다른 것을 찾아보세요. 그것은 사람일 수도, 장소일 수도, 물건일 수도, 혹은 상황일 수도 있습니다. 그게 무엇이든 거기에 집중하세요. 그리고 그것을 바꾸려 하는 게 어떤 느낌인지 살펴보세요.

그리고 나서 당신은 그것을 흘려보낼 수 있나요?

그러길 원하나요?

그렇다면 언제 할 건가요?

이제 방금 작업했던 것과 똑같은 것 혹은 삶에서 바꾸고 싶은 또 다른 것에 집중하세요.

당신은 그것을 바꾸고 싶어 하는 욕구를 흘려보낼 수 있나요?

기억하세요! 삶에서 바꾸고자 하는 것을 바꾸는 것은 잘못이 아닙니다. 우리는 항상 그것을 해결하려 하기보다는 바꾸고 싶다는 그 '욕구' 자체에 꽉 잡혀버립니다. 그래서 바꾸길 원하는 그 욕구를 흘려버리는 이 연습은 아주 뛰어난 방법입니다.

이제 다시, 아까와 똑같은 상황이나 혹은 삶에서 바꾸고 싶은 다른 상황에 집중합니다.

당신은 지금 이 순간, 하나의 경험으로서 바꾸고자 하는 욕구를 흘려보낼 수 있나요?

그러길 바라나요?

그렇다면 언제 할 건가요?

바로 지금 내면의 느낌이 어떤지 주의를 기울여보세요. 아마 바꾸고자 하는 욕구를 흘려버림으로써 마음속 깊은 곳에서 공간이 열리는 느낌을 가졌을 것입니다.

무언가를 바꾸고자 하는 욕구를 흘려보내는 것이 당신을 조금이라도 불편하게 만들었나요? 조금이라도 혼란스러운 느낌을 갖게 만들었나요?

당신은 그 느낌을 환영할 수 있나요?

그러고 나서 그것을 바꾸려는 욕구를 흘려보낼 수 있나요?

그러길 바라나요?

그렇다면 언제 할 건가요?

지금 바로, 여러분이 바꾸고자 하는 무언가가 또 있는지 한 번 살펴보세요.

만약 있다면, 당신은 그것을 바꾸고자 하는 욕구를 흘려보낼 수 있나요?

그러길 원하나요?

그렇다면 언제 할 건가요?

무언가를 바꾸고자 할 때, 우리는 "그것이 지금 있는 그대로는 좋지 않다."고 말합니다. 우리는 그것을 바꿔야 하고, 고쳐야 하고, 또는 어느 정도 개선해야 한다고 말합니다. 하지만 이는 종종 진실이 아닙니다. 혹은, 만약 무언가를 바꿔야 하는 것이 사실이라면, 바꾸고자 하는 욕구가 우리를 곤란하게 만듭니다. 바꿔야 한다는 것에 집착하는 것(변하길 바라는 마음만 붙들고 있는 것)은 우리가 필요한 행동을 취하는 데 진정한 도움을 주지 못합니다.

이제, 당신은 이 순간의 느낌을 있는 그대로 느끼도록 자신을 허용할 수 있나요?

그것을 환영할 수 있나요?

그 느낌들을 환영할 때마다, 그것들을 허용해줄 때마다 여러분은 바꾸고자 하는 욕구를 흘려보내는 자연스러운 방법을 허용하는 것입니다. 여러분이 기꺼이 '자신의 느낌'과 '삶 속에서의 환경'을 바꾸고자 하는 욕구를 흘려보낸다면, 여러분은 이제 더 고요해지고, 더 이완되고, 더 내면으로 집중하게 될 것이며, 그것을 실질적으로 바꿀 수 있게 됩니다. 이것이 진정 평안에 이르는 열쇠입니다.

✧ 앞으로 나아갈수록 자신이
더욱 깊어지게 허용하라

다음 장을 읽기 전에 여러분이 얼마나 다양한 사건과 기억

그리고 감정들을 바꾸길 원하는지 잠시 생각해보세요. 그러고 나서 그
것들을 바꾸고자 하는 마음을 흘려보내세요. 그 과정에서 여러분이 더
욱더 깊은 주제로 나아갈 수 있는지 한 번 살펴보세요. 또 자신의 삶에
서 이미 충만함과 감사함을 느끼는 부분과 있는 그대로 이미 받아들이
고 있는 것들도 주의 깊게 관찰하세요.

매일같이 조금씩이라도 이렇게 해나간다면, 여러분 자신의 삶에 심
오한 영향을 미칠 것이라고 약속합니다. 그 결과가 여러분에게 놀라움
과 기쁨을 줄 것입니다.

**도나 B. 지스클레어,
미국**   세도나 메서드를 통해서 얻은 가장 주목할 만한 성
취는 인내심입니다. 처음에는 그 과정들이 매우 더
딘 것처럼 보였어요. 하지만 시간이 지남에 따라 나
는 모든 감각을 지켜보기 시작했고, 흘려보내기 과정에 꾸준히 참여하
게 됐습니다. 내가 더 많이 흘려보낼수록 나를 괴롭혔던 것들이 그저 내
창조물에 불과했다는 사실을 깨달을 수 있었습니다. 나는 문제가 있는
장면을 내 마음속에서, 내 관점에서 반복함으로써 더 많은 문제를 만들
어냈고, 내 관점이 나에게 얼마나 중요한지 그리고 내 관점이 얼마나 옳
은지를 증명하느라 더 많은 문제를 만들어냈던 것입니다. 그래서 그 어
떤 것도 행복보다 더 중요한 것은 없다는 사실을 알아차리지 못했던 것
입니다.

The
Sedona
Method

래리 크레인의
조언

여러분은 마치 '진흙 구덩이에 빠진 듯한' 느낌 혹은 '시간만 낭비하고 있는' 듯한 느낌 또는 '판에 박힌 생활을 하는' 느낌을 가져본 적이 있나요? 게다가 그런 상황에서 벗어날 수 없을 것 같은 느낌이 들 때가 있었나요? 아마 어떤 면에서는 지금 그런 상황을 겪고 있을 수도 있습니다. 그렇다면, 이 이야기에 귀를 기울이세요. 바로 이런 상황들로부터 어떻게 벗어나는지에 대해 지금부터 이야기해보겠습니다.

이런 말이 있습니다. **"당신이 저항하는 것은 계속 남아 있게 된다."** 오직 허용하는 것만이 유쾌하지 않고 바람직하지 않은 상황에서 빠져나오는 유일한 방법입니다. 못 믿겠다고요? 그렇다면 문제에 대한 해결책을 찾으려고 애쓰거나 여러분이 처한 상황과 싸우려고 해보세요. 그리고 만약 그것이 해결되었다면 제게 알려주기 바랍니다. 여러분은 필시 더 혼란스러워지거나 해결책을 찾지 못해 더 곤란한 상황에 직면할 것입니다. 그렇다면 이처럼 꽉 막힌 상황을 어떻게 해결할 수 있을까요?

정답 만약 여러분이 꽉 막히거나 갇힌 상황에 직면했다면, 그것에 저항하는 마음을 흘려보내세요.

갇혀 있는 듯한 이런 상황에서 자유롭게 되는 핵심은 바로 '허용'입니다. 허용하는 상태에 있을 때 여러분은 아주 강력한 위치에 서게 됩니다. 또한 어느 방향으로든 움직일 수 있습니다. 그리고 무한한 존재가 됩니다. 우리 자신과 싸우거나 혹은 우리를 둘러싼 상황이 원하는 방향과 다르게 흘러가는 것과 싸울 때, 우리는 말 그대로 바꾸고 싶어 하는 그 상황에 갇혀버리는 것입니다. 그것은 마치 컵 속의 물이 얼어버린 것과 같습니다. 얼음은 흐르지 못합니다. 물이 얼기 전에는 어느 방향으로든 흘러갈 수 있습니다. 하지만 얼음은 그냥 그 자리에 있습니다. 꽁꽁 얼어붙어 갇힌 상태로 말입니다. 허용하는 것은 얼어붙은 여러분의 생각과 느낌에 뜨거운 물을 붓는 것과 같습니다. 여러분은 즉시 그것들이 녹아서 흐르기 시작하는 것을 느낄 것입니다. 판단은 물을 꽁꽁 얼어붙게 만드는 것과 같습니다. 그것은 움직이지 못하고, 변하지 못하고, 흐르지 못한 채 그대로 남아 있게 됩니다. 허용하는 것은 사랑의 한 측면입니다. 궁극의 사랑은 자연스럽게 저절로 마음을 열고, 주려는 태도를 동반한 아주 깊은 허용하기, 인정하기, 감사하기입니다.

허용은 편안한 느낌입니다. 일종의 치유력이 있는 따뜻함과 같습니다. 그리고 이 따뜻함은 오랫동안 지속되어 딱딱해진 행동, 태도, 파괴적인 패턴 그리고 부정적인 경향을 아주 쉽게 녹여버리고 소멸되게 하는 강력한 힘이 있습니다. 허용은 어떤 것도 녹여버립니다. 레스터 레븐슨이 말한 것처럼 "여러분에게 뭔가 문제가 있을 때, 좀 더 사랑해보세요. 문제는 완전히 사라질 것입니다." 이것은 사랑(허용/인정)이 궁극의 '제빙제de-icer'이기 때문입니다. 이것은 얼어붙어 있는 생각, 행동, 상태를 매우 빠르게 녹여줍니다.

현대 심리학 용어로 '자기-허용'을 한 사람은 그렇지 않은 사람보다 더욱더 '자기-잠재력 실현'을 한다고 말할 수 있습니다. 그것은 '자기-허용'이 자신의 궁극적인 잠재력을 깨닫는 데 가장 중요한 요소란 뜻입니다. 이것은 매우 간단하지만 자주 간과하는 것이어서, 거의 모든 사람이 이런 연습을 하지 않습니다. 그리고 사람들은 대개 자기 자신을 학대하고, 하루 종일 자기 스스로를 거부하거나 달갑지 않게 여깁니다. 심지어 완전히 갇혀버린 상태에서조차 허용의 상태로 가는 데는 여러 가지 방법이 있는데, 그중 한 가지를 알아보도록 하겠습니다.

"저는 이 상황을 바꾸려고 많이 노력하지 않으면 이 갇혀 있는 상태가 계속될까봐 두렵습니다."

이 이야기가 익숙한가요? 이해되시나요? 여러분은 이미(위와 같은 말을 할 때) 갇혀 있는 것입니다. 그리고 그것과 싸우고 그것을 알아내려고 애쓰는 것은 그 자리를 벗어나지 못하고 맴돌게 할 뿐입니다. 허용의 상태로 가기 위해서는 용기가 필요합니다. 그것만이 자유로워지는 유일한 방법입니다. 문제와 싸우거나 투쟁해서는 결코 그것을 극복할 수 없습니다. 절대 불가능합니다. 그것은 문제를 더욱 크고 더욱 강하게 만들 뿐입니다.

갇힌 상태에서 벗어나기 위한 간단한 연습

여러분에게 살아가면서 제자리를 맴돌거나 갇혀 있다고 느끼는 부분이 있나요? 지금 당장, 기꺼이 그 상태를 극복하고 싶나요?

방법:

1. 살아가면서 안 풀리거나 답답하게 막혀 있는 부분, 갇혀 있는 부분을 생각해내세요. 그것은 여러분이 직면한 경제적인 결핍 또는 인간관계의 문제일 수도 있습니다.

2. 여러분이 그 문제에 대해 얼마나 막혀 있다고 느끼는지 그리고 그 문제를 해결하기 위해 무엇을 해야 한다고 고민하는지 주의 깊게 살펴보세요.

3. 여러분의 답답한 상황을 완전히 인정하세요. 스스로에게 솔직히 말하세요. "나는 지금 꽉 막혀 있어. 나는 지금 답답한 상황이야." 그리고 진심으로 여러분 자신에게 최선을 다해 답답함을 느끼도록 허용하세요. 그 문제를 해결하려면 무엇을 해야

하는지 생각하지 말고 말입니다.

4. 이제 단 한순간만이라도, "내가 이 상황, 사람, 문제를 바꾸길 원하는 마음을 흘려보낼 수 있을까?"라고 자신에게 물어보세요. **영원히가 아니라, 지금 이 순간만 말입니다.** 여러분이 지금까지 싸워왔던 문제나 상황을 바꾸려고 하거나, 현 상황에 저항하는 걸 흘려보내도록 결정할 수 있나요? 그리고 지금 잠시만이라도 그것을 정확히 있는 그대로 있을 수 있도록 허락해 줄 수 있나요?

5. 그리고 더 더 더. 지금 이 순간만이라도 상황을 바꾸고자 하는 마음을 흘려보내고 답답하게 느껴지는 상황 그대로를 허용해 줄 수 있나요?

여러분, 무언가를 알아채셨나요? 만약 여러분이 성실하고 진실되게 연습을 따라 하고 지금 현재의 상황과 싸우지 않고 흘려보냈다면, 즉각적이고 긍정적인 에너지의 변화를 알아챌 것입니다.

이제 다시 문제와 상황을 떠올려보세요. 그것이 더 답답하게 느껴지나요? 아니면 덜 답답하게 느껴지나요? 문제와 상황을 바꾸려는 마음을 조금 더 흘려보낼 수 있나요? 그리고 조금만 더 흘려보낼 수 있나요?

이제 그것이 어떻게 느껴지나요? 더 무겁나요? 더 가볍나요?

여러분은 크게만 느껴졌던 문제와 걱정거리가 금세 아주 가벼워지고 해결하기 쉽다는 것을 알아차렸을 겁니다. 또는 아마도 아주 급하게 반드시 해야만 한다고 생각했던 것이 덜 조급하게 느껴지고

"어떻게든 끝날 거야. 나는 그걸 알아." 하는 긍정적인 느낌이 들 겁니다.

이 연습이 가져다주는 또 하나의 장점은 깊은 신뢰입니다. 문제가 완벽하게 처리될 것이라는 믿음 혹은 그 문제가 지금 있는 모습 그대로 완벽하다는 믿음이 생길 것입니다. 아직은 그 상황이 해결되었다고 확신하지 못할 수도 있습니다만, 여러분이 만약 그것에 저항하기보다 허용한다면, 해결책이 완벽한 시점에 완벽하게 저절로 모습을 드러낼 것이라는 느낌을 갖게 될 것입니다. 그리고 이런 느낌이야말로 실제로 문제가 완벽하게 해결되도록 만들어주는 마음 상태입니다. 이것이 이른바 '문제'라고 불리는 모든 것들에 대한 해결책입니다.

6장

깊고 강력한
수준에서 흘려보내기

스승과 제자가 갠지스 강가에서 목욕을 하고 있는데, 제자가 물었습니다.
"스승님, 어떻게 하면 제가 깨달을 수 있을까요?"
그러자 스승은 이렇게 답했습니다. 네 머리를 이 물속에,
숨이 넘어갈듯한 순간까지 넣었다가 꺼내보면 알게 될 것이다.
그 순간 네가 숨 쉬길 원했던 것처럼 깨닫길 갈망한다면, 그렇게 될 것이다."

여러분이 여기까지 읽고 흘려보내기 과정을 직접 해보았다면 이미 감정이 행동과 정신의 명확성에 크게 영향을 끼친다는 사실을 느끼기 시작했을 것입니다. 또 원치 않는 감정은 흘려보낼 수 있다는 사실도 발견했을 것입니다. 원치 않는 감정을 흘려보내면 기분이 나아질 뿐 아니라 우리의 행동 역시 개선됩니다.

이번 장에서는 여러 가지 생각과 감정을 일으키는 근원적인 동기와 욕구 같은 더 깊고 강력한 수준에서 세도나 메서드를 사용할 것입니다. 이 새로운 수준의 흘려보내기를 함으로써 여러분은 더 빠르고 효과적인 결과를 얻게 될 것입니다.

◇ 욕구가 당신을 움직이는 원동력인가?

"예."와 "아니요." 두 가지 모두 좋습니다. 잠시 동안 여러분이 원하는 게 무엇인지 생각해보세요. 돈이 더 많거나 빚이 더 적었으면 좋겠나요? 가족이나 친구와 더 나은 관계를 갖고 싶나요? 아니면 특별한 사랑을 시작하고 싶나요? 건강하고 싶거나 아니면 최소한 고통과 통증을 줄이고 싶나요? 성공하거나 아니면 적어도 실패자 같은 기분은 느끼고 싶지 않은가요? 더 많은 자유 시간을 갖고 압박감이 적었으면 좋겠나요? 새 자동차, 새 옷, 새 헤어스타일, 새 삶을 원하나요? 이런 목록은 끝이 없을 것입니다.

여러분, 진심으로 이런 것들을 원하나요? 아니면 이런 것들이 상징하는 행복을 찾고 있나요? 만약 이런 것들 없이도 행복할 수 있다면 어떨 것 같나요?

원하는 것wanting**은 부족한 것**lack**과 같습니다. 원하는 것은 '그것을 갖는 것'과 같지 않습니다.** 우리의 삶은 갖는 것 그 자체보다 가지려고 투쟁하는 것에 더 초점을 맞추는 경향이 있고, 그로 인해 항상 제약을 받습니다. **원하는 마음을 놓아줄 때**(흘려보낼 때) **갖고 있다는 느낌이 더 들고, 우리가 실제로 갖는 것도 그만큼 늘어납니다.** 세일즈 경험이 있는 사람이라면, 실적을 올리고 싶은 마음을 가질 때 판매하기가 훨씬 더 어렵다는 사실을 잘 알고 있을 것입니다. 반대로 그런 마음에서 벗어날 때 판매가 더 잘 이루어집니다.

우리가 선택한 것을 창조할 수 있는 가장 강력한 장소는 바로 갖든 안 갖든 "괜찮아."라는 자리입니다. 이는 우리의 삶 모든 분야에 적용됩니다.

모든 사람이 갖고 있는 감정, 신념, 태도, 행동 패턴은 생각 이면에 존재하는 네 가지 기본 욕구에 의해 움직입니다. 1) 인정받고 싶은 욕구 2) 통제(조종)하고 싶은 욕구 3) 안전(생존)하고 싶은 욕구 4) 분리되고 싶은 욕구. 이 네 가지 근본적인 동기가 모든 한계를 만들어냅니다.

데보라 다이닌, 미국	나는 흘려보내기 덕분에 엄청난 자신감을 경험했습니다. 특히 강렬한 감정에 대한 공포가 느껴질 때 말입니다. 강렬한 감정은 얼마든지 일어날 수 있습니다. 그러나 그것은 부드럽게 녹아버리거나 내가 계속해서 생각하고, 상대의 이야기를 듣고, 합리적으로 반응할 수 있게 하는 수준으로 줄어들었습니다. 내가 흘려보내기를 계속하는 동안 말이죠.

이것을 흘려보낼 때 우리는 원하는 것을 가질 수 있고, 동기 부여가 지속됩니다. 그 과정을 통해 우리는 부족과 결핍이라는 감각을 간단히 흘려보낼 수 있습니다.

우리는 유전과 환경의 영향을 받으며 특정한 성향을 갖고 태어납니다.(만약 여러분이 윤회를 믿는다면 과거에 의해서도 영향을 받을 것입니다.) 그 성향이란 유전적인 것, 환경적인 것부터 시작해 단순한 취향까지 모든 것을 망라합니다. 그러나 이런 잠재된 성향은 보통 어른이 될 때까지 우리 삶에 큰 영향을 주지 않습니다. 어린 시절의 이런 성향은 경험의 세계를 조금 키워줄 뿐입니다. 그러나 어른이 되면 잠재된 욕구와 필요를 좀 더 성인적인 욕구와 결합하는 법을 배웁니다. 예를 들어, 자동차와 통제(조종) 욕구를, 돈과 안전(생존) 욕구를 동일시할 수 있습니다.(개개인은 각기 다른 대상에 각기 다른 의미를 부여합니다.) 이것이 우리가 원하는 것을 취함으로써 얻은 행복이 오래가지 않는 이유 중 하나입니다. 우리는 단지 겉으로 드러난 대상만을 원한다고 믿을 뿐입니다.

제 경험에 따르면 '원하는 것을 가져도' 완전한 만족을 얻지 못하는 또 다른 이유는 그 어떤 것이라도 외부로부터는 진정 원하는 것을 얻을 수 없기 때문입니다. 그럼에도 불구하고 많은 사람들은 자신이 원한다고 믿는 것조차 부정합니다. 그것은 바로 자신이 그걸 결코 가질 수 없거나 그걸 원하는 것 자체가 잘못된 것이라는 얘기를 들어왔기 때문입니다. 세도나 메서드는 말 그대로 수만 명의 사람이 스스로에게 지운 이런 한계를 흘려보내도록 도와주었습니다. 그리고 이제 여러분도 그렇게 할 수 있습니다.

✦ 욕구란?

1. 욕구는 부족입니다. 욕구는 결핍입니다.
2. 인정을 원하는 욕구는 부드러운 종류의 원함이고, 그런 느낌을 달라는 것입니다. 반대로 통제하려는 욕구는 더 단단한 느낌입니다. 좀 더 밀어붙이고 적극적인 느낌입니다.
3. 인정을 주거나 받는 것, 통제하는 것에는 아무런 문제나 잘못이 없습니다. 우리를 한계 짓는 것은 이런 실제적인 상태가 아니라, 그것을 부족하다고 여기며 원하는, 즉 욕구하는 상태입니다.
4. **욕구에 대한 릴리징은 감정과 느낌에 대한 릴리징보다 훨씬 더 강력하고 깊습니다. 욕구를 흘려보낼 때, 여러분은 감정 상태 도표에 나와 있는 모든 요소를 전부 흘려보내는 것입니다.**
5. 모든 고통과 비극은 인정받고 싶은 욕구와 통제하고 싶은 욕구에

서 생깁니다. 이 둘을 다른 말로 표현하면, 사랑받고 싶은 욕구입니다. 모든 기쁨과 축복은 인정을 해줌과 동시에 통제하려는 욕구를 포기하는 데서 옵니다. 이 둘을 다른 말로 표현하면, 사랑을 주는 것입니다. 그것은 여러분의 존재에서 옵니다.

6. 통제하는 것은 나쁜 게 아닙니다. 릴리징이 필요한 부분은 통제가 부족하다는 바로 그 생각입니다. 그래서 통제를 해야 한다는 바로 그 생각입니다. 항상 통제하거나 통제받는 것은 괜찮습니다. 그저 부족하다는 느낌을 흘려보내면 됩니다.

인정받는 것은 나쁜 게 아닙니다. 여러분이 원하는 모든 인정을 다 받으세요. 문제는 인정이 부족하다고 생각하며 그것을 욕구하는 것입니다. 인정받으려는 욕구를 흘려보내면 여러분은 그것을 얻게 될 것입니다. 우리가 원하는 것은 안전입니다. 안전을 욕구하는 것은 그것으로부터 멀어지는 것입니다.

✧ 모든 것은 어떻게 시작되었을까

다음 이야기는 단지 이야기일 뿐입니다. 여러분의 삶이 이 이야기와 비슷할 수도, 다를 수도 있지만 그것은 단지 우연일 뿐입니다. 이 이야기는 잠재된 동기가 어떻게 발달하는지 맛보기 위해 구성된 것일 뿐 새로운 유아기 발달 이론도 아니고 다른 이론을 확인하거나 반박하기 위한 것도 아닙니다. 또 어떤 영적 믿음을 대신하거나 거기에 도전하는 것도 아닙니다. 자신의 삶과 비슷할 수도, 다를 수도 있습니다. 뭐가 됐든 이 이야기 속 주인공의 변화하는 모습에 최대한 몰입해보세요.

여러분은 지금은 물론, 언제나 무한의 존재라는 전제를 갖고 시작합니다. 그러므로 이 이야기의 주인공인 여러분은 분리되지 않은 의식으로서, 특히 자신에 대해 아무것도 인식하지 않은 상태로 시작합니다. 이 캔버스에 이야기가 칠해지고 펼쳐질 것입니다. 더욱이 캔버스 자체는 펼쳐진 이야기에 영향을 받지 않고, 그 이야기로 인해 변하지도 않습니다.

어느 순간 소리와 느낌 그리고 이미지들이 아무런 애도 쓰지 않고 선택의 여지도 없는 여러분 자신의 의식 속에 떠오르기 시작합니다. 밀물과 썰물을 닮은, 부드럽게 뛰는 어머니의 심장과 숨소리 같은 특정한 소리가 반복적으로 들립니다. 저 멀리서는 어머니의 목소리와 주변의 다른 사람 소리가 들립니다. 어머니가 움직일 때마다 여러분의 세계도 함께 움직이면서 온기와 부유浮遊, 부드러운 마찰이 느껴집니다. 의식을 뒤덮고 채우는 약간의 어둠도 있습니다. 이 모든 느낌과 소리, 이미지들은 쉬고 있는 의식 속을 떠다닙니다.

여러분의 세계가 수축하면서 의식 속에 더 강렬한 감각들이 일어날 때까지 이 존재는 계속됩니다. 그러나 시간이 흐르는 동안 비교적 조용한 느낌과 소리 그리고 이미지로 가득 찼던 이 세상이 훨씬 더 뚜렷하고, 더 강력한 것들로 채워지는 변화가 닥칩니다. 탄생의 경험은 때로는 폭력적이기도 합니다. 그러나 그 변화가 아무리 충격적이라 해도 일단 겪고 나면 그 감각들 역시 의식 속에 떠다니게 됩니다. 한동안 대부분의 시간을 잠 속에 빠져 지냅니다. 곧이어 이 새로운 세상에서 눈이 기능을 발휘하기 시작하면서 이미지가 좀 더 선명해집니다. 귀를 비롯한 신체의 다른 기관도 양수 대신 공기로 가득 찬 세상에 적응합니다. 시간이 갈수록 느낌과 소리 그리고 이미지가 각각 다른 속도로 발달하면서 의식 속에 패턴이 생깁니다. 그중 일부는 곧 '여러분'의 몸으로 인식될 것입니다. 본래 시작 때부터 있었던 바탕으로서의 여러분과 떠오르는 감각들로 인식되는 여러분 사이에는 여전히 하나의 존재라는 통일성이 있습니다.

아무리 충격적인 경험이라 할지라도 그 바탕에는 사랑이라는 감정이 있습니다. 몸에 대한 것을 포함해 모든 감각에는 아직 이름이나 의미가 없습니다. 단순히 떠올랐다가 여러분 안에서 가라앉을 뿐입니다. 내부의 어떤 변화가 특정 신체 부위에 반응을 일으킨다는 것을 발견하면 그 부위는 곧 놀이의 대상이 됩니다. 그 부위에서 즐거움을 느끼긴 하지만 아직까지 특별히 누군가의 소유는 아닙니다.

보통 사람들이 생각하는 평범한 유아기를 보냈다면 의식에 떠오르는 자애로운 존재는 나중에 엄마와 아빠라고 부르게 될 사람일 것입니다. 시간이 흐르면서 이 자애로운 존재가 인내를 갖고 반복적으로 다른 소리와 동작을 보여주면, 여러분은 이 세상의 개념과 상징에 대해 알기 시작합니다. 엄마와 아빠는 끊임없이 자신들을 가리키면서 "엄마" "아빠"라고 말하고 여러분의 몸을 가리키며 여러분의 이름을 반복합니다. 또 다양한 빛과 소리 그리고 느낌을 가리키며 그 이름을 말해줍니다. 이 게임은 재미있고 게임을 할 때마다 거의 매번 보상을 받습니다. 결국 여러분은 내부의 어떤 변화가 부모님이 내는 것과 같은 소리를 만들어낸다는 것을 발견합니다.(말을 조금씩 할 수 있게 되었다는 뜻-옮긴이) 여러분이 개념과 상징의 세계에 발을 들여놓기 시작하면서, 잠잘 때를 제외하고는 하나의 통합된 배경이었던 본래의 자신과 하나로 남아 있기 어려워집니다. 자신의 기본적인 본성으로부터 점점 분리되는 것입니다.

물론 삶의 모든 것이 재미있고 놀이 같은 것은 아닙니다. 어떤 사람은 이 시기에 많은 충격을 받기도 합니다. 그러나 나중에 여러분이 인생이라고 부르게 될 이 '펼치기 놀이'는 여러분을 아직 완전히 받아들이지 않습니다. 마치 좋은 책이나 영화 속 인물과 자신을 동일시하는 것처럼 의식은 중요한 인물과의 동일시를 반복합니다. 언어를 사용하기 시작하면서 심지어 나중에 '자신'이라고 믿게 될 사람을 제삼자로 지칭하는 시기를 거칩니다. '내 것'이라는 표현 대신 "그건 헤일의 장난감이야." 또는 "그건 메리의 장난감이야."라고 말합니다. 물론 다치면 울고 원하는 것을 갖지 못하면 소리를 지르지만 아직 개체적인 자신에 대한 집착은 없습니다.

그러다 두 살이나 두 살 반 정도가 되면 다른 변화가 찾아옵니다. 자신이 분리된 존재(일테면 헤일 또는 메리)라는 것을 믿게 되는 것입니다. 갑자기 모든 것이 '내' 장난감, '내'가 필요한 것, '내가'로 변합니다. 이제 의식에 떠오르는 느낌과 이미지 그리고 소리에 의미를 부여하고, '나'라는 믿음이 점점 커져 그것을 토대로 기억하게 됩니다. 이때가 바로 자신이 원하는 대로 무언가를 바꾸고 싶어 하는 시기입니다. 있는 그대로의 모습에 저항하고 자신이 원하는 방식으로 이루어지길 바랍니다. 이 시기를 흔히 '미운 세 살'이라고 합니다. 이 시기는 부모와 아

> **마이클 맥그래스,**
> **북아일랜드**
>
> 지난 10년 동안 나의 모든 욕망이 성취해온 것보다 훨씬 더 가치 있는 결과(행동과 태도의 변화)를 6개월 만에 세도나 메서드를 통해 얻었습니다! 나는 항상 우주와의 합일을 추구해왔습니다. 그런데 최근 흘려보내기를 하는 동안 그것이 내 삶 속에 완전히 생생하게 드러났습니다. 그 깨달음을 말로 설명하기는 어렵습니다. 모든 것은 나의 일부이고, 나는 모든 것의 일부라는 믿을 수 없는 경험이었죠.

이 모두에게 굉장히 힘든 때입니다. 세상은 더 이상 처음처럼 그렇게 안전하지 않습니다. 관심을 받기 위해 형제자매와 경쟁할 수도 있습니다. 모든 것이 여러분과 분리되고 모든 것이 잠재적 위협입니다. 엄마와 아빠의 인정과 관심을 얻는 것이 정말 중요해져서 그렇지 못하면 잠재적으로 생존에 위협이 될 수도 있습니다. 완벽한 세상처럼 보였던 것들을 이제는 통제하고 싶어 합니다.

여러분을 통제하는 부모님과 세상이 편안하고 단순했으면 하는 바람을 가짐과 동시에 세상에 자신의 의지를 주장하고 싶어 합니다. 외부의 인정을 바라거나 혹은 심지어 반감을 갖기도 하지만 다시 과거의 존재로 돌아가 모든 것과 사랑에 빠지길 원하기도 합니다. 안전하고, 보호받고, 살아남고 싶어 하지만 반대로 죽거나 사라지는 분리된 독립체로 느끼고도 싶어 합니다. 모든 것과 하나가 되고 싶어 하지만, 분리된 특별한 독립체로 자기 자신을 주장합니다.

일부는 서서히 분리되기도 하고 일부는 갑자기 분리되기도 합니다. 그러나 그 누구도 이전으로 돌아가지는 않습니다. 나이를 먹으면서, 이 책이 제시하는 과정 같은 것을 따르지 않는 한 말입니다. 우리가 아무리 어린 시절 느꼈던 안전과 하나 됨을 원한다 해도, 발달 과정은 그 자체의 코스를 따라 진행됩니다.

위의 설명이 어느 정도 익숙하지 않나요? 우리는 각각의 탄생과 유아기의 삶이 펼쳐지는 방식을 예리하고 더 상세하게 끝없이 설명할 수 있습니다. 그러나 우리 자신이 특정한 몸과 마음을 동일시하거나 분리의 느낌을 강화하고, 우리로 하여금 끝없는 고통을 유발하게 하는 기본적인 필요(내재된 욕구)가 더욱 크게 작용하기 시작하는 과정을 보게 된 것만으로도 위의 설명은 충분합니다.

✧ 내재된 욕구를 놓아주는 다섯 가지 기본 단계

감정이나 생각을 그 속에 내재된 욕구 수준에서 흘려보낼 때마다 그 과정에 가속도가 붙을 것입니다. 1장에서 언급했듯이 삶의 어떤 부분은 직접 흘려보낸 적이 없어도 깨끗하게 정리될 수 있습니다. 모든 문제는 내재된 욕구와 직접적으로 연결되어 있기 때문에 일단 내재된 욕구를 흘려보내면 많은 부분이 변합니다. 인정받길 바라기만 하는 상태를 원하세요? 아니면 실제로 인정받길 원하세요? 통제하려고 애쓰는 상태를 원하세요? 아니면 실제로 통제된 상태를 원하세요? 안전해지길 바라기만 하는 상태를 원하세요? 아니면 실제로 안전한 상태가 되길 원하세요? 답은 명확합니다.

여기, 내재된 욕구를 흘려보내는 다섯 단계가 있습니다. 일상에 접목하면 더 쉽게 할 수 있을 것입니다. 단순히 욕구를 의식으로 불러오는 것만으로도 그것을 바로 흘려보낼 수 있죠. 심지어 질문을 하기도 전에 말이죠. 지금까지 작업해온 기본적인 흘려보내기 질문 마지막에 이 질문들을 추가할 수도 있고, 아예 이 질문들로만 작업할 수도 있습니다. 이제부터는 "~하고 싶은가요?"와 "언제요?"라는 기본 릴리징 질문의 마지막 두 가지 질문은 하지 않겠습니다. 더 깊고 근원적인 수준에서 흘려보내기를 할 때 우리가 내리는 결정은 더 빠르고 자동적으로 이루어지기 때문입니다. 그러나 릴리징 과정에서 필요하다면 언제든지 이 두 가지 질문을 다시 사용해도 좋습니다.

다음 질문을 조용히 속으로 읽거나 혹은 파트너가 읽어주세요.

1단계 문제에 집중하고, 지금 이 순간 느끼는 감정이 무엇이든 그것을 환영해주세요.

2단계 지금 느끼는 감정이 어떤 욕구에서 비롯된 것인지 알 수 있게 좀 더 깊이 파고드세요. 다음 중 한 가지 질문을 하세요.

- **이 감정은 인정 욕구, 통제 욕구, 안전 욕구, 분리 욕구에서 비롯된 것인가요?**
- **이 감정 밑에 깔려 있는 욕구는 무엇인가요?**

밑에 깔린 감정이 어떤 욕구인지 잘 모르거나 여러 욕구가 동시에 있는 것 같다면, 가장 큰 비중을 차지하거나 먼저 흘려보내고 싶은 것을 선택하세요. 그런 다음 3단계를 진행합니다.

3단계 다음 세 가지 질문을 자신에게 하세요.

- **나는 (인정, 통제, 안전 또는 분리)을/를 원하는 욕구를 허용할 수 있는가?**
- **나는 (인정, 통제, 안전 또는 분리)을/를 원하는 욕구를 환영할 수 있는가?**
- **나는 (인정, 통제, 안전 또는 분리)을/를 원하는 욕구를 흘려보낼 수 있는가?**

욕구를 흘려보낼 때는 질문을 단순화하세요. 욕구를 흘려보낼 수 있다는 것을 깨달은 후에는 지나치게 많이 생각하지 않아도 그걸 놓아줄 수 있는 자신을 발견하게 될 것입니다. "예." 또는 "아니요." 모두 허용하는 대답이라는 것을 기억하세요. "아니요."라고 대답하더라도 흘려보낼 수 있는 경우가 많을 것입니다. 원한다면 흘려보내기 전에 잠시 붙잡고 있어도 좋습니다. 이는 더 깊이 흘려보낼 수 있는 자리를 마련해주는 방법이기 때문입니다. 파트너가 된 사람은 "아니요."라는 말을 들었을 때라도 계속해서 질문해야 합니다. 최선을 다해 적게 생각하고 질문에 대답합니다. 추측하거나 행동을 통해서 얻는 이점이나 그 결과에 대한 논쟁은 하지 마세요. 그 대답이 뭐가 되었든 다음 단계로 넘어가세요.

주의하세요. 여러분은 통제, 인정, 안전 또는 분리 그 자체를 흘려보내는 것이 아니라 그것이 부족하다는 느낌, 그래서 그것을 욕구하는 마음을 흘려보내는 것뿐입니다.

4단계 이 단계는 모든 감정, 이를테면 욕구, 망설이는 상황, 꽉 막힌 느낌을 다루는 흘려보내기 과정 중에서 어느 때나 사용할 수 있습니다. 5장 '평온의 열쇠'에서 이미 배운 대로 이것은 세도나 메서드의 안전벨브입니다.(이 질문을 반드시 네 번째로 해야 하거나 3단계 이후에 꼭 이 4단계를 하지 않아도 됩니다. 흘려보내기 과정 중 막힌 감정이 생길 때는 언제든 사용하세요.)

단순하게 질문하세요. **나는 그것을 바꾸고 싶은가?**

그 대답은 언제나 "예."일 것입니다. 그러나 확신할 수 없다면 그것이 바뀌지 않고 있는 그대로의 모습을 좋아하는지 확인해보세요. 언제라도 그렇지 않은 때가 있다면 이는 그것을 바꾸고 싶어 한다는 것을 의미합니다.

그렇다면 질문하세요. **나는 그것을 바꾸고자 하는 마음을 흘려보낼 수 있는가?**

거의 모든 경우 주저하더라도 이 질문에 "예."라고 대답할 것입니다. 바꾸고 싶은 마음을 흘려보냄으로써 막힌 것이 사라지고 다시 순조롭게 나아갈 것입니다. 바꾸고 싶은 마음은 통제하고 싶은 욕구의 일부입니다.

5단계 여러분이 작업하던 특정 욕구로부터 자유로움을 느낄 때까지 필요한 만큼 1~4단계를 반복하세요.

레스터는 흘려보내기 작업을 할 때 분리 욕구보다는 인정 욕구, 통제 욕구, 안전 욕구에 집중하는 것이 더 중요하다고 했습니다. 이 세 가지 욕구를 충분히 놓아주면 분리 욕구는 저절로 약해진다는 것을 알았기 때문입니다. 그래서 이 장과 다음 장을 제외하고 이 책에 있는 대부분의 흘려보내기 질문은 인정 욕구와 통제 욕구, 안전 욕구에 중점을 둘 것입니다. 물론 분리 욕구에 빠져 있는 자신을 발견한다면 언제든 자유롭게 그것을 흘려보내도록 하세요.

✧ 탐구: 내재된 욕구를 흘려보내 완전함에 이르기

레스터 레븐슨은 **"흘려보내세요. 그리고 불완전한 것처럼 보이는 것에서 완전한 것을 보도록 허용하세요."**라고 자주 얘기했습니다. 이 과정을 하는 동안 자신의 생각, 감각, 감정 그리고 스스로에게 하는 이야기를 환영해보세요. 그것 모두가 이곳에 있도록 허용하고, 모든 것이 그 모습 그대로 괜찮다는 것을 깨달으세요. 흘려보내기를 할 때 일어나는 일 중 하나는 우리의 생각과 느낌 밑바닥에 존재하는 완벽함을 인식하기 시작한다는 것입니다.

먼저 자신을 편안하게 해주고 내면에 집중하세요. 그리고 이 책에서 그동안 작업해온 주요 문제 중 한 가지나 지금 생각난 새로운 문제를 떠올려보세요. 그 상황이나 문제, 의도, 목표를 생각하면서 지금 바로 이 순간 떠오르는 감정을 느껴보세요.

당신은 그 감정을 환영할 수 있나요?

자, 좀 더 깊이 들어가 지금의 감정이 인정, 통제, 안전 또는 분리 욕구 중 어떤 것에서 비롯된 것인지 보세요. 그 욕구를 흘려보내면서 다음을 기억하세요. 실제로 인정을 받고, 통제를 하고, 안전을 원하고, 분리되거나 하나 됨을 원하는 것은 잘못이 아닙니다. 거기에는 아무런 문제가 없습니다. 단지 그것이 부족하다는 느낌이나 감각을 흘려보내는 것입니다.

어떤 욕구에서 비롯되었든 다음 질문을 하세요.

그렇게 느끼는 자신을 그냥 허용할 수 있나요? 그것을 완전히 수용하세요.

그러고 나서 그것을 흘려보낼 수 있나요?

원래의 주제로 돌아가 그것을 다시 살펴보고, 그것에 대한 지금의 감정이 무엇인지 보세요.

그 감정은 인정, 통제, 안전 또는 분리 욕구에서 비롯된 것인가요?

그 욕구를 흘려보낼 수 있나요? 그것을 흘려보내도록 허용할 수 있나요?

이제 그 주제에 다시 한 번 집중하고, 저항감을 불러일으키는 것이 남아 있는지 보세요. 그것을 바꾸는 데 저항할 수도 있고, 있는 그대로의 모습에 저항할 수도 있습니다. 그리고 저항감을 느끼는 특정한 관점이 있을 수도 있습니다.

당신은 저항감을 느끼는 자신을 허용할 수 있나요?

그러고 나서 그것을 흘려보낼 수 있나요?

이 주제와 관련해 여러분이 저항하는 또 다른 부분이 있는지 보세요.

당신은 거기에 저항하는 것을 흘려보낼 수 있나요?

저항은 세상을 밀어내는 것이기 때문에 밀어낸 세상이 다시 여러분을 밀칠 것이라는 사실을 기억하세요.(두 손을 맞댄 상태에서 한쪽을 밀면 다른 한쪽이 저항하는 것을 떠올려보세요.)

저항에 대한 마지막 몇 단계를 두세 번 더 반복한 뒤 다음으로 넘어가세요.

여러분이 바꾸고 싶어 한 이 문제에 대해 이제 어떤 것이 남아 있는지 보세요.

당신은 그것을 바꾸고 싶어 하는 마음을 흘려보낼 수 있나요?

이 문제에 대해 여러분이 바꾸고 싶은 다른 부분이 있는지 찾아보세요.

당신은 그것을 바꾸고 싶어 하는 마음을 놓아줄 수 있나요?

이 문제에 대해 막혀 있는 어떤 느낌이 있나요?

당신은 이 막힌 느낌을 바꾸고 싶나요?

그 막힌 느낌을 바꾸고 싶은 마음을 흘려보낼 수 있나요?

다시 한 번 확인하세요. **당신이 이 문제를 느끼는 방식이나 막힌 것처럼 보이는 이 문제를 대하는 여러분의 자세에 뭔가 조금이라도 마음에 걸리는 것이 있나요?**

우리는 무언가 막혀 있다고 느끼면 그것을 바꾸고 싶어 하지만, 그것이 더 우리를 답답하게 만듭니다. 막힌 것을 흘려보내기 위해 필요한 것은 있는 그대로의 모습을 바꾸고 싶어 하는 그 마음을 놓아주는 것입니다.

당신이 지금 이 순간 느끼는 그 어떤 막힌 상태라도 그것을 바꾸고 싶어 하는 욕구를 흘려보낼 수 있나요?

이제 지금 이 순간, 그 주제를 어떻게 느끼는지 보세요. 여러분의 감정이 어떻게 변했는지 관찰하세요. 이 짧은 과정은 아마 아주 큰 차이를 가져왔을 것입니다.

이 문제를 느끼는 방식이나 이 문제가 보이는 방식처럼 당신이 통제하고 싶은 어떤 것이 있나요?

당신은 통제하고 싶은 욕구를 환영할 수 있나요?

그러고 나서 그것을 흘려보낼 수 있나요?

위의 질문을 더 많이 반복하세요. 반복할 때마다 이 문제에 대한 여러분의 에너지가 어떻게 변화되는지 그리고 남아 있는 통제 욕구가 어떻게 정리되는지 확인하세요.

지금 이 문제, 즉 문제를 느끼는 방식이나 이 문제와 관련해 다른 사람과 당신이 어떻게 상호 작용하는지, 이 문제와 관련해 자기 자신과의 관계는 어떤지, 이와 관련해 떠오르는 자기 자신의 인정 혹은 누군가의 인정이 필요하다는 욕구가 있나요?

자신이 얼마나 많이 인정받기를 원하는지 환영할 수 있나요?

당신은 그 욕구를 흘려보낼 수 있나요?

위의 질문을 여러 번 반복하고, 남아 있는 인정 욕구를 모두 흘려버리세요.

이제 더 깊이 들어갑시다. 이 상황 또는 문제와 관련해 안전 또는 생존 욕구를 불러일으키는 무언가가 있나요?

당신은 안전(생존)에 대한 욕구를 느끼도록 자신을 그냥 허용할 수 있나요?

그리고 그것을 흘려보낼 수 있나요?

다시 한 번 그 상황에 집중하고 조금이라도 불안이나 위협을 느끼게 하는 것이 있는지 보세요. 그리고 그 마음이 어떻게 안전 또는 생존을 원하는 마음에서 비롯되는지 알아차리세요.

당신은 안전 또는 생존을 원하는 마음을 흘려보낼 수 있나요?

위의 질문을 여러 번 반복해 조금이라도 남아 있는 안전 또는 생존 욕구를 흘려버리세요.

이제, 자신 내부에서 어떻게 느끼는지에 초점을 맞추세요. 아마도 더 많은 여유와 가벼움을 느낄 것입니다. 그 좋은 느낌을 계속 붙들고 싶다면, 그 느낌이 통제 욕구에서 어떻게 비롯되었는지 알아차리세요. 또 그 좋은 느낌이 일어난 곳에는 훨씬 더 많은 좋은 느낌이 있다는 것을 깨달으세요. 한계를 짓는 느낌에는 제한이 있지만 좋은 느낌에는 끝이 없습니다.

그래서 당신은 좋은 느낌을 통제하고 싶은 마음을 흘려보내고, 있는 그대로 둘 수 있나요?

이제, 지금 이 순간 여러분의 느낌이 어떤 것이든 그 속으로 들어가세요. 그 감정을 완전히 환영하세요. 감정을 완전히 환영하는 매 순간이 그것을 바꾸거나 통제하려는 마음을 흘려보내는 순간이 됩니다. 그것을 있는 그대로 받아들이는 것입니다. 최소한 지금 이 순간은 그렇습니다. 아직도 문제를 축소하려 하거나 문제에 대해 부정적인 감정이 남아 있다면, 지금 여러분이 인식한 좀 더 가볍고 밝아진 방향으로 관심을 돌리고 거기에 몰두하세요.

할 수 있는 만큼 가벼움과 밝음을 느껴보세요.

가벼움과 밝음 속으로 이완해 들어가세요.

자신이 편안해지도록 허용하세요.

여러분이 내부에서 느끼는 타고난 선善(고요하고 평온한 본래 우리의 존재 상태 - 옮긴이)은 아무리 감정이 극한에 이르러도 항상 존재합니다. 선은 생각과 감정 밑바탕에 자리 잡고 있으며, 그쪽으로 시선을 돌리기만 하면 여러분은 언제든 그것을 유용하게 사용할 수 있습니다. 잠재된 무한한 힘을 모두 사용할 수 있습니다. 그리고 여러분이 허용하기만 한다면, 그 힘은 여전히 남아 있는 한계들을 자연스레 사라지게 해줄 것입니다.

당신은 지금 이 순간 더 많은 흘려보내기를 함으로써 그 방법이 갖고 있는 힘을 믿을 수 있도록 자신을 허용할 수 있나요?

지금 이 순간만이라도, 언제나 불완전한 것처럼 보이는 것에서 완전함을 보도록 자신을 허용해주세요.

잠시만이라도 당신은 모든 것은 완전하고 좋으며, 모든 것은 반드시 필요한 방식으로 펼쳐진다는 생각을 받아들일 수 있나요?

이제 잠시 동안 여러분의 의식을 다시 외부로 향해보세요. 그리고 이 과정에서 얻은 모든 것이 영원히 여러분과 함께한다는 것을 인식하세요. 이 모든 과정은 여러분이 언제나 원해온 삶의 시작이고, 여러분이 찾아온 진실을 발견하는 여정입니다. 그러니 여러분의 삶에 쉽게 흘러들도록 허용하세요.

이 과정과 이 과정이 제안하는 관점을 좀 더 자유로워지고 싶은 특정 주제에 대해 자주 사용하세요. 또 더 많은 행복감을 느끼고 싶거나 더 많이 살아 있는 느낌이 들고 싶은 주제에 대해서도 자주 사용하세요.

7장

네 가지 근원적인 욕구
흘려보내기

당신의 유일한 진짜 친구는 당신 자신입니다.
당신의 유일한 진짜 적은 당신 자신입니다.
당신은 자기 스스로를 제한하는 만큼 당신 스스로에게 적입니다.
당신은 자기 스스로의 제한을 제거하고 풀어주는 만큼
당신이라는 존재의 친구입니다.

_레스터 레븐슨

레스터 레븐슨은 자신의 과거를 돌아보고 내적인 욕구를 흘려보내는 데 많은 시간을 들였습니다. 그 결과 사람들이 네 가지 근원적인 욕망과 관련한 과거를 깨끗이 흘려보낼수록, 과거에서 비롯된 큰 짐을 쉽게 내려놓을 수 있고, 그 짐을 다시는 짊어지지 않을 수 있다는 것을 발견했습니다.

이번 장에서는 네 가지 근원적인 욕구를 좀 더 자세히 알아보고, 각 분야별로 직접 글로 써가면서 흘려보내기 작업을 할 것입니다. 흥미롭게도 각각의 욕망에는 그 반대의 것도 포함되어 있습니다. 그래서 욕구는 결핍이라는 느낌을 창조할 뿐만 아니라 통제하고 싶은 욕구와 통제받고 싶은 욕구, 인정받고 싶은 욕구와 거부하길 바라는 욕구, 안전을 바라는 욕구와 위험을 바라는 욕구, 분리를 원하는 욕구와 하나 됨을 원하는 욕구 사이에서 다양한 상태의 갈등을 겪게 합니다. 개인의 성격에 따라 우리가 갖고 있는 각자의 욕구 정도는 서로 다릅니다. 그리고 각각의 상황에 따라 이 상반된 힘은 커질 수도 있고 작아질 수도 있습니다.

우리 대부분이 특정 상황 사이에서 오도 가도 못하고 꽉 막히게 된다는 것이 의아하지 않나요? 우리는 『닥터 두리틀 이야기』The Story of Doctor Dolittle』에 나오는, 라마처럼 생긴 외모의 서로 바라보지 못하는 머리가 두 개 달린 동물 '푸시 미 풀 유push-me-pull-you'와 비슷한 면이 있습니다. 상충하는 욕구 때문에 삶의 목표를 향해 세 걸음 걸어가도 앞으로 더 나아가기 전에 다시 두 걸음 뒤로 물러서지요.

여기서 배우는 흘려보내기가 처음에는 약간 혼란스러울 수 있지만 스스로 편해지도록 노력해보세요. 네 가지 근원적인 욕구와 반대되는 욕구들에 집중하기 전에 먼저 주된 네 가지 근원적인 욕구, 즉 인정, 통제, 안전, 분리를 좀 더 광범위하게 작업하고 그 욕구를 해결하기를 강력히 권합니다. 만약 그 과정에서 반대되는 욕구를 인식하게 되면 그것을 흘려보내세요. 그냥 그 반대되는 욕구가 그 모습 그대로 나타나도록 인정하세요. 왜냐하면 이 과정은 통합적이기 때문에 특정 욕구를 흘려

**지니 앤서니,
미국**

세도나 메서드는 내가 위험이 수반된 모험을 하거나 더 깊은 자아 탐험을 할 수 있도록 자신감을 높여주었습니다. 나는 비판과 거절에 덜 반응합니다. 반대를 당할 때 더 차분해졌습니다. 트집을 덜 잡고, 더 수용할 수 있게 되었습니다. 다른 사람의 행동을 통제하려 하지 않고 그들이 자신의 모습 그대로 있도록 더 허용할 수 있게 되었습니다. 문제 해결 능력 또한 훨씬 효율적입니다. 예전에는 새로운 일을 시작하기 전에 조언을 구했지만, 지금은 나만의 해결책을 더 빨리 찾을 수 있고 그것에 만족합니다.

보낼 때는 언제나 그와 동시에 반대되는 욕구도 어느 정도 흘려보내지기 때문입니다. 동전의 앞면을 튕겨 올리면 뒷면 역시 공중으로 던져지는 것과 같습니다. 마찬가지로, 특정 욕구를 흘려보낼 때 그와 반대되는 욕구도 같이 흘려보낸다면 동전의 앞면과 뒷면을 같이 튕겨 올리는 것과 같아서 더욱 높고 빠르게 튕겨 올라갈 것입니다.

✦ 통제하고 싶은 욕구

통제하려 할 때, 우리는 통제하지 못하고 있는 것처럼 느낍니다. "그건 내 방식대로 되어야 해."라는 식의 강한 압박감을 갖습니다. 통제하고 싶을 때 그 상황을 통제할 수 없는 것처럼 느끼고, 그래서 통제하기 위해 무언가 행동을 취할 필요가 있다고 느낍니다. 통제하고 싶은 욕구와 비슷한 표현으로는 저항감, 변화시키려는 욕구, 이해하려는 욕구, 조종하려는 욕구, 밀어붙이려는 욕구, 고치려는 욕구, 강압하려는 욕구, 내 방식대로 하려는 욕구, 옳게 하려는 욕구, 최고가 되려는 욕구 등을 들 수 있습니다. 통제하려는 욕구를 흘려보낼수록 우리는 더욱 잘 통제하고 있음을 느낍니다.

5장 도입부에 소개한 '평온의 기도'를 기억하세요. 여러분의 삶에서 무언가를 바꾸고 통제하고 싶은 욕구를 흘려보내기 시작하면 바꿀 수 없는 것은 받아들이고, 바꿀 수 있는 것은 바꾸고, 통제할 수 없는 것에서 비롯된 갈등을 훨씬 덜 느끼는 자신을 발견할 것입니다. 업무상으로나 개인적으로 바꿀 필요가 있는 것을 적절한 방식으로 바꾸는 것은 잘못이 아닙니다. 그러나 너무도 많은 사람이 그 모습 그대로 있어도 좋은 것들과 과거나 날씨 같은 바꿀 수 없는 것을 바꾸거나 통제하려고 애쓰느라 결국 꽉 막힌 상태에 빠집니다. 그것들을 통제하거나 바꾸고 싶은 욕구 때문에 그 모습 그대로 괜찮다는 것을 보지 못합니다.

4장 '내적 저항감 녹이기'에서 언급했듯이 저항감은 큰 열정을 갖고 시작한 일을 하는 중간에 그 의욕을 잃게 만드는 이유입니다. 또 저항감은 통제하고 싶은 욕구와 같은 뜻입니다. 저항감은 개인의 성장을 방해하고, 삶의 각 분야에서 진보하는 것을 가로막습니다. 심지어 하고 싶어 하는 일을 못하게 막고, 세도나 메서드같이 자신에게 정말 큰 도움이 되는 것을 막을 수도 있습니다. 저항감은 브레이크를 밟고 앞으로 나아가려고 애쓰는 것과 같습니다. 앞서 말했듯이 무언가를 '해야 한다must', '반드시 해야만 한다have to', '당연히 해야 한다should'라는 의무를 느낄 때마다 저항감이 떠오릅니다. 이 저항감을 놓아주면 여러분의 인생은 가장 좋은 방향으로 흐르기 시작할 것입니다.

통제받고 싶은 욕구

통제하고 싶은 욕구에는 그 반대의 힘인 통제받고 싶은 욕구가 내재되어 있습니다. 이 욕구가 우리를 자극하면, 우리는 비난할 누군가를 찾거나 우리의 삶과 감정에 대한 책임을 누군가에게 전가하려 합니다. 무엇을 해야 할지 외부의 의견을 듣고 싶어 합니다. 삶을 끌고 나가기보다 누군가를 따라가고 싶어 합니다. "내 힘을 그냥 줘버리고 싶어." 같은 안이하고 미온적인 태도 때문에 우리는 통제받고 싶은 욕구를 구별할 수 있습니다. 통제받고 싶을 때, 우리는 스스로 통제 불능의 상태가 되고 싶어 합니다. 그리고 허락받기 전까지는 어떤 것도 해서는 안 된다고 느낍니다.

통제받고 싶은 욕구와 비슷한 표현으로는 바꾸고 싶은 욕구(이는 통제하고 싶은 욕구와 통제받고 싶은 욕구 모두에서 나타납니다), 혼란스러워지고 싶은 욕구, 조종받고 싶은 욕구, 항복하고 싶은 욕구, 고쳐지고 싶은 욕구, 강요받고 싶은 욕구, 따르고 싶은 욕구, 약자가 되고 싶은 욕구, 단죄받으려는 욕구, 희생자가 되고 싶은 욕구 등이 있습니다. 통제받고 싶은 욕구를 흘려보내면 우리는 더욱더 통제하고 있는 느낌을 갖게 되고, 우리의 삶을 기꺼이 통제하려는 마음을 갖게 됩니다. 통제하고 싶은 욕구를 흘려보낼 때는 가끔씩 자기 내부에 있는 통제받고 싶은 욕구도 흘려보내세요. 심지어 가장 강력한 동기 부여와 자신을 통제하는 힘 속에도 어느 정도는 그와 반대되는 욕구가 있습니다.

글로 쓰는 릴리징: 통제하고 싶은 욕구

두 부분으로 나눌 수 있는 이 쓰기 과정은 통제 욕구를 흘려보내는 데 도움이 되게끔 고안되었습니다. 방법은 아주 간단합니다. 첫 번째 부분에서는 릴리징 노트에 세로줄을 그어 두 공간으로 나눕니다. 왼쪽에는 '내가 통제하고 싶었던 구체적인 예'라고, 오른쪽에는 '이것에 대한 지금의 내 느낌과 내재된 욕구는 무엇인가?'라고 씁니다.

왼쪽 공간에 통제하고 싶었을 때를 가능한 한 많이 적습니다. 그런 다음 오른쪽 공간에 지금의 욕구(예를 들면 인정의 욕구, 통제의 욕구 또는 안전의 욕구)를 적습니다. '인정의 욕구'는 '인정'이라고 줄여 쓰고, '통제의 욕구'는 '통제', '안전의 욕구'는 '안전'이라고 줄여 써도 좋습니다. 그 욕구를 완전히 흘려보냈을 때는 그 약자 옆에 확인 표시를 하거나 줄을 그어 지우세요. 위의 단계를 반복하면서 그 일(사건)을 완전히 흘려보냈다고 느낄 때까지 계속해서 지금의 욕구를 흘려보내세요. 이때 이른바 긍정적인 느낌이라고 말하는 것 역시 흘려보내야 한다는 것을 기억하세요.

글로 써서 통제 욕구 흘려보내기

내가 통제하고 싶었던 구체적인 예	이것이 대한 지금의 내 느낌과 내재된 욕구는 무엇인가?
가장 최근 치과에 갔을 때	무서웠다 – 통제
주말 내내 비가 왔을 때	지겨웠다 – 통제 ✓ 인정
통장의 잔고가 맞지 않았을 때	좌절과 불만을 느낌 – 안전 ✓

다음 단계로 나아갈 준비가 됐으면 새로운 페이지에 이 과정의 두 번째 부분을 시작하세요. 릴리징 노트의 또 다른 페이지에 두 개의 공간을 만든 다음 왼쪽에 '내가 통제할 때 쓰는 방식'이라고 씁니다. 그리고 오른쪽에는 '내가 통제받으려고 할 때 쓰는 방식'이라고 쓰세요.

그리고 현재의 생활(업무, 인간관계 등)을 통제하거나 조종하기 위해 노력하는 모든 방법의 목록을 작성하세요. 각각의 항목에 대한 지금의 욕구를 떠올리고 그것이 인정 욕구, 통제 욕구 또는 안전 욕구 중 어떤 것과 관련 있는지 쓴 다음 그것을 완전히 흘려보내세요. 그 욕구를 완전히 흘려보내면 줄임말로 표시해둔 그 욕구 옆에 확인 표시를 하거나 줄을 그어 지우세요.

다음은 현재의 생활(업무, 인간관계 등)에서 통제받기 위해 노력하는 모든 방법의 목록을 작성하세요. 각각의 항목에 대한 지금의 욕구를 떠올리고 그것이 인정 욕구, 통제 욕구 또는 안전 욕구 중 어떤 것과 관련 있는지 쓴 다음 그것을 완전히 흘려보내세요. 그 욕구를 완전히 흘려보내면 줄임말로 표시해둔 그 욕구 옆에 확인 표시를 하거나 줄을 그어 지우세요.

통제 욕구가 여러분이 한 행동의 동기라 해도 그 행동이 꼭 잘못된 것은 아니라는 점을 기억하세요. 이 과정은 단순히 어떤 행동이 통제 욕구로부터 나왔는지를 계속 인식하도록 도와주고, 그것을 인식한 바로 그 자리에서 흘려보낼 수 있게끔 더 많은 기회를 줄 것입니다. **그러고 나서 여러분은 그 행동을 취할 수도 있고, 취하지 않을 수도 있습니다. 그것은 자신의 선택이고 자유일 뿐입니다.**

글로 써서 통제 욕구 흘려보내기

내가 통제할 때 쓰는 방식	내가 통제받으려고 할 때 쓰는 방식
질문하기 – 인정 통제	책임지지 않기 – 통제
요구하기 – 통제 ✓	자신을 변호하지 않기 – 인정 ✓ 통제 ✓
올바른 척하기 – 인정 ✓ 통제 안전	감정이 휘둘리게 내버려둠 – 통제 안전 ✓

통제 욕구 흘려보내기

먼저 자신을 편안하게 해주고 시선을 내부로 옮기세요. 당신이 의식 속에서 무언가를 붙잡고 있다는 사실을 알았다면 그것이 통제 욕구로부터 나온 것인지 확인하세요.

당신은 통제 욕구를 환영할 수 있나요?

그것을 흘려보낼 수 있나요?

지금 이 순간 통제하거나 바꾸고 싶은 신체적 감각이 있나요?

그것을 바꾸고 싶은 욕구를 흘려보낼 수 있나요?

마지막 두 질문을 바꾸고 싶은 신체적인 감각(예를 들면, 가슴의 답답함, 두통, 어깨의 긴장감 등)이 사라질 때까지 반복하세요.

이제, 삶에서 통제(조종)하고 싶은 것을 찾아보세요.

당신은 그것을 바꾸고 싶은 욕구를 흘려보낼 수 있나요?

삶에서 통제하고 싶은 다른 것을 찾아보세요.

당신은 그것을 통제하고 싶은 욕구를 놓아줄 수 있나요?

마지막 두 질문을 통제하거나 바꾸고 싶은 일의 수만큼 반복한 후 다음으로 넘어가세요.

이제 통제하고 싶었던 과거의 상황을 기억해보세요.

통제하고 싶은 감정을 환영하세요.

당신은 지금 그것을 흘려보낼 수 있나요?

그 일과 과거에 통제하고 싶었던 다른 일에 집중하면서, 통제하고 싶은 욕구가 여러분의 삶에 어떤 영향을 미쳤고, 여러분에게 어떤 감정이 들게 했고, 여러분을 어떻게 행동하게 했는지 생각해보세요. 삶에서 통제와 관련해 되풀이되는 주제가 있나요?

당신은 그런 경향이나 통제 욕구에서 비롯된 어떤 행동이라도 환영할 수 있나요?

통제하고 싶은 마음을 통제하고 싶은 욕구가 있는지 확인하세요.

당신은 그것을 통제하거나 바꾸고 싶어 하는 욕구를 흘려보낼 수 있나요?

이제, 통제 욕구가 의식 속으로 들어오는 것을 인정하세요. 필요하다면 과거의 기억을 꺼내 통제 욕구가 일어나게끔 하세요. 그런 다음 편안하게 긴장을 풀면서, 통제 욕구의 중심부로 들어가세요.

당신은 그것의 중심부로 뛰어들 수 있나요?

더 깊이 들어갈 수 있나요?

아직 더 깊이 들어갈 수 있나요?

통제 욕구가 시작되는(떠오르는) 곳을 알아차리세요.

만약 아직 알아채지 못했다면, 그것을 흘려보낼 수 있나요?

이제, 여러분의 지금 감정에 집중하세요. 통제 욕구를 조금이라도 흘려보내면서 시작된 의식의 변화를 알아차리세요. 항상 안심하고, 편안하고, 모든 것이 잘 통제되고 있다고 느끼며, 바꿔야 할 필요가 있다고 느끼는 것들이 없다면 여러분의 삶이 어떨지 상상해보세요. 모든 것은 이미 있는 그대로 완벽했습니다.

통제하려는 욕구가 조금이라도 남아 있다면, 당신은 지금 그것을 흘려보낼 수 있나요?

잠시 휴식을 취하며 편안하게 있으세요.

✧ 인정, 사랑의 욕구

인정을 원할 때 우리는 인정받지 못하고 있는 것처럼 느낍니다. 그래서 인정을 받기 위해 행동하면서 사실은 언제나 인정받는 것을 방해합니다. 우리는 자신에게 초점을 맞추면서 남의 시선을 의식합니다. 사람들이 나를 어떻게 생각할지에 대해 크게 걱정합니다. 속으론 "아니요."라고 하고 싶지만 "예."라고 말할 수도 있습니다. 다른 사람이 우리를 좋아하게 만들려고 그들이 우리를 속이거나 통제하도록 놔두기도 합니다. 스스로 너무 많은 책임을 지거나 일을 다른 사람에게 맡기지 않기도 합니다. 그런 행동이 자신을 더 인기 있게 만들 거라고 생각하기 때문입니다.

인정을 원하는 마음은 부드럽게 드러나며 "나한테 줘." 또는 "나를 위해 해줘요."같이 표현되기 때문에 알아차릴 수 있습니다. 인정을 원할 때 우리에게 사랑이 없는 것처럼 느끼고, 그래서 외부에서 사랑을 가져오기 위해 무언가를 할 필요가 있다고 느낍니다. 인정을 원하는 것과 비슷한 말로는 사랑 구하기, 수용하기, 존경하기, 보살피기, 자기 돋보이게 하기, 남에게 자신을 이해시키기, 남이 자신을 쓰다듬어주게 하기, 남이 자신을 보살피게 하기, 남이 자신을 좋아하게 하기 등이 있습니다. 인정을 원하는 욕구를 흘려보내면 우리는 더 큰 사랑과 배려를 느끼고, 더 사랑받고 더 받아들여진다고 느낄 것입니다.

인정을 원하는 욕구에는 사실 두 가지 상반되는 힘이 존재합니다. 각각은 굉장히 다른 느낌입니다. 반감(못마땅함)을 원하는 욕구와 사랑하고 싶은 욕구가 바로 그것입니다.

반감을 원하는 욕구

반감을 원할 때 우리는 마치 인정을 원하지 않는 것처럼 느낍니다. 그래서 인정받지 않는 방식으로 행동합니다. 인정받고 싶은 욕구가 있을 때 그런 것처럼 자신에게 초점을 맞추면서 남의 시선을 의식합니다. 우리에 대한 다른 사람의 생각에 크게 신경 쓰지만 그렇지 않은 척 행동합니다. 우리는 쉽게 "예."라고 말할 수 있는 상황에서 종종 "아니요."라고 말합니다. 다른 사람이 우리를 싫어하도록 만들기 위해 그들을 골려댑니다. 책임을 회피하거나 해야 할 일을 하지 않고 내버려둡니다. 인기 없는 사람이 되려고 애씁니다.

반감을 원하는 이 욕구는 노골적이고, 티가 나고, 자신을 넘어뜨리는 불안정한 상태이며 "나를 혼자 놔둬."라는 느낌이 드는 것으로 알아챌 수 있습니다. 반감을 원할 때 우리는 사랑을 바라지 않는다고 느끼고, 사랑받는 것이 없다는 것을 확인하기 위해 뭔가 해야 할 필요가 있다고 느낍니다. 반감을 바라는 것과 비슷한 말로는 미움을 받으려는 욕구, 거부당하려는 욕구, 괄시당하려는 욕구, 숨으려는 욕구, 오해받으려는 욕구 등이 있습니다.

반감을 원하는 욕구를 흘려보낼 때 우리는 더 많이 사랑받고, 더 많이 받아들여지는 느낌을 갖고, 다른 사람을 더 많이 사랑하고 보살필 수 있다고 느낍니다.

사랑하고 싶은 욕구

사랑하기를 원할 때 우리는 충분한 사랑을 주지 못한다고 느낍니다. 그래서 사랑하고 있다는 것을 느낄 수 있는 방식으로 행동합니다. 사실은 항상 스스로 그것을 방해하면서 말입니다. 우리는 다른 사람에게 초점을 맞추고 스스로 책임을 다하지 못한다고 느낍니다. 다른 사람의 감정에 너무 신경을 씁니다. 인정받고 싶은 욕구가 있을 때처럼 "아니요." 라고 말하고 싶지만 "예."라고 말할 수 있습니다. 다른 사람의 기분이 더 좋아지도록 그들이 우리를 속이거나 통제하게 둘지도 모릅니다. 너무 많은 책임을 지거나 일을 맡기지 않기도 합니다. 그런 행동이 다른 사람에게 더 좋을 거라고 생각하기 때문입니다.

사랑하고 싶은 욕구는 부드럽고, 연약하고, 몹시 주고 싶고 "내가 당신을 위해 그것을 하게 해주세요." 같은 느낌이 드는 것으로 알아챌 수 있습니다. 사랑하기를 원할 때 우리는 충분한 사랑과 인정을 주지 못했다고 느끼기 때문에 무언가를 할 필요가 있다고 생각하며, 우리가 얼마나 잘 보살피고 있는지 그들이 알아주길 기대합니다. 사랑하고 싶은 욕구와 비슷한 말로는 인정해주기, 수용하기, 존경하기, 보살피기, 돌봐주기, 이해해주기, 어루만지기, 희생하기, 양육하기, 좋아해주기 등이 있습니다. 사랑하고 싶은 욕구를 흘려보내면 내면에서 더 큰 완전함과 완벽함을 느끼는 동시에 우리를 희생하지 않고도 다른 사람을 사랑하고 돌볼 수 있게 됩니다.

글로 쓰는 릴리징: 인정, 사랑받고 싶은 욕구

두 부분으로 나눌 수 있는 이 쓰기 과정은 인정 욕구를 흘려보내는

글로 써서 인정, 사랑 욕구 흘려보내기

내가 인정받고 싶었던 구체적인 예	이것에 대한 지금의 내 느낌과 내재된 욕구는 무엇인가?
첫 번째 데이트 때	어색함, 당황함 – 인정 ✓
프레젠테이션을 발표할 때	신경이 예민해짐 – 통제 ✓ 인정
칵테일파티 때	남을 너무 의식함 – 통제 안전 ✓

데 도움이 되게끔 고안되었습니다. 위의 통제하고 싶은 욕구 흘려보내기에서처럼 먼저 릴리징 노트에 세로줄을 그어 두 공간으로 나눕니다. 왼쪽에는 '내가 인정받고 싶었던 구체적인 예'라고, 오른쪽에는 '이것에 대한 지금의 내 느낌과 내재된 욕구는 무엇인가?'라고 씁니다.

좌측에 여러분이 인정을 원했던 순간을 최대한 많이 씁니다. 그런 다음 우측에 그것에 대한 지금의 욕구(예를 들면 인정 욕구, 통제 욕구 또는 안전 욕구)나 그 약자를 적습니다. 그 욕구를 완전히 흘려보내면 그 옆에 확인 표시를 하거나 줄을 그어 지웁니다. 위의 단계를 반복하면서 지금의 욕구를 완전히 흘려보냈다고 느낄 때까지 흘려보내기를 계속합니다. 항상 그래왔듯이 이른바 긍정적인 감정도 흘려보내야 한다는 사실을 기억하세요. 그래야 더 높은 에너지 상태로 계속 나아갈 수 있습니다.

더 나아갈 준비가 되었다고 느끼면 이 과정의 두 번째 부분을 할 수 있게 준비합니다. 릴리징 노트의 빈 페이지에 좌우 두 공간을 만들고 왼쪽에 '내가 인정을 구하는 방법'이라고 씁니다. 그리고 오른쪽에 '내가 반감을 구하는 방법'이라고 씁니다.

글로 써서 인정, 사랑 욕구 흘려보내기

내가 인정을 구하는 방법

멋진 외모 가꾸기 – 인정 통제

선물 주기 – 인정

순교자인 체하기 – 인정

내가 반감을 구하는 방법

반대하기 – 통제 인정 안전

실패하기 – 통제 ✔ 인정

늦게 도착하기(지각)
– 통제 ✔ 안전 ✔

현재의 삶(업무, 인간관계 등)에서 인정을 얻기 위해 자신이 사용하는 모든 방법을 목록으로 만듭니다. 그런 다음 각 항목에 대해 자신이 지금 느끼는 욕구를 파악하고, 그것이 어떤 욕구와 연관되어 있는지, 즉 인정·통제·안전의 욕구 중 어떤 것인지 적고 그것을 완전히 흘려보냅니다. 지금의 욕구에 확인 표시를 하거나 줄을 그어 지우고 다음 단계로 넘어갑니다.

이제 현재의 삶(업무, 인간관계 등)에서 여러분이 반감을 얻기 위해 하는 모든 방법의 목록을 만듭니다. 그다음 각 항목을 보고 그것에 대한 지금 욕구를 파악해 그것이 인정 욕구, 통제 욕구 또는 안전 욕구 중 어떤 것과 관련 있는지를 쓰고 그것을 완전히 흘려보냅니다. 그 욕구를 완전히 흘려보낸 후, 욕구에 확인 표시를 하거나 줄을 그어 지우고 다음 단계로 넘어갑니다.

인정받고 싶은 욕구 흘려보내기

자세와 마음을 편안하게 한 뒤 내면에 집중하면서 시작합니다. 여러분이 인정을 바랐던 때를 기억해보세요.

당신은 인정받고 싶은 욕구를 환영할 수 있나요?

그것을 흘려보낼 수 있나요?

살아오면서 누군가가 여러분을 인정하지 않았고, 여러분을 좋아하지 않았고, 여러분이 당연히 받아야 할 감정을 주지 않았던 상황에 집중해보세요.

인정받고자 하는 것이 어떤 느낌인지 확인하세요.

당신은 인정받기를 원하는 그 느낌을 환영할 수 있나요?

그것을 흘려보낼 수 있나요?

이제, 직장 생활에서나 혹은 개인적인 생활 속에서 여러분이 자주 반복해서 인정받기를 원하는 특정한 사람을 떠올려보세요.

당신은 잠시 동안만이라도 지금 그들에게 인정을 바라는 것을 허용할 수 있나요?

그리고 그것을 흘려보낼 수 있나요?

마지막 두 개의 질문을 다른 많은 사람들에게 대입해 여러분이 원하는 만큼 반복해보세요.

이제, 여러분이 자기 스스로 인정을 원했던 때를 생각해보세요. 아마도 여러분은 자신이 했던 것, 자신이 말하지 않았던 것 혹은 자신이 하고 있는 것에 대해 인정하지 않을 수도 있습니다. 아마도 자신이 했어야만 하는 것을 성취하지 못해서 그것을 마음에 깊이 새겼을 수도 있습니다.

당신은 지금 인정받고 싶다는 욕구를 환영할 수 있나요?

그리고 그것을 흘려보낼 수 있나요?

여러분 자신이 인정을 원했던 많은 순간에 대해, 그것이 많았던 만큼 반복해보세요.

이제 좀 더 깊이 인정에 대한 욕구를 탐험해보도록 합시다. 그것은 일반적으로 사람들 삶 속의 패턴입니다. 인정을 바라는 욕구에서 비롯된 생각, 느낌, 행동에는 어떤 것들이 있는지 생각해보세요. 아마도 "그건 내 잘못이 아니야." 혹은 "그들은 신경도 쓰지 않아." 등일 것입니다. 여러분은 수치심을 느끼거나, 노출되었다고 느끼거나, 연약해졌음을 느끼거나 혹은 상처를 받았다고 느낄 수 있습니다. 관심을 끌려는 행동을 하고, 친절하게 행동하고, 거짓 찬사를 보내고, 자신이 정말 "아니요."라고 말하고 싶을 때에도 "예."라고 할 수 있습니다. 인정을 바라는 이런 모든 욕구가 여러분의 마음에 올라오도록 내버려두세요.

당신은 인정에 대한 욕구를 지금 이 순간 허용할 수 있나요?

그리고 그것을 흘려보낼 수 있나요?

위의 과정을 몇 번 더 반복하며 떠오르는 이미지를 흘려보내세요.

다음으로, 인정을 바라는 욕구가 여러분의 의식 안에 들어오도록 환영하세요.

당신은 그 욕구의 중심부로 뛰어들 수 있나요?

더 깊이 들어갈 수 있나요?

아직 더 깊이 들어갈 수 있나요?

그것의 핵심으로 들어가세요. 그것이 일어나는 바로 그 지점까지 가세요. 그리고 그것이 풀리도록 놓아두세요.

이제, 인정받고 싶은 욕구를 흘려보내는 것이 어떠한 삶일지 상상해보세요. 자신감이 생길 것이며, 사람들이 당신에게 많은 신경을 쓰고 있다는 사실을 확신하게 될 것입니다. 그리고 그들이 당신을 인정하든 하지 않든 여러분은 괜찮을 것입니다.

그런데 이것은 진정한 가능성입니다. 여러분이 인정받고 싶은 욕구를 흘려보낼수록 사람들은 신기하게도 전보다 더욱 여러분을 인정하게 될 것입니다.

◇ 안전, 생존에 대한 욕구

안전을 원할 때 우리는 안전하지 않다고 느낍니다. 마치 삶이 살아남기 위한 전쟁터인 것처럼 여깁니다. 우리는 모든 사람을 적어도 미묘하리만큼 적으로 여깁니다. 종종 아주 작은 변화나 결정일지라도 그것이 마치 우리 삶을 위협하는 것처럼 느끼거나 반응합니다. 심지어 그것이 성공에 대한 포기를 뜻함에도 불구하고 위험 감수를 회피합니다. 대립이 필요한 상황에서도 그것을 회피합니다. 그리고 그다음 재난이 언제 올지 걱정하며 살아갑니다.

우리는 위협받는 느낌, 불편함, 위험에 빠진 느낌, 파국으로 치닫는 듯한 느낌, 경계심 등을 통해 안전에 대한 욕구를 알아챌 수 있습니다. 심한 경우에는 공포로 마비되어버린 느낌이 들 때도 있습니다. 마치 곧 죽을 것처럼 말입니다. 또 그런 느낌으로부터 벗어날 수만 있다면 무엇이라도 할 것같이 느낍니다. 안전에 대한 욕구와 비슷한 말로는 보안 욕구, 생존 욕구, 복수심, 우리 자신과 남들을 보호하려는 욕구, 공격 욕구, 방어 욕구, 죽이려는 욕구, 우리 자신과 남들을 보듬으려는 욕구 등이 있습니다. 안전에 대한 욕구를 흘려보내면 보낼수록 우리는 더 안전함을 느끼며, 더 지켜지는 느낌이 들고, 어떤 희생을 치르더라도 안전을 확보해야겠다는 생각 없이도 어디서나 편안함을 느낍니다.

죽음에 대한 욕구

안전과 생존에 대한 욕구와 반대의 짝을 이루는 것은 바로 죽음에 대한 욕구입니다. 죽고 싶어 할 때, 우리는 삶이 너무 무겁다고 느낍니다. 삶을 두려워하게 되고, 그것을 빨리 끝내버리고 싶어 합니다. 삶을 마치 지뢰밭처럼 여기게 되죠. 스스로가 최악의 적입니다. 생존 욕구에 집착할 때, 우리는 아주 작은 변화나 결정에도 삶이 위협받는 것처럼 느끼고 반응합니다. 하지만 이 경우에는 생존 욕구 때와 달리 은밀하게 최악의 상황이 발생하길 기대하면서 위험 요소나 대립을 찾습니다. 다음번 재난을 기대하고, 은밀히 그것을 바라면서 돌아다닙니다.

죽음에 대한 욕구는 때론 안전에 대한 욕구와 구별하기 어렵습니다. 이 욕구 또한 위협받고 있는 느낌, 불편함, 위험에 빠진 느낌, 경계심, 파국으로 치닫는 느낌 등을 포함할 수 있기 때문입니다. 하지만 죽음을 원할 때, 우리는 안전을 원하지 않고 심지어 자신이 안전하지 않다는 것을 확신시켜줄 어떤 일을 할 때도 있습니다.

죽음에 대한 욕구를 뜻하는 비슷한 말로는 위험을 원하고, 모든 걸 끝내려 하고, 자신과 타인의 비밀을 폭로하려 하고, 공격당하려 하고, 무방비 상태가 되고, 살해당하려 하고, 위협당하려 하고, 완패당하려 하는 것을 들 수 있습니다. 죽음에 대한 욕구를 흘려보내면 보낼수록 우리는 더욱더 안전함을 느끼고, 더욱더 안심할 수 있으며, 더욱더 편안한 삶을 살 수 있습니다. 기꺼이 자신의 삶을 살게 되고, 결과에 상관없이 최대한 삶을 즐길 수 있게 됩니다.

글로 쓰는 릴리징: 안전에 대한 욕구

두 부분으로 나눌 수 있는 이 쓰기 과정은 안전에 대한 욕구를 흘려보내는 데 도움이 되게끔 고안되었습니다. 위의 인정하고 싶은 욕구 흘려보내기에서처럼 먼저 릴리징 노트에 세로줄을 그어 두 공간으로 나눕니다. 왼쪽에는 '내가 안전을 원했던 구체적인 예'라고, 오른쪽에는 '이것에 대한 지금의 내 느낌과 내재된 욕구는 무엇인가?'라고 씁니다.

글로 써서 안전, 생존 욕구 흘려보내기	
내가 안전을 원했던 구체적인 예	이것에 대한 지금의 내 느낌과 내재된 욕구는 무엇인가?
병원에 가기	공포 – 통제 안전
교통사고	거의 죽을 뻔함 – 안전✔ 통제✔ 인정
직장에서의 해고	돈이 없음 – 통제✔ 안전 인정

이제, 왼쪽 공간에 안전을 바랐던 순간을 가능한 한 많이 적습니다. 그런 다음 오른쪽 공간에 지금의 욕구(예를 들면 인정 욕구, 통제 욕구, 안전 욕구)를 적습니다. 그 욕구를 완전히 흘려보냈을 때는 그 약자 옆에 확인 표시를 하거나 줄을 그어 지우세요. 위의 단계를 반복하면서 그 사

건을 완전히 흘려보냈다고 느낄 때까지 계속해서 지금의 욕구를 흘려보내세요. 이때 이른바 긍정적인 느낌이라고 말하는 것 역시 흘려보내야 한다는 것을 기억하세요. 그래야 더 높은 에너지 상태로 계속 이동할 수 있습니다.

계속 진행할 준비가 되었다고 느끼면, 두 번째 과정을 수행하기 위해 릴리징 노트를 준비합니다. 가장 위의 공간은 남겨두고 아랫부분에 세로줄을 그어 똑같이 나눕니다. 왼쪽에 '내가 안전을 추구하는 방식'이라 쓰고, 오른쪽에는 '내가 내 안전을 위협하는 방식'이라고 씁니다.

글로 써서 안전, 생존 욕구 흘려보내기

내가 안전을 추구하는 방식	내가 내 안전을 위협하는 방식
보험 – 안전	모험 감행 – 통제 안전
저축, 적금 – 인정 안전	아프기 – 안전 ✓ 인정
현재 상태를 무조건 유지 – 인정 안전	바꾸기 – 안전 ✓

이제, 여러분이 생활 속에서(업무, 인간관계 등) 안전을 추구하는 방법에 대한 목록을 적습니다. 각각의 항목에 대해 자신의 지금 욕구가 무엇인지 살펴보고 그것이 인정, 통제, 안전 욕구 중에서 어떤 것과 관련되어 있는지를 적습니다. 그리고 완전히 흘려보냅니다. 흘려보낸 후에는 확인 표시를 하거나 줄을 긋고 다음 단계로 진행합니다.

다음으로 여러분의 현재 삶 속에서 자신의 안전을 위협하는 모든 방식을 목록으로 적습니다. 각각의 항목과 관련해 그것에 대한 지금의 욕구가 무엇인지 살펴본 후 그것이 인정, 통제, 안전 욕구 중 어느 욕구와 관련 있는지 적은 후 그것을 완전히 흘려보냅니다.

그런 욕구를 완전히 흘려보낸 후 옆에 확인 표시를 하거나 줄을 긋습니다.

안전에 대한 욕구 흘려보내기

먼저, 의식을 내면에 집중하세요. 그리고 몸을 편안하게 이완하세요. 지금 느끼고 있는 주된 감정과 느낌이 무엇인지 알아보세요.

당신은 지금의 느낌을 환영하고, 그것이 괜찮다고 허용할 수 있나요?

이제 여러분이 살면서 위협당하거나 도전받았던 상황과 보안 욕구나 생존 욕구를 느꼈을 때를 떠올려보세요.

당신은 떠오른 그 안전 욕구를 환영할 수 있나요?

그것을 흘려보낼 수 있나요?

이제 똑같은 상황이나 혹은 아주 강렬하게 위협받았던 상황에 집중합니다.

당신은 이러한 안전 욕구를 환영할 수 있나요?

그리고 그것을 흘려보낼 수 있나요?

여러분이 원하는 만큼 위의 과정을 여러 번 반복한 후 다음 과정으로 넘어갑니다.

이제 자연스럽게, 지금 여러분이 할 수 있는 한 최대로 안전 욕구와 생존 욕구를 경험할 수 있도록 자신을 허용해보세요. 필요하다면 천천히 그것을 떠올리세요. 모든 욕구는 단지 에너지일 뿐이라는 사실을 인식하면서 말입니다. 그것들은 좋지도 않고 나쁘지도 않습니다. 그저 존재할 뿐입니다.

당신은 안전 욕구를 흘려버릴 수 있게 허용할 수 있나요?

다시 여러분의 생존 욕구를 자신의 의식 안으로 초대하세요.

당신은 그것을 흘려보낼 수 있나요?

몇 차례 더 반복하면서 처음에 당신을 위협했던 그것이 이제 얼마나 덜 위협적으로 느껴지는지 알아보세요.

욕구는 신념 체계라는 것을 기억하세요. 이 신념 체계는 우리가 살아가면서 써온 프로그램입니다. 그런 까닭에 우리가 반복되는 **생각**과 **감정**과 **행동**을 경험하는 것입니다.

안전을 원할 때 여러분은 다음처럼 생각할 수 있습니다. "오, 이것은 좋지 않아." "무언가 나쁜 일이 벌어지고 있어." "이것은 옳지 않아." "이것은 큰 실수가 될 것 같아." 또는 두려운 감정을 느끼거나 위협을 느끼거나 혹은 통제 불능 상태가 되었다고 느낄 수도 있습니다. 심지어 패닉 상태(극심한 공황 상태)에 빠질 수도 있습니다. 아주 중요한 만남이나 상황이 진행되는 도중에 몸과 마음이 얼어버릴 가능성도 있습니다. 과도한 계획, 과다한 경계심, 싸워야 할 상대가 없을 때조차 싸우기, 도망치기(회피), 현재 상태를 유지하기 위해서라면 무엇이든지 하기 같은 행동을 포함할 수도 있습니다.

여러분이 안전이 필요하다고 느낄 때, 무엇을 하는지 생각해보세요. **자꾸 되새김질하는 생각, 여러분이 취하는 행동과 느끼는 감정은 무엇인가요?**

당신은 진실로 그러한 것들을 환영할 수 있나요?

그리고 이런 경향을 불러온 안전 욕구를 흘려보낼 수 있나요?

위 과정들을 4~5회 반복하면서, 마음속에 떠오르는 이미지를 흘려보내세요.

이제 당신은 안전 욕구가 다시 올라오도록 환영할 수 있나요?

당신은 안전 욕구, 혹은 생존 욕구의 중심으로 뛰어들 수 있나요?

좀 더 깊게 들어갈 수 있도록 허용할 수 있나요?

좀 더 깊게 들어갈 수 있나요?

그리고 조금 더 깊게 들어갈 수 있나요?

만약 지금 이 순간, 여전히 약간의 안전 욕구나 생존 욕구가 남아 있음을 느낀다면, 당신은 그저 그것을 흘려보낼 수 있나요?

흘려보내기를 하고 난 지금, 여러분이 얼마나 더 안전해졌다고 느끼는지 알아차려보세요.

여러분이 갈수록 안전해진다면, 그런 삶은 어떨지 상상해보세요.

안전이 부족하다는 느낌을 더욱더 많이 흘려보낼수록 더 편안해지고 걱정이 없게 될 것입니다. 여러분이 발견한 이 내면의 안전함 속에서, 잠시 동안 쉬세요.

✧ 분리되고 싶은 욕구

분리되고 싶을 때 우리는 소속되기를 원치 않고 분리된 정체성을 유지하려 합니다. 그래서 남과 구별되는 특별한 자신만의 정체성을 유지하는 방식으로 행동합니다. 끊임없이 다른 사람과 그리고 다른 모든 것과 구별되기 위해 바쁩니다. 우리 자신이 다른 사람과 얼마나 다른지, 얼마나 더 나은지 그리고 얼마나 더 특별한지 증명하길 바랍니다. 우리는 종종 세상을 향해 "나를 좀 내버려둬."라는 메시지를 던집니다. 우리 대부분에게 이처럼 분리되고 싶은 욕구는 너무도 일반적이어서 우리가 말하고 행동하고 생각하는 모든 것에 영향을 끼치면서도 숨 쉬는 공기를 의식하지 못하는 것처럼 구별하기 어렵습니다.

분리 욕구는 아주 강하게 느껴질 수도 있고, 아주 미세하게 느껴질 수도 있습니다. 최대로 강할 때 그것은 거부, 혹은 무언가를 떠미는 것처럼 느껴집니다. 많은 사람이 '분리'가 우리 정체성('나는 누구인가'라는)의 핵심이라고 생각합니다.

분리되기를 원할 때, 우리는 두 가지 방향으로 밀려나게 됩니다. 그 첫째는 다른 모든 사람으로부터 떨어지는 것을 원하게 되는 것이고, 둘째는 다른 사람들 속에서 아주 뛰어나길 원하는 것입니다. 평범하거나 그 속에 섞여 사는 걸 원치 않게 되는 것이지요.

분리 욕구와 비슷한 말로는 홀로 있고 싶은 욕구, 거절하기, 상대방 깔보기, 아주 뛰어나고 싶은 욕구, 특별해지고 싶은 욕구, 떨어져 있고 싶은 욕구, 고립되고 싶은 욕구, 연결을 끊고 싶은 욕구 등이 있습니다.

분리 욕구를 흘려보내면 보낼수록 우리는 자신의 특별함을 잃지 않으면서도 공동체 속에서 더욱 일체감을 느끼며, 다른 사람과의 유대를 느낄 수 있습니다.

하나가 되려는 욕구

하나가 되기를 원할 때 우리는 자신이 어딘가에 소속되기를 원한다고 느끼고, 개인의 정체성이 용해되어 다른 사람이나 혹은 세상 모든 것과도 어울릴 필요가 있는 것처럼 느낍니다. 영적인 길을 추구하는 구도자들에게 이러한 욕구는 종종 대단한 동기가 됩니다. 우리는 지속적으로 통합하고자 하면서도 아무런 노력 없이도 이미 존재하고 있는 근원적 통합성을 무시하고 있습니다.

분리되고자 하는 욕구가 있을 때에도, 하나가 되려는 욕구는 미세하지만 널리 퍼져 있어 우리 대부분이 말하고, 행동하고, 생각하는 것들에 영향을 끼칩니다. 하지만 하나가 되려는 욕구를 갖고 있는 한 우리는 항상 약간 혹은 많이 외로움과 분리감을 느끼며, 이러한 외로움과 분리감을 끝내고자 하는 욕구를 가집니다. 우리는 종종 외로운 감정을 피하거나 숨기기 위해 사람들과 연결되어 있는 것처럼 보이는 것들로 삶을 채웁니다.

하나 됨의 욕구는 강렬하거나 혹은 아주 미약하게 감지할 수도 있습니다. 그것은 연결되려는 갈망과 같은 느낌입니다.

이것과 비슷한 말로는 통합의 욕구, 수용의 욕구, 동일해지려는 욕구, 평범해지려는 욕구, 타인에게 들러붙으려는 욕구, 어울리려는 욕구, 하나로 합치려는 욕구, 연결되려는 욕구 등이 있습니다.

하나가 되려는 욕구를 흘려보낼 때, 우리는 자신 밖에서 찾지 않아도 이미 지금 여기에 존재하는 '하나 됨'을 느끼기가 더 쉬워집니다.

글로 쓰는 릴리징: 분리되려는 욕구

두 부분으로 나눌 수 있는 이 쓰기 과정은 분리에 대한 욕구를 흘려보내는 데 도움이 되게끔 고안되었습니다. 위에서처럼 먼저 릴리징 노트에 세로줄을 그어 두 공간으로 나눕니다. 왼쪽에는 '내가 분리 욕구를 느꼈던 구체적인 예'라고, 오른쪽에는 '이것에 대한 지금의 내 느낌과 내재된 욕구는 무엇인가?'라고 씁니다.

왼쪽 공간에 여러분이 분리 욕구를 느꼈던 때를 기억하는 만큼 많이 적습니다. 그러고 나서 오른쪽 공간에 그것에 대한 여러분의 지금 욕구(예를 들면 인정 욕구, 통제 욕구, 안전 욕구, 분리 욕구 또는 하나 됨 욕구)를 적습니다. 그 욕구를 완전하게 흘려보냈다면, 그 옆에 확인 표시나 줄을 긋습니다. 여러분이 그 사건에 대해 완전히 흘려보냈다고 느낄 때까지 위의 과정을 반복합니다. 이른바 긍정적인 감정들까지도 흘려보내야 한다는 점을 기억하세요. 그래야 높은 에너지 상태로 계속 나아갈 수 있습니다.

글로 써서 분리 욕구 흘려보내기

내가 분리 욕구를 느꼈던 구체적인 예	이것에 대한 지금의 내 느낌과 내재된 욕구는 무엇인가?
이혼	분노 – 통제 분리
승진	자부심 – 분리 ✓ 인정
이모의 방문	압도됨 – 통제 안정

다음 과정으로 나아갈 준비가 되었다면 새로운 페이지를 펼치세요. 그리고 앞에서처럼 세로로 줄을 그어 두 공간을 만든 다음 왼쪽에는 '내가 분리되게끔 하는 방법'이라 쓰고 오른쪽에는 '내가 하나 됨을 찾는 방법'이라고 씁니다. 이제 여러분의 생활 속에서(업무, 인간관계 등) 여러분이 분리를 찾는 방법을 적어서 목록을 만듭니다. 그리고 각각의 항목을 보면서 지금 느끼는 감정이 인정, 통제, 안전, 분리, 하나 됨 욕구 중 어떤 것과 관련이 있는지 적습니다. 그리고 완전히 흘려보낸 후, 그 욕구에 확인 표시나 줄을 그어 지우세요. 그리고 다음 과정으로 진행합니다.

먼저 여러분의 현재 생활 속에서 하나 됨을 찾는 모든 방법을 목록으로 적습니다. 항목을 하나씩 보면서 그것에 대한 내 욕구가 무엇인지 느끼고 그것이 인정, 통제, 안전, 분리, 하나 됨 욕구 중 어떤 것과 관련 있는지 적은 후 완전히 흘려보냅니다. 그런 다음 욕구 옆에 확인 표시를 하거나 줄을 그어 표시합니다.

글로 써서 분리 욕구 흘려보내기

내가 분리되게끔 하는 방법	내가 하나 됨을 찾는 방법
성공, 성취 – 안정 통제 분리	명상 – 하나 됨 ✔ 통제
다른 방으로 가기 – 통제 분리	전화하기 – 인정 ✔ 하나 됨
타인을 판단하기 – 안정 통제 분리	섹스 – 안전 안정 하나 됨

분리를 원하는 욕구 흘려보내기

자신을 편안하게 해줍니다. 그리고 내면에 집중하고 여러분을 있는 그대로 허용합니다.

당신은 지금의 느낌과 감정을 환영하고 그것이 괜찮다고 해줄 수 있나요?

이제 여러분의 삶에서 외로움을 느낀 순간이나 다른 사람을 밀어냈던 상황을 떠올려보세요. 또는 분리되고 싶었던 때나 하나 됨을 원했던 때를 떠올려보세요.

당신은 분리 욕구 혹은 하나 됨 욕구를 환영할 수 있나요?

그것을 흘려보낼 수 있나요?

이제, 똑같은 상황이나 여러분이 "나를 좀 내버려둬."라고 느꼈던 또 다른 상황 혹은 분리나 하나 됨을 갈망했던 또 다른 상황에 집중하세요.

당신은 분리 욕구 혹은 하나 됨 욕구를 환영할 수 있나요?

그리고 그것을 흘려보낼 수 있나요?

위의 과정을 여러분이 원하는 만큼 반복하세요. 그러고 나서 다음으로 넘어갑니다.

이제, 자연스럽게 여러분이 할 수 있는 만큼 최대한 분리 욕구나 하나 됨 욕구를 경험하도록 지금 이 순간 허용해주세요. 만약 필요하다면, 천천히 그것을 떠올리세요. 모든 욕구는 그저 에너지일 뿐이라는 사실을 인식하면서 말입니다. 그것들은 좋은 것도, 나쁜 것도 아닙니다. 그냥 존재할 뿐입니다.

당신은 분리 욕구 혹은 하나 됨 욕구를 흘려보낼 수 있나요?

다시 한 번 분리 욕구와 하나 됨 욕구를 마음속으로 불러오세요.

그것을 흘려보낼 수 있나요?

몇 번 더 반복하면서 이전에 당신을 분리시켰던 것들이 어떻게 해서 지금은 훨씬 덜 중요하게 느껴지는지 그리고 어떻게 더욱더 삶의 순조로운 흐름 속에 있음을 느끼게 되었는지 생각해보세요. 욕구는 우리가 삶을 운영하기 위해 사용하는 신념 체계라는 사실을 기억하세요. 그래서 우리는 반복되는 생각, 감정, 행동을 경험하는 것입니다. 여러분이 분리를 원할 때 "나는 정말로 특별해." 혹은 여러분이 하나 됨을 원할 때 "나는 완전히 혼자야. 나에게 진정으로 중요한 모든 것에서 차단되었어."라고 생각할 수 있습니다. 여러분은 고립되었다고 느끼고, 외롭다고 느끼고, 거부당했다고 느낄 수 있습니다. 차단되었고, 멍하고, 무언가를 불만스럽게 느낄 수도 있습니다.

여러분이 분리를 원하거나 하나 됨을 원할 때 무엇을 하는지 생각해보세요. 반복되는 생각, 반복해서 취하는 행동, 혹은 반복되는 느낌은 무엇인가요?

당신은 진정으로 이런 것들을 환영할 수 있나요?

그러고 나서 당신은 이런 경향들을 불러온 분리 욕구 혹은 하나 됨 욕구를 흘려보낼 수 있나요?

위의 과정을 4~5회 정도 반복하면서, 떠오르는 이미지를 흘려보내세요.

이제 당신은 분리 욕구 혹은 하나 됨 욕구를 다시 한 번 떠올릴 수 있나요?

당신은 이 욕구의 중심부로 뛰어들 수 있나요?

조금 더 깊이 들어갈 수 있나요?

아직 조금 더 깊이 들어갈 수 있나요?

조금만 더 깊이 들어갈 수 있나요?

지금 이 순간 조금이라도 분리 욕구 혹은 하나 됨 욕구가 남아 있음을 느낀다면, 당신은 그것을 흘려보낼 수 있나요?

흘려보내고 난 지금 이 순간 여러분이 얼마나 더 하나 됨을 느끼고, 더 편안함을 느끼는지 알아차려보세요. 여러분이 점점 더 현존의 흐름에 연결된다면 삶이 어떨지 상상해보세요. 또 모든 것이 괜찮고, 모든 것은 그것이 일어나야 할 때 펼쳐진다는 사실을 알고 삶의 편안함을 느낀다면 어떨지 상상해보세요. 여러분이 발견한 내면의 하나 됨 속에서 잠시 동안 쉬세요.

◇ 한계라는 상상의 나무

여러분이 한계라는 상상의 빽빽한 숲에서 길을 잃었다고 생각해보세요. 이 숲 속의 나무들은 어떻게 구성되었을까요? 눈으로 볼 수 없을 만큼 작은 수준에서 보면, 이 나무들은 우리가 '생각'이라고 부르는 원자로 구성되어 있습니다. 좀 더 자세히 살펴보면, 이 나무의 잎은 각각의 감정을 나타냅니다. 나뭇가지는 아홉 가지 감정 상태를 의미합니다. 나무의 둥치는 인정 욕구, 통제 욕구(각각 그 반대의 마음도 포함)를 나타냅니다. 땅 아래로 곧게 뻗은 뿌리는 안전 욕구(그 반대의 마음도 포함)를 나타냅니다. 마지막으로 땅은 분리되고 싶은 욕구와 하나 됨의

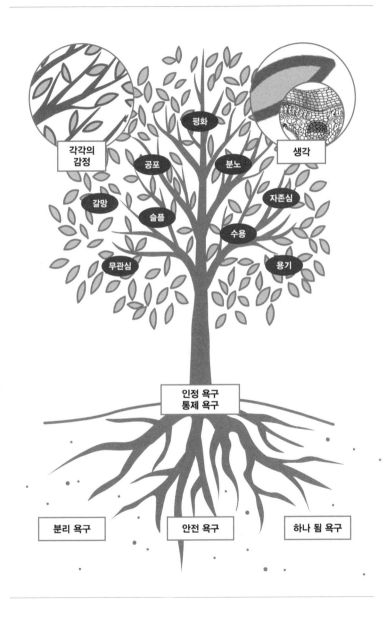

각각의
감정

생각

평화

공포

분노

갈망

슬픔

자존심

수용

무관심

용기

인정 욕구
통제 욕구

분리 욕구

안전 욕구

하나 됨 욕구

욕구를 나타냅니다.

흘려보내기를 이용해, 이 한계라는 상상의 나무를 베어 넘어뜨리세요. 한계라는 상상의 숲에 길을 만드는 방법은 여러 가지가 있습니다. 우리의 생각을 흘려보내는 작업은 한 번에 한 가지씩의 원소를 제거하는 것입니다. 그러나 이 방법은 시간이 너무 오래 걸립니다. 더 적극적으로 각각의 잎(감정)을 뽑아낼 수도 있습니다. 하지만 잎은 다시 자랍니다. 나뭇가지(아홉 가지 감정 상태)를 잘라낼 수도 있습니다. 그러나 나뭇가지를 잘라낸 적이 있다면 잘라낸 나뭇가지가 전보다 더 튼튼하게 다시 자란다는 것을 잘 알 것입니다.

나무 둥치(인정 욕구, 통제 욕구)를 잘라내야 그때부터 큰 진전을 이룰 수 있습니다. 하지만 뿌리가 살아 있으면 나무는 다시 자랍니다. 그러므로 안전 욕구와 그 반대편에 있는 죽음의 욕구, 즉 곧게 뻗은 뿌리를 자르기 시작해야 이 상상의 나무를 없앨 수 있습니다.

여러분이 길을 잃은 이 한계의 숲에서는 모든 나무가 상상이라는 점을 기억하세요. 모든 한계는 상상입니다. 이 과정의 어느 부분에서든 숲 속 나무들 너머를 살짝 엿볼 수 있습니다. 바로 숲의 영향을 받지 않는 완전함과 무한이라는 배경입니다. 그러니 세도나 메서드를 사용해 거대한 숲 자체를 쓰러뜨릴 수 있다는 가능성을 허용하세요. 종종 그런 기대를 전혀 하지 않는 순간, 자신이 상상으로 만든 거대한 한계를 저절로 흘려보낼 수 있습니다.

이런 일은 여러분이 네 가지 근원적인 욕구 수준에서 흘려보내기를 할수록 더욱더 많이 일어날 것입니다.

The

Sedona

Method

8장

목표 설정
및 성취

만약 당신이 이 진리의 길(영적인 길)을 추구하는 데 미약하다면,
당신은 감각 세계를 강하게 추구하고 있는 것입니다.

_레스터 레븐슨

이번 장에서는 목표를 세우고 성취하는 세도나 메서드의 아주 강력한 방법에 대해 알아볼 것입니다. 이 과정이 여러분이 세운 모든 목표를 하나하나 다 이룰 수 있게 해준다고는 장담하지 못하지만, 그 목표를 이룰 가능성을 드라마틱하게 높일 수 있다고는 약속할 수 있습니다. 이 과정은 어떤 목표가 여러분이 진정 이룰 수 있는 것이고 또 추구해야 할 것인지를 구별할 수 있도록 도와줄 뿐 아니라, 맞지 않는 목표는 흘려보낼 수 있도록 도와줄 것입니다. 또 일반적으로 목표를 세우는 것에 대해 긍정적인 느낌을 가질 수 있도록 도울 것입니다.

'목표'라는 단어를 들었을 때 강한 긍정의 감정이 떠오르나요, 아니면 부정의 감정이 떠오르나요? 우리는 극단적으로 목표 지향적인 문화 속에서 살고 있습니다. 하지만 우리 대부분은 목표를 세우고 이루는 것에 복합적인 감정을 갖고 있습니다. 너무도 많은 '해야만 한다.'와 '해서는 안 된다.'라는 것들이 있기 때문에 우리가 살면서 무엇을 원해야 하고 무엇을 위해 노력해야 할지 잘 모르며, 또 과거에 추구했거나 지금 추구하는 목표가 자신의 것이 아닌 것처럼 느끼는 경우도 자주 있습니다.

목표 설정 및 성취

여러분은 목표를 강요하는 업무 환경에서 일하고 있나요? 여러분이 어떤 선택을 할 때 가족들이 지나치게 압력을 주나요? 또는 어떤 특정한 목표만이 친구나 동료에게 받아들여질 것이라고 느끼나요? 만약 앞선 질문에 한 가지라도 "예."라고 대답했다면 여러분은 혼자가 아닙니다! 많은 사람들 역시 그렇습니다.

우리 대부분은 선택의 여지가 있었다면 아마도 선택하지 않았을 목표를 따르도록 압력을 받거나 궁지에 몰리는 느낌을 종종 받습니다. 또 목표를 이루려고 애쓰면서 다양한 경험을 합니다. 때로는 좋고, 때로는 그저 그렇고, 때로는 좌절합니다. 진심으로 어떤 목표를 추구한다 해도 시간이 너무 오래 걸려 결국에는 포기하기도 합니다. 하지만 어떤 목표는 노력하지 않아도 성취됩니다. 이런 경험이 목표 설정에 대한 선입견을 갖게 하고, 여러 가지 감정적 반응을 일으킵니다. 요컨대 목표를 설정하고 성취하는 문제와 관련해 많은 혼란이 존재한다는 뜻입니다.

레스터 레븐슨은 여러분이 이제부터 배우게 될 '목표 과정'을 만들면서 너무나도 많은 사람이 느끼는 혼동을 염두에 두고 간단한 시스템을 개발해 목표와 관련한 고통이 줄어들기를 바랐습니다. 그래서 레스터는 우리가 삶 속에서 원하는 것을 창조할 뿐만 아니라, 목표에 대한 흘려보내기 작업을 함으로써 초연함이라는 또 하나의 큰 혜택을 얻을 수 있도록 이 과정을 마련했습니다.

✧ 초연해지기

우리는 끊임없이 무언가에 집착하고 또 무언가를 회피하면서 살아갑니다. 우리가 집착하거나 회피하는 것들은 실재하는 것일 수도 있고 상상 속의 것일 수도 있습니다만, 양쪽 모두 우리가 마음속에서 붙들고 있는 것들입니다. 집착은 가까이 '두고' 싶어 하는 것을 의미하며 회피는 멀리 '두고' 싶어 하는 것을 말합니다. 두 경우 모두 '두다(영어로는 hold:붙들다 – 옮긴이)'가 중요한 의미를 갖습니다. 이 두 가지는 불필요한 고통의 중요한 원인이기 때문에, '자유'라는 단어의 기본적인 정의는 집착하지 않고 회피하지 않는 것이라고 할 수 있습니다.

목표를 세우고 그것을 이루기 위해 흘려보내기 방법을 사용할 때, 여러분은 그 특정 목표에 대해 집착하는 측면과 회피하는 측면을 떠올릴 것입니다. 그런 다음 그 목표에 대한 집착과 회피를 흘려보내면, 마침내 그 목표를 이루거나 혹은 이루지 못하게 되겠죠. 여러분의 목표가 언제나 반드시 이루어지는 것은 아닙니다. 그러나 어떤 방향이든 여러분이 지닌 고통의 짐은 가벼워질 것입니다. 여러분은 자유롭게 될 것입니다.

결과가 이뤄지는 방식은 레스터가 '초연함'이라고 부른 감정 상태에 도달하는 것입니다. '초연함'은 어떤 목표의 성취 여부에 신경을 쓰지 않는 것입니다. 일반적인 믿음과 달리 목표를 강하게 갈망할 때는 그 목표를 이루지 못합니다. 사실, 과거의 경험을 솔직하게 되돌아보면 여러분이 이루었던 대부분의 목표는 비록 자신이 원해서 한 선택은 아니었더라도 욕망을 흘려보낸 결과라는 것을 알 수 있습니다. 대부분의 사람들은 흘려보내기로 이어질 투쟁에만 집중한 결과, 흘려보내기보다는 그 투쟁 덕분에 목표를 성취했다고 여깁니다. 말하자면 핵심을 놓치고 있는 것입니다.

이 과정을 수행하다 보면 투쟁은 필요하지 않다는 것을 알게 됩니다. 물론 목표를 이루기 위해 행동이 필요하지 않다는 뜻은 아닙니다. **적게 노력하고도 한층 순조롭게 진행된다는 의미입니다.** 목표를 이루는 것과 관련해 초연한 상태에 이르기까지 흘려보내기를 하며 자신을 허용해줄 때 두 가지 일이 일어날 수 있습니다. 목표를 완전히 버리고 가벼운 느낌을 갖거나, 목표에 집착했을 때보다 훨씬 더 그 목표를 이룰 수 있는 가능성이 커지는 것입니다. 레스터는 자주 이렇게 말했습니다. "완전히 흘려보낸다면 어떤 불가능한 것도 완전히 가능하게 됩니다. 그리고 여러분도 알다시피 그것을 완전히 흘려보낼 때 여러분은 그것에 대해 신경 쓰지 않게 됩니다."

이쯤 되면 여러분은 초연해져서 노력의 결실까지 만끽하지 못하게 될까 걱정할지도 모릅니다. 하지만 그것은 쓸데없는 걱정일 뿐입니다. 제 경험상 전혀 그렇지 않습니다. 초연해질수록 이 순간 갖고 있는 모든 것을 일상적으로 만연한 상실의 두려움이나 실망감 없이 더 자유롭게 즐길 수 있습니다.

6장 '깊고 강력한 수준에서 흘려보내기'에서 우리는 우리를 움직이는 근원적인 동기들에 대해 살펴보았고, 대상과 감정을 혼동하는 경향에 대해서도 알아보았습니다. 우리는 인정 욕구, 통제 욕구, 안전 욕구, 분리 욕구뿐만 아니라 그 반대의 것들도 역시 원하고 있으며, 대상이 그런 욕구를 충족해준다는 잘못된 믿음을 갖고 있습니다. 그리고 우리가 목표에 대해 혼재된 감정을 갖는 이유는, 우리가 원한다고 믿는 무언가를 얻게 되더라도 그것이 진정으로 우리를 만족시키지는 못하기 때문입니다.

새 차나 새 휴대폰, 새 신발 등으로 얼마 동안이나 즐거울 수 있을까요? 보통은 그렇게 길지 않습니다. 우리는 소망 목록에 있는 어떤 한 가지를 갖자마자 바로 다음으로 넘어갑니다. 왜냐하면 우리가 추구하는 행복은 그 어떤 대상에도 들어 있지 않기 때문입니다. 오히려 행복이란 우리의 자연스러운 존재 상태입니다. 물질과 결과만을 추구하기를 멈출 때 비로소 우리는 초연한 상태가 됩니다.

이 말이 목표에 대한 추구를 멈춰야 한다는 의미일까요? 절대 아닙니다! 이 장에 있는 과정을 사용해 여러분이 목표를 이루거나 혹은 목표를 원하는 마음을 흘려보낼 때까지 그 목표를 추구하기를 적극 권합니다. 무언가 원하는 마음을 부정하는 것이 욕구를 사라지게 하지는 않습니다. 욕구를 인정할 때까지 그리고 그것을 이루거나 흘려보낼 때까지 그 욕구는 당신의 내면을 갉아먹을 것입니다. 여기에 소개하는 과정을 이용해 여러분은 목표를 추구하는 것에서 기쁨을 느낄 것입니다. 왜냐하면 이 모든 과정 하나하나를 통해 더 자유롭고 행복해질 것이기 때문입니다.

◆ 로버트: 조바심 내지 않고 현실화하기

로버트는 63세에 은퇴를 생각하고 있었습니다. 그러나 수백만 달러에 이르는 연방 정부 프로젝트를 맡던 중 일이 잘못되는 바람에 좌절에 빠졌습니다. 그리고 아내와 폭언이 오가는 이혼 소송 결과 많은 위자료를 지불했습니다. 갑자기 경제적으로 어려워지자 몹시 화가 났습니다. 바로 그때 로버트는 세도나 메서드 오디오 프로그램을 듣기 시작했습니다.

로버트는 몇 년 전 초연함에 대한 개인적인 깨달음을 얻은 적이 있었습니다. 어떤 물질적인 것을 정말 필요로 하고 원한다면 우선적으로 해야 할 일은 그것을 마음속으로 분명히 그린 다음, 필요나 원하는 마음 일체를 그냥 흘려보내는 것이었습니다. 그렇게 하면 조만간 무엇이든 이루어졌습니다! 언제든 이 방법을 사용할 때마다 놀라운 결과가 나타났습니다. 이와 반대로 조바심을 내거나 너무 갈망할 때에는 절대로 이루어지지 않았습니다. 세도나 메서드에서 이런 현상에 대한 이야기를 들었을 때 로버트는 계시를 받은 것 같았습니다. 로버트는 마침내 그것이 인정과 통제, 안전이라는 기본적 욕구와 어떻게 결부되어 있는지를 이해하게 되었습니다. 오디오 프로그램 과정을 중간쯤 들었을 때 그는 말 그대로 자고 일어나니 백만장자가 된 '기적'을 경험했고, 이것이 결코 우연이 아니라는 것을 진심으로 믿게 되었습니다. 예상치 못한 일이 계속 성공해 투자액이 세 배나 껑충 뛰었던 것입니다.

그러나 이것이 이야기의 끝이 아닙니다. 로버트에게는 여러 가지 목표가 있었습니다. 가장 큰 목표는 일상 속에서 만나는 사람들에 대한 모든 부정적인 감정을 지우는 것이었습니다. 이 목표는 매일매일의 흘려보내기를 통해 거의 즉각적으로 이루어졌습니다. 그는 또 주식으로 벌어들인 수익보다 더 많은 돈을 원했고, 집에서 할 수 있는 일을 구해 자신이 원하는 대로 시간을 쓰고 싶었습니다. 그래서 컨설턴트가 되었습니다. 기본적으로 연방 정부에서는 재택근무가 허용되지 않았지만 로버트는 가능했습니다. 그의 소득은 '은퇴' 후 두 배가 되었습니다. 게다가 호수 옆에 있는 집에서 살고 싶어 했는데, 세도나 메서드의 '목표 과정'을 사용해 1년도 채 안 돼서 그 꿈을 이루었습니다. 그는 책상 앞에 앉아 호수 위로 해가 지는 모습을 바라보는 자신의 모습을 시각화했습니다. 그런 다음 세 가지 기본적인 릴리징 질문을 사용해 그 꿈을 완전히 흘려보냈습니다. 그 일에 대해 불안해하지 않았습니다.

어느 날 로버트는 우연히 차를 타고 호수 근처를 지나가다 부동산 매물 표지를 보았습니다. 가던 길을 멈추고 멋진 집을 몇 채 둘러보았지만 여러 가지 이유로 마음에 들지 않았습니다. 그러다 호수 근처 다른 집으로 이어진 길을 발견했죠. 그 집에서는 정면의 돌출된 창문을 통해 호수를 볼 수 있었습니다. 뿐만 아니라 화장실 두 곳을 제외한 모든 방이 호수를 마주 보고 있었습니다. 집의 크기 또한 너무 크지도 작지도 않았습니다. 전 주인이 벽을 일부 허물어놓아 간단한 수리만 하면 되는 상황이었습니다. 가격도 좋았기 때문에 그는 그 자리에서 계약을 했습니다.

로버트는 이렇게 말합니다. "초연함은 저에게 중요합니다. 제가 정말 좋아하고, 갖고 싶어 했던 모든 것이 이 상태에서 나타났죠. 이런 일이 얼마나 자주 있었는지는 말로 다 설명할 수가 없습니다. 마음은 정말 소중한 자산입니다. 저는 세도나 메서드를 배우기 전에 이미 목표를 세우고 마음을 편안하게 해야 한다는 걸 이해하고 있었습니다. 그것이 저에게 길을 열어준 셈이지요."

◇ 목표 세우기에 대한 감정 흘려보내기

본격적으로 '목표 과정'을 다루기 전에, 목표에 대한 일반적인 흘려보내기 작업을 해보기로 하겠습니다. 이 장의 서두에서 언급한 것처럼 우리 대부분은 목표를 추구하는 것에 대해 아주 다양한 감정을 갖고 있습니다. 우리는 목표 지향적인 사회에 살고 있으며, 여기에는 종종 물러설 곳이 없습니다. 만약 과거에 어떤 목표를 성취한 적이 있다면 열정적인 반응을 보일 수 있을 것입니다. 하지만 과거에 성공한 적이 있다 해도 목표를 향해 나아가는 새로운 방식에 적응하는 것과 앞으로 계속해서 전진하는 것을 두려워할 수도 있습니다. 만약 과거에 목표를 성취하려고 노력했으나 실패한 적이 있다면, 우리는 이런 과거의 실패에 대한 감정을 미래의 노력에 많이 투사할 것입니다.(과거의 실패 기억으로 인해 노력하는 것에 저항이 생긴다는 뜻 - 옮긴이) 목표에 대한 과거의 기억을 여러분이 어떻게 느끼는지 살펴봅시다. 목표란 말을 들었을 때 무엇을 느끼는지 한 번 살펴보세요. 목표에 대해 여러분이 지금 느끼는 감정이 무엇이든 그것을 허용해주세요. 그것이 그냥 여기 존재할 수 있도록 해주세요.

그러고 나서 그런 감정이 어떤 근원적인 욕구(인정, 통제, 안전)로부터 비롯되었는지 살펴보세요.

그것을 흘려보낼 수 있나요?

이제, 여러분이 목표를 성취하는 데 실패했던 특정 순간을 떠올려보세요. 여러분은 목표를 세웠고, 그것을 성취하기 위해 도전했으나 결국 실패로 끝났습니다.

지금 그것에 대해 어떻게 느끼나요?

그 목표를 이루지 못한 것에 대해 느끼는 감정을 지금 이 순간 허용해주세요.

당신은 그 감정이 그저 여기 있도록 허용할 수 있나요?

그 감정이 인정, 통제, 안전을 바라는 내재된 욕구에서 비롯된 것인지 확인해보세요.

그리고 그것이 무슨 감정에서 비롯되었는지 상관없이 **그것을 흘려보낼 수 있나요?**

여러분이 만약 같은 기억에 대해 여전히 감정이 남아 있다면, 이 과정을 반복하세요. 혹은 목표를 설정했지만 성취하지 못했던 또 다른 기억을 떠올려 그것을 흘려보내세요. 어떤 감정이든 올라오는 것들을 모두 환영해주고, 이 순간 어떤 욕구가 그 원인이었는지 확인하세요. 그리고 최선을 다해 흘려보내세요.

다음으로, 누군가가 여러분에게 압박을 가해 어떤 목표를 달성하게끔 한 적이 있는지 떠올려보세요. 여러분은 세일즈를 하거나 혹은 특정 목표를 달성해야만 하는 작업 환경에 있을 수도 있습니다. 매우 자주 달성하기 어려운 목표가 외부로부터 여러분을 압박하는 경우도 있습니다. 여러분의 부모님이나 연인이 그런 목표를 강요할 수도 있습니다. 이런 상황을 떠올리고 기분이 어떤지 살펴보세요. 목표를 강요받았던 것에 대해 이 순간 떠오르는 감정을 허용해주세요. 그리고 어떤 욕구에서 그런 감정이 비롯되었는지 확인해보세요.

당신은 그 욕구를 흘려보낼 수 있나요?

여러분 스스로 혹은 다른 누군가에 의해 목표를 강요받았던 순간을 다시 한 번 떠올리고, 그것에 대한 지금의 느낌이 어떤지 살펴보세요.

그 기억과 관련한 근원적인 욕구(인정, 안전, 통제, 분리)가 조금이라도 있나요?

당신은 그 욕구를 흘려보낼 수 있나요?

이제, 여러분이 해야만 하는, 반드시 해야 하는, 꼭 해야만 한다고 느끼는 현재의 목표를 떠올려보세요. 아마 여러분은 정말로 그것을 원하지 않을 수도 있지만, 반드시 그렇게 해야만 한다고 느낄 것입니다.

이런 상황에서 당신의 내면에서는 어떤 느낌이 드나요?

당신은 그런 감정이 그냥 여기 있을 수 있도록 허용할 수 있나요?

그것이 어떤 저항감을 불러오거나 혹은 또 다른 욕구를 불러일으키진 않나요?

당신은 그것을 흘려보낼 수 있나요?

여러분 스스로 혹은 누군가가 목표를 달성해야 한다고 압박하는 상황을 떠올리세요. 그리고 무언가를 가져야 하고, 무언가를 해야 하고, 무언가가 되어야 한다는 그 압박을 환영하세요.

당신은 그 압박이 여기 있을 수 있도록 허용하고, 그것을 완전히 받아들일 수 있나요?

그 압박이 여러분의 내면에 어떤 욕구를 불러일으키는지 확인해보세요.

그러고 나서 그것을 흘려보낼 수 있나요?

목표를 따라가는 것은 강압적인 게 아니라 언제나 나의 선택과 같은 느낌이어야 합니다. 더 자주 어떤 선입견도 없이 매 순간 새롭게 시작할 수 있다면 그리고 과거의 무거운 짐을 계속 끌고 다니지 않는다면,

우리 자신을 위해 설정한 목표를 성취하는 성공적인 결과를 가져올 것입니다. 여러분이 한정된 믿음과 감정을 충분히 흘려보냈다고 느낀다면, 아래에 있는 '목표 과정'으로 나아갈 준비가 된 것입니다.

✧ 목표 선언문 만들기

목표 선언문 쓰기

여러분의 목표를 글로 적는 것은 그것을 달성하는 핵심적인 방법 중 하나입니다. 사실 성공한 사람들에 대한 연구에 따르면, 자신의 목표를 글로 적은 사람은 그냥 생각만 한 사람들보다 훨씬 더 많이 목표를 성취하는 것으로 나타났습니다. 뿐만 아니라 목표를 정확히 기재하는 것은 최종적으로 그것을 성취하는 데 결정적 차이를 만들어냅니다. 목표를 쓰기 전에 명심해야 할 몇 가지 중요한 사항을 제시합니다.

- **지금 이 순간 자신의 목표(꿈)를 마치 그것을 이미 이룬 것처럼 적으세요**

대부분의 사람들이 다음과 같은 생각의 함정에 빠집니다. 그것은 바로 자신이 원하는 것을 미래에 창조한다고 생각하는 것입니다. 하지만 미래란 결코 다가오지 않습니다. 자기 자신에게 얼마나 많이 "내일 할래."라고 말하고 그 일을 하지 않았나요? 마음속으로 "이것은 나중에 할래."라고 할 때마다 여러분은 자신의 목표를 미래에 투사하는 것입니다. 목표를 마치 미래의 일인 것처럼 적을 때 그것은 언제나 손이 닿지 않는 곳에 있게 됩니다. 제 학생 중 한 명이 어느 술집에서 본 영리한 문구가 떠오릅니다. "내일 술값은 무료입니다." 어느 누구도 그 문구의 혜택을 받을 수 없었지요!

• 자신의 목표를 긍정적으로 적으세요

자신이 무엇을 원하는지 정확하게 적으세요. 원하지 않는 것은 적지 마세요. 해결책에 집중하세요. 목표 선언문은 여러분이 얻고 싶어 하는 최종 결과를 반영해야 합니다. 선언문에는 여러분이 제거하고 싶어 하는 그 어떤 것도 포함되지 않도록 하세요. 왜냐하면 여러분이 창조하고 싶지 않은 것을 마음에 담게 되기 때문이며, 그렇게 되면 마음에 담은 것이 현실에서 창조되기 때문입니다. 예를 들어, 담배를 끊고 싶다면 어떻게 해야 할까요? "나는 내가 담배 피우기를 멈추도록 허용하겠습니다." 이렇게 적는다면 목표를 부적절하게 설정한 것입니다. 앞에서 언급했던 마음에 대한 이야기를 기억하나요? 마음은 부정적인 말, 예를 들면 '안 한다, 못한다, 멈추다'를 번역하지 못한다는 것을 말입니다. 마음은 그림으로 생각하기 때문에 그렇습니다. 지금 당장 하얀 코끼리를 생각하지 '말아'보세요. 그런데 여러분은 무엇을 생각했나요? 바로 하얀 코끼리입니다! 항상 마음이 시각화할 수 있는 목표를 적으세요. 예를 들면 "나는 금연에 성공한 사람입니다."처럼요. 그러면 마음속으로 자신이 금연에 성공한 사람이라고 그릴 수 있습니다. 금연하는 다른 사람을 보면서 여러분 스스로의 모습을 마음속에 그릴 수도 있습니다. 또 운동 감각을 이용해 숨을 깊고 자유롭게 들이마시는 것을 상상할 수도 있으며, 높은 계단을 숨차지 않고 오르는 모습을 상상할 수도 있습니다. 이런 태도가 여러분의 목표를 글로 쓰는 데 큰 차이를 만듭니다.

• 목표는 현실적이고 자신에게 적합한 것이어야 합니다

목표는 "나는 그것을 가질 수 있어."라는 느낌처럼 자신에게 가능한 것이어야 합니다. 여러분이 주당 1000달러를 번다고 가정해봅시다. 그런데 정말 주당 1만 달러를 원한다면, 그와 같은 수입의 증가는 여러분이 받아들이기에 너무 큰 도약이 될 수도 있습니다. 그 대신 "나는 큰 노력 없이도 주당 2500달러를 받을 수 있게 나를 허용합니다."라는 목표에서부터 시작할 수 있습니다. 이것이 현재보다 높아진 금액이지만, 그러면서도 훨씬 더 현실적입니다. 얻을 수 있는 목표를 적는다면 마음으로는 적어도 그 가능성을 인정할 수 있습니다. 그러면 더욱더 쉽게 여러분 마음속에서 목표를 가로막고 있는 장애물을 흘려보낼 수 있습니다.

• 목표 선언문 속에 자신을 포함하세요

만약 자기 집을 청소하고 싶다면 목표를 "집이 깨끗합니다."라고 하기보다 "나는 내 집이 깨끗해지는 것을 허용합니다."라고 적습니다. "집이 깨끗합니다."라고 말할 때 여러분은 그것을 믿지 않을 수도 있습니다. 그런 방식으로 글을 작성하면, 어느 정도는 기적이 일어나 집이 저절로 깨끗해지길 기다릴 수도 있습니다. 반면, 만약 예전부터 집을 청소하는 데 엄청난 저항을 갖고 있다면, 목표를 다음과 같이 흘려보냅니다. "나는 쉽게 집 안 청소하는 것을 허용합니다." 그러면 여러분은 쉽게 자기 집을 청소하는 자신을 발견할 것입니다. 이것이 훨씬 더 간편합니다.

• 세밀하되 간결하게 쓰세요

선언문당 하나의 목표에 집중하세요. 여러 개의 목표를 만들어 자신의 에너지를 분산하지 마세요. 또 최소한의 단어를 사용하되 자신이 원하는 것을 완벽하게 작성하세요. 자신을 열정적으로 만들어줄 정확한 단어를 선택하세요. 열정은 매우 중요합니다. 몇 년 전, 워크숍에서 한 남자가 목표를 세웠습니다. "나는 엄청난 수입을 허용합니다. 그래서 나는 새로운 스포츠카를 사고, 전원주택을 소유하고, 가정부가 별장을 관리해주고, 이 모든 것을 함께 나눌 완벽한 여인이 있습니다." 여러분도 알겠지만, 여기에는 하나의 목표 안에 몇 개의 목표가 포함되어 있습니다. 그것들이 각기 다른 방향으로 그를 끌어당깁니다. 우리의 릴리징 강사가 그의 목표를 단순화시켜주었습니다. 모든 상황에 적절한 상위 목표를 만들어낸 것이죠. "나는 삶에서 모든 좋은 것들을 소유하고, 그것을 누리도록 나를 허용합니다." 어떤가요? 모든 것이 다 포함되어 있지 않습니까?

• 구체적이되 제한적이지 않게 쓰세요

모든 가능성을 열어두세요. 결과를 자신이 처음 계획했던 것보다 상향 조정할 수 있도록 말입니다.

- **'원한다'는 단어를 삭제하세요**

6장에서 언급한 대로 원함(부족감)은 실제로 그것을 갖는 것을 방해합니다. 여러분은 많은 돈을 원하겠습니까, 아니면 많은 돈을 갖겠습니까? 완벽한 인간관계를 원하겠습니까, 아니면 완벽한 인간관계를 갖겠습니까? 건강을 원하겠습니까, 아니면 건강을 갖겠습니까? '원함'은 항상 부족함 혹은 궁핍함과 공명합니다. 그러므로 목표 선언문에 부족감을 넣지 마세요.

- **흘려보내기가 가능하도록 목표를 적으세요**

인정, 통제, 안전, 분리 욕구에서 비롯된 목표 선언이 되지 않도록 작성하세요. 여러분이 곤란해질 수 있는 것은 바로 인간관계에 대한 분야입니다. 예를 들어 "나는 마리(혹은 조)가 나를 사랑하도록 허용합니다."라는 식으로 목표를 설정한다면 인정을 구하는 욕구에 갇혀버릴 수 있습니다. 무엇보다 먼저 여러분은 그 사람으로부터 사랑을 얻기 위해 온갖 종류의 일을 시도하며 그 주위를 배회할 것입니다. 거기다 그 상대가 여러분에게 정확히 들어맞지 않는 사람이라면 어떻게 하겠습니까? 목표는 더 열려 있고 포괄적이어야 합니다. "나는 사랑하는 관계를 갖도록 나를 허용합니다." 이것이 훨씬 더 흘려보내기 작업을 하기에 쉽습니다. 그리고 그 결과는 여러분이 현재 관심을 갖고 있는 사람과 관계를 맺을 수도 있고, 그렇지 않을 수도 있습니다.

여러분을 곤란에 빠지게 하는 또 다른 목표는 바로 이런 것입니다. "나는 _____(사람 이름)가 _____을 갖기를, _____이 되기를, _____을 하기를 허용합니다." 만약 이런 방식으로 목표 선언문을 적었다면, 그것은 여러분이 다른 사람의 경험을 통제하고 조종하고 싶어 한다는 것을 뜻합니다. 만약 누군가에게 도움이 필요할 것 같다면, 다음과 같이 적는 것이 훨씬 더 편한 방법입니다. "나는 _____(사람 이름)가 자기 스스로를 위해서 원하는 것은 무엇이든 갖기를, 하기를, 되기를 허용합니다." 이런 방식은 곤경에 빠진 사람에게 특히 도움이 됩니다. 이것은 그들이 내면의 힘과 자기 존재에 대한 지혜를 지니고 있음을 인정하는 것입니다.

• 그것을 어떻게 성취할지 방법은 빼고 최종 결과를 적으세요

주당 2500달러를 벌기로 했던 예로 돌아갑시다. 목표를 적을 때, 그 돈을 어떻게 얻을지에 대해서는 설명하지 마세요. 저는 다음과 같은 목표를 설정한 사람을 본 적이 있습니다. "나는 주당 6일, 하루 18시간을 일해서 2500달러 벌기를 허용합니다." 여기에 그 목표를 성취하기 위해 필요한 모든 것을 적었지요. 사실 이런 것들은 모두 한계를 정하는 것입니다. 우리가 반드시 해야 한다고 생각하는 모든 행동은 대부분 목표 그 자체와 전혀 관계가 없습니다. 그것들은 그저 우리가 놓아둔 인위적인 방해물일 뿐입니다. 이 장 후반부에서 여러분은 목표에 대한 작업을 하며, 여러분이 취할 각각의 행동들에 대해 구체적으로 릴리징하는 방법을 배울 것입니다. 항상 기대하지 않았던 일들을 허용하세요. 누군가가 여러분에게 막대한 돈을 준다면 어떨까요? 복권에 당첨된다면 어떨까요? 여러분의 목표를 이루는 방법은 수없이 많습니다.

• 목표를 용기, 수용, 평화와 관련지어 적으세요

"나는 ~하도록 나를 허용합니다." "나는 ~할 수 있습니다." "나는 내게 ~하도록 내 마음을 엽니다." 이는 용기 속에서 목표에 착수하는 좋은 방법입니다. "나는 ~을 갖고 있습니다."는 수용 속에서 목표에 착수하는 좋은 방법입니다. "나는 ~입니다."는 평화 속에서 목표에 착수하는 좋은 방법입니다. 이런 방법들로 목표 선언문을 작성하는 것은 마음으로 하여금 창조력을 사용해 그 목표를 어떻게 성취할지에 대한 가능성을 만들어냅니다.

만약 여러분이 특정 목표에 대해 아직 용기가 생기지 않는다면, 우선 그런 용기를 갖는 것 자체가 굉장한 진전이 될 것입니다. 그런 후에 여러분은 언제나 다시 목표를 설정할 수 있습니다. 더 높은 에너지 상태인 수용과 평화에 도달하기 위해 말입니다.

• 목표 선언문 •

여러분만의 목표 선언문을 만드는 데 아래의 내용을 기초로 이용할 수 있습니다. 자신의 특정한 상황을 반영해서 마지막 문구만 간단히 조정해보세요.

일/직업/수입

• 나는 매달, 혹은 매년 _____의 순수익을 갖도록 나를 허용합니다.

• 나는 흑자의 순자산을 갖도록 나를 허용합니다.

• 나는 내가 사랑하는 것을 하면서 그 대가도 잘 받도록 나를 허용합니다.

• 나는 내 _____(사업/부서)을 효율적이고 성공적으로 운영할 수 있게 나를

허용합니다.

- 나는 내가 작업하는 시간 동안(일하는 시간 동안) 쉽게 릴리징하는 것을 허용합니다.

- 나는 내 삶에서 쉽게 최상의 직업을 가지고 또 최상의 직업을 즐길 수 있도록 나를 허용합니다.

- 나는 내 창조적인 능력을 최대한 발휘할 수 있고, 나에게 풍요로운 경제적 보상을 제공해줄 직업을 쉽게 찾고, 그 직업을 발전시키도록 나를 허용합니다.

- 나는 내가 선택하는 것이면 무엇이든 쉽게 가질 수 있고, 될 수 있고, 할 수 있도록 나를 허용합니다.

- 나는 삶의 모든 분야에서 충분하게 가질 수 있도록 나를 허용합니다.

- 나는 삶에서 모든 좋은 것들을 가지고 그것들을 누릴 수 있도록 나를 허용합니다.

- 나는 세상의 모든 시간을 다 가진 듯한 기분을 느낄 수 있도록 나를 허용합니다.

관계 / 의사소통

- 나는 완벽한 관계를 가질 수 있도록 나를 허용합니다.

- 나는 내 자유와 내 존재를 지원해주는 사랑하는 관계를 가질 수 있도록 나를 허용합니다.

- 나는 _____(사람 이름)와 _____한 관계를 가질 수 있도록 나를 허용합니다.(다음 목록에서 적절하게 선택합니다: 쉬운, 이완된, 편안한, 친근한, 조화로운, 사랑스러운, 건설적인, 후원해주는, 열린, 정직한, 친절한, 상호 이익적인)

- 나는 내 _____와 쉽고 효과적인 소통 관계를 맺을 수 있도록 나를 허용합니다.(다음 목록에서 적절하게 선택합니다: 배우자, 동업자, 상사, 부하 직원, 자녀, 친구 또는 누군가의 이름)

- 나는 _____와의 상황이 공정하고 모든 면에서 서로 이익이 되게끔 풀릴 수 있도록 나를 허용합니다.

- 나는 나 자신(또는 다른 사람의 이름)을 어떤 상황에서도 사랑하고 수용하고 용서할 수 있도록 나를 허용합니다.

- 나는 사랑스러운 마음으로 _____(사람 이름)을 그의 성장과 자유를 위해 지원하도록 나를 허용합니다.

- 나는 _____(사람 이름)이 자신을 위해 원하는 것을 가질 수 있도록 그(그녀)를 허용합니다.

- 나는 나 자신으로서 충분하다는 것을 받아들일 수 있도록 나를 허용합니다.

음식/건강

- 나는 이상적인 몸무게에 쉽게 도달하고 그것을 유지하도록 나를 허용합니다.

- 나는 내 몸을 날씬하고, 건강하고, 탄탄하게 해주는 음식을 즐겨 먹도록 나를 허용합니다.

- 나는 규칙적인 운동을 즐기도록 나를 허용합니다.

- 나는 나를 매력적이 되도록 허용하고 나 자신에게 가장 적합한 음식 먹는 것을 나에게 허용합니다.

평화/웰빙

- 나는 자연스럽고 편안하게 릴리징할 수 있도록 나를 허용합니다.

- 나는 빛나게 건강한, 이완된 그리고 에너지 넘치는 몸과 마음을 갖도록 나를 허용합니다.
- 나는 매 순간 일체감(하나 됨)과 웰빙(행복)의 느낌을 가질 수 있도록 나를 허용합니다.
- 나는 숙면을 취하고, 재충전되고, 푹 쉰 느낌으로 아침 _____시에 일어나도록 나를 허용합니다.
- 나는 쉽게 쾌활하고, 건강하고, 튼튼하며 체력을 증진시키는 라이프스타일을 만들고 유지하도록 나를 허용합니다.
- 나는 금연자가 되는 것을 즐기도록 나를 허용합니다.
- 나는 나 자체로서 나를 사랑하도록 나를 허용합니다.
- 나는 매 순간 삶을 즐길 수 있도록 나를 허용합니다.
- 나는 "모든 것은 괜찮으며 모든 것은 그것이 있어야 할 순간에 펼쳐지고 있다."는 지혜 속에서 평화롭게 이완되도록 나를 허용합니다.
- 나는 지금 이 순간을 즐기고 누릴 수 있도록 나를 허용합니다.
- 나는 지금 이 순간을 충분히 허용합니다.
- 나는 지금 여기에 언제나 존재하는 의식 속에서 편히 쉬도록 나를 허용합니다.

실습하기: 자신의 목표를 적어보세요

이제 여러분은 목표 선언문을 어떻게 적는 것인지 이해했습니다. 1장에서 여러분의 릴리징 노트에 적어두었던 소망 목록을 보면서 그중 한 개나 두 개의 항목을 뽑아 이번 장에 적용해보세요. 노트에서 여러분이 하나 이상의 목표를 선택한 후, 위에서 제시한 목표 선언문의 예를 이용해 다시 글로 쓸 때, 목표의 개수를 제한해야 하는 몇 가지 이유가 있습니다. 첫 번째 이유는 한 번에 너무 많은 목표에 집중하느라 에너지가 분산되는 것을 피함으로써 더욱더 목표를 잘 성취할 수 있기 때문입니다. 두 번째 이유는 세도나 메서드가 깊은 수준에서 흘려보내도록 우리를 도와주므로 여러분의 소망 목록에 있는 많은 항목은 직접적인 작업을 하지 않아도 성취되기 때문입니다.

릴리징 노트를 펼쳐 여러분이 선택한 목표를 앞서 제시한 가이드라인에 따라 다시 한 번 적어보세요. 이 작업을 통해 최적의 목표 선언문을 작성한다면, 이어지는 '목표 과정'과 '행동 단계 과정'에서 작업을 좀 더 수월하게 진행할 수 있을 것입니다.

M. P.,
미국

나는 이 코스를 내 직장생활이 엄청난 혼란기에 빠졌을 때 시작했습니다. 지난 22개월 동안 우리 회사는 네 번의 커다란 실패를 경험했고, 판매 실적은 전례 없이 평소의 80퍼센트나 떨어졌습니다. 나는 많은 힘겨운 결정을 내리고, 계획을 개발하고 보완해야 했습니다. 세도나 메서드의 기법 중 내가 결정을 내리고, 행동하고, 밤에 잠을 잘 수 있는 방법이 있었습니다. 더 좋았던 것은 각각의 행동이 더 쉬워지고, 명확해지고, 집중되었다는 것입니다. 사업은 극적으로 호전되었습니다. 위기에서 완전히 벗어난 것은 아니지만 한시름 놓게 되었습니다.

✧ 목표 과정

목표 과정은 매우 간단합니다. 여러분은 한 번에 한 가지씩 여러분이 적어둔 긍정적인 목표 선언에 집중하게 될 것입니다. 그리고 매 문장마다 마치 자석처럼 그 목표에 대해 여러분이 가지고 있는 부정을 잠재의식에서 끌어당겨 의식적인 부분으로 가져올 것입니다. 그리고 그것을 흘려버릴 것입니다. 만약 여러분이 이 과정을 수행하면서 긴장하거나 회의적인 느낌이 든다면, 한 가지 사실을 명심하세요. 여러분이 매번 하던 대로만 한다면 지금까지 항상 얻었던 것만을 앞으로도 얻게 될 것이라는 사실을 말입니다.

목표 과정은 여러분이 새로운 방식으로 무엇을 할 수 있는지 배울 수 있는 좋은 기회입니다.

목표 과정

목표: 나는 이상적인 몸무게를 쉽게 달성하고 유지한다.

내 목표에 대한 나의 지금 느낌은 무엇인가?

갈망: 나는 먹는 걸 좋아해 – 인정 ✔ 통제 ✔

분노: 나는 다이어트를 싫어해 – 통제 ✔

좌절: 나는 운동할 시간이 없어 – 인정 ✔ 통제 ✔

용기: 나는 이것을 할 수 있어 – 인정 ✔

<u>1단계</u> 정확한 단어를 사용해 빈 종이의 가장 윗부분에 자신의 목표

를 적으세요.

2단계 조용히 혹은 큰 소리로 목표를 읽으세요. 그리고 목표 밑에 그것을 읽으면서 들었던 첫 번째 생각이나 느낌을 적으세요.

3단계 다음의 질문을 사용해서 어떤 욕구가 그 생각과 느낌 아래 잠재되어 있는지 스스로에게 물어보세요. 그것이 인정이나 통제 혹은 안전 욕구에서 비롯된 것인가요? 질문 옆에 어떤 욕구인지 적어보세요. 만약 한 가지 이상의 욕구가 일어난다면 모든 것을 적으세요.

4단계 여러분이 적었던 생각이나 느낌에 대해 지금 이 순간 떠오르는 어떤 욕구일지라도 모두 흘려보내세요. 간단히 이렇게 물어봅니다. 내가 인정, 통제, 안전에 대한 욕구를 흘려보낼 수 있을까? 이런 욕구를 흘려보내면, 그것에 체크 표시를 하세요.

5단계 자기 목표에 대해 용기, 수용, 평화가 느껴질 때까지 2단계에서 4단계 과정을 반복하세요. 이런 고양된 감정 상태 중 하나를 느낀다면 자신의 특정한 목표에 대한 한계를 한 꺼풀 벗겨낼 수 있다는 자신감을 갖게 될 것입니다. 그러면 여러분은 6단계에서 세 가지 옵션을 가질 수 있습니다.

6단계 첫 번째 옵션은 위의 과정을 반복하는 것입니다. 자신의 특정 목표에 대한 한계와 저항감이라는 더 많은 껍질을 제거하기 위해서 말입니다. 두 번째 옵션은 우선 이 목표 과정을 내려놓고 자신의 생활로 돌아가는 것입니다. 그리고 하루 동안 그 목표가 생각날 때마다 최선을 다해 흘려보냅니다. 이 과정을 너무 빨리 멈춰버리고 일상의 생활로 돌아가는 실수를 방지하려면 작업을 그만두기 전에 적어도 용기, 수용, 평화의 상태에 도달하는 것이 최선입니다. 그렇지 않으면 여러분은 목표(이상적인 상태)보다 훨씬 적은 결과를 마음속에 붙들게 될 것입니다. 더 나아가 아마도 더 이상 흘려보내기를 하지 않을 수도 있겠죠. 세 번째 옵션은 다음에 설명하는 '행동 단계 과정' 작업을 통해 '목표 과정'을 계속하는 것입니다.

✧ 행동 단계 과정

이 과정은 목표 과정을 보완하기 위해 고안되었으며, 여러분이 내면의 한계(감정적인, 정신적인, 행동적인 장애물, 즉 여러분이 행동하는 것을 방해하고, 효과적인 목표 성취를 방해하는 것)를 더욱 잘 흘려보낼 수 있도록 도울 것입니다. 게다가 이 과정은 여러분이 특정 목표를 달성하는 데 진정으로 필요한 행동 단계와 그렇지 않은 것을 구별할 수 있도록 도울 뿐 아니라 많은 시간과 노력을 아끼도록 해줄 것입니다.

대부분의 사람들은 어떤 특정 목표에 대한 추구를 회피합니다. 왜냐하면 그 목표를 달성하기 위해 자신이 싫어하는 것을 반드시 해야만 할 거라고 생각하기 때문입니다. 여러분이 행동 단계에서 릴리징을 하면 할수록 목표를 성취하는 데 필요한 행동을 가로막던 장애물을 흘려보낼 수 있다는 사실을 발견할 것입니다. 혹은 필요하다고 생각했던 그 행동이 사실은 필요치 않으며 그저 생각이 만들어낸 거짓이었다는 사실도 알게 될 것입니다. 좋습니다. 깨끗한 종이 한 장 혹은 릴리징 노트를 꺼낸 다음 시작해봅시다.

1단계 종이 맨 위에 자신의 목표 선언문을 적습니다. 이때 간결하지 않게 구체적으로 적는 것이 더 좋습니다.

2단계 조용하게 그 목표를 읽은 후 자신에게 질문합니다. **이 목표를 이루기 위해 나는 무엇을 해야 한다고 믿는가?** 그리고 나서 다음 줄에 마음속에 떠오르는 행동을 적어보세요. 일반적으로 몇 가지가 즉시 떠오를 것입니다. 여러 가지를 적지 않고 한 가지 행동만 적은 다음 바로 3단계로 갈 수도 있습니다.

3단계 2단계에서 적었던 행동 옆에 자신이 그것을 하려할 때 떠오르는 생각과 감정을 써보세요.

4단계 다음의 질문을 이용해서 어떤 욕구가 그 생각과 감정 아래 잠재되어 있는지 스스로에게 물어보세요. **그것이 인정, 통제(조종), 안전 욕구에서 비롯된 것인가?** 목표 과정에서 했던 대로 그 욕구를 질문 옆에 적습니다. 만약 한 개 이상의 욕구가 떠오른다면 그것을 모두 적으세요.

행동 단계 과정

목표: 나는 이상적인 몸무게를 쉽게 달성하고 유지한다.

이 목표를 이루기 위해 나는 무엇을 해야 한다고 믿는가?	내 목표에 대한 나의 지금 느낌은 무엇인가?
체육관에 등록한다	당황스럽고 어색하다: 나는 공개된 장소에서 운동하는 게 싫다 – 분리 인정 안전 통제 ✓
다이어트를 시작한다	저항감: 나는 그러기 싫다 – 통제 ✓ 인정 ✓
군것질을 멈춘다	슬픔: 하지만 나는 먹고 싶다 – 통제 안전 ✓

5단계 여러분이 적은 생각과 느낌에 대해 지금 이 순간 떠오르는 모든 욕구를 다음 질문을 사용해 흘려보내세요. **내가 인정, 통제, 안전에 대한 욕구를 흘려보낼 수 있을까?** 여러분이 주어진 욕구를 흘려보냈다면 그것에 확인 표시를 하세요. 용기와 수용과 평화를 느낄 때까지 각각의 행동 단계 릴리징을 계속하세요.

6단계 여러분이 적어놓은 모든 행동에 대한 '행동 단계 과정'이 끝날 때까지 2단계에서 5단계까지의 과정을 반복하세요. 만약 시간의 압박을 느낀다면, 몇 가지에 대한 과정을 완료한 후 하지 못한 부분은 다음에 다시 시도해도 됩니다. 하지만 작업하고 있는 각각의 단계에서 최소한 용기를 느낄 만큼의 시간은 작업해야 한다는 점을 명심하세요.

7단계 적절한 시점에 행동하세요. 또한 흘려보내기를 확실하게 계속해야 합니다. 행동 전과 행동 중간과 행동 후에도 말입니다.

만약 여러분이 이미 컴퓨터로 시간 관리 프로그램을 사용하고 있거나 혹은 하루 일과 계획표가 담긴 플래너나 책을 사용하고 있다면, 위의 과정을 줄일 수 있습니다. 하루를 계획하면서 위의 7단계 과정 모두를, 이를테면 자신의 생각과 감정을 모두 적을 필요 없이 작업합니다. 그냥 욕구를 적고 그것을 릴리징하면서 바로 확인 표시를 하거나 지워버리면 됩니다.

실제로 행동하기 전에 자신의 행동 단계를 흘려보내는 습관을 들일수록 그 행동을 더욱 빠르고 쉽게 완료할 수 있을 것입니다. 자신의 목표와 행동 단계에 새로운 열정과 커다란 동기 부여를 갖고 다가갈 것입니다. 게다가 여러분은 릴리징을 하지 않았을 때보다 훨씬 더 창조적인 행동을 자주 생각해낼 것입니다.

✧ 목표와 행동 단계 흘려보내기

최고의 결과를 위해 스스로 혹은 릴리징 파트너와 함께 가능한 한 자주 이 과정을 수행하세요. 이 작업을 많이 할수록 더 많은 장애물을 흘려보내게 될 것입니다. 어떤 것도 글로 적을 필요는 없습니다. 단순히 목표와 행동 단계에 대해 내적으로 작업하는 것을 스스로 허용해주세요. 이러한 통찰을 한 후에 중요한 것들을 적을 수도 있습니다.

여러분이 설정한 또는 이미 적어둔 목표에 대해 생각하는 것에서 출발합니다. 그러고 나서 스스로에게 조용히 목표를 말하고 어떤 생각이 일어나는지 관찰합니다. 목표에 대해 일어나는 감정을 온전히 느낄 수 있게끔 그냥 자신을 허용해주세요. 그 감정이 인정, 통제, 안전 중 어떤 욕구에서 비롯된 것인지 살펴보세요. **당신은 그 욕구를 흘려보낼 수 있나요?** 목표를 조용히 다시 읽어보고 마음속에 어떤 느낌이 떠오르는지 살펴보세요. 다시 그 목표에 대한 이 순간의 감정을 온전히 느낄 수 있도록 허용해주세요.

어떤 욕구가 내면에서 떠오르나요?

당신은 그 욕구를 흘려보낼 수 있나요 ?

위의 과정을 3~4회 반복하세요. 조용히 목표를 스스로에게 읽어줄 때마다 그것에 대한 자신의 감정이 어떻게 변화하는지 명확하게 관찰하세요. 여러분은 이미 목표에 대해 아주 긍정적으로 느낄 수 있습니다. 혹은 긍정적인 감정에 조금 더 다가갔다고 느낄 수도 있습니다. 여러분이 어떻게 느끼든 상관없이 그 느낌을 허용해주고 그 아래 잠재된 욕구를 계속해서 흘려보내세요. 일단 목표에 대해 용기와 수용 혹은 평화를 느끼게 된다면, 여러분은 어떻게 앞으로 나아갈지에 대한 선택권을 갖게 됩니다. 목표를 한쪽으로 치우고 생활하다 나중에 다시 작업할 수도 있고 또는 다음 지시에 따라 행동 단계에 관한 릴리징을 진행할 수도 있습니다.

여러분의 목표를 다시 읽고, 그 목표를 성취하기 위해 자신에게 필요하다고 생각하는 행동을 생각해보세요.

그 행동에 관한 당신의 지금 느낌은 무엇인가요?

그 감정이 존재할 수 있도록 허용할 수 있나요?

그 감정은 통제, 인정, 혹은 안전에 대한 욕구에서 비롯된 것인가요?

그 욕구를 흘려보낼 수 있나요?

이제, 같은 행동 단계에 다시 집중하거나 혹은 여러분의 목표를 성취하기 위해 필요하다고 생각되는 다른 행동 단계를 떠올리고 집중하세요. 그 행동을 취하는 것에 대해 자신이 어떻게 느끼는지 그냥 지켜보세요.

당신은 그 감정을 좀 더 완전하게 마음으로 환영할 수 있나요?

그 감정이 어떤 욕구에서 비롯되었는지 확인할 수 있나요?

그 욕구를 흘려보낼 수 있나요?

이 마지막 세 개의 흘려보내기 질문을 몇 가지 행동 단계에 더 적용해 반복하세요.

이제, 여러분이 목표에 대해 얼마나 더 긍정적으로 느끼게 되었는지 관찰하고, 그 목표에 대해 직접 흘려보내기를 적용하세요. 그리고 목표를 성취하는 데 필요하다고 느끼는 행동 단계에 대해서도 흘려보내기 작업을 하세요.

◇ 탐구: 흘려보내기와 시각화의 결합

여러분은 이미 자신의 목표를 성취하기 위해 시각화를 사용하고 있을 수도 있습니다. 만약 그렇다면 다음 과정의 결과를 즐기게 될 것이라고 확신합니다.

릴리징 테크닉과 시각화 기법을 결합하면 시각화만 할 때보다 훨씬 더 강력해집니다. 세도나 메서드를 수료한 수많은 사람이 이 두 가지의 결합을 통해 아주 심오한 결과를 얻었습니다. 하루에 몇 분 동안이라도 이 과정을 수행하라고 강력히 권합니다.

먼저 여러분을 편안하게 해주세요. 등을 기대고, 이완하고, 내면에 집중하세요. 이 과정은 눈을 뜨거나 혹은 감은 채로도 진행할 수 있습니다. 그러나 실제로 작업해본 사람들은 눈을 감을 때가 훨씬 더 작업하기 쉽다고 말합니다. 그러므로 만약 여러분이 혼자 이 과정을 수행한다면 각각의 지시 사항을 읽은 다음 눈을 감고 실행하세요. 일단 지시한 대로 모든 과정을 끝냈다고 느끼면 눈을 뜨고 다음 질문이나 지시 사항을 읽으세요. 그리고 다시 눈을 감고 그 지시 사항을 실행하세요. 여유를 갖고 자신만의 속도에 맞추세요. 서둘러야 할 아무런 이유가 없습니다. 이 과정을 몇 번 해낸 후에는 지시 사항을 더 이상 읽을 필요가 없을 것입니다. 기억만으로도 이 과정을 할 수 있을 테니까요. 릴리징 파트너가 여러분에게 지시 사항을 단계별로 읽어주는 것을 선택할 수도 있습니다.

여러분이 방금 적은 그 목표를 생각하는 것에서부터 출발합니다. 이제 여러분의 상상력을 이용해 자신이 그 목표를 성취한다면, 그것이 무엇과 같을지 마음속으로 그림을 그려보세요. 만약 시각적 능력이 발달한 사람이라면, 실제 이미지를 보게 될 것입니다. 감각이 발달한 사람이라면, 육체적 감각을 느낄 수도 있습니다. 그리고 만약 청각적인 사람이라면, 그것에 대해 마음속의 목소리를 들을 수도 있습니다. 어떤 감각이든지 혹은 복합된 감각이든지 자신에게 편한 것을 사용하세요.

어떤 사람은 시각화와 투쟁합니다. 왜냐하면 반드시 시각적이어야 한다고 믿기 때문입니다. 이제 부디 그것을 흘려보내세요. 그래서 지금 여러분이 할 수 있는 만큼 최선을 다해 자신이 그 목표를 충족하면 무엇과 같을지 상상할 수 있도록 자신을 허용해주세요. 최선을 다해 몰입하세요. 여러분의 감각을 최대한 느끼세요. 그것이 어떻게 보이나요? 어떻게 느껴지나요? 무엇이 들리나요? 여러분에게 느껴지는 모든 감각을 관찰하세요.

이제 자신의 내면에서 "아니야. 나는 이것을 가질 수 없어." 혹은 "이것은 실제가 아니야." 혹은 "이것은 단지 환상일 뿐이야."라는 느낌이 있는지 확인해보세요. 여러분의 이상적인 이미지가 현실화되는 것에 반대하는 느낌, 생각, 신념이 올라오는지 확인하세요.

당신은 (시각화에 반대하는) 그 느낌들을 환영할 수 있나요?

그것은 인정, 통제 혹은 안전에 대한 욕구에서 비롯된 것인가요?

어떤 욕구이든지 그것을 흘려보낼 수 있나요?

이제 자신이 가장 편안해하는 감각을 이용해 목표를 성취했을 때의 모습을 다시 그립니다. 그것을 성취했다면 어떤 느낌일까요?

자신의 마음속에 "아니야. 난 그것을 가질 수 없어. 난 그것을 가져선 안 돼. 나는 그것이 없어."라고 말하는 것들이 있는지 확인하세요. 그리고 그러한 믿음, 생각, 느낌을 명확히 인식해보세요.

그것은 인정, 통제, 안전의 욕구에서 비롯된 것인가요?

그것을 흘려보낼 수 있나요?

이 과정을 5~6회 정도 반복하세요. 자신의 목표에 반대하는 모든 것을 흘려보내세요. 여러분이 시각화 과정으로 돌아올 때마다 매번 자신의 목표가 얼마나 더 가능성 있게 느껴지는지 그리고 더 쉬워졌다고 느껴지는지 관찰하고 흘려보내세요. 여러분은 더욱더 많이 "난 이것을 할 수 있어." 혹은 "난 이것을 가질 수 있어."라는 느낌을 갖게 될 것입니다.

이제 자신의 목표가 무엇이든지 여러분이 그것을 가질 수 있고, 할 수 있다는 그림을 그리도록 자신을 허용해주세요. 지금 이 자리에서 일어난 것처럼 그것을 경험하세요. 그것이 최대한 생생하고 완벽해지도록 하세요.

여러분의 목표가 지금 이 순간 여기에서 실현되는 것에 대해 아주 미묘한 수준에서라도 저항이 있는지 확인하세요.

당신은 그 결과를 경험하는 걸 망설이고 있나요?

만약 그렇다면 그 저항과의 싸움을 흘려보내고 잠시 동안이라도 마음속에서 그 저항을 환영할 수 있나요? 그 저항을 그냥 내버려두세요.

그러고 나서 목표가 현실화되는 것에 대한 저항을 흘려보낼 수 있나요?

다음으로, 한 번 더 시각화로 돌아가세요. 그리고 여러분이 원하는 바로 그것을 성취하는 것을, 보고, 느끼고, 들어보세요.

당신은 그 이미지를 완전히 환영할 수 있나요? 완전히 그것을 허용할 수 있나요? 진정으로 그것을 수용할 수 있나요?

이제 잠시 쉬세요. 여러분이 원하는 걸 갖는 게 괜찮다는 것을 받아들이세요! 자신의 목표가 성취되고 충족되는 모습이 여러분 마음 안으로 들어오도록 허용하세요. 아주 좋습니다!

여러분은 그럴 자격이 있습니다!

이제, 천천히 자신의 의식을 외부로 가져가세요.

✧ 두 걸음 더 나아가기

다음에 이어지는 두 개의 장에서 여러분은 초연함에 대한 두 가지 방법을 배울 것입니다. 그것은 '좋은 점·싫은 점' 과정 그리고 '이익과 손해' 과정입니다. 두 가지 방법은 모두 우리가 갖고 있는 다양한 집착과 혐오의 상태를 중립 상태로 만들어줄 것입니다. 하지만 더 나아가기 전에 여러분의 목표에 대해 작업을 더해보세요. 방금 전에 읽은 이 책의 내용이 여러분의 삶에 심오한 변화를 가져다줄 것이라고 확신합니다. 그리고 그 변화는 여러분 자신이 선택한 모든 것을 성취할 수 있도록 여러분의 능력을 비약적으로 향상시킬 것입니다.

레스터 레븐슨의 초연함

초연함hootless은 레스터 레븐슨이 만든 단어입니다. 이것은 우리의 목표가 이루어지든 이루어지지 않든 신경 쓰지 않는, 상관하지 않는 마음의 상태를 말합니다. 결과나 성취물에 집착하지 않는 것입니다. 이를테면 평화롭고 욕구가 없는 마음의 상태입니다. 이런 마음의 상태가 진정한 평화와 자유와 풍요로움을 갖는 최고의 비법입니다. 각각의 목표를 완전한 자유와 초연함을 얻기 위한 흘려보내기의 기회로 여기세요. 이것이 힘쓰지 않고도 풍요로운 근원적 본성의 상태로 나아가는 최선의 길입니다. 목표에 대해 흘려보내기를 할 때 명심해야 할 격언이 있습니다. 바로 "목표를 위해서가 아니라 자유를 위해 나아가세요."입니다. 이렇게 할 때, 우리는 두 가지 모두를 얻을 수 있습니다. 만약 반대로 여러분이 목표 그 자체와 그것을 성취함으로써 얻게 될 것만을 생각한다면, 그 목표가 '원하는' 상태에 쉽게 갇혀버릴 뿐 아니라 그 목표를 밀어내고 스스로 혼란에 빠질 가능성이 높습니다.

초연함으로 가는 방법

어떤 사람이나 어떤 것들로부터도 결코 영향을 받지 않는 상태를 한 번 상상해보세요. 심지어 주위에 가난과 고통, 기근, 질병, 경제 파탄, 폭탄이 떨어지는 상황에서도 여러분 내면에서 그 어떤 것에도 흔들림 없는 고요함을 찾을 수 있습니다. 그게 가능한 일인가요? 단언하건대 가능합니다. 밑에서부터 위로 올라가는 방법이 아닌 정상에서부터 시작하세요. 여러분이 지금 100퍼센트 초연하다고 느끼세요. 그러고 나서 그것을 방해하는 어떤 생각, 느낌, 감정을 모두 흘려보내세요. 이것은 더 이상 어떤 것에도 개의치 않겠다는 결정입니다. 오직 에고만이 이런저런 것들에 신경 쓰는 것을 좋아합니다.

9장

집착과
혐오를 넘어

당신은 당신이 할 수 없다고 생각합니다. 바로 그것이
당신이 못하는 이유입니다. 그것은 단지 생각일 뿐입니다.
'나는 그것을 할 수 없어.'라는 생각이 당신으로 하여금
그 일을 하지 못하도록 가로막는 것입니다.

_레스터 레븐슨

여러분이 앞에서 제시한 기법과 과정들을 성실하게 적용했다면, 감정으로부터 자유롭게 되는 여정에서 확실한 발전을 어느 정도 이뤄냈으리라 확신합니다. 세도나 메서드 강연에서 이번 장에 이를 때쯤이면, 모든 참가자들은 웃고 떠들며 더 가볍고 더 고요하고 더 명료해지는 것을 느낀다고 말합니다. 그들은 몇 년 동안 갇혀 있던 원치 않는 감정과 신념의 영역을 스스로 얼마나 빠르고 고통 없이 통과했는지 믿기 어려워합니다. 특히 세도나 메서드의 목표 설정 방법이 스스로 자신의 운명을 선택하는 힘과 자유를 깨닫게 해주었다는 사실에 흥분합니다. 나아가 흘려보내기를 통해 긍정적인 경험을 맛보면, 거기에서 비롯된 진실된 약속에 더욱더 마음을 열게 됩니다. 또한 실생활에서 흘려보내기를 적용할 또 다른 분야를 모색할 뿐만 아니라 그것을 더 자주 사용하기 시작합니다.

여러분이 세도나 메서드를 일상생활에서 적용하는 법에 관심을 갖는다면 '좋은 점·싫은 점 기법'이 굉장히 유용할 것입니다. 이것은 한 주제를 짧은 시간 안에 더 깊이 파고들고 사람, 장소, 사물에 대한 집착과 혐오를 흘려보내는 데 특히 유용한 방법입니다. 물론 '좋은 점·싫은 점 기법'은 여러분이 선택한 어떤 주제에 대해서도 적용할 수 있습니다.

8장에서 살펴봤듯이 우리 모두는 좋아하는 것들에 대한 집착을 발전시켜 그것을 붙잡는 경향이 있습니다. 또 싫어하는 것들에 대한 혐오감을 발전시켜 멀리 두려 하는 경향도 있습니다. 주어진 주제에 대한 좋아함과 싫어함 모두를 흘려보낼 때마다 우리는 그것에 대한 집착과 혐오로부터 스스로를 자유롭게 하는 것입니다. 이 기법을 충분히 자주 사용하면, 우리의 인생 전체는 점점 자유로워지고, 궁극적으로 마음의 평화와 행복도 늘어납니다.

✦ 이 과정의 목적

이 책과 함께하면서 여러분은 종이 위에 글로 쓰는 릴리징 기회를 많이 경험했습니다. 많은 사람들이 종이에 써서 흘려보내는 것과 릴리징 파트너와 함께 작업하는 것을 비교합니다만, 그것은 오직 여러분의 선택 사항일 뿐입니다. 또 여러분은 펜과 종이를 들지 않고서도 세도나 메서드를 매우 효과적으로 사용할 수 있습니다. '좋은 점·싫은 점 기법'을 수행함에 있어 그것을 글로 적어보는 것은 여러분의 흘려보내기 경험을 객관화하는 데 도움이 됩니다. 반면 글로 적지 않고 그저 마음속으로만 하는 '좋은 점·싫은 점 기법'은 여러분 마음 안에서 빠르게 작용해 하루를 살아가면서 마주치는 사건들이 유연하게 흘러가도록 도와줍니다.

'좋은 점·싫은 점 기법'이 긍정적인 영향을 끼칠 수 있는 핵심 영역은 바로 인간관계입니다. 심지어 가장 가까운 인간관계에서조차 우리 대부분은 사람들에 대해 좋은 점, 싫은 점을 동시에 가집니다. 사실 우리 대부분은 삶의 동반자, 가족, 친구, 업무상 만나는 지인들에 대해 좋아하거나 싫어하는 것과 관련해 무의식적이고 잠재의식적인 목록을 계속 작성합니다.

그런 후 그들이 하는 실제 행동과 마음속으로 작성한 목록들을 비교하게 되는데, 이것이 그들을 향한 우리의 기대와 그들과 관계를 맺는 우리의 습관적인 방식을 계속 강화합니다. 불행히도 우리가 강화하는 이런 패턴은 건강한 것이 아닙니다. 건강한 관계에서조차 말입니다. 오히려 그것은 네 가지 근원적인 욕구에 의해 동기화된 패턴입니다. 곧 알게 되겠지만, 누군가에 대해 좋아하고 싫어하는 것 모두를 흘려보냄으로써 여러분은 결과적으로 그 사람에 관해 좀 더 마음을 열게 됩니다.

우리는 누군가와 개인적으로 관계가 좋을 때는 그 좋은 면에 집착하고 싫은 것을 숨기려 합니다. 물론 싫어하는 것들은 의식 바로 밑에서 곪아터져 결국 폭발하지요. 그러다 관계가 좋지 않게 되면 그 좋아했던 점들을 잊어버립니다. 좋은 것들을 억누르고, 싫어하는 것들에만 관심을 둡니다. 사람은 이런 식으로 인간관계를 만들어가기 때문에 '좋은 점·싫은 점 기법'은 매우 유용합니다. 그것은 우리를 더 깊은 관계로 이끌어줍니다.

물론 이 과정은 개인적인 관계 개선만을 위한 것이 아닙니다. 이것은 또한 직업적인 관계에도 효과적입니다. 우리 대부분에게는 직업상 진짜 좋아하지 않음에도 교류해야만 하는 사람이 적어도 한두 명은 있기 마련입니다. 그는 우리에게 아무런 선택권조차 없는 주요 공급자일 수도 있고, 주요 고객일 수도 있습니다. 우리는 그런 관계를 개선하거나 혹은 끝내기를 원합니다. 여러분은 이처럼 까다로운 사람들과의 관계에 이 과정을 적용할 수 있습니다. 좋아하는 것과 싫어하는 것 모두를 흘려보낸다면, 여러분은 그들에 대해 더 좋은 감정을 느끼게 되리라 확신합니다.

또한 여러분은 스스로를 틀에 박히게끔 만드는 자신의 성향과 신념에 이 '좋은 점·싫은 점 기법'을 적용할 수 있습니다. 예를 들어, 여러분은 자신이 말을 너무 많이 하거나, 생각을 너무 많이 하거나, 너무 수줍어하거나, 너무 오만하거나, 너무 비판적이라고 믿을지 모릅니다. 바로 이런 것들에 적용하는 것입니다. 비만 같은 분야에 대해 '좋은 점·싫은 점 기법'은 특히 더 유용합니다. 왜냐하면 사람들은 비만에 좋은 점이 있다고 생각하지 않기 때문입니다. 비만뿐 아니라 여러분 자신에게 문제되는 것이라면 그 속에 좋은 것이 있다고 생각하기란 어려운 일이겠죠. 그러나 여러분이 이 주제를 탐구하면, 비만을 좋다고 생각할 수 있는 숨겨진 이유를 발견할 것입니다. 이처럼 좋은 점을 발견하고 흘려보내는 것이 바로 여러분의 고질적인 패턴을 바꾸는 핵심 기법입니다.

자신과 관계를 맺고 있는 사람들에 대해 좋은 점과 싫은 점의 목록을 만드는 것과 비슷하게, 우리 대부분은 스스로에 대해서도 목록을 만듭니다. 그 경우 대개는 우리가 남들에 대해 만들었던 것보다 훨씬 더 비판적이죠. 그러므로 저는 여러분이 꼭 자신에게 '좋은 점·싫은 점 기법'을 적용해볼 것을 강력히 권합니다. 이것은 여러분의 시야를 넓게 해주고, 삶의 경험을 아주 자유롭게 해줄 것입니다.

✧ 좋은 점·싫은 점 기법

'좋은 점·싫은 점' 과정은 보통 종이에 써서 합니다. 그러나 지금은 어떤 것도 종이에 쓰지 말고, 그냥 이 과정을 스스로 읽거나 파트너에게 읽어달라고 한 다음, 최선을 다해 스스로 흘려보내도록 해보세요. 이렇게 몇 번 떠올려서 흘려보내기를 한 후, 쓰기 작업을 준비하는 데 필요한 설명을 해드리겠습니다.

주제를 마음속에 떠올려보세요. 이것이 시작입니다. 여러분은 수많은 종류의 주제에 대해 이 방법을 쓸 수 있습니다. 만약 지금 당장 주제를 떠올리기 어렵다면, 1장에서 적었던 목표 중 하나를 떠올리거나, 8장에서 정했던 목표 중 하나를 고르세요.

당신이 이 사람, 장소, 물건에 대해 좋아하는 점은 무엇인가요?

여러분 내면에서 일어나는 감정을 전부 다 느껴보세요. 완전하게 환영하세요.

그것은 인정, 통제, 혹은 안전에 대한 욕구에서 비롯된 것입니까?

그 욕구를 흘려보낼 수 있나요?

자, 이제 여러분의 주제를 다시 생각해보세요.

당신이 이 사람, 장소, 물건에 대해 싫어하는 점은 무엇인가요?

다시, 지금 이 순간, 여러분 안에서 일어나는 감정이 무엇이든 그것을 느끼도록 스스로를 허용해주세요.

당신은 그 감정이 지금 여기에 있을 수 있도록 허용할 수 있나요?

그것은 인정, 통제, 안전에 대한 욕구에서 비롯된 것인가요?

그것을 흘려보낼 수 있나요?

좋아하는 점과 싫어하는 점을 떠올리며 관점을 전환하세요. 그리고 현재 일어나는 감정과 그 이면의 욕구를 확인하고 흘려보내면서, 위의 과정을 반복하세요. 그러다 보면 예전과 똑같은 관점의 좋고 싫은 마음이 또다시 떠오르는 것을 발견할 수도 있습니다. 괜찮습니다. 그때마다 흘려보내기를 계속하세요. 이때 '좋은' 감정 역시 흘려보내야 한다는 것을 명심하세요. 이 연습은 여러분으로 하여금 주어진 어떤 순간에도 명료함을 얻을 수 있게 해주고, 어떤 상황에서도 좋은 느낌이 더욱 깊어질 수 있도록 도와줄 것입니다.

흘려보내기를 총 아홉 번 정도 끝냈다면, 잠시 멈추고, 지금 작업한 주제가 얼마나 다르게 느껴지는지 지켜보세요. 좋아하는 것과 싫어하는 것은 함께 짝을 이루어 특정 주제에 대한 한계와 방해 그리고 억제의 층을 만듭니다. 종종 특정한 주제에는 많은 층들이 존재합니다. 처음 '좋은 점·싫은 점 기법'을 사용한 뒤에는 그것이 얼마나 효과적인지 깨닫고 놀랄 것입니다.

✧ 수전: 세일즈 전화를 더 편히 걸게 되다

'좋은 점·싫은 점 기법'이 세도나 메서드 강사인 수전으로 하여금 자신의 학급 학생을 유치하는 전화를 걸 때 방해가 되었던 마음속 저항을 극복하게 해주었습니다. 그녀는 자영업자로서 오랫동안 규모가 작고 안전한 사업만 운영해왔습니다. "저는 온갖 종류의 일들을 다 해봤고 놀라운 경험도 해봤습니다. 외국에서도 살아봤고, 외국어도 몇 개나 구사합니다. 하지만 위대한 자아, 진정한 자기 존재를 깨닫는 일에는 별로 관심이 없었죠. 제가 볼 때, 많은 사람이 겉모습과는 다른 내면을 갖고 있습니다. 겉으로는 유능해 보이지만 안으로는 스스로 많은 제약을 갖고 있죠. 그래서 제 이야기가 아마도 도움이 될 것 같아요." 그녀는 세도나 메서드 수업을 유치하기 위해 목표를 세웠고 자신의 신념이 바뀔 때까지, 전화를 거는 것이 기분 좋을 때까지 릴리징을 했습니다. "전화를 거는 것은 제게 일종의 도전이었어요. 목표를 세울 때, 종종 내면에서 부정적인 소리를 들었죠. '오, 말도 안 돼. 이건 안 될 거야. 사람들은 이것을 원하지 않을 거야. 불경기라 기업들은 지금 이런 프로그램에 참가할 돈이 없을 거야. 그들에겐 이 수업을 들을 만한 돈이 없을 거야. 너무 바빠서 절대 담당자와 통화할 수 없을 거야.' 대개 이런 생각들이었습니다. 그래서 '좋은 점·싫은 점 기법'을 시작했죠. '나는 사람들과 전화로 이야기하고 웃는 걸 정말 좋아해. 나는 자동

응답기의 대답을 듣는 게 너무 싫어. 나는 새로운 친구를 사귀는 게 정말 좋아. 나는 그렇게 되기까지 걸리는 시간이 싫어. 나는 사람들에게 세도나 메서드에 대해 말하는 게 좋아. 왜냐하면 세도나 메서드는 나에게 영감을 주고 나를 고무시켜주기 때문이야.' 마침내 저는 전화 걸기 문제에서 벗어날 수 있었습니다. 제가 저항하던 것과 좋아하던 것 모두를 흘려보내자 전화 걸기는 저절로 나아지기 시작했고, 그것이 경이로운 결과를 가져왔습니다."

✧ 글로 써서 흘려보내는 좋은 점 · 싫은 점 기법

글로 써서 하는 '좋은 점 · 싫은 점 기법'은 여러분이 스스로에게 질문을 하고 그에 대한 대답을 적는 것만 빼면, 위에서 했던 방법과 정확히 똑같습니다. 그럼 여러분의 릴리징 노트를 꺼내십시오.

1단계 종이 상단에 주제를 적으세요. 사람의 이름일 수도, 장소일 수도, 물건일 수도, 여러분이 엄청난 자유를 경험하고 싶어 하는 어떤 분야의 단어일 수도 있습니다. 예를 들면, 이사를 가려고 생각 중인 뉴욕 같은 도시의 이름을 적을 수도 있습니다. 왼쪽 공간의 제일 꼭대기에 '좋은 점'이라 쓰고 오른쪽에는 '싫은 점'이라고 쓰세요. 이제 2단계로 넘어갈 준비가 되었습니다.

주제: 뉴욕으로 이사를 가는 데 '좋은 점과 싫은 점'은 무엇인가?

좋은 점

흥분됨, 설렘 – 인정

브로드웨이 극장이 있음
– 인정 통제

새로운 직장 – 안전 통제

많은 편의시설 – 통제 ✓

싫은 점

사람이 너무 많고 복잡함
– 안전 통제

시끄러움
– 통제 분리

가족들과 너무 떨어짐
– 안전 하나 됨

높은 임대료 – 통제

2단계 스스로 물어보세요. "내가 _____ (여러분의 주제)에 관해 좋아하는 점은 무엇일까?" 그리고 마음에 떠오르는 첫 번째 생각이나 감정을 왼쪽 공간에 적으세요. 뉴욕을 예로 들면, 여러분은 '설렘, 흥분됨'이나 '브로드웨이 극장'을 적을 수도 있을 것입니다.

3단계 여러분의 좋은 점이 어떤 기본적인 욕구에서 비롯된 것인지 확인하기 위해 물어봅니다. "그것은 인정 욕구, 통제 욕구, 안전 욕구와 관련이 있는가?" 그것이 확인되었다면, 그 생각과 감정이 비롯된 욕구를 적으세요.

4단계 다음의 질문을 이용해서 내면의 근원적인 욕구를 흘려보내도록 하세요.

내가 이 욕구를 완전히 환영할 수 있을까?

내가 이것(인정, 통제, 안전, 분리)에 대한 욕구를 흘려보낼 수 있을까?

욕구를 흘려보낸 후 줄을 그어 지우고, 싫은 점으로 넘어가세요. 단, 한 번에 하나의 좋은 점만 작업하세요.

5단계 스스로 물어보세요. "내가 _____(여러분의 주제)에 관해 싫은 점은 무엇일까?" 그리고 마음속에 떠오르는 첫 번째 생각과 감정을 오른쪽 공간에 적으세요. 뉴욕을 예로 들면, 여러분은 '사람이 너무 많음' 혹은 '시끄러움' 등을 적을 수 있을 것입니다.

6단계 여러분의 싫은 점이 어떤 기본적인 욕구에서 비롯된 것인지 확인하기 위해 "여기에 인정, 통제, 안전에 대한 욕구가 있는가?"라고 물은 뒤 확인해보세요.

7단계 다음의 질문을 이용해서 내면의 근원적인 욕구를 흘려보내세요.

내가 이 욕구를 완전히 환영할 수 있을까?

내가 이것(인정, 통제, 안전, 분리)에 대한 욕구를 흘려보낼 수 있을까?

흘려보냈으면 줄을 그어 지우고, 다음의 좋은 점으로 넘어가세요. 단, 한 번에 한 개의 싫은 점만 작업하세요.

8단계 2단계에서 7단계까지를 여러 번 되풀이하세요. 좋은 점과 싫은 점을 번갈아 작업하고, 그 후에 또 다른 좋은 점과 싫은 점을 하는 식으로 말입니다. 그 주제에 대한 태도가 긍정적으로 바뀐 것을 느낄 때까지 계속하세요. 길면 길게, 짧으면 짧게 작업할 수 있습니다. 그것은 여러분의 결정에 달려 있습니다. '좋은 점·싫은 점 기법'을 많이 하면 할수록 여러분은 더 많은 것을 얻을 수 있습니다.

✧ 내면의 문 열기

'좋은 점·싫은 점 기법'을 작업하면서, 여러분은 이 과정이 스스로 닫았다는 사실조차 알아차리지 못하는 내면의 많은 문들을 열어준다는 것을 알게 될 것입니다. 이 문들이 열리면 내면에 갇혀 있던 많은 한계를 흘려보낼 수 있을 것입니다. 이것이 여러분을 자유롭게 만들고 여러분이 진정 인간관계와 삶을 즐길 수 있도록 해줄 것입니다. 다음 장으로 넘어가기 전에, 이 과정을 여러 번 더 실험해보기를 강력히 권합니다.

10장

강력한
결정 내리기

할 수 없는 사람들은 사실 하길 원치 않는 것입니다.

_레스터 레븐슨

8장 마지막에서 저는 여러분에게 초연한 상태를 성취하게 끔 도와줄 두 가지의 보너스 기법을 가르쳐주기로 약속했습니다. 앞장의 '좋은 점·싫은 점 기법'이 그 첫 번째이고, '이익과 손해 기법'이 바로 그 두 번째입니다. 이것은 여러분이 앞으로 가로막힐 수도 있는 영역을 드러나게 해주고, 그것을 흘려보낼 수 있도록 도와주는 아주 훌륭한 도구입니다. 흘려보내기를 정확하게 집중해서 한다면, 여러분은 반복적인 사고 패턴, 습관, 상황 따위를 쉽게 바꿀 수 있을 것입니다. 이 개념을 배운 지 26년이나 지난 오늘에도 저는 여전히 정기적으로 '이익과 손해 기법'을 사용합니다. 심지어 오늘 아침에도 글쓰기 작업을 하기 전에 의자에 앉아 이 작업을 했습니다. 사실 이것은 제가 매우 좋아하는 작업이기도 합니다.

여러분의 작업을 더욱 깊이 있게 하기 위해 다음의 것들을 포함해서 '이익과 손해 기법'을 사용해보세요.

목표

목표를 수행하면서 물어보세요. "내가 이 목표를 갖는 데 어떤 이익이 있나? 이 목표를 갖는 데 어떤 손해가 있나?"

결정

새로운 회사에서 스카우트 요청을 받는 것처럼 어떤 기회가 왔을 때 그것을 수락할지 말지 확실치 않을 경우, '이익과 손해 기법'을 수행하는 것은 여러분의 결정을 한층 더 명확하게 하는 데 도움이 됩니다. 이 작업은 이직 같은 직업상의 변화, 물건의 구매, 여행, 새로운 프로젝트의 시작 등에 관한 혼란을 차단합니다.

문제

여러분은 이 기법을 과소비 또는 적절한 저축을 하지 못하는 습관을 흘려보내는 데 사용할 수 있습니다. 이 기법이 도움이 될 만한 다른 몇 가지 예를 들면, 특정 유형의 사람들과 문제가 있을 때, 일을 끝마치지 못할 때, 할 일을 질질 끌 때 등을 들 수 있습니다.

습관과 경향

왜 담배를 끊을 수 없는지, 왜 쇼핑을 하루 종일 하는지 확실치 않나요? '이익과 손해 기법'은 숨겨진 집착과 혐오를 드러내줄 것입니다.

긍정적인 것

저는 풍요로움, 기쁨, 생동감, 본성을 알아차리는 것 같은 긍정적인 감정에 '이익과 손해 기법'을 적용하면 더 자유로워진다는 것을 발견했습니다. 이것들이 지금 당장은 여러분이 추구하는 목표가 아닐 수도 있지만, 대부분의 사람들은 이런 것을 경험하길 원합니다. 긍정적인 감정을 흘려보내면, 그것은 언제나 여러분의 흘려보내기를 더욱 깊이 있게 하고, 이미 긍정적인 감정을 느꼈던 부분을 강화해줍니다.

그럼 이제 함께 시작해볼까요? 여러분의 삶에서 이 과정을 적용할 분야를 생각해보세요. 여러분이 내려야 할 결정, 여러분이 해결하고 싶은 문제, 여러분이 달성하길 원하는 목표, 여러분이 더 깊게 흘려보내고 싶은 주제 등을 말입니다. 영감이 필요하다면, 1장에서 소개한 "당신은 삶에서 무엇을 이루고 싶은가?" 부분과 8장에서 소개한 '목표 선언문 만들기'에서 여러분이 예전에 작업했던 릴리징 노트를 다시 읽어보세요.

✧ 이익과 손해 기법

이 과정은 우리가 9장에서 함께했던 '좋은 점·싫은 점 기법'과 비슷합니다. 그러나 이것은 상상력을 다른 식으로 사용합니다. 이익과 손해 기법, 좋은 점·싫은 점 기법, 이 두 가지 모두를 사용해보면, 어떤 과정이 삶의 어떤 문제에 더 적합한지 발견할 수 있을 것입니다.

우선 몸과 마음을 편안하게 해주고, 내면에 집중하세요. 여러분이 흘려보낼 주제는 목표나 문제거리 등 무엇이든 상관없습니다. 그 주제를 마음속에 떠올리세요.

그것이 그런 식인 것은 당신에게 어떤 이익(이로운 점)이 있나요?

마음속에 가장 먼저 떠오르는 생각과 감정을 허용해야 한다는 점을 명심하세요.

그 이익이 인정, 통제, 안전의 욕구에서 비롯되었나요?

그것이 어떤 욕구이든 **그것을 흘려보낼 수 있나요?**

그것이 그런 식인 것은 당신에게 어떤 손해(불리한 점)가 있나요?

조금 더 깊이 들어가서, 그 손해가 인정, 통제, 안전의 욕구에서 비롯된 것인지 살펴보세요.

당신은 그것을 흘려보낼 수 있나요?

이익의 관점과 손해의 관점을 번갈아 사용하면서 위의 과정을 되풀이하세요. 그리고 여러분의 지금 느낌과 그 속에 있는 근원적인 욕구들을 흘려보내세요. 명심하세요. 새로운 이익과 손해되는 점을 계속해서 찾아내기 어렵다면, 그것 자체를 흘려보내세요. 그리고 계속해서 이 과

**제프 굿맨,
미국**
———

세도나 메서드를 사용해 오래된 문제를 흘려보내는 것의 가장 좋은 점은 한 번만 하면 된다는 것입니다.

내가 했던 어떤 다른 도구나 기법도 이렇게 즉각적이고 영원히 의식적인 그리고 무의식적인 장벽을 제거하고 편안함과 기쁨 속에서 살게 하는 데 효과적이지 않았습니다. 세도나 메서드를 배우고 사용한 후부터 나는 공포에 덜 질리고, 더 평화롭고, 나 자신과 더 영적으로 연결된 삶을 살고 있습니다. 심지어 몹시 곤란한 긴급 상황에 직면해서도 침착함을 유지하고 균형 잡힌 관점으로 그 도전을 헤쳐나갈 수 있습니다.

정을 수행하세요. 부지런해야 합니다. 이 과정에 더 깊이 들어갈수록 더 많은 것을 얻게 될 것입니다.

총 아홉 번의 흘려보내기를 끝냈다면 잠시 멈추고 흘려보내기를 했던 주제에 대해, 어떤 식으로 다르게 느끼기 시작했는지 지켜보세요. 각각의 이익과 손해는 무의식의 층을 형성하고, 특정한 주제에 대해 한계를 만듭니다. 그래서 이 과정은 마치 석유를 찾기 위해 땅을 파는 것과 같습니다. 여러분이 지층을 더 깊이 팔수록 더 많은 영감, 더 많은 이해, 더 많은 자유가 그 주제로부터 나올 것입니다.

"아하!" 하는 순간에 도달하지 못할 수도 있지만, 이 여정에는 작은 깨달음의 순간들이 계속해서 올 것입니다. 이익과 손해를 끊임없이 흘려보내면, 심오한 변화가 일어날 것이라고 확신합니다.

✧ 로라: 잊힌 결정 발견하기

여기 '이익과 손해 기법'이 얼마나 중요한지를 보여주는 이야기가 있습니다. 몇 년 전, 비만으로 인한 과체중이 큰 고민인 로라라는 한 여성을 만났습니다. 그녀와 함께 개인적으로 세도나 메서드 작업을 하던 강사는 로라가 '이익과 손해 기법'을 할 수 있도록 도와주었고, 로라는 매번 질문을 받았습니다. "비만을 유지하는 것에 어떤 이로운 점이 있나요?" 마음속에 아무것도 떠오르지 않아 로라는 계속 이렇게 대답했습니다. "아무것도 없어요." 그 문제로 인해 손해되는 점을 생각하는 데는 아무런 문제도 없었습니다. 그러나 이로운 점에 대해서는 어떤 생각도 하지 못했죠. 그럼에도 불구하고, 강사는 끈질기게 질문했습니다. 강사는 로라가 아무런 장점도 생각해낼 수 없다는 지금의 생각과 감정을 흘려보내도록 했습니다. 마침내 아홉 차례의 질문을 받고 나서야 로라는 혼란스러워하며 소리쳤습니다. "왜 자꾸 저한테 비만을 유지하는 데 어떤 이로운 점이 있냐고 묻는 거죠? 지금처럼 체중이 많이 나가는데 어떻게 이로운 점이 있을 수 있겠어요?" 그녀는 막 싸울 태세였습니다. 강사는 침착하게 다시 한 번 물었습니다. "체중이 많이 나가는 데 어떤 이로운 점이 있나요?" 그 순간, 갑자기 로라는 억눌렸던 기억을 떠올렸습니다. 로라는 울기 시작했습니다. 20년 전, 그녀는 대단히 아름다운 여성이었고, 체중 역시 이상적이었습니다. 그런데 로라가 병원에 며칠 입원해 있는 동안, 남편이 그녀가 알았으면 절대 허락하지 않았을 투자를 단행했습니다. 남편은 큰돈을 벌 수 있을 거라 생각했지만 결국 실패하고 말았습니다.

로라가 퇴원할 무렵, 남편이 말했습니다. "여보, 미안해. 우리 투자금을 다 잃었어. 다 날려버렸어." 순간, 너무 화가 난 그녀는 이런 생각을 했습니다. "좋아, 당신한테 되갚아주겠어!" 얼마 지나지 않아 로라는 모두가 고개를 돌리고 쳐다볼 정도로 아름다웠던 여성에서 비만인 여성으로 바뀌었습니다. 사실, 그녀는 자신이 왜 그렇게 되었는지 어떤 기억도 하지 못했습니다. 그 특별했던 결심을 완전히 잊어버리고 있었던 것입니다.

20년 후, 여전히 과체중인 그녀는 남편과 이혼한 지도 꽤 오래되었습니다. 다이어트를 여러 번 시도했지만 아무런 효과도 보지 못했습니다. 하지만 전남편을 벌주려 했던 당시의 결정을 깨달은 그녀는 과체중의 주원인인 무의식적인 장애물을 흘려보낼 수 있었습니다. 수업 바로 다음 날, 그녀는 전문 식이 요법 의사에게 전화를 걸었습니다. 그리고 살을 빼기 위해 즉각적인 행동을 취했고, 그것이 효과를 나타냈습니다. 1년 후 로라는 정상 체중이 되었습니다. 세월이 흘렀지만, 여전히 그 몸무게를 유지하고 있습니다.

✧ 이익과 손해 기법을 글로 써서 흘려보내기

'이익과 손해 기법'을 글로 써서 하는 방법은 앞에서 했던 것과 완전히 똑같습니다. 다만, 스스로를 점검하는 차원에서, 여러분의 반응을 글로 적는다는 것만 다를 뿐입니다. 이제, 여러분의 릴리징 노트를 꺼내십시오. 이 과정은 총 8단계로 구성되어 있습니다.

1단계 종이 맨 위에 주제를 적으세요. 그런 다음 왼쪽에 '이익'이라 쓰고, 오른쪽에는 '손해'라고 쓰세요.

2단계 스스로 물어보세요. **나에게 _____ (당신의 주제)의 이익은 무엇인가?** 가장 처음 올라오는 생각이나 감정을 어떤 검열도 하지 말고 왼쪽 공간에 적으세요.

3단계 이로운 점이 여러분의 어떤 기본적인 욕구에서 비롯된 것인지 질문하면서 확인하세요. **거기에 인정, 통제, 안전에 대한 욕구가 있는**

이익과 손해 과정

////////////////////////////////

주제: 내가 이 승진을 받아들인다면 그 이익과 손해는 무엇일까?

이익

높은 급여 – 안정 안전 ✓

더 흥미로운 임무, 과제 – 안정

여행 – 통제 안전 ✓

손해

막중한 책임감 – 통제 안전 ✓

실패 가능성 – 통제 ✓ 안전

여가 시간 감소 – 통제 ✓ 분리

가? 그것을 파악했다면, 그 욕구를 적으세요.

 <u>4단계</u> 다음 두 가지 질문 중 하나를 이용해 내재된 근원적 욕구를 흘려보내도록 스스로를 허용해주세요.

나는 이 욕구를 있는 그대로 허용할 수 있는가?

나는 _____ (인정, 통제, 안정)의 욕구를 흘려보낼 수 있는가?

 흘려보냈으면 그 욕구 옆에 확인 표시를 하거나 줄을 그어 지우세요. 그리고 손해로 넘어가세요. 한 번에 한 가지 이익만 작업하세요. 목록을 만들려는 충동을 삼가세요. 그러나 한 번에 한 가지 이상의 이익과 손해가 올라온다면, 그것을 모두 적고 한 번에 하나씩 각각에 관한 욕구를 확인하고 흘려보내세요.

 <u>5단계</u> 스스로 물어보세요. **나에게 _____ (당신의 주제)의 손해는**

무엇인가? 오른쪽 공간에 떠오르는 첫 번째 생각이나 감정을 검열하지 말고 그대로 적으세요.

6단계 손해가 여러분의 어떤 근원적인 욕구에서 비롯된 것인지 질문하면서 확인해보세요. **거기에 인정, 통제, 안전에 대한 욕구가 있는가?** 그것을 파악했다면, 그 욕구를 적으세요.

7단계 다음 두 가지 질문 중 하나를 이용해 숨어 있는 욕구를 흘려보내도록 스스로를 허용해주세요.

나는 이 욕구를 있는 그대로 허용할 수 있는가?

나는 _____ (인정, 통제, 안정)의 욕구를 흘려보낼 수 있는가?

흘려보냈으면 그 욕구 옆에 확인 표시를 하거나 줄을 그어 지우세요. 한 번에 한 가지 손해만 작업하세요.

8단계 이익과 손해를 번갈아가며 2단계에서 7단계까지 여러 번 반복하세요. 그리고 또 다른 이익과 손해를 작업하고, 완전히 끝냈다고 느끼거나 휴식을 취할 준비가 됐다고 느낄 때까지 계속하세요.

✧ 캐럴 수: 우호적인 이혼

캐럴 수가 전남편에게 이혼을 하자고 말했을 때, 그는 매우 화를 내며 소리를 지르기 시작했습니다. 그녀는 다음 날 하루를 두 사람의 관계에 대한 자신의 감정을 흘려보내는 데 썼습니다. 그리고 남편과 함께 이혼 조정을 하러 가자 변호사는 수임료로 7000달러를 요구했습니다. 시간은 물론 돈까지 낭비하게 된 것입니다. 하지만 '이익과 손해 기법'을 활용한 덕분에 캐럴 수는 남편과 차분히 이야기를 해 단 몇 백 달러만 받고 하루 만에 서류 작업을 끝내주는 법률가를 찾을 수 있었습니다.

캐럴 수는 자신을 물질적인 사람이라고 말하지만 이혼 수속 중 물질적인 것에 매달리지 않았습니다. "완벽하게 끝났어요. 원래는 제가 남편에게 이혼 소송을 하려 했지만 '이익과 손해' 작업 후 남편이 합법적 이혼 소송을 수락했습니다. 저는 남편이 모든 것을 가질 수 있도록 했습니다. 자동차, 집, 가구, 모두요. 제가 원하는 몇 가지만 갖고 저는 집을 떠났습니다. 그것은 저에게 엄청난 이익이었습니다. 자유롭게 되는 것 말입니다. 저는 여행을 자주 하기 때문에 아파트도 필요하지 않았습니다. 그리고 지금은 친구나 친척들과 지냅니다. 제 물건들은 딸네 집에 있고요. 흘려보내기는 정말 저에게 커다란 이익 그 자체였습니다."

◇ 끈질김이 성공을 만든다

처음에 나타나는 것이 무엇이든 그것은 곧 명백해질 것입니다. 끈질긴 의지를 갖는다면, 여러분의 의식에 심오한 변화가 생길 것입니다. 그것은 유정을 개발해 그곳에서 석유가 뿜어져 나오는 것과 같습니다. 저는 가끔씩 며칠 동안 똑같은 주제에 대해 '이익과 손해' 작업을 합니다. 완전히 끝났다는 것을 알 때까지 작업하고 난 뒤에는 엄청난 영감과 이득을 얻지요. 다음 장으로 넘어가기 전에, 여러분 스스로 적어도 한 가지 주제에 대해 '이익과 손해 기법'을 수행해보길 강력히 권합니다. 그렇게 한 뒤에 엄청 큰 기쁨을 얻게 되리라는 것을 약속드립니다. 아래에 예로 든 몇몇 주제를 참고해 '이익과 손해 기법'을 적용해보세요.

다음의 주제에서 이익과 손해는 무엇일까?

풍요로움	운동	독신이 되는 것
가난/빚	흡연	일
결정	음주	놀이/여가 활동
고요함	폭식	실직
스트레스	자유	나눔, 기부
기쁨	질병	받는 것
슬픔	건강	결혼/파트너십

11장

내면
청소하기

당신 존재를 경험하는 것 외에 행복이란 없습니다.
당신이 그것을 알 때 길은 단순명료해집니다.
당신은 무지개 쫓기를 그만두고 행복이 있는 곳,
즉 당신의 내면으로 떠날 것입니다.

_레스터 레븐슨

레스터 레븐슨이 이 과정을 만든 것은 세도나 메서드의 지도 강사들을 위해서였습니다. 그는 지도 강사들이 인정, 통제, 안전 그리고 분리의 욕구를 흘려보내는 것뿐만 아니라 수업 참가자에게 가질 수 있는 반응을 흘려보내는 것이 얼마나 중요한지 이해했습니다. 지도 강사들은 학생을 100퍼센트 지지할 수 있도록 훈련받습니다.

몇 년이 지날 때까지 실제 지도 강사가 되지 못했던 저 역시 이 과정을 1977년부터 사용해왔습니다. 이것은 제가 세도나 메서드에서 가장 좋아하는 방법 중 하나입니다. 자신을 포함해 그 어떤 인간관계에서도 긍정적이든 부정적이든 상호 작용을 완성하는 데 이 과정을 사용할 수 있습니다.

그럼 왜 긍정적인 상호 관계에서도 흘려보내기를 해야 할까요? 이 과정의 대상이 된 사람에 대해 이미 느끼고 있는 감정보다 더 나은 감정을 느끼길 원할 수 있는데, 그런 경우 이 과정을 수행함으로써 여러분은 더 열린 마음으로 그 대상에게 다가갈 수 있고, 더 정직해질 수 있고, 더 많은 사랑으로 관계를 맺을 수 있습니다. 우리 모두에게는 남편, 부인, 연인, 자녀 또는 사업상 동료처럼 반복적으로 교류하는 사람이 있습니다. 여러분 모두는 새로운 만남에 이전 만남에서 생긴 과도한 짐을 가져가고 싶지 않을 것이라 확신합니다.

청소하기 과정은 세도나 메서드를 통해 더 빠르게 결과물을 얻을 수 있도록 고안한 것입니다. 청소하기 과정은 일련의 질문으로 구성되어 있으며 미팅, 모임 또는 불특정한 만남의 전후 그리고 그 도중에 모두 사용할 수 있고 특히 상대하기 까다로운 사람을 만날 때에도 잘 적용할 수 있습니다. 규칙적으로 청소하기 과정을 수행하면 이 질문이 인간관계를 개선하고, 더 효율적으로 소통하고, 갈등을 해소하고, 흘려보내기 테크닉을 더 쉽게 여러분의 삶에 뿌리내리게 하는 데 얼마나 큰 도움이 되는지 알게 될 것입니다.

청소하기 과정은 제 가슴에 특별하게 자리 잡고 있습니다. 바로 제 한계를 극복하고 제 감정을 진정으로 경험할 수 있게 해주었기 때문입니다. 세도나 메서드를 처음 시작했을 때 저는 '머리로만' 흘려보내기를 했습니다. 다시 말해, 감정보다는 주로 생각을 흘려보냈다는 뜻입니다. 세도나 메서드가 제 삶에 큰 영향을 주었지만, 제가 그것에 좀 더 깊이 빠져든 것은 어머니와의 관계에 대해 청소하기 과정을 하면서입니다. 그때 마침내 온몸으로 느끼게 되었습니다.

저는 부분적으로 어머니와의 관계 때문에 섬세하고 내향적인 아이에서 자기감정을 통제하기 어려운 십대로 자랐습니다. 어머니는 10년 넘게 정신 분석가 역할을 하면서 항상 저를 간섭했습니다. 이 관계에서 벗어나기 위해 저는 제 감정을 제대로 느끼지 못하도록 저 자신을 다그쳤습니다.

청소하기 과정을 사용해 어머니를 흘려보내자 제 마음속에 있는 벽이 녹아내리면서 따뜻하고 사랑스러운 기운이 온몸에 흐르는 느낌을 받았습니다. 그때 이후로 저는 제 감정을 완전히 느끼고 또 알 수 있게 되었습니다. 지금 어머니와의 관계는 이 책에도 썼듯이 아주 좋습니다. 어머니와 저는 모두 세도나 메서드를 사용합니다. 세도나 메서드가 우리를 소원한 어머니와 아들이 아닌 친구로 만들어준 것이죠.

청소하기 과정을 사용하기 시작하면, 다른 사람과의 관계에서 쌓인 해결되지 않은 감정도 사라지는 마법과도 같은 힘을 보게 될 것입니다. 아마 전화로 친구와 다시 이야기하거나 데이트를 하기 위해 영화를 보러 갈 수도 있을 것입니다.

여러분은 남편, 부인, 아들이나 딸과 이야기를 나눠도 여전히 느낌이 안 좋거나 그 대화가 불완전하다고 느낄 수 있습니다. 상반된 입장으로 회의를 마쳤거나, 은행원 또는 슈퍼마켓 계산원과 다퉜을 수도 있습니다.

이제 믿을 수 없을 만큼 간단한 릴리징 과정이 여러분으로 하여금 무슨 일이 일어나더라도 그것을 흘려보내게끔 도와줄 것입니다. 그러면 여러분은 불필요한 정신적, 감정적 짐을 끌고 다니지 않으면서 앞으로 나아갈 수 있습니다.

청소하기 과정은 이 세상에 더 이상 존재하지 않는 사람들과의 관계에 대해서도 마음의 평화를 가져올 수 있습니다. 또 과거에 친척이었던 사람이나 관계를 맺었던 사람 또는 헤어졌지만 여전히 많은 감정을 갖고 있는 사람을 청소할 수 있습니다.

이 책의 서문에서 언급했듯이 저는 한때 부동산 중개업을 했습니다. 당시 저는 고객을 만나기 전후에 항상 이 과정을 사용했습니다. 전에 만났던 고객을 다시 만날 때는 이전의 만남이 어떻게 끝났는지 여부에 상관없이 더 큰 성공을 위해 자주 청소하기 과정을 수행했습니다. 제 고객은 제가 다른 중개업자와 다르다는 말을 자주했습니다. 편안하고 친근하면서도 일을 잘한다면서 말입니다.

청소하기 과정은 자동차 안에서도 할 수 있고, 거리를 걸으면서도 할 수 있습니다. 사무실에서 전화 통화를 하다가도 할 수 있고, 혼자 조용히 앉아서도 할 수 있습니다. 체육관에서 운동을 하며 할 수도 있습니다. 더 좋게 느끼고 싶은 인간관계가 있는 어떤 상황에서나 사용할 수 있습니다.

✦ 내면 청소하기

이 과정은 세 가지 질문 세트로 구성되어 있고, 각각의 세트는 하나의 욕구에 초점을 맞춥니다. 첫 번째는 통제, 두 번째는 인정 그리고 마지막으로 안전·생존 욕구입니다. 다음의 기본 절차와 지침을 따르세요.

1. 흘려보내기를 할 사람의 얼굴을 떠올리세요.(반드시 시각적일 필요는 없습니다. 사람에 따라 청각적 또는 운동 감각적인 느낌을 가질 수도 있습니다.)

2. 청소하기 질문을 한 번에 한 가지씩 하고, 내재되어 있는 욕구가 떠오를 수 있도록 허용해주세요. 종종 각 세트의 첫 번째 질문은 그 순

간 집중하고 있는 욕구를 저절로 흘려보내기에 충분할 것입니다. 그 욕구를 완전히 환영하고, 흘려보내세요.

3. 통제에 대한 청소하기 질문을 시작합니다. 그리고 그(그녀)의 모습을 '있는 그대로 인정한다.'고 느낄 때까지 이 질문 세트를 계속하세요. 대체로 완전하게 흘려보내는 것은 단지 나의 선택(결정)에 달려 있습니다. 마음을 연다면 이 단계에 매우 쉽게 도달할 수 있지만, 언제나 자신에게 필요한 시간을 충분히 갖고 작업하세요.

4. 각 세트의 첫 번째 두 가지 질문을 반복적으로 하고, 세 번째 질문에서 솔직하게 "예."라는 대답이 나올 때까지 마음속에서 일어나는 모든 것을 계속 흘려보내세요. 솔직하고 정직해야 더 훌륭한 결과를 얻을 수 있습니다.(마음에서 진정으로 "예."라는 답이 올라오지 않는데 성급하게 "예."라고 하지 마세요.) 각 세트의 세 번째 질문은 대상이 된 그 사람에 대한 욕구를 완전히 놓아주었는지 볼 수 있게 도와줍니다.

5. 각각의 청소하기 질문 세트를 차례대로, 위에서 말한 것과 똑같이 작업하세요. 그(그녀)의 얼굴을 보게 되었을 때, 여러분은 그 사람을 완전히 흘려보냈다는 것 그리고 그 사람에 대해 수용과 사랑의 감정만이 남았다는 사실을 알게 될 것입니다.

내면 청소하기 질문
굵은 글씨로 쓰인 것은 기본 청소하기 질문이고 기울어진 글씨로 쓰인 것은 각각의 욕구를 흘려보내는 질문입니다. 자유롭게 그러한 욕구들을 흘려보내세요.

1단계: 통제(조종)

1. 이 사람이 당신을 통제하려 했나요? (또는 그렇게 느꼈나요?)

저절로 흘려보내지도록 잠시 멈추세요. 그런 후, 다음 중 한 가지 질문을 하세요.

- *그렇다면 반대로 이 사람을 통제하려는 당신의 욕구를 지금 흘려보낼 수 있나요?*
- *그렇다면 이 사람에 대한 저항을 흘려보낼 수 있나요?*
- *그렇다면 당신은 그것을 바꾸고 싶나요?*

2. 당신이 이 사람을 통제하려 했나요? (또는 그렇게 느꼈나요?)

저절로 흘려보내지도록 잠시 멈추세요. 그런 후, 다음 중 한 가지 질문을 하세요.

- *그렇다면 이 사람을 통제하고 싶은 마음을 지금 흘려보낼 수 있나요?*
- *그렇다면 당신은 그것을 바꾸고 싶나요?*

3. 이제 당신은 이 사람을 있는 그대로 허용하나요?

이 세 번째 질문은 단순히 당신의 결정(선택) 사항이라는 것을 기억하세요.

이 사람을 있는 그대로 허용할 때까지 통제에 대한 위의 세 가지 질문을 반복하세요.

2단계: 인정

1. **당신은 이 사람의 무언가를 싫어하거나 못마땅하게 여겼나요? (또는 그렇게 느꼈나요?)**

   저절로 흘려보내지도록 잠시 멈추세요. 그런 후, 다음 중 한 가지 질문을 하세요.
   - 이 사람에 대해 싫어하거나 못마땅하게 여기는 마음을 지금 흘려보낼 수 있나요?
   - 그렇다면 당신은 그것을 바꾸고 싶나요?

2. **이 사람이 당신의 무언가를 싫어하거나 못마땅하게 여겼나요? (또는 그렇게 느꼈나요?)**

   저절로 흘려보내지도록 잠시 멈추세요. 그런 후, 다음 중 한 가지 질문을 하세요.
   - 당신은 이 사람에게 인정받고 싶은 마음을 지금 흘려보낼 수 있나요?
   - 그렇다면 당신은 그것을 바꾸고 싶나요?

3. **당신은 이 사람에 대해 오직 사랑과 수용의 감정만이 남아 있나요?**

   이 세 번째 질문은 단순히 당신의 결정(선택) 사항이라는 것을 기억하세요.

이 사람에 대해 사랑과 수용의 감정만을 느낄 때까지 인정에 대한 위의 세 가지 질문을 반복하세요.

3단계: 안전 · 생존

1. 이 사람이 당신에게 도전하거나 반대하거나 위협했나요? (또는 그렇게 느꼈나요?)

저절로 흘려보내지도록 잠시 멈추세요. 그런 후, 다음 질문 중 한 가지를 하세요.

- *이 사람에게 도전이나 반대, 위협을 되돌려주고 싶은 마음을 흘려보낼 수 있나요?*
- *당신은 이 사람과의 관계에서 안전해지고 싶은 욕구를 흘려보낼 수 있나요?*
- *그렇다면 당신은 그것을 바꾸고 싶나요?*

2. 당신은 이 사람에게 도전하거나 반대하거나 위협했나요? (또는 그렇게 느꼈나요?)

저절로 흘려보내지도록 잠시 멈추세요. 그런 후, 다음 질문 중 한 가지를 하세요.

- *이 사람에게 도전이나 반대, 위협을 하고 싶은 마음을 흘려보낼 수 있나요?*
- *당신은 이런 식으로 자신을 보호하겠다는 마음을 흘려보낼 수 있나요?*
- *그렇다면 당신은 그것을 바꾸고 싶나요?*

3. 이 사람에 대해 오직 행복, 안전, 신뢰의 감정만을 가지고 있나요?

이 세 번째 질문은 단순히 당신의 결정(선택) 사항이라는 것을 기억하세요.

흘려보내기를 하고 있는 사람에 대해 행복, 안전, 신뢰만을 느낄 때까지 안전·생존에 대한 위의 세 가지 질문을 반복하세요.

1~3단계까지 마치면 다시 한 번 그 사람의 얼굴을 떠올리세요.(혹은 그 사람을 느끼거나 목소리를 떠올려도 좋습니다.) 그리고 그 사람에 대한 인정과 사랑의 감정을 느끼도록 허용하세요. 사랑과 인정 외에 다른 감정이 남아 있다면, 다시 청소하기 질문으로 돌아가세요.

✧ 내면 청소 과정은 왜 도움이 될까?

많은 사람들이 각 세트의 세 번째 질문에서 진실된 "예."라는 대답을 하기 위해 내적으로 투쟁을 벌입니다. 그 대답이 자신의 의식에 깊은 변화를 가져오리라는 것을 알고 있음에도 말입니다. 어떤 사람과의 관계가 어렵고 불편하더라도 그를 있는 그대로 허용하는 것이 얼마나 중요한지 여러분은 알게 될 것입니다. 심지어 갈등과 대립 후에도 그 사람을 사랑하고 허용할 수 있게 됩니다. 그러나 그런 사람에게 오직 행복, 안전, 신뢰만을 느낀다고 상상하는 것은 여전히 어려운 일입니다.

흘려보내고자 하는 대상이 마침 사업과 관련해 당신을 속이려 했던 사람이라면 어떨까요? 왜 그 사람을 신뢰해야 하는 것일까요? 대답은 간단합니다. 불신(배신)을 느끼고 있다면 누군가가 여러분을 속일 거라는 생각을 마음에 붙잡고 있는 것입니다. 기억하세요. 무엇이 됐든 여러분이 관심을 주고 있는 것이 현실에서 창조됩니다. 여러분이 위협을 느끼거나 안전하지 못하다고 느끼면 상대방이 그것을 알아채고 여러분을 통제하거나 조종할 수 있습니다. 청소하기 과정의 끝부분에서 행복, 안전, 신뢰를 느끼도록 허용하면 그것이 여러분에게 책임과 권한을 부여합니다. 그러면 여러분은 그 누구와 일할 때도 고민할 필요가 없습니다. 세도나 메서드가 여러분과 다른 사람과의 관계를 더 명확히 볼 수 있도록 도와주기 때문에 상황을 더 잘 구별할 수 있습니다. 여러분을 속이는 사람과 더 이상 사업을 하지 않기로 결정할 수도 있습니다. 그러나 불신을 붙잡고 있는 한, 계속해서 신뢰 못할 사람을 새롭게 여러분의 경험으로 끌어들이는 것입니다.

이 과정의 세 가지 질문을 모두 완성하면 큰 이익을 가져다줄 것입니다. 여러분은 이 과정을 수행하면서 아주 쉽게 큰 짐을 흘려보낼 수 있고, 모든 관계에서 진실로 도움이 된다는 사실을 실제적인 경험을 통해 알게 될 것입니다.

◇ 톰: 업무상의 실수 해결하기

여러 해 동안 톰에게는 좋은 친구이자 멘토가 있었습니다. 그러다 어느 순간 소통에 문제가 생겼고 둘 사이는 틀어지게 되었습니다. 멘토는 허가 없이 자신의 자료를 사용했다고 톰을 고소했습니다. 톰이 그러지 않았다는 것이 나중에 밝혀졌지만 그 후에도 둘 사이의 긴장은 풀리지 않았습니다. 톰은 그 상황에 대해 강한 감정을 갖고 있었습니다. 화가 나고, 배신감을 느끼고, 실망하고, 심지어 죄책감도 느꼈습니다. 그래서 며칠 동안 계속 반려견을 데리고 동네를 산책하며 멘토에 대한 청소하기 작업을 수행했습니다.

그가 나를 통제했나요? 당연하죠.
반대로 그를 통제하고 싶은 욕구를 흘려보낼 수 있나요? 물론이죠.
그가 나를 어떤 식으로든 탐탁지 않게 여겼었나요? 확실해요.
그걸 흘려보낼 수 있나요? 네.
당신은 위협을 느꼈나요? 네.

톰은 이렇게 스스로 질문하면서 깊게 흘려보냈습니다. 그리고 결국 두 사람의 관계에 변화를 가져와야 할 때라고 결정했죠. 둘의 관계는 예전처럼 돌아가지 않았지만 서로의 감정은 누그러졌습니다. 왜냐하면 사실 감정엔 실체가 없기 때문입니다. 톰은 그것을 다음과 같이 요약합니다. "다툼의 내용은 보통 우리가 집착하고 있는 감정에 비해 보잘것없습니다. 청소하기 과정을 수행하면 궁극적으로 화해를 하든 하지 않든 인간관계를 다시 이어나갈 수 있습니다."

✧ 빠른 청소하기 과정

마음을 편안히 하고 내면에 집중하세요. 이 과정에 적용하고 싶은 사람을 생각하세요. 첫 번째 대상으로는 감정의 골이 너무 깊지 않은 사람을 선택하세요. 그래야 감정에 휩쓸리지 않습니다. 약간 저항감을 느끼는 사람이나 약간의 인정, 통제 또는 안전을 원하는 사람이 좋습니다. 그러면 이 과정을 끝냈을 때 스스로 이 과정을 잘 완수했다는 사실을 느낄 것입니다.

자, 그럼 선택한 사람에게 집중하세요.

이 사람이 당신을 통제하려 했나요?

그렇다면 당신은 반대로 이 사람을 통제하고 싶은 마음을 흘려보낼 수 있나요?

당신은 이 사람을 통제하려 했나요?

그랬다면 당신은 이 사람을 통제하고 싶은 마음을 흘려보낼 수 있나요?

이 사람이 당신을 통제하려 했나요?

그래서 당신 내면에 어떤 저항감이 일어났나요?

그렇다면 그것을 흘려보낼 수 있나요?

당신은 이 사람을 통제하려 했나요?

그렇다면 지금 이 순간만이라도 이 사람을 통제하고 싶은 마음을 흘려보낼 수 있나요?

이 질문을 몇 번 더 해보세요. 통제하고 싶은 마음을 환영한 뒤, 그것을 흘려보낼 수 있도록 최대한 자신을 허용하세요.

준비가 되면 다음 질문으로 넘어갑니다.

당신은 이 사람을 있는 그대로 허용할 수 있나요? 그냥 그렇게 할 수 있나요?

당신은 이 사람을 있는 그대로 허용할 것인가요?

기억하세요. 이것은 그저 당신의 선택 사항일 뿐입니다.

지금 당신은 이 사람을 있는 그대로 허용하나요?

당신은 이 사람에 대해 어떤 것을 싫어하거나 탐탁지 않게 여겼나요?

그렇다면 당신은 이 사람에게 사랑을 주고 싶지 않거나, 허용하고 싶지 않은 마음을 흘려보낼 수 있나요?

이 사람이 당신에 대해 어떤 것을 싫어하거나 탐탁지 않게 여겼나요?

그런 것 같다면 당신은 이 사람에게 인정받기를 원하는 욕구를 흘려보낼 수 있나요?

당신은 이 사람에 대해 어떤 것을 싫어하거나 탐탁지 않게 여겼나요?

그렇다면 당신은 이 사람에게 사랑을 주고 싶지 않거나, 허용하고 싶지 않은 마음을 흘려보낼 수 있나요?

당신은 이 사람에 대한 탐탁지 않은 마음을 지금 이 순간만이라도 흘려보낼 수 있나요?

이 사람이 당신에 대해 어떤 것을 싫어하거나 탐탁지 않게 여겼나요?

그렇다면 이 사람에게 인정받길 원하는 마음을 흘려보낼 수 있나요?

이 사람이 당신을 좋아하거나 관심을 가져주길 원하는 마음을 흘려보낼 수 있나요?

준비가 되면 다음 질문으로 넘어갑니다.

당신은 이 사람에 대해 오직 사랑이나 수용의 감정만을 느낄 수 있나요? 그냥 그렇게 할 수 있나요?

이 사람을 받아들이거나 사랑하도록 자신을 허용할 것인가요?

다시 한 번 말하지만, 이것은 단지 당신의 선택 사항일 뿐입니다.

지금 이 사람에 대해 오직 사랑의 감정만을 가지고 있나요?

"예."라고 대답했다면 다음 질문으로 넘어가세요. 만약 그렇지 않다면 앞서 한 질문으로 돌아가 좀 더 작업을 수행하세요.

이 사람이 당신에게 도전하거나 반대하거나 위협했나요?

그렇다면 당신은 이 사람으로부터 자신을 보호하고 싶은 욕구를 흘려보낼 수 있나요?

당신은 이 사람에게 도전하거나 반대하거나 위협했나요?

당신은 이 사람에게 도전하거나 반대하거나 위협하고 싶은 마음을 흘려보낼 수 있나요?

이 사람이 당신에게 도전하거나 반대하거나 위협했나요?

그렇다면 그 도전으로 인해 일어날 수 있는 그 어떤 안전을 바라는 마음도 흘려보낼 수 있나요?

당신은 이 사람에게 도전하거나 반대하거나 위협했나요?

그렇다면 지금 그냥 그것을 놓아줄 수 있나요?

준비가 되면 다음 질문으로 넘어갑니다.

당신은 이 사람에 대해 행복, 안전, 신뢰만을 느끼도록 자신을 허용할 수 있나요?

당신은 이런 식으로 느끼도록 자신을 허용할 것인가요?

이 사람에 대해 행복, 안전, 신뢰만을 느끼나요?

진심으로 "예."라고 대답할 수 없다면 다시 위의 질문들로 돌아가 작업을 수행하세요.

그런 다음, 내면을 바라보고 이 사람에 대해 지금 어떻게 느끼는지 보세요. 큰 변화가 있다는 것을 알아차릴 겁니다. 이런 변화가 있기까지 단 몇 분밖에 걸리지 않았을 겁니다. 정말 재밌지 않나요?

✧ 마지막 결론

다음 장으로 넘어가기 전에 각기 다른 두 사람에 대한 청소하기 과정을 두 번 이상 연습해보길 권합니다. 이 기술을 삶에 잘 적용하면 모든 인간관계가 전보다 더 기쁘고 편안해질 것입니다. 2부에서는 이 중요한 도구를 삶의 다양한 분야에 적용해볼 것입니다.

12장

모든 것을
하나로 통합하기

이상적인 상태에서 평안을 갖는 것은
영적 성장을 나타내는 것이 아닙니다.
그것은 도망입니다.

_레스터 레븐슨

축하합니다. 여러분은 세도나 메서드 과정 1부의 마지막에 도달했습니다. 이제 남은 것은 여러분이 배웠던 것을 하나의 관점으로 통합하는 것뿐입니다. 그러면 여러분은 앞으로 삶의 모든 영역과 측면을 흘려보내고 통합하는 데 더욱 자신감을 갖게 될 것입니다. 실제 삶에서 세도나 메서드를 구체적으로 적용하는 방법은 2부에 담겨 있습니다. 이번 장은 레스터 레븐슨이 소개한 세 가지 주요 주제를 다룹니다. 그 세 가지 주제란 첫째, 마음의 세 가지 측면, 둘째 '나'에 대한 도표, 셋째 '6단계'를 말합니다. 이 각각의 주제는 세도나 메서드에 대한 이해를 더 넓고 깊게 해줄 것입니다. 이 시스템이 왜 효과적으로 작용하는지 이해한다면, 여러분에게 큰 도움이 될 것입니다.

✧ 마음의 세 가지 측면

우리 대부분은 자신의 생각과 진정한 자신의 정체성을 혼동합니다. 흔히 그 둘을 동일시하죠. 사실 우리는 마음을 넘어선 마음 이상의 존재입니다. 그러므로 오른쪽의 그림이 '여러분 자신'의 세 가지 측면을 대변하는 것으로 오해하지 않길 바랍니다. 진실한 '여러분'인 무한한 잠재력은 이 그림에서 마음의 세 가지 측면 뒤쪽에 무한대(∞) 표시로 나타냈습니다. 혹은 이 그림을 그린 백지 자체가 무한한 잠재력인 우리를 나타냅니다. 세도나 메서드를 사용할 때마다 우리는 한계 지어진 마음의 프로그램과 설정을 풀어냄으로써 무한한 잠재력의 영역으로 들어갑니다.

마음의 세 가지 측면은 다음과 같습니다.

'나'라는 감각('I' sense)

'나, 헤일(저자의 이름)' '나, 홍길동(각자의 이름)' 같은 개인으로서의 정체성을 말합니다. 이것이 여러분의 '프로그램'을 가동시킵니다.('나'라는 느낌과 감각이 바로 무한한 나의 존재를 유한한 나로 동일시하게끔 만듭니다. 이것은 순수한 '나'라는 존재와 마음 너머에 있지 않고 무한하지 않습니다. 제한적인 프로그램과 자신을 동일시하기 이전에 여러분은 무한한 존재입니다. 여러분은 어떤 노력 없이 모든 무한한 힘과 잠재력을 가진 순수한 '나'로 존재할 수 있습니다. 여러분이 한계를 가진 한 개인을 만들어내 그것과 자신을 동일시하지만 않는다면 말입니다. 이 측면은 모든 '나, 내 것, 나의'와 관련된 생각을 포함합니다-옮긴이)

판별기(Discriminator)

이 렌즈를 통해 우리는 세상을 바라봅니다.(이것이 사물을 있는 그대로 명확하게 인식할 수 있도록 해주며, 사물 간의 정확한 비교를 가능하게 해줍니다. 이것은 여러분의 직감적인 부분입니다. 본래 'discriminate'는 '구별하다, 구분하다,

마음의 세 가지 측면

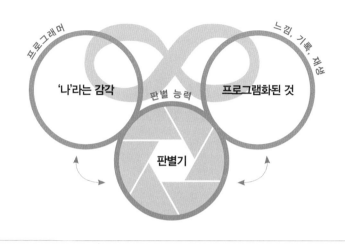

둘 사이의 차이를 명확히 알다. 현명하게 판단하다.'라는 뜻입니다. 판별기가 없다면 여러분은 자신이 갖고 있는 프로그램과 감정들로 인해 제한되고 구속된 자신을 진정한 자신이라 믿으며 그 속에 갇히게 됩니다. 판별기는 우리의 행복과 자유에 필수적인 장치입니다. 이 기능은 거의 모든 사람에게 심각하리만큼 손상되어 있는데, 그이유는 끝없는 욕망과 그것이 만들어내는 감정 때문입니다 - 옮긴이)

프로그램화된 것(Program Aspect)

저장된 기억, 경향, 신념, 결정한 것들, 태도, 판단, 해석 등과 같은 오감으로 느끼고/기록하고/재생하는 마음의 특성을 말합니다.(이것은 마음의 컴퓨터 혹은 테이프 레코더와 같은 특성을 뜻합니다. 이것은 시각, 후각, 미각, 청각, 촉각을 통해 세상을 느끼고 그것을 저장해 여러분에게 반복적으로 재생합니다. 이 측면은 또한 여러분의 감정, 프로그램 그리고 여러분 스스로가 자신이라고 여기는 '이야기들'의 발원지이기도 합니다 - 옮긴이)

마음의 세 가지 측면은 간단한 방식으로 통합되어 기능합니다. 먼저, 바깥세상에서 일어나는 일을 오감(시각, 후각, 촉각, 청각, 미각)으로 느끼면, '판별기'를 통해 그 정보를 다시 '나'에게 전달합니다. 그러면 그중에서 '나'에게 쓸 만한 정보에 근거해 '나'는 무엇을 할 것인지, 어떻게 대처할 것인지에 관한 결정을 내립니다. 이 판별기는 우리 마음에서 가장 중요한 기능입니다. 자동화된 프로그램으로부터 우리를 벗어나게 해주기 때문입니다.

미리 밝혀두건대 앞으로 제가 '프로그램'이라고 언급하는 것은 다음의 세 가지 내용을 포함하는 것입니다.

1. 지시 사항
2. 신념 체계
3. 예전에는 의식적으로 내린 결정이지만 지금은 무의식적으로 작동되는 결정

세도나 메서드 코스를 통해 우리는 프로그램을 흘려보내는 기법을 가르칩니다. 물론 이 책에서 여러분은 이미 '마스터 프로그램'인 네 가지 기본적인 욕구(인정 욕구, 통제 욕구, 안전 욕구, 분리 욕구)를 흘려보내는 법을 배웠습니다.

'판별하는 기능'이 작동을 멈추면 무슨 일이 일어날까요? 정확한 정보를 받아들일 수 없겠죠. 불행히도 우리 대부분에게 이런 일이 자주 일어납니다. 판별하는 감각을 닫아버리는 여러 가지 상황이 있는데, 다음은 여러분이 주의해야 할 몇 가지 예입니다.

밝은 빛

왜 밤에 고속도로를 달리는 운전자에게 다른 차량이 반대쪽에서 올 때 밝은 헤드라이트를 끄도록 법으로 강제할까요? 바로 그 밝은 빛이 잘 볼 수 없게 만들기 때문입니다. 그것은 사고를 유발할 수 있고 실제로 그러합니다. 그 빛을 피하려고 애쓰는 순간 판별력을 잃기 때문입니다.

큰 소리

잠깐이라도 엄청나게 큰 소음에 노출되면 청각은 닫혀버립니다. 록 콘서트에 한 번이라도 가본 사람이면 이 말이 무슨 뜻인지 알 것입니다. 시끄러운 콘서트가 끝난 후 바깥에 나오면 말소리가 제대로 들리지 않습니다. 얘기를 하기 위해 큰 소리를 질러야 하죠.

약물과 알코올

약물과 알코올은 감정을 마비시킬 수 있습니다. 그것이 바로 운전하기 전에 복용할 수 있는 약물의 양을 법으로 정하거나 많은 약품에 경고 문구를 붙이는 이유입니다. 어떤 문서에 사인할 때 '술에 취한' 상태였음이 드러나면, 법적으로 무효가 될 수도 있습니다.

질병

질병은 판별력을 닫게 만들 수 있습니다. 아주 사소한 질병일지라도 그렇습니다. 감기에 걸렸던 최근의 일을 떠올려보세요. 무거운 머리로 집중하려고 애썼던 것을 말입니다.

수면 부족

수면 부족은 나중에 후회할 말이나 행동을 하게 할 수도 있습니다. 정보를 정확하게 받아들이고 처리할 수 없기 때문입니다.

또 어떤 것들이 여러분의 판별력을 저하시키는지 찾아보세요. 하루를 지내면서 어떤 것들이 여러분으로 하여금 똑바로 생각하고, 명확하게 보고, 적절하게 느끼지 못하도록 하는지 지켜보세요. 여러분을 통해 들어오는 정보를 가로막는 것은 무엇이든지 알아차려보세요. 또한 무엇이 여러분으로 하여금 명확한 인식을 하게끔 도와주는지도 찾아보세요.

물론 다른 어떤 것보다 판별력을 저하시키는 것이 한 가지 있습니다. 그것은 항상 우리와 함께 있는데, 바로 감정입니다. 감정은 그 농도에 따라 우리 주위에서 실제로 일어나는 것들을 인식하지 못하도록 방해합니다. 어떤 감정이 강하게 올라오면 우리는 올바른 반응 능력을 잃고 맙니다. 그리고 마음에 있는 자동 항해 프로그램을 작동시킵니다. 그 프로그램이 작동하면 우리는 감정으로부터 떨어져 있다는 느낌을 전혀 갖지 못합니다. 그러면 감정과 자신을 동일시하게 되고, 동일시하는 정도에 따라 감정이 우리를 조종합니다. 우리가 그것을 조종하는 대신 말입니다.

샌드라 페리, 미국

세도나 메서드가 나에게 얼마나 많은 도움을 주었는지 말로 다 표현할 수 없습니다. 나는 올해 여느 농부들처럼 경제적 압박에 시달렸고, 애를 많이 썼지만 결국은 나 자신을 걱정이라는 감정적인 상태로 밀어 넣고 말았습니다. 하지만 세도나 메서드를 통해 단 며칠 만에 마음속의 장애물을 흘려보내고 새로운 계획을 수립할 수 있었죠. 그리고 그 계획 덕분에 농작물의 가격이 사상 최저를 기록할 때, 기대했던 것보다 많은 수입을 올릴 수 있었습니다. 나는 일터에서 패배 따위에 대한 걱정 없이 다시 즐겁게 일하고 있습니다.

과거의 경험을 생각해보세요. 여러분이 속상했거나 성가셔 했던 많은 경험을 떠올릴 수 있을 것입니다. 그때 여러분은 적절한 행동을 취하지 않았거나 나중에 후회할 무언가를 했을 것입니다. 여러분은 슬프고, 화가 나고, 속상한 가운데 뜻하지 않게 자신의 몸을 다치게 한 사람들도 알고 있을 것입니다. 심지어 그들은 며칠이 지나도 그 사실을 모를 때가 있죠. 여러분은 '분노로 펄펄 뛰다.' 혹은 '광분했다.'는 표현을 들어본 적이 있나요? 여러분은 아마도 사람들이 너무 속상한 나머지 갑자기 난폭해지는 것을 본 적이 있을지 모릅니다. 이런 사람들은 희생자를 공격한 뒤에도 정작 분노에 사로잡힌 과정을 기억 못하는 일이 잦습니다.

이것이 바로 세도나 메서드가 상황에 개입하는 지점입니다. 세도나

모든 것을 하나로 통합하기　　313

메서드는 판별력을 차단하는 감정을 흘려보내도록 도와줍니다. 세도나 메서드에서 질문을 하는 목적은 우리로 하여금 더 분명하게 인식하도록 돕기 위함입니다. "지금 무엇을 느끼고 있나요? 지금 당신의 감정은 무엇인가요?" 이렇게 스스로에게 묻거나 다른 사람이 물을 때, 그 질문은 여러분이 감정 그 자체가 아니라는 사실을 상기시켜줍니다. 그저 여러분이 그 감정을 느끼고 있을 뿐이라는 사실을요. 분노를 예로 들어봅시다. 여러분은 분노가 아닙니다. 여러분이 분노를 느끼고 있는 것입니다. 이 구체적인 차이를 느끼는 순간, 판별하는 감각이 조금씩 열리기 시작합니다. 다음과 같이 물어봄으로써 한발 더 나아가세요. "이것이 인정이나 통제, 안전에 대한 욕구에서 비롯된 감정인가요?" 이때 여러분은 알아차립니다. "오! 나는 통제(조절)하기를 원하고 있구나!" 이제, 여러분의 판별 감각이 조금 더 열립니다. 그러면 스스로에게 흘려보내기 질문을 해보세요. "내가 이것을 흘려보낼 수 있을까?" 감정을 흘려보낼 때, 판별 감각은 더욱더 열립니다.

세도나 메서드는 우리의 프로그램, 특히 인정, 통제, 안전, 분리 욕구 같은 기본적인 프로그램을 자극하는 환경으로부터 우리가 받아들인 정보를 처리하게끔 도와줌으로써 지금 이 순간에 작용합니다. 이런 프로그램(네 가지 근원적인 욕구)과 그에 대한 우리의 반응은 끊임없는 내적 노이즈noise 환경을 만들어냅니다. 이제, 우리는 조건화된 감정과 생각이 자극받을 때 그것들이 자동적으로 우리에게 특정 반사 행동을 취하게 하거나 또는 하지 못하게 내버려두는 대신 그것을 흘려보낸 다음 적절하게 반응할 선택권을 갖게 되었습니다.

세도나 메서드를 꾸준히 사용하면, 우리의 판별력은 닫혀 있는 상태로 돌아가는 대신 열려 있는 상태를 유지하기 시작합니다. 더 적은 시간에 더 많은 정보를 받아들이고 처리할 수 있게 됩니다. 우리의 직관에 더 쉽게 접근하고 알아차릴 수 있습니다. 즐거움과 기쁨 같은 감정을 더 정확하게 느낄 수 있습니다. 단순한 것조차도 더 충만하게 즐길 수 있습니다.

6장에서 배웠듯이 인간의 프로그램은 원래 '생존'에 기초해 있습니다. 영장류에서 인류로 진화하는 동안, 우리에게는 위험이 일어날 때마다 각각의 위험을 평가할 시간이 충분하지 않았습니다. 우리는 지금이 싸울 때인지 도망갈 때인지를 곧바로 알아채야만 했습니다. 어떤 사람들은 이 반사 작용을 '정글 사고방식'이라고 말하죠. 우리가 하루 종일 '심장 박동, 심장 박동, 심장 박동' 하고 명령해야 한다면, 도망치거나 싸워야 할 순간에 필요한 에너지나 수단을 마련할 수 없을 것입니다. 그런데 사람들은 대부분 여전히 스스로 만든 정글에서 헤매고 있습니다. 생존에 필요한 것보다 훨씬 많은 방식을 우리의 프로그램 저장고에 집어넣고 있는 것처럼 보입니다.

여기, 프로그램이 어떻게 작용하고 날뛰는지 보여주는 예가 있습니다. 어린 시절 여러분에게 키가 크고, 머리카락이 회색이고, 폭력적인 여자 친척이 있었다고 가정합시다. 이 경우 여러분은 키가 크고, 머리카락이 회색인 여자는 모두 위험하다는 무의식적인 결정을 내리게 됩니다. 느끼고 기록하고 재생하는 마음의 측면은 이 정보를 저장하고, 그 시점부터 앞으로 쭉 여러분은 이 렌즈를 통해 세상을 바라보게 됩니다. 여러분은 큰 키에 회색 머리를 가진 여자로부터 자신을 보호하기 위해 항상 방어 태세를 취합니다. 이것이 제2의 천성이 되고, 여러분은 곧 여러분 자신이 이런 결정을 했다는 것조차 잊어버립니다. 이게 바로 여러분이 세상에 반응하는 자동적인 방식입니다. 여러분은 더 이상 그 것을 의식적으로 생각하지 않습니다. 그것이 여러분의 생존 프로그램 인 호흡, 심장 박동, 소화 작용처럼 자연스럽기 때문입니다.

시간이 지납니다. 몇 년이 흐른 뒤, 여러분은 면접을 보게 됩니다. 일 은 일사천리로 잘되고 있습니다. 회색 머리칼을 가진 여자가 인터뷰를 하고 있습니다. 책상 뒤에 앉은 그 여자는 여러분 정도의 키입니다. 그 래서 모든 것이 괜찮습니다. 그때 그녀가 말합니다. "당신을 고용하겠 어요." 여러분은 대답합니다. "감사합니다." 악수를 하기 위해 일어나는 순간, 여러분은 그녀가 자신보다 훨씬 크다는 것을 알아차립니다. 문득 위를 찌르는 듯한 이상한 감각을 느낍니다. 회색 머리칼 여자가 공장 내부를 보여주기 위해 여러분을 안내하려 합니다. 그러나 이때 여러분 은 부정적인 생각을 합니다. "이 직업이 나한테 딱 맞는지 잘 모르겠 어." "잘못 선택한 것이면 어쩌지?" "여기 좀 이상한 곳 아니야?" 여러분 은 견학을 무사히 마칠 수도 있고, 그렇지 않을 수도 있습니다. 왜냐하 면 위험한 상황에서 탈출하기 위해 필요한 일은 무엇이든 해야 하기 때문입니다. 결국 불행하게도, 여러분은 아무런 이유도 없이 이상적인 직업을 가질 수 있는 기회를 놓쳐버립니다.

이것이 우리가 현재와 아무 상관도 없는 과거의 프로그램에 기초해 매일매일 결정을 내리는 방식입니다. 고맙게도 세도나 메서드는 우리 에게 이 자동 프로그램을 어떻게 끄는지 알려줍니다. 우리가 스스로에게 부과한 한계로부터 자유롭도록 판별력을 사용하게끔 도와주고, 우리 삶에서 그 판별력이 제대로 작동하게끔 도와줍니다.

✧ 코끼리 훈련

인도에서는 코끼리가 어릴 때 강철 사슬로 아주 튼튼한 기둥에 묶어놓습니다. 그러면 어린 코끼리는 그 강철 사슬을 끊을 수 없다는 사실을 알아차리고 이내 포기합니다. 그러나 코끼리가 점점 자라 5톤이 넘으면 문제가 좀 다르지 않을까요?

하지만 여기에 놀라운 부분이 있습니다. 쇠사슬을 끊을 수 없다는 사실을 배운 어린 코끼리는 어른이 되어서도 여전히 자신이 끊을 수 없는 쇠사슬에 묶여 있다고 생각해 더 이상 끊을 시도를 하지 않습니다. 그래서 조련사들은 작은 기둥에 가벼운 로프로 코끼리를 묶어둡니다.

만약 코끼리에게 '판별하는' 힘이 있다면, 가늘고 얇은 로프와 무거운 쇠사슬의 차이를 구별해 그것을 끊으려 시도할 것입니다. 그리고 분명 너무 쉽게 성공할 것입니다. 하지만 코끼리들은 절대 그런 시도를 하지 않습니다. 왜냐하면 그들에겐 '판별력'이 없기 때문입니다. 그러나 여러분은 코끼리가 아닙니다. 여러분에겐 판별 능력이 있습니다. 그것을 사용한다면 말입니다.

그렇다면 어떻게 판별력을 키울 수 있을까요? 여러분 자신에게 질문하세요. 릴리징 기법의 힘은 우리로 하여금 판별할 수 있도록 돕는 질문을 근간으로 하고 있습니다.

"당신은 이것을 흘려보낼 수 있나요?" 스스로에게 질문함으로써 여러분은 "네, 가능합니다. 왜냐하면 나는 감정이 아니라 감정의 주인이기 때문입니다."라는 판별을 할 수 있습니다.

"당신은 이것을 흘려보내고 싶나요?" 스스로에게 질문함으로써 여러분은 "네, 나는 이것보다는 자유롭길 원합니다."라는 판별을 할 수 있습니다.

"언제요?" 스스로에게 질문함으로써 여러분은 지금 바로 그렇게 할 수 있다는 것을 깨닫는 판별을 할 수 있습니다.

◇ 프로그램의 탄생과 판별력의 상실

여러분이 열 살짜리 꼬마라고 상상해보세요. 친구들과 함께 진흙탕 속에서 아주 재미있게 놀고 있습니다. 그런데 갑자기 엄마가 직장에서 스트레스를 잔뜩 받은 채 불쑥 나타나 신경질적으로 소리를 지릅니다. "넌 왜 이렇게 만날 더럽게 노니!" 여러분은 엄마의 소리에 깜짝 놀라 공포와 슬픔 또는 분노에 사로잡힙니다. 그리고 조금 진정이 된 후, 여전히 부정적인 감정 상태에서 결정을 내립니다. 바로 이 결정이 여러분을 이와 비슷한 미래의 위험 상황으로부터 자신을 보호하기 위한 조치로 프로그램화됩니다. "내가 즐겁게 노는 것은 안전하지 못해. 내가 너무 즐겁게 놀면 누군가가 나를 때릴 수도 있어. 무언가를 너무 많이 즐기는 것은 좋은 게 아니야." 이렇게 말입니다.

이 프로그램은 그때와 비슷한 상황이 자신을 자극할 때를 기다리며 조용히 여러분 내면에 자리를 잡습니다. 그리고 서른 살이 된 후, 친구들과 카드놀이를 즐기면서도 잠재의식적으로 엄마 혹은 아내가 갑자기 들이닥쳐 소리를 지르며 야단을 치지 않을까 하는 불안감을 갖게 됩니다. 물론 그런 일이 일어날 확률은 거의 없는데도 말입니다. 여러분은 지금 무엇을 하고 있나요? 바로 여러분의 즐거움과 행복을 제한하고 있습니다.

여러분은 여전히 누군가가 여러분을 야단칠까봐 자신의 안전을 유지하려 애쓰고 있습니다. 여러분의 삶에서 즐거움과 기쁨의 흥을 깨는 이런 프로그램이 보이나요?

그러나 만약 여러분이 판별할 수 있다면, 그것은 그저 프로그램일 뿐이며 그것에 의해 조종당하기보다 여러분에게 그것을 흘려보낼 힘이 있다는 사실을 깨달을 것입니다. 그런 간단한 의식적 결정을 통해 그 프로그램을 여러분으로부터 떼어낼 수 있습니다.

✧ 우리를 무의식적으로 만드는 프로그램

프로그램은 그것이 프로그램이라는 걸 인식하지 못할 정도로 강력할 때가 종종 있습니다.

예를 들어, 우리 졸업생 중 한 명은 피하주사기 바늘처럼 피부를 뚫는 날카로운 물체에 대한 '생존' 프로그램을 갖고 있었습니다. 그 엄청난 공포는 아주 어릴 때 생겼습니다. 스물일곱 살이 되어 직장에서 혈액 검사를 받을 때, 그는 바늘에 찔린 후 몇 분 만에 바닥에 쓰러졌죠.

말 그대로 프로그램이 그를 기절시킨 것입니다. 이런 해프닝이 여러 번 일어났습니다. 충격을 받고 어지러워지기 시작하면 그는 그것에 맞서 싸우며 강해지려고 노력했습니다. 하지만 그때마다 프로그램은 "오, 아니야. 그럴 필요 없어. 내가 널 지켜줄게. 잘 자!" 하며 그를 쓰러뜨렸습니다. 그러나 일단 판별을 하고 바늘에 대한 과민 생존 프로그램을 흘려보내자 그 패턴을 극복할 수 있었습니다.

◇ 궁극의 판별력

우리가 가질 수 있는 궁극의 판별력은 릴리징을 통해 마음을 고요하게 만들 때 찾아옵니다.

프로그램을 더욱더 흘려보낼수록 우리는 더욱더 판별력을 가질 수 있습니다. 그리고 마침내 "나는 마음이 아니야. 나는 몸도 아니야. 나는 에고가 아니야."라는 사실을 깨닫습니다. 이것이야말로 진정한 판별력입니다.

우리가 이런 것들 자체가 아님을 깨달을 때, 우리의 무한한 존재가 우리 자신에게 더욱 자명해집니다. 이러한 프로그램과 진정한 나를 더욱더 분별할수록, 우리는 한계로부터 더욱더 자유롭게 됩니다.

깨닫지 못한 사람들은 세상이 자신을 부린다고 생각하고
깨달은 사람들은 세상을 자기 내면의 투사물로 생각합니다.
그래서 그는 세상을 부릴 수 있으며

세상이 그를 부릴 수 없는 것입니다.

-레스터 레븐슨

다시 한 번 강조하면, 판별하는 최상의 방법은 스스로에게 사물을 명확히 인지할 수 있도록 하는 질문을 던지는 것입니다.

느끼고, 기록하고, 재생하는 마음의 영역은 공포에 대한 반사 작용만큼이나 자율 신경계 기능(순환, 체온, 호흡 같은)에 영향을 주기 때문에, 과부하를 받게 되면 모든 기능이 손상됩니다. 그리고 질병이 일어납니다.

우리가 인식하는 대부분의 위협은 순전히 상상일 뿐입니다. 그럼에도 불구하고, 그것들은 인체의 전 시스템에 부담을 줍니다. 흘려보내기를 할 때마다 우리는 스스로 자율 신경계에 올려놓았던 짐을 가볍게 하고, 초과된 프로그램을 덜어내는 것입니다.

간단히 말해서, 감정과 그것을 충동질하는 내재적 욕구를 흘려보내면, 여러분은 상황이 어떻게 돌아가는지 정확히 알 수 있습니다. 그에 따라 여러분의 능력도 효과적으로 늘어납니다. 그것이 판단하고 아는 것으로부터 벗어나 스스로를 각자의 현재 상황에 즉각적으로 반응할 수 있는 **지금** 바로 여기에 있을 수 있도록 여러분을 자유롭게 해줍니다.

우리를 한계 짓는 모든 감각은 개인적인 '나'라는 정체성에서 나옵니다. 6장에서 말했듯이 우리는 특정한 경향을 갖고 태어납니다. 그러나 이런 경향이 전적으로 그 사람의 고통을 운명 짓는 것은 아닙니다. 모든 사람이 계속해서 우리를 '아무개'라고 부르는 그 개인적인 '나'를 진정한 '나'라고 믿을 때, 비로소 이런 경향이 우리를 고통에 빠뜨리는

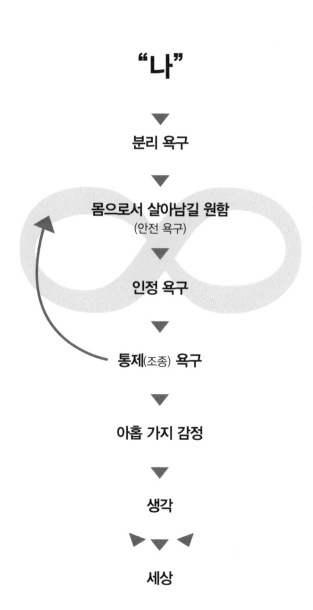

"나"

▼

분리 욕구

▼

몸으로서 살아남길 원함
(안전 욕구)

▼

인정 욕구

▼

통제(조종) 욕구

▼

아홉 가지 감정

▼

생각

▶ ▼ ◀

세상

것입니다. 사실, 마음의 세 가지 측면 그림에서처럼 우리는 결코 배경에 있는 무한한 잠재력의 상태를 떠난 적이 없습니다. 우리가 겪어야 할 것처럼 보이는 어떤 고통도, 우리를 꽉 묶고 있는 것처럼 보이는 모든 한계도 고작 무한한 우리의 존재 위에 올라앉은 것에 불과할 뿐입니다.

세도나 메서드를 통해 우리는 삶 속에서 만나는 문제들 너머에 있는 그리고 감정 너머에 있는 또는 마음 너머에 있는 무한한 잠재력을 발견합니다. 여러분은 아마도 이미 이 무한한 잠재력을 잘 알아차릴수록 매 순간 그것을 잘 적용할 수 있다는 사실도 깨달았을지 모릅니다. 처음 이 책을 읽고 릴리징 과정을 수행할 때 어떻게 느꼈는지를 기억한다면, 여러분은 이제 감정과 문제에 덜 묶여 있는 자신을 느낄 것이고, 삶이 여러분에게 무엇을 주든 그 문제를 더 잘 헤쳐 나가고 있다는 사실을 알 수 있을 것입니다. 이것은 단지 시작에 불과합니다. 세도나 메서드로 계속 수행하면, 더 많은 수확을 얻을 것입니다.

마음의 세 가지 측면을 그린 그림과 달리 왼쪽 그림에서는 흰 여백을 많이 볼 수 있습니다. 우리의 무한한 잠재력을 보는 또 다른 방법은 이 그림의 흰 여백에 있습니다. 대부분은 이미 드러나서 밝게 빛나고 있죠. 그것은 또한 우리 삶에서도 진실입니다. 무한한 잠재력은 언제나 여러분이 알아차리는 것보다 훨씬 더 이용 가능한 상태로 존재합니다.

세도나 메서드를 사용하면, 이것이 더욱 명백해질 것입니다. 우리가 세도나 메서드를 통해 하는 일은 지우개로 감정, 생각, 욕구로 들어찬 페이지를 지우거나 없애버리는 것과 같습니다. 그것이 바로 흘려보내기입니다.

세도나 메서드 중 감정을 환영하는 부분은 무언가를 지금 있는 방식 그대로 있을 수 있도록 허용하는 것입니다. 비록 그 페이지에 여전히 몇몇 글씨가 쓰여 있긴 하겠지만, 무한한 잠재력(흰 여백)은 더욱더 분명해지고 삶에서 더욱더 잘 작동하게 됩니다.

세도나 메서드 중 감정 속으로 다이빙하는 것은 장애물, 즉 인정 욕구, 통제 욕구, 안전 욕구, 분리 욕구 혹은 무관심, 슬픔, 공포, 갈망, 분노, 자존심으로 들어가는 것을 말합니다. 그중 하나의 근원으로 깊이 들어갈 때, 여러분은 그 이면에 있는 종이, 즉 흰 여백(무한한 잠재력)을 발견할 것입니다.

이제 이 그림 가장 위에 있는 '나'라는 글자를 잘 보세요. **그것은 우리가 누구인지를 제한적으로 받아들인 것입니다.** '나, 헤일' 혹은 '나, 아무개'처럼 말입니다. 우리가 그것에 프로그램을 설정하지 않으면, 그것은 곧장 무한한 잠재력으로 녹아들 것입니다. 사실, 한계는 하루하루 살면서 종종 녹아버리기도 합니다. 만약 우리에게 프로그램화된 생각이나 감정, 욕구 따위가 없다면 한계가 자꾸 되돌아와 우리를 제한하는 일도 없을 것입니다.

앞의 그림을 계속해서 하나씩 항목별로 살펴봅시다. 여러분이 보시다시피 가장 뿌리 깊은 근원적 욕구인 분리 욕구는 우리가 이 책에서 다른 욕구들에 비해 자주 언급하지 않은 항목입니다. 분리 욕구는 무한한 잠재력에서 떨어져 개인이 되고자 하는 감각으로부터 비롯됩니다. 명심하세요. 원한다면 여러분은 언제든지 직접적으로 이 욕구를 흘려보낼 수 있습니다.

그림에서 분리 욕구 바로 아래 있는 다른 세 가지 욕구는 몸으로서 생존하고 싶은 욕구(안전 욕구), 인정 욕구, 통제(조종) 욕구입니다. 안전 욕구는 자신이 소유한 한계 지어진 몸 그 자체가 바로 '우리'라는 가정을 전제로 합니다. 여러분이 형이상학적 경향을 전혀 갖고 있지 않다 해도, 생명에는 적어도 눈에 보이는 것 이상의 중요한 무언가가 있다고 생각할 것입니다. 그리고 아마도 바로 그것이 여러분을 처음 이 책으로 이끌었을 것입니다. 우리의 몸은 우리의 모든 게 아니라 일부분입니다. 여러분은 흘려보내기를 하면서, 몸이 우리의 전부가 아니라는 사실을 알아차릴 수 있을 것입니다. 안전이나 생존에 대한 욕구를 흘려보냄으로써 여러분은 더 안전함을 느끼기 시작할 것입니다.

그다음이 인정에 대한 욕구입니다. 우리는 만약 모든 사람이 우리를 사랑하고 좋아하고 관심을 가져주면, 우리가 안전하게 생존할 것이라고 믿습니다. 어떻게든 외부의 인정을 받고 사랑을 받아야 한다고 믿는 것이죠. 그러나 이것은 진실이 아닙니다. 적어도 제 관점에선 그렇습니다. 여러분도 아마 그 사실을 알고 있을 수 있습니다. 여러분이 인정받고 싶은 욕구, 사랑받고 싶은 욕구를 흘려보내면서, 더 사랑을 느끼고, 더 인정하게 되고, 더 인정받고 있다는 사실을 이미 알아차렸을 것이라고 확신합니다.

그림에서 인정 욕구 바로 아래쪽에 통제(조종) 욕구가 있습니다. 때때로 사람들은 우리가 원하는 방식 그대로 우리를 인정해주지 않습니다. 그들은 우리가 원하는 선물을, 우리가 바라는 칭찬을 해주지 않고 또 우리에게 충분히 친절하지도, 잘 해주지도 않습니다. 상황 파악이 되는 것이죠. 그래서 인정을 얻어내고자 그들을 통제하려 합니다. 그것

모든 것을 하나로 통합하기

도 우리가 좋아하는 방식으로 말입니다. 때때로 우리는 특정한 사람으로부터 인정받는 것을 포기하거나 혹은 특정한 상황에서 인정받기를 포기합니다. 또는 명백한 위협을 느끼기도 합니다. 이런 상황에서, 우리는 몸으로써 안전해지고 살아남기 위해 인정을 바라는 대신 직접적으로 그런 상황을 통제하길 원합니다. 이것이 바로 그림에서 몸으로써 생존하고자 하는 욕구와 통제 욕구를 연결하는 화살표가 의미하는 것입니다.

네 가지 모든 욕구는 아홉 가지 감정적인 상태로 끝납니다. 무관심Apathy, 슬픔Grief, 공포Fear, 갈망Lust, 분노Anger, 자존심Pride 그리고 용기Courage, 수용Acceptance, 평화Peace가 바로 그것입니다. 그래서 그림에서 AGFLAPCAP(위의 아홉 가지 감정 상태를 가리키는 영어 단어의 첫 글자 – 옮긴이)가 통제 욕구 아래에 있는 것입니다. 이 감정들은 우리가 인정받고, 통제하고, 안전함을 느끼고, 분리감을 유지하고자 노력할 때 사용하는 것입니다. 우리의 생각을 일어나게 하는 동력원이기도 합니다.

세도나 메서드에서, 우리는 생각하는 것보다 느끼는 것에 더 집중해 왔습니다. 단지 긍정적인 생각을 하는 것만으로는 여러분의 삶을 바꾸는 것이 거의 불가능하기 때문에 그렇게 한 것입니다. 긍정적인 생각으로 인생을 바꾸려는 노력을 한 번이라도 시도해보았다면, 여러분이 느끼고 있는 무관심, 슬픔, 공포, 갈망, 분노, 자존심과 그 이면에 있는 네 가지 욕구를 해결하지 않고서는 인생을 바꾸는 게 매우 어렵다는 사실을 알 것입니다. 그러나 이미 깨달았겠지만 감정, 욕구 그리고 어떤 주제라도 그것을 흘려보내기 시작하면, 여러분은 저절로 긍정적인 생각을 할 수 있게 바뀝니다. 긍정적으로 생각하려고 노력하지 않아도 됩니다. 저절로 그렇게 되니까요. 그러기 위해 애쓸 필요가 없습니다. 뭔가를 하기 위해 힘을 쓸 필요조차 없습니다.

제가 20대 초반일 무렵, 세도나 메서드 수업을 받기 바로 전까지 극도로 수줍을 탔습니다. 저는 긍정적인 확언이 저로 하여금 사람들 사이에서 더 편안해지고 자신감을 느끼게 해줄 것이라고 생각했습니다. 그래서 여러 달 동안 "나는 다른 사람들 사이에서도 매우 기쁘다."는 문장을 하루 종일 되풀이할 뿐 아무 데도 가지 않았습니다. 지금 생각하니 매우 우습습니다. 왜냐하면 그게 바꿔놓은 유일한 것은 제 머릿속에서 레코드처럼 그 소리를 계속 반복하게끔 한 것뿐이고, 제가 느끼는 감정(수줍음)에는 어떤 차이도 나타나지 않았기 때문입니다. 그러나 흘려보내기를 시작하자 평생 동안 따라다녔던 그 수줍음이 곧 사라졌습니다. 저는 이제 수많은 사람 앞에서도 편안함을 느낍니다. 이런 상태를 유지하기 위해 어떤 노력도 하지 않습니다. 제 개인적인 경험은 물론 함께 작업해온 수천 명의 보고를 근거로 볼 때, 여러분의 불행이나 비효율적인 삶에 대한 모든 책임이 오직 여러분의 생각 때문이라고 가정하는 것은 잘못입니다.

'긍정적인 생각'은 1920년대부터 전 세계적으로 유행했는데, 모든 시스템을 우리로 하여금 긍정적인 생각을 할 수 있는 능력을 증진시키는 데 집중했지요. 여러분은 아마도 "여러분이 생각하는 대로 여러분의 세계도 그렇게 됩니다."라는 표현을 들어본 적이 있을 것입니다. 그런데 이런 식으로 긍정적인 생각을 강조하는 것은 부정적인 생각 역시 진실이며 우리는 긍정과 부정을 합한 자기 생각의 총합이라는 것을 전제로 합니다. 이것이 진실이라면, 우리가 할 일은 부정적인 생각을 긍정적인 생각으로 덮는 것 외에는 별로 없습니다. 불행하게도 우리의 무의식은 헤아릴 수 없이 많은 것으로 꽉 차 있어서 이는 엄청난 작업이 될 것입니다.

반대로, 세도나 메서드는 매우 효과적입니다. 왜냐하면 우리가 생각을 갖고 있다 하더라도, 우리는 생각 그 자체가 아니기 때문입니다. 우리들 각자의 내면에 잠재의식을 상징하는 통이 있다고 상상해보세요. 이 통에는 우리의 무한한 잠재력을 상징하는 금으로 된 내벽이 있고, 그 내벽이 무관심, 슬픔, 공포, 갈망, 분노, 자존심과 모든 욕구를 상징하는 한 무더기의 썩은 사과로 완전히 뒤덮여 있다고 칩시다. 여러분이 그 내벽에 좋은 사과(행복한 생각과 행복한 감정)를 덮어씌운다 해도, 결국 그것들은 모두 썩어버릴 것입니다. 게다가 썩은 사과 위에 좋은 사과를 올려놓는 것은 금으로 된 내벽을 더 막아버릴 뿐입니다.

세도나 메서드는 그 통을 비워버리는 수단입니다. 그래서 여러분은 지금 여기, 바로 이 순간, 여러분의 삶에서 이미 존재하고, 사용할 수 있는 금으로 된 내벽을 발견할 수 있습니다. 그것을 볼 수 없는 유일한 이유는 여러분이 가진 제한된 생각, 감정, 신념, 욕구 때문입니다. 그것들을 치워버리세요. 그러면 여러분의 생각은 저절로 더 긍정적이 될 것입니다.

여러분의 생각이 세상을 바라보는 여러분의 인식에 어느 정도 영향을 끼치는 것은 확실합니다. 그리고 좀 더 생각해보면, 그것이 심지어 여러분의 삶에 실제로 일어나는 일들까지도 물들인다는 것을 알게 될 것입니다.

여기, 구체적인 예가 있습니다. 여러분이 긍정적인 생각을 가진 세일즈맨이라면, 자기 자신과 자신의 상품을 기분 좋게 느낄 것입니다. 그것이 상품 파는 것을 더 쉽게 해줍니다. 반면, 여러분이 나쁜 하루를 보냈고 연속해서 거절을 경험하거나 그 일을 한 지 매우 오래되었다면, 상품을 파는 게 한층 어려울 것입니다. 왜냐하면 점점 덜 긍정적이게 되기 때문입니다. 이 시점이 바로 흘려보내기를 할 때입니다. 그 결과, 여러분의 생각은 점점 더 긍정적이 될 것이고, 여러분의 세계도 역시 그렇게 될 것입니다.

여러분! 이 책이 강조하는 것은 여느 자기계발 프로그램과 달리 여러분의 행동을 수정하는 것 따위와 아무런 관련이 없다는 사실을 눈치 채셨나요? 그 이유는 사람들이 흘려보내기를 하면서 자연스럽게 긍정적인 방향으로 움직이기 때문입니다. 앞서 언급했듯이 한 번 바뀌면 계속 그것이 지속되는 변화, 긍정적인 변화, 진정한 변화는 내면에서 비

린드라 지네브라, 미국

나는 수년 동안 내가 납득할 만한 영적인 길을 찾아 다녔지만, 항상 빈손으로 돌아왔습니다. 세도나 메서드는 삶에서 나를 가로막는 모든 것을 흘려보내는 것이 얼마나 쉬운지를 실제로 보여준 첫 번째 가르침이었습니다. 다른 어떤 가르침도 그것을 정확히 어떻게 하는지 보여주지 못했습니다. 나에게 더 행복하고 더 쉬운 삶을 살게 해준, 내 삶을 바꿔준 세도나 메서드에 진심으로 감사합니다.

롯되는 것이지 외부에서는 절대 불가능합니다. 이 관점을 확실히 이해하려면 여러분 자신의 과거 경험을 되돌아보세요.

예를 들어, 세도나 메서드를 알기 전 여러분은 일시적으로 담배를 끊은 적이 있겠지만 나중에 다시 피우게 되었을지 모릅니다. 또는 흡연을 폭식으로 대체했을 가능성도 있습니다. 그래서 아마도 몸무게가 늘었을 것입니다. 이런 일이 일어나는 이유는 어떤 경향을 억누르게 되면, 그것이 일반적으로 다른 곳에서 튀어나오기 때문입니다. 이것이 바로 대부분의 사람과 단체가 외부에서 안으로의 변화를 꾀할 때 일어나는 현상입니다. 그에 반해, 이러한 습관이나 경향을 완전히 흘려보내는 것은 다릅니다. 안으로부터 변한다면, 그 변화는 영속적이고 긍정적입니다. 세도나 메서드를 통해 만들어내는 모든 변화는 여러분에게 더욱 종합적이고 광범위한 자유를 가져다줍니다. 세도나 메서드는 여러분의 진정한 존재인 무한한 잠재력을 더욱 드러나게 해주기 때문입니다.

앞의 그림을 숙고해서 보길 권합니다. 그것과 함께 작업하세요. 확인해보세요. 그냥 믿지 말고, 스스로 증명해보세요.

✦ 6단계

6단계는 세도나 메서드의 정수로서 흘려보내기 전체 과정을 요약하기 위해 1974년 레스터 레븐슨이 만든 것입니다. 그는 장차 카운슬러가 되길 원했던 작은 그룹의 사람들과 작업을 하고 있었습니다. 그들은 세도나 기법을 '혼자 스스로 하는' 시스템으로 체계화하는 것을 도왔던 사람들이기도 합니다. 그때 6단계를 떠올린 레스터는 당시 읽던 책갈피에 있는 나뭇잎에 그 내용을 적었습니다. 그때부터 지금까지 그 내용은 크게 변하지 않았습니다.

세도나 기법을 사용할 때마다 6단계를 참고하는 게 많은 도움이 될 것입니다. 많은 사람들이 그 목록을 요약해 지갑 속에 넣어가지고 다닙니다. 자신의 데이 타이머(하루 일과를 시간에 따라 알려주는 장치 - 옮긴이)에 6단계 목록을 설정해놓은 사람도 있습니다. 여러분도 그것을 책상 위나 잘 보이는 벽에 걸어두세요. 아니면 하루 동안의 흘려보내기 연습을 상기할 수 있도록 6단계 스크린세이버를 컴퓨터에 설치해도 좋습니다. 또 흘려보내기를 하기 위해 앉을 때나, 글로 써서 흘려보내기를 할 때 항상 이 6단계 목록을 참고하길 권합니다. 흘려보내기를 하다 어떤 지점에서 막힐 때, 이 6단계를 다시 보면 그 막힌 지점에서 빠져나올 수 있을 것입니다. 6단계는 여러분이 이제까지 해왔고, 앞으로도 계속할 모든 것의 핵심입니다.

1. 여러분 스스로가 인정받고, 통제하고, 안전하고, 분리되고자 하는 욕구보다 자유와 초연함을 더 원하도록 허용해주세요.

2. 여러분은 흘려보낼 수 있고, 자유롭고 초연해질 수 있다고 결정하세요.

3. 모든 감정이 결국 네 가지 욕구(인정 욕구, 통제 욕구, 안전 욕구, 분리 욕구)로 끝난다는 것을 인식하도록 스스로를 허용해주세요. 그리고 이

욕구를 흘려보내도록 스스로를 허용해주세요.

4. 꾸준히 계속하세요. 인정 욕구, 통제 욕구, 안전 욕구, 분리 욕구를
   혼자 있을 때나 다른 사람들과 함께 있을 때나 항상 흘려보내도록
   하세요.

5. 생활 속에서 막혔다면, 그 상황을 조종하거나, 변화시키고자 하는
   욕구를 흘려보내세요.

6. 매번 흘려보낼 때마다 여러분은 더 가벼워지고, 더 행복해지고, 더
   효율적이게 됩니다. 이 작업을 계속하면, 점점 더 가벼워지고, 점점
   더 행복해지고, 점점 더 효율적이 될 것입니다.

이제 6단계를 차례대로 자세히 살펴보도록 합시다.

**1단계 여러분 스스로가 인정받고, 통제하고, 안전하고, 분리되고자
하는 욕구보다 자유와 초연함을 더 원하도록 허용해주세요.**

이 단계는 여러분이 다른 어떤 것보다 더 자유를 원해야 한다는 말
이 아닙니다. 또한 인정받고, 통제하고, 안전하고, 분리되고자 하는 욕
구를 완전히 흘려보낼 때까지는 어떤 목표나 자유로움을 성취할 수 없
다는 뜻도 아닙니다. 이것은 마음을 자유와 초연함에 더 집중할수록 세
도나 메서드에 의한 결과물을 삶 속에서 더 빨리 볼 수 있고, 목표를 더
욱 빠르게 자신의 의식 안으로 끌어당길 수 있다는 것을 뜻합니다. 재

미있게도, 자유와 초연함을 원하는 것은 우리로 하여금 이런 종류의 작업에 끌리도록 합니다. 많은 사람들이 무의식적으로 사는 것을 더 좋아합니다. 그들은 문자 그대로 출구가 있고 대안이 있다는 사실을 알고 싶어 하지 않습니다. 세도나 메서드의 과정에 이만큼 깊이 들어온 여러분은 내면에서 외부로의 변화를 꾀하는, 이 세상에서 가장 운 좋은 사람들 중 하나입니다. 여러분은 가능한 한 자주 자유를 선택함으로써 그 자유에 대한 열망을 강화할 수 있습니다. 여러분이 세도나 메서드를 계속할지에 대해 확신이 없다면, 그 판단을 도울 만한 질문이 있습니다. 이것은 매우 유용하며, 특히 여러분이 불편한 감정을 흘려보내는 데 어려움을 겪고 있다면 더욱 유용합니다.

내가 이 막힘(혹은 감정)을 갖고 있는 것이 더 나을까, 아니면 자유로워지는 게 더 나을까?

대부분 이 질문을 하자마자 여러분은 그 막힘을 둘러싸고 있는 에너지가 변하기 시작하는 것을 곧 발견할 것입니다. 아주 자주 이 질문 그 자체가 여러분이 그 순간 집착하고 있는 것이 무엇이든 상관없이 그것을 흘려보내게 해줄 것입니다. 우리는 6단계 중 1단계 첫 문장에서 '욕구'라는 단어를 사용했습니다. 다른 모든 욕구를 자유에 대한 욕구로 전환한다면, 여러분은 머지않아 이런 질문도 필요하지 않게 될 것이고, 그 여러 가지 욕구는 저절로 사라질 것입니다.

2단계 여러분은 흘려보낼 수 있고, 자유롭고 초연해질 수 있다고 결정하세요.

여러분이 흘려보낼 때마다 그것은 그저 단순한 결정, 즉 선택일 뿐

모든 것을 하나로 통합하기

333

입니다. 여러분에겐 날마다 모든 순간 결정을 내릴 선택권이 있습니다. 이것은 물론 지금부터 항상 흘려보내기만을 선택한다는 것을 뜻하는 게 아닙니다. 그러나 여러분이 세도나 메서드를 통해 자유로워지기로 했다면 그런 결정을 하기가 점점 더 쉬워질 것입니다. 여러분이 자유를 쉽고 순조롭게 얻을 수 있다는 것을 알게 될수록, 더욱더 그런 선택을 하고 싶을 것입니다.

3단계 모든 감정이 결국 네 가지 욕구(인정 욕구, 통제 욕구, 안전 욕구, 분리 욕구)로 끝난다는 것을 인식하도록 스스로를 허용해주세요. 그리고 이 욕구를 흘려보내도록 스스로를 허용해주세요.

이 단계는 세도나 메서드의 핵심입니다. 여러분이 흘려보내기 탐구를 계속할수록 내면에 있는 네 가지 욕구가 어떻게 여러분으로 하여금 자신이 선택하지 않은 감정을 느끼도록 만드는지 그리고 어떻게 나중에 후회할 행동을 하도록 선택하게 하는지 깨달을 것입니다. 이러한 지혜가 쌓이면 흘려보내기가 저절로 그리고 즉각적으로 매우 쉽게 이루어진다는 것을 발견할 것입니다.

4단계 꾸준히 계속하세요. 인정 욕구, 통제 욕구, 안전 욕구, 분리 욕구를 혼자 있을 때나 다른 사람들과 함께 있을 때나 항상 흘려보내도록 하세요.

문제가 있을 때마다 여러분은 그것을 흘려보내고 문제를 반전시킬 기회를 갖는 것입니다. 모든 침체기는 더 높이 올라가기 위한 기회라는 사실을 인식함으로써 삶에 대한 여러분의 시각을 완전히 바꾸세요. 여러분은 지금 흘려보내기를 지속적으로 하는 새로운 습관을 길들이는 중입니다. 따라서 비록 처음에는 그것이 규칙이나 명령처럼 보일 수도 있겠지만, 여러분이 하는 모든 일마다 흘려보내기를 해야 한다는 규칙이나 명령 같은 것은 아닙니다. 이는 여러분이 경험하는 것이 무엇이든 그 너머에 있는 무한한 잠재력을 더욱더 잘 알아차리는 것에 관한 이야기입니다. 흘려보내기를 꾸준히 하라는 것은 항상 여러분 스스로에게 릴리징 질문을 하라는 뜻이 아닙니다. 이는 진정한 자신의 모습으로 이완해 들어가는 것을 말합니다. 여러분은 편안한 상태의 존재입니다. 그리고 지금 어떤 감정이 일어나더라도 흘려보낼 수 있도록 최대한 열려 있는 존재입니다. 여러분은 지금 진실을 보고 있습니다. 흘려보내기는 제2의 천성이 될 수 있고, 억압과 표현이 대부분 우리에게 그런 것처럼 머지않아 흘려보내기도 분명 자동적으로 이루어질 것입니다. 우리는 언제나 어떤 방식으로든 우리의 감정에 대해 무언가를 하고 있습니다. 그러니 이제 그것들을 흘려보내는 건 어떨까요?

5단계 생활 속에서 막혔다면, 그 상황을 조종하거나 변화시키고자 하는 욕구를 흘려보내세요.

이 과정은 5장 '평온의 열쇠'에서 따로 집중적으로 다뤘을 만큼 매우 중요한 부분입니다. 이것은 세도나 메서드의 안전밸브이며 대부분의 경우 여러분을 바로잡아줄 유일한 행동입니다. 그리고 여러분이 궤도에서 이탈했을 때 다시금 트랙 위로 복귀시켜줍니다. 우리는 특히 감정과 느낌을 바꾸거나 조종하려 할 때 막히게 됩니다. 따라서 그렇게 하고자 하는 욕구를 흘려보내면, 전체 흐름이 바뀌게 됩니다. 이것은 매우 간단합니다. 만약 다음과 같은 느낌이 들 때는 변화시키거나 통제하려는 욕구를 흘려보내세요.

- 압도당하고 있다는 것을 느끼고 있다면
- 흘려보내기에서 멀리 벗어나버렸다면
- 흘려보내기를 잊었다면
- 흘려보낼 수 없다고 느낀다면
- 무엇을 느끼고 있는지 확실하지 않다면
- 다른 사람보다 흘려보내기를 더 어렵게 하는 일정한 패턴을 갖고 있다는 것을 발견했다면
- 쫓아다니기를 그만 멈추고, 이제 흘려보내고 싶다면

6단계 매번 흘려보낼 때마다 여러분은 더 가벼워지고, 더 행복해지고, 더 효율적이게 됩니다. 이 작업을 계속하면, 점점 더 가벼워지고, 점점 더 행복해지고, 점점 더 효율적이 될 것입니다.

서문에서 언급했듯이, 레스터는 세도나 메서드를 '바닥이 올라가는 기법'이라고 부르곤 했습니다. 무슨 얘기인가 하면, 이 기법을 사용할 때 여러분이 지금 가장 상위의 경험이라고 생각하는 것이 결국엔 바닥이 된다는 뜻입니다. 이것은 일의 부침浮沈이 없을 것이라는 뜻이 아니라 흘려보내기를 하게 되면, 여러분의 높은 지점은 계속 높아지고 낮은 지점 역시 그렇게 된다는 뜻입니다. 여러분은 감정을 더 정확하게 느낄 것입니다. 왜냐하면 흘려보내기를 하면서 더욱더 열리고, 더욱더 예민

해지고, 더욱더 판단력을 갖추게 되기 때문입니다. 그러나 감정을 더 정확하게 느낀다 해도, 여러분은 그것들을 더욱 쉽게 흘려보낼 수 있습니다. 그리고 그 덕분에 마침내 더욱 빠르게 자유를 경험할 것입니다. 이것이 바로 이 책과 함께 작업하면서 그 결과물을 적어보라고 권하는 이유입니다. 세도나 메서드를 통해 삶에서 이룬 긍정적인 변화를 되짚어보면 알아차릴 것입니다. 이렇게 말입니다. "그래, 나는 더욱 자유로움을 느끼고, 더욱 행복을 느끼고, 모든 일이 점점 더 쉬워지고 있어. 나는 더욱 효율적이 되고 있어." 이것을 깨달을 때, 여러분은 부정적인 방향보다 긍정적인 방향으로 에너지를 쓰는 것입니다. 그리고 이것이 마침내 여러분을 다시 1단계로 돌아가도록 할 것입니다. 즉, 더 많은 긍정적인 결과를 얻기 위해 다시금 릴리징 작업을 시작하게 될 것입니다. 스스로가 더 자유롭고 행복해지고 있다는 걸 깨달을 때, 그것을 더 많이 갖고자 하는 욕구가 강해지기 때문입니다. 레스터 레븐슨이 스스로 묻곤 했던 다음 질문을 생각해보세요.

이것이 조금이라도 더 좋아질 수 있을까?

만약 여러분이 흘려보내기를 함으로써 조금이라도 좋아질 수 있다면, 그렇게 될 것입니다.

◈ 탐구: 문제란 없다

2부로 넘어가기 전에, 여러분과 이제까지 세도나 메서드 코스를 작업하면서 탐험했던 가장 강력한 관점을 나눠볼까 합니다. **지금**

이 순간 어떤 문제도 없습니다. 저는 이 문장을 지금을 위해 아껴두었습니다. 여러분이 이것을 쉽게 받아들이기 어렵다는 것을 압니다. 그러나 여러분이 지금 이 순간 갖고 있는 문제라고 생각하는 것들이 그저 과거의 기억일 뿐이라면 어떻게 하시겠습니까? 저는 여러분이 스스로를 위해 이 명제를 탐험해보고 최소한 그 가능성이라도 즐기길 바랍니다. 여러분이 이 명제를 일부라도 받아들이고 최선을 다해 작업한다면, 여러분의 삶을 근본적으로 더 좋게 변화시켜주는 효과적인 도구가 될 것입니다.

시간이 지나도 문제가 사라지지 않는 것처럼 보이는 이유는 지금 이 순간 문제가 없을 때 우리가 그것을 찾아 나서기 때문입니다. 그렇습니다. 사실 우리는 문제를 찾습니다. 우리가 경험한 일을 우리에게 특정한 문제가 있다는 신념을 갖고 필터링하는 경향이 있습니다. 그 신념을 지지하지 않는 것은 무엇이든(지금 이 순간 어떤 문제도 없다는 사실을 포함해서) 무의식적으로 검열합니다.

저는 수년 동안 이런 관점으로 작업을 해왔습니다. 그러나 수업과 수련회에서 그것을 소개하고 사용하기 시작한 것은 몇 년 전의 일입니다. 어떤 그룹과 함께 이 관점을 공유한 첫 경험은 몇 년 전에 있었던 7일간의 수련회 때였습니다. 헨리는 무릎 인대 파열로 엄청난 고통을 느끼면서도 무릎 보조기를 차고 수련회에 왔습니다. 주치의는 인대 파열이 완전히 낫는 6개월 정도까지 고통이 계속될 거라고 말했죠. 그래서 헨리는 제가 심지어 고통까지도 기억일 뿐이라고 말하자 꽤 회의적인 반응을 보였습니다. 그렇습니다. 지금 이 순간에도 감각은 있습니다. 하지만 고통 그 자체는 그저 기억일 뿐입니다. 헨리는 24시간 내내 내가 틀렸다는 것을 증명하려고 애썼습니다. 자신이 지금 그 통증과 완전히 현존한다 한들 계속해서 고통만 경험할 거라고 확신했던 것입니다.

다음 날, 헨리는 제 말을 의심했음에도 불구하고 현재 속에서 고통을 찾을 때마다 그것을 발견하지 못했다는 사실에 매우 놀라워했습니다. 그는 더 이상 어떤 고통도 현재 속에서 찾을 수 없을 뿐만 아니라 더 이상 통증을 느끼지도 않고, 붓기도 85퍼센트나 빠졌다고 말했습니다. 또한 무릎 보조기 없이도 걷게 되었습니다.

저는 여러분이 단지 그것은 기억일 뿐이라는 가능성을 인정하고, 여러분이 발견한 것에 대해 열려 있음으로써 여러분이 오래도록 간직해 온 문제들에 도전하길 바랍니다.

여러분의 인식으로부터 비롯된 고통을 흘려보내기 위해 여러분이 가졌었다고 믿었던 문제를 생각해보세요.(이 문장을 과거형으로 쓴 점에 주의하세요.)

과거에서 비롯된 문제를 허용하는 게 힘들다면, 가장 최근의 순간을 그 과거에 포함하도록 스스로를 허용해주세요. 우리 대부분은 과거를 적어도 어제, 작년, 혹은 몇 년 전으로 생각합니다. 제가 제안하는 것을 이해하려면, 정확히 지금 일어나고 있지 않은 모든 것을 과거로 여겨주세요. 몇 초 전, 심지어 몇 십만 분의 1초 전도 과거입니다. 그럼 스스로에게 이렇게 물어보세요. **내가 어떻게 이 문제를 가졌었다고 믿게 되었는지 기억할 수 있도록 자신을 허용해줄 수 있는가?**

질문 뒤에 나오는 의식의 전환은 여러분을 웃게 할 수도 있고, 마음에서 감정이 일어나게 할 수도 있고, "그래, **이것조차** 그저 기억일 뿐이야."라는 새로운 깨달음이 열리게 할 수도 있습니다.

그런 다음, 스스로에게 물어보세요. **나는 과거로부터 그것을 바꾸고 싶어 하는가?**

만약 대답이 "예."라면, 이렇게 물어보세요. **나는 과거로부터 그것을 바꾸고자 하는 욕구를 흘려보낼 수 있는가?** 그리고 나서 최선을 다해 흘려보내세요.

만약 대답이 "아니요."라면 그냥 다음 단계로 넘어갑니다.

이 과정에서 완성된 질문은 이것입니다.

내가 그 문제를 다시 가질 것이라고 믿고 싶은 욕구를 흘려보낼 수 있는가? 혹은 그 문제가 다시 일어날 것이라는 기대를 내가 흘려보낼 수 있는가?

항상 흘려보내기에 최선을 다하세요. 그러나 여러분이 지금 그 문제들에 대한 기억에 매달려 있다면, 완전히 흘려보낼 수 있을 때까지 처음부터 이 과정을 반복하세요.

✧ 이익과 손해 기법 최대화하기

10장에서 소개한 '이익과 손해 기법'을 작업할 때는 과거 시제를 사용하도록 권장합니다. "이 문제를 갖는 것에 따른 이익은 **무엇이지?**" 혹은 "이 문제를 갖는 것에 따른 손해는 **무엇이지?**"라고 묻는 대신 "이 문제를 가졌던 것에 따른 이익은 **무엇이었을까?**" 혹은 "이 문제를 가졌던 것에 따른 손해는 **무엇이었을까?**"라고 물어보세요. 그런 후,

10장에서 제시한 과정을 따라 하세요.

'이익과 손해 기법'을 과거 시제로 작업하는 것은 그 문제가 단지 기억일 뿐이고 앞으로 재발하지 않을 수도 있다는 가능성을 허용하게끔 해줍니다. 여러분의 의식에 있는 그 특정한 문제를 흘려보내도록 해줍니다. 이렇게 하면 감정의 원인이 되는 핵심을 훨씬 더 빠르게 차단할 수 있고, 훨씬 더 완전하게 흘려보낼 수 있습니다.

이런 관점을 갖고 더욱더 많이 작업할수록 여러분이 영원할 것이라고 믿었던 문제조차 흘려보내는 것이 더욱더 쉽다는 걸 발견할 것입니다. 그리고 여러분이 1부에서 배운 모든 것을 더욱 깊은 단계에 접어들도록 도울 것입니다.

✧ 한 번에 하나의 감정만 작업하자

사람들은 종종 이런 종류의 책을 쓸 때, 독자에게 적어도 21일 동안 지속하라고 간청합니다. 그래야 독자들이 새로운 사고와 행동을 습관화할 수 있다면서 말입니다. 그러나 이것은 부자연스럽고, 강압적인 것 같습니다. 대신, 세도나 메서드는 그냥 한 번에 한 가지씩만 작업하고, 그때마다 배웠던 것을 최선을 다해 적용하길 권합니다. 어떤 순간 흘려보내기 작업을 잊어버렸다 해도, 여러분의 성실함에 문제가 있는 것은 아닙니다. 그것은 그저 여러분이 지금 흘려보냄으로써 성공할 수 있는 새로운 기회를 갖는 것을 의미할 뿐입니다. 매 순간 성공한다면, 여러분이 진정 어떤 존재인지에 관한 진실을 받아들이고, 흘려보내기를 계속하게끔 하는 영감을 받을 것입니다.

◇ 스테파니: 시간 낭비 같은 것은 없다

우리가 이 책을 함께 작업할 때, 편집자인 스테파니는 세도나 메서드 과정을 막 시작한 참이었습니다. 하루는 전화로 이 책의 구성에 대해 토론할 때, 그녀는 자신의 이야기를 흘려보내라는 제안에 짜증을 많이 느꼈다고 말했습니다. "내 인생에서 일어났던 일이 나를 더 성숙하게 해주거든요. 나는 그것들이 거짓이고 허구라는 말을 듣는 게 전혀 달갑지 않아요. 게다가 어떤 사건들에 대한 감정을 흘려보내도 이내 다시 돌아와요." 나는 그녀에게 조금 더 흘려보내고, 그것들을 다시 경험하고자 하는 욕구를 포기하면 어떤 일이 일어나는지 지켜보라고 격려했습니다.

그리고 며칠 후, 스테파니에게서 전화가 왔습니다. "지난번에 했던 제 말 기억하세요? 제 이야기를 흘려보내라는 제안이 저한테 얼마나 짜증나는 일이었는지 말이에요." 제가 기억한다고 대답하자 그녀가 말했습니다. "음, 사실, 저한텐 당신에게 말할 수 없었던, 지난 수년간 제 삶을 지배해온 수치스러운 얘기가 있었어요. 지난번 당신과 통화를 하고 나서, 그것을 한 번 흘려보내기로 결정했어요. 진짜로 가능할 거라고 믿지는 않았지만, 실험하는 의미로요. 앞으로 24시간에서 48시간 동안, 마치 제 수치가 진실이 아닌 것처럼 자유롭게 살기로 했죠. 그런 결정을 내리자마자 곧바로 5분 동안 엄청나게 울었어요. 저한테 올라오는 모든 것을 끊임없이 흘려보냈어요. 울음을 멈추자마자 전화벨이 울렸는데, 전화를 건 사람은 세도나 수업을 함께 듣는 친구였어요. 마치 우주에서 온 선물처럼 느껴졌어요. 그래서 그녀에게 저의 '깊고 어두운 비밀'을 말하기로 결정했죠. 제 수치심이 정말로 사라져버렸는지 확인하고 싶었거든요. 그렇게 결정하자 흥미로운 일이 일어났어요." 스테파니는 웃으면서 말했습니다. "먼저, 머리부터 발끝까지 뜨거워지더니 한 3초 정도 강한 슬픔을 느꼈어요. 그러고는 곧 괜찮아졌죠. 완전히 괜찮아졌습니다." 그녀는 자신의 몸을 통해 쏟아져 내리는 에너지에 놀랐습니다. 그녀의 유일한 불만은 자신이 느낀 슬픔이었습니다. "헤일, 나는 행복하지 않은 데 너무 많은 시간을 써버렸어요. 자유로워지는 게 이렇게 쉬운데, 그동안 고통에 너무 빠져 있었어요."

여러분도 만약 스테파니처럼 시간을 낭비했다고 느낀다면, 제가 그녀를 확신시켰던 것처럼 여러분 스스로를 확신시키도록 하세요. 시간 낭비 같은 것은 존재하지 않습니다. 우리는 살아가는 데 꼭 필요하다고 생각하는 일들을 하고 있을 뿐입니다. 솔직히, 우리의 이야기와 고통에 투자한 모든 시간과 에너지는 그것을 흘려보내게 되면 천배로 다시 돌아옵니다. 우리는 결코 시간을 낭비하고 있는 게 아닙니다.

실수란 없습니다.

2 부

실제 생활에서의
적용

The Sedona Method

13장

두려움과 걱정 속에 숨겨진 의도

그것은 바로 당신입니다.
당신이 '나'라고 할 때, 그것은 무한합니다.
무한하면서 당신이라는 존재를 찾고 있는 그가
바로 당신입니다.

_레스터 레븐슨

레스터 레븐슨은 "두려워하면 곧 그렇게 될 것입니다."라고 자주 이야기하곤 했습니다. 그는 극심한 만성 불안과 공황 발작부터 일상적인 걱정과 조바심, 신경과민까지 모든 종류의 공포가 다양한 양상으로 우리 의식 속에 자리 잡고 있는 것을 관찰했습니다. 우리는 두려움을 피하는 데 지속적으로 관심을 갖기 때문에 그 두려움을 계속해서 마음속에 불러들입니다. 그리고 그것이 우리의 행복과 자유를 제한하는 프로그램이 됩니다. 공포는 우리가 하고 싶거나 반드시 해야 할 것을 하지 못하게 막습니다. 어떤 행동을 취하려 할 때 "~하면 어쩌지?"라는 걱정을 만들기 때문입니다. 공포는 또한 방어막을 내려놓았을 때 무슨 일이 생길지 모른다는 이유 때문에 우리로 하여금 자신의 '문제'를 릴리징하지 못하도록 막습니다.

저는 공포FEAR란 '진실처럼 보이는 거짓 증거False Evidence Appearing Real'의 약자라고 학생들에게 자주 말합니다. 대부분의 사람들이 하는 걱정은 전혀 근거가 없기 때문입니다. 심지어 어떤 공포의 근거가 현실에 바탕을 둔 것처럼 보일지라도 실제 위험과 비교했을 때보다 과다하게 왜곡되어 있기 다반사입니다. 우리로 하여금 공포를 좀 더 쉽게 흘려보내도록 할 수 있는 무엇이 있다면, 그것은 우리 삶에 엄청난 차이를 가져올 것입니다.

그러면 공포를 흘려보내는 것 뒤에 있는 숨은 비밀은 무엇일까요? 여러분은 놀라겠지만, 그럼에도 불구하고 제 경험상 이것은 진실입니다. **"우리는 어느 정도 잠재의식적으로, 일어날까봐 두려워하는 것이 실제로 일어나기를 바라거나 기대합니다. 의식적이 아니라 무의식적으로 말입니다."** 믿기 어려워도, 일단 이 개념을 받아들이면 그다음부터는 이것을 흘려보낼 수 있습니다.

저는 이 생각이 정말 믿기 어렵다는 걸 잘 알고 있습니다. "제가 왜 병을 앓고 싶겠어요?" 또는 "제가 왜 국세청의 세무 감사를 받고 싶겠어요?" 이렇게 반문할지도 모릅니다.

그러나 한 번 생각해보세요. 자신이 싫어하는 이 세상의 것들을 볼 때 우리는 "나한테는 그런 일이 없었으면 좋겠다." 또는 "그런 일이 나에게 다시는 일어나지 않았으면 좋겠다."고 생각합니다. 하지만 이런 상황에서 마음이 듣고 그린 그림은 마치 "그 일이 나한테 일어났으면 좋겠어."라고 생각한 것과 같습니다. 그래서 우리의 창조 에너지는 그런 방향으로 흘러가기 시작하고, 그 결과 두려워하는 그 일이 일어나는 것입니다. 좀 더 자세히 설명하면, 앞서 8장에서 언급했듯이, 마음은 오직 그림으로만 창조합니다. 마음은 '아니야not' '절대 안 돼never' '안 해don't' 같은 부정적인 단어는 이미지화하지 못하기 때문에 무시합니다.

우리는 싫어하는 것을 경험할 때나 싫어하는 내용을 신문에서 읽거나 싫어하는 장면을 텔레비전에서 볼 때, 그 반대의 생각을 마음속에 심습니다. 이런 일은 원치 않았던 특정한 경험을 하거나 가까운 사람에게 비극적인 일이 일어났을 때도 마찬가지입니다. 그런 일들은 일반적으로 우리 내면에 있는 저항감을 자극합니다. 그게 무엇이든 바꾸기를 원하기 때문에 "나는 아버지처럼 암에 걸리지 않길 바라." 또는 "이런 바보 같은 실수는 두 번 다시 하고 싶지 않아." 같은 말을 합니다.

이것은 모두 의식 저 아래에서 일어나는 일들이라는 점을 기억하세요. 우리 대부분은 "아프고 싶다."고 의식적으로 단언하지 않습니다. "나는 돈을 잃고 싶어." 또는 "나는 사고를 당하고 싶어."라고 말하지 않습니다. 그 반대로 말하죠. 하지만 그럴 때마다, 그 사실을 깨닫지 못하지만, 우리는 마음속에 두려움을 붙잡고 있는 것입니다.

여기, 우리가 모르는 사이에 부정적인 결과를 창조하는 또 다른 방식이 있습니다. 무언가를 걱정할 때, 우리는 그 피하고 싶은 결과를 어떻게든 스스로 대비해야 한다고 믿습니다. 원하지 않는 일이 일어날 때는 심적으로나 실제적으로 그걸 대비하고 있기를 원합니다. 어떤 일이 일어날지 모르거나 혹은 알더라도 그 결과가 긍정적이지 않을 수 있다는 데에서 비롯된 불확실성을 원치 않기 때문에, 그것에 대비하면서 생기는 "휴우, 이제는 괜찮겠지." 하는 잘못된 안정감을 더 선호합니다. 그러나 다시 한 번 말하지만, 재앙에 대비한 게 일을 잘되게 했을지라도 내면적인 그리고 외부적인 준비 자체는 그 나쁜 일을 불러오는 것이기도 합니다. 걱정할 때마다 우리는 원치 않는 일을 마음속에 붙들고 그것을 불러옵니다.

함께 작업을 시작하기 전에 몇 가지 현실적인 부분을 말씀드리고 싶습니다. 우선, 여러분이 불안 장애를 진단받았다면, 이 책의 정보가 의사나 치료사를 대신하지 않는다는 점을 기억하세요. 전문의와 상의 없

> **캐슬린 벨,
> 미국**
>
> 나는 다음 날의 직장 일에 대한 공포, 걱정, 이미 일어났거나 일어날지도 모르는 일에 대한 죄책감 때문에 머리가 지끈거려 한밤중에 깨곤 했습니다. 세도나 메서드를 사용한 뒤부터는 그 '한밤중의 대화'가 놀랄 만큼 줄어들었고, 설령 그런 일이 생긴다 해도 늦게까지 깨어 있는 대신 그것을 흘려보내고 다시 잠들 수 있게 되었습니다.

이 현재 진행 중인 치료와 식이 요법을 바꾸지 마세요.

두 번째로, 기존의 진단이 자기 충족적 예언이 될 수도 있다는 가능성을 열어두세요. 이 장을 읽으면서 변화의 가능성을 인식하고, 자신의 상태와 관련한 모든 것을 열린 마음으로 받아들이고, 흘려보내세요.

세 번째로, 건강상 극도로 두려워하는 것이 있다면 18장으로 바로 건너뛰는 것이 좋습니다. 거기서 실제적이고 도움이 되는 정보를 얻고, 지금의 문제를 보완해줄 흘려보내기 방법을 배울 것입니다.

이 책을 읽는 모든 독자는 공포와 두려움에 대해 앞서 배웠던 기본적인 흘려보내기 과정을 계속해야 합니다. 이 장에서 배울 내용은 각자의 공포와 두려움의 바탕이 되는 인정, 통제, 안전에 대한 욕구를 흘려보내는 작업을 대신하는 것이 아닙니다. 한 가지 조언을 드리자면, 공포는 거의 항상 안전 또는 생존의 욕구나 죽음의 욕구에 바탕을 두고 있습니다.

마지막으로, 공포라는 감정이 우리에게 하는 거짓말 중 하나는 우리가 그것을 직접 마주하고 흘려보내면, 최악의 상황이 올 것이라는 겁니다. 이것은 진실이 아닙니다. 모든 공포는 항상 어둠 속에 숨어 있는 것보다 의식의 빛 안으로 끄집어내는 것이 훨씬 더 극복하기 쉽습니다.

◇ 손쉽게 공포 흘려보내기

먼저 자신을 편안하게 해주고 내면에 집중하세요. 여러분이 일어날 것이라 여기며 두려워하는 것이 정확히 무엇인지 보기 위해, 두려워하거나 걱정하는 것을 마음속에 떠올려보세요. 작은 것부터 시작해도 좋습니다. 지금, 그 공포가 크고 심하게 느껴지는지 아니면 가볍게 느껴지는지 잠시 살펴보세요. 어떤 쪽이든 상관없습니다. 그냥 그것을 관찰하고, 환영하세요.

이제 자신에게 물어보세요.

이것이 일어나기를 원하는 마음을 흘려보낼 수 있나요?

이 질문에 웃음이 날 수도 있습니다. "말도 안 돼요. 나는 정말 이런 일이 일어나는 걸 바라지 않는다고요!"라고 말할 수도 있습니다. 하지만 다시 한 번 질문해보면, 다른 것을 찾게 될 것입니다. 여러분이 지금 바로 전의 같은 주제로 돌아가면, 사실 이미 그 차이점을 알아차렸을 것입니다. 그러니 방금 했던 똑같은 공포에 집중하거나, 또는 두려워하는 다른 것에 집중하고 이 간단한 방법으로 공포를 흘려보내세요.

당신이 일어나길 두려워하는 것은 무엇인가요?

당신이 일어나지 않기를 원하는 것은 무엇인가요?

지금, 당신은 그것이 일어나기를 바라는 욕구를 흘려보낼 수 있나요?

어쨌든 자기 자신이 부정적인 것이 일어나기를 무의식적으로 혹은 잠재의식적으로 바란다는 충격적인 사실을 인정하고 나면, 이런 방법으로 공포를 흘려보내는 것은 굉장히 쉽습니다. 왜냐하면 그것은 여러분이 진심으로 원하는 게 아니기 때문입니다. 어떤 특정한 공포에 막혀 흘려보내기를 하기가 어렵다면, 간단히 기본적인 릴리징 질문으로 돌아가세요. 이 순간 어떤 욕구가 일어나는지 보고 그것을 흘려보내거나, 흘려보내기에 어려움을 겪고 있는 것을 바꾸고 싶은지 보고, 그것을 바꾸고 싶은 욕구를 흘려보내세요. 그러고 나서 다시 공포 흘려보내기 작업으로 돌아오세요.

이제 다시, 여러분이 두려워하는 것에 집중하세요. 방금 했던 것도 좋고, 다른 것도 좋습니다. 여러분이 실제로 일어날까봐 두려워하는 것이 정확히 무엇인지 알아차리세요. 예를 들어, 높이를 두려워한다면 그 속에는 사실 추락에 대한 공포가 있을 수 있습니다.

당신은 그것이 일어나기를 바라는 욕구를 흘려보낼 수 있나요?

다시 한 번 같은 두려움이나 혹은 일어나길 원하지 않거나 걱정이 되는 다른 두려움에 집중하세요. 사람들 앞에서 말하는 것을 두려워할 수도 있습니다. 이것에는 실수에 대한 두려움이나 수많은 사람 앞에서 바보처럼 보이는 것에 대한 두려움이 내재되어 있을 수 있습니다.

잠재된 두려움이 무엇이든, 당신은 그것이 일어나기를 원하는 욕구를 흘려보낼 수 있나요?

내면에서 어떻게 느끼는지 확인하세요. 이런 식으로 흘려보내는 것, 아주 쉽지 않나요? 이 과정은 잠재의식 속에 숨어 있는 저항을 청소하

M. H.,
미국

수년 동안, 나는 나를 불구로 만든 사회 공포증 때문에 고통받았습니다. 학생 신분이기 때문에 날마다 새로운 얼굴을 마주해야 했죠. 단지 교실 안에 앉아만 있는데도 너무 걱정이 돼서 심장이 가슴 밖으로 튀어나올 것 같았습니다. 지난 10년 동안 수십 명의 심리학자와 상담을 하고 처방을 받았지만, 그 어떤 것도 세도나 메서드를 통해 이룬 것의 절반만큼도 나를 도와주지 못했습니다. 나는 극도의 수줍음이나 사회적인 걱정 때문에 고통받는 수많은 사람에게 이렇게 말하고 싶습니다. 당신은 혼자가 아닙니다! 당신도 악순환에서 자유로울 수 있습니다! 세도나 메서드는 내 인생을 되찾아주었습니다.

는 데 도움이 될 것입니다. 잠재의식적으로 일어나기 원했던 것을 흘려보낸 후 여러분은 삶의 많은 부분에서 엄청난 변화를 경험할 것입니다. 앞으로 이 쉽고, 아주 효과적인 방법을 즐겁게 실험해보세요.

세도나 메서드의 실용 도구 상자에 이 작은 요령 하나를 추가하고 그 결과를 즐기세요. 원하지 않는 결과를 생각하는 자신을 발견할 때마다 그저 **"당신은 그것이 일어나기를 바라는 마음을 흘려보낼 수 있나요?"**라는 질문을 함으로써 그것을 흘려보내세요.

✧ 사람에 관한 두려움 흘려보내기

사랑하는 누군가를 걱정할 때 마음속에 어떤 그림이 그려지나요? 솔직히 말하면 아마 그 그림이 그다지 긍정적이진 않을 것입니다. 우리는 다른 사람을 걱정할 때 잠재의식적으로 반대되는 의도를 불러일으킵니다.

누군가를 걱정한다면 그 일이 그들에게 일어나기를 바라는 욕구를 흘려보내고 다음 질문을 해보세요.

당신은 _____ (일어날까 걱정하는 것)을 마음속에 붙잡고 있을 것인가요, 아니면 _____ (그 반대의 것)을 마음속에 붙잡고 있을 것인가요?

이것은 머리를 쓸 필요도 없습니다. 여러분의 남편이나 아내, 아들, 딸 또는 친한 친구가 저녁 약속 모임을 끝내고 집에 도착하는 게 조금 늦는다면, 여러분은 그들이 자동차 사고를 당하는 그림을 마음에 그릴 것인가요? 아니면 그저 약간 늦는 것을 마음에 그릴 것인가요? 대부분의 사람들이 그런 것처럼 여러분도 후자를 택할 것입니다. 그러니 그 반대를 기대하거나 원하는 욕구를 흘려보내세요.

✧ 제니퍼: 지금이 아니면 언제?

제니퍼는 자신의 불안과 우울증에 대한 답을 찾느라 수십 년을 보낸 후 58세의 나이에 세도나 메서드를 만났습니다. "저는 불안

이 습관이라고 믿어요. 어렸을 때 어머니에게 불안과 완벽주의를 배웠죠. 열두 살 때, 남은 제 인생에 큰 영향을 준 결정을 했어요. 어머니가 저를 싫어하고 떠나게 만들지도 모를 어떤 행동을 했죠. 제가 생각한 이 나쁜 범죄를 만회하는 유일한 길은 남은 인생 동안 순종적인 딸이 되는 것이었어요."

제니퍼는 20대에 가슴 두근거림과 공황 발작을 경험하기 시작했습니다. 치료를 받고 자기계발 서적을 읽었지만, 도움이 되지 않았죠. "대부분 제 이야기를 말하는 것뿐이었어요. 들어주는 사람이 있는 것은 좋았지만, 어떻게 하면 나아지고 어떻게 이 쓰레기를 치울 수 있는지에 대한 확실한 메시지는 없었어요." 34세에 교통사고로 남편이 숨지자 여덟 살 난 아들을 홀로 키워야 했습니다. 3년 후 재혼을 했을 때도 그녀는 여전히 슬픔에 잠겨 있었죠. 1980년대 들어, 그녀의 불안 증세가 호르몬 문제와 연관이 있다고 생각한 부인과 의사는 프로작을 처방했지만 좋아지지 않았습니다. 그다음에는 자낙스를 복용하게 되었습니다.

어느 날, 제니퍼는 세도나트레이닝협회의 홍보 우편물을 받았습니다. "그것은 제게 꼭 필요해 보였어요. 저는 대체 이게 어떤 걸까, 하면서 주문을 했죠. 상담에 이미 많은 돈을 지불했기 때문에 이번에도 상당히 회의적이었죠. 그래서 흘려보내기를 시작했다가 그만두기를 몇 번 반복했어요. 저의 이러한 흘려보내기 패턴을 우선 흘려보내야 했던 것이지요. 회사까지 자동차로 출퇴근했기 때문에 차 안에서 이 프로그램을 듣는 것은 쉬웠습니다. 그러던 중 문득 또 다른 생각이 떠올랐어요. '쉰여덟에 안 하면 언제 하겠어? 30년 후면 어머니와 같은 나이인 여든여덟이야. 앞으로 30년간 뭘 할 거야?' 흘려보내기가 제 불안 증세를 즉각적으로 해결해주지는 않았어요. 그러나 기분이 좋아진다는 것은 바로 알아차렸죠. 저는 약을 다시 먹지 않을 수만 있다면 무엇이든 할 수 있었죠. 그리고 세도나 메서드가 정말 대단한 프로그램이라는 것을 알았어요. 7월 4일에 마지막 치료를 받았답니다. 그날은 미국의 독립기념일일 뿐만 아니라 제가 새롭게 태어난 날이기도 합니다."

지금도 제니퍼는 불안을 느끼기 시작하면 항우울제가 필요하다고 생각하곤 합니다. 자신의 감정이 걷잡을 수 없이 소용돌이칠지 모른다고 걱정하기도 하죠. 하지만 그녀는 이내 "이것은 그저 내가 느끼는 감정일 뿐이야."라고 자신에게 말합니다. 세도나 메서드는 그녀에게 자신의 두려움을 마주하고 그것이 무엇인지 이해하는 데 도움을 주었습니다.

"세도나 메서드는 놀라운 도구예요. 저는 이제 더 이상 제가 공허하다고 느끼지 않고 불안 속에서 살지도 않아요. 불안은 제가 끌고 다녔던, 이제는 사라진 족쇄였어요. 이제 저는 내가 누구인지 나의 존재를 찾아가고 있으며, 불안 없이 나 자신을 받아들이는 법을 배우고 있어요."

◇ 두려움을 과거의 기억으로 만들기

다른 문제들처럼 두려움은 의식에 심어진 패턴일 뿐입니다. 두려움을 흘려보내는 또 다른 효과적인 방법으로는 흘려보내기 질문을 과거형으로 만들어, 두려움을 기억으로서 언급하는 것입니다. 명심하세요. 과거는 방금 전처럼 최근에 일어난 것일 수 있습니다. 여러분이 자주 두려워했던 것을 기억해보세요. 그런 다음, 자신에게 질문합니다.

당신은 얼마나 _____ 을 두려워했었는지 기억하도록 자신을 허용할 수 있나요?

당신은 과거에서 그것을 바꾸고 싶나요?

만약 "예."라고 대답하면 다음 질문을 하세요.

당신은 과거에서 그것을 바꾸고 싶은 욕구를 흘려보낼 수 있나요?

그다음 최선을 다해 흘려보내세요.

대답이 "아니요."라면 다음 단계로 넘어 갑니다.

당신은 _____ 을 두려워하길 원하는 욕구를 흘려보낼 수 있나요?

항상 그렇듯이 최선을 다해 흘려보내세요. 지금 이 순간 두려움에 대한 기억에 아직 걸려 있다면 완벽하게 흘려보낼 수 있을 때까지 다시 위의 질문으로 돌아가 반복하세요. 이것은 강력한 흘려보내기 방법입니다.

◇ 밥: 만성 불안의 위기를 넘기며

세도나트레이닝협회에는 '원하지 않는 느낌, 생각, 믿음의 패턴을 깨고 자유를 얻는 코스'의 졸업생들로부터 편지가 자주 옵니다. 밥은 두 통의 편지를 보냈습니다. 다음은 첫 번째 편지의 일부입니다.

"세도나 메서드는 40년 이상 겪어온 심각한 불안 장애에서 비롯된 고통으로부터 저를 자유롭게 해주었어요. 프로그램을 시작한 지 정확히 18개월 후 저를 마비시킬 정도의 두려움이 거의 사라졌답니다! 이런 일이 가능하다고는 믿지 않았어요. 저는 세도나 메서드와 지금 누리는 멋진 삶에 감사해요."

첫 번째 변화를 겪은 후, 밥은 10월 초 애리조나주의 세도나에서 열린 7일간의 수련회에 참가했습니다. 그리고 집에 돌아와 다시 새로운 마음으로 오디오 프로그램을 들었습니다. 몇 주 후, 그에게서 두 번째 편지가 왔습니다.

"10월 말에 불안 장애에서 완전히 자유로워졌다는 것을 선생님께 말씀드릴 수 있게 되어 정말 행복해요. 저는 첫 번째 극적인 발전을 이룬 후 세도나 메서드를 계속했어요. 최근에는 레스터 레븐슨의 오디오 프로그램을 듣는 것에 집중했는데, 문득 완전히 자유로워지기 직전에 있다는 느낌이 들었어요. 그러다 10월 13일 일요일 아침, 저 자신에 대해 어떤 편안함을 느끼며 침대에서 일어났어요. 그 감정은 아주 이상했죠. 순간 이것이 바로 '마음을 고요히 해야 한다.'라는 레스터의 말이 의미하는 거라는 것을 이해하게 됐어요. 다음 3일 동안 저는 작은 불안을 일으키는 일들을 경험했죠. 제가 만약 그걸 대비할 수 없었다면 제 마음속에서 그 불안감이 계속 튀어나왔을 거예요. 그런데 놀랍게도 강박적인 행동이 사라지고 대신 자신감이 가득 찼어요. 10월 16일쯤 되자 불안을 일으키는 자극에 본능적으로 반응해 걱정에 빠져들던 패턴에서 벗어났습니다. 너무도 확실한 경험이라 제 삶 전체를 괴롭혔던 문제에서 해방되는 저의 마지막 전환점이라고 생각했습니다. 이젠 제 의식과 육체 사이의 거리감과 분리감을 느낄 수 있어요. 제 육체는 덜 중요해졌어요. 육체에 대해 잊게 하는 프리즘으로 사물을 달리 보게 됐어요. 또 레스터 선생님이 에고의 부재라고 설명한 것을 경험하고 있습니다. 이것이 자유로워지는 것의 가장 큰 기쁨이에요. 지금 저는 어떤 상황에서도 두려움과 불안이 없어요. 잠재의식에 자리 잡고 불안을 만들었던 감정이 깨끗하게 사라진 것 같아요. 두려움과 불안은 더 이상 제게 걸림돌이 아닙니다. 이것은 바로 제가 가지고 있던, 수십 년간 없애려 했던 문제였습니다."

✧ 두 가지 간단한 팁

이 장의 과정은 모든 두려움을 잘라내는 데 진정으로 도움이 될 것입니다. 두려움에서 자유로 향하는 여정을 가속화하려면, 두려워했던 것의 목록을 만들고, 그것이 일어나기를 원하는 욕구를 한 가지씩 흘려보내세요. 덧붙여, 하루를 지내면서 어떤 것에 초조해하거나 결과를 두려워하는 자신을 발견한다면 정말 무엇이 일어나는 게 두려운지 보세요. 그런 다음 질문을 하세요.

당신은 그것이 일어나기를 원하는 욕구를 흘려보낼 수 있나요?

14장

죄책감과 수치심이라는
폭군을 넘어서

자아는 아주 교묘합니다.
자아는 종종 우리를 잠시 동안 이 길에서 벗어나게 꼬드깁니다.
그래서 당신은 우리의 일부인 자아의 교묘함에 주의해야 합니다.
자아는 정말로 우리를 이 길에서 떠나게 해버릴 수도 있습니다.
우리가 이 길을 얼마나 오래, 얼마나 많이 왔는지에 상관없이
자아는 언제든 우리를 속여 이 길을 떠나게 할 수 있는 동반자입니다.

_레스터 레븐슨

죄책감과 수치심은 불필요한 고통을 너무 많이 일으키는 교활한 감정입니다. 죄책감과 수치심은 서로 작용해 보통 하나의 콤플렉스(열등감)를 만듭니다. 하지만 수치심 없이 죄책감을 느낄 수는 있지만, 죄책감 없이 수치심을 느끼지는 못합니다. 이 두 가지 감정의 차이점은 이렇습니다. 즉, 죄책감은 잘못된 행동을 한 후 '내가 잘못했다.'고 깨달아서 느끼는 것이며, 수치심은 자신이 한 일에 대해 스스로 '잘못했다.'거나 '나쁘다.'고 규정함으로써 느끼는 감정입니다. 3장의 아홉 가지 감정 상태 목록에서 죄책감은 여러 항목에 포함되어 있습니다. 무관심에서부터 자존심까지 모든 감정 에너지와 관련이 있습니다. 반면 수치심은 슬픔과 연관된 감정입니다.

이 장에서는 우리의 행복, 자유, 마음의 평화를 서서히 훔쳐가는 죄책감과 수치심에 관련된 일반적인 오해를 알아보고 밝힐 것입니다. 그러고 나서 자신을 파괴하는 이 두 가지 감정을 흘려보낼 수 있는 몇 가지 간단한 방법을 알려드릴 것입니다. 이 두 가지 단어는 대부분의 경우 교체 사용할 수 있기 때문에 이 장에서는 '죄책감' 또는 '죄책감·수치심'으로 함께 묶어 쓰도록 하겠습니다.

✧ 죄책감과 수치심의 이름으로 계속되는 거짓

죄책감·수치심과 관련해 우리 삶을 심각하게 제한하고, 우리를 불행하게 만드는 세 가지 커다란 거짓 이야기가 있습니다. 첫 번째 가장 큰 거짓은 죄책감이 우리를 벌로부터 지켜줄 것이라는 믿음입니다. 사실 죄책감은 무의식적으로 처벌을 '빚졌다.'고 생각하는 것입니다. 그렇습니다. 죄책감을 느낄 때, 우리는 세상으로부터 처벌을 끌어당기고, 스스로 처벌을 만들기도 합니다. 그리고 놀라운 반전은 바로 이것입니다. **우리는 결코 충분히 벌을 받았다고 느끼지 않는다는 것입니다.**

어떻게 '자기 처벌self-punishment'이 일어나는 것일까요? 우선, 우리가 해서는 안 되거나 잘못된 것이라고 믿는 무언가를 직접 하거나 또는 그렇게 하는 것을 생각하는 것에서 비롯됩니다. 재미있는 것은 실제 행동을 하지 않을 때에도 종종 죄책감을 느낀다는 것입니다. 그러고 나서 세상의 눈을 교묘히 피했든 그렇지 못했든 계속해서 우리가 했던 것들, 우리가 생각한 것들을 인식하며 그것으로부터 쉽게 벗어나지 못합니다. 외부로부터의 처벌을 피할 수 없을 거라는 생각을 믿기 때문에 우리는 자신을 스스로 처벌합니다. 그리고 그것이 외부로부터의 처벌을 피할 수 있게 해줄 거라는 잘못된 믿음을 갖죠. 그러나 우리는 자신에 대한 적절한 처벌 수위가 어느 정도인지 알지 못하기 때문에 언제나 지나친 처벌을 내립니다.

죄책감으로 인해 제가 저 자신을 처벌했던 첫 번째 사건은 유치원 때 일어났습니다. 홧김에 친구를 세게 밀었는데 그 친구가 미끄러져 넘어지면서 컵이 부서졌던 것입니다. 친구를 다치게 한 것이 미안하고 선생님과 부모님께 혼날 것이 무척 겁났습니다. 그래서 깨진 유리 조각으로 제 손을 그었습니다. 속으로는 이런 행동이 금방이라도 일어날 모든 일에서 절 보호해주기를 바랐죠. 하지만 당연히, 그렇게 되지 않았습니다. 그런 행동에도 불구하고 저는 야단을 맞고 벌을 받았습니다. 하지만 그때 일은 너무 사소해서 심지어 벌을 받고 제가 제 손을 그었다는 것 외에는 다른 어떤 일이 일어났는지 기억나지 않습니다.

잠시 동안 읽기를 멈추고, 여러분이 행동하거나 행동하지 않아서, 말하거나 말하지 않아서 혹은 심지어 생각하거나 마음속으로 감정이 생겨서 죄책감을 갖는 것에 대해 생각해보세요. 자신을 스스로 처벌하거나 곧 닥칠 외부의 처벌을 두려워하면서 살고 있지는 않은지 반드시 알아차려보세요.

죄책감을 느끼게 하는 것들을 생각할 때, 그 죄책감이 여러분을 지켜줄 것이라고 '약속'했던 것처럼 실제로 여러분을 처벌로부터 지켜주었는지도 확인하세요. 대부분의 감정이 우리에게 하는 거짓말처럼 죄책감도 역시 거짓말을 한다는 사실을 여러분도 알게 될 것입니다.

죄책감은 여러분으로 하여금 스스로를 벌하게 만듭니다. 그리고 여러분의 행동이 다른 사람에게 영향을 끼친 상황이라면, 죄책감은 결코 여러분이 처벌받는 것을 막아주지 못할 것입니다. 죄책감이 정말로 외부의 처벌을 막아준다면 세상의 감옥이 더 많이 비어 있어야 하지 않을까요?

죄책감의 이름으로 계속되는 두 번째 거짓말은 죄책감이 '잘못된' 행동의 재발을 어떻게든 막아준다는 것입니다. 그러나 여러분 자신이

나 여러분이 아는 누구라도 죄책감을 느낌에도 불구하고 그것을 한 번 이상 말하거나 행하거나 생각해본 적이 없는 사람이 있을까요? 당연히 없습니다. 우리 모두 그랬습니다. 죄책감은 자주 우리가 이미 잘못했다고 믿는 바로 그것을 우리로 하여금 하게끔 만들거나 그것을 계속하게 만듭니다. 자기 자신에 대한 처벌로써 말입니다. 죄책감은 우리가 나중에 후회할 행동을 하게끔 만드는 중요한 원인입니다.

다음 예를 생각해보세요. 여러분이 살을 빼려고 다이어트를 한다고 상상해보세요. 여러분은 쿠키나 아이스크림을 살짝 꺼내 먹고는 죄책감을 느낍니다. 그래서 어떻게 하나요? 그렇습니다. 또 다른 쿠키나 아이스크림을 한 입 먹으며 스스로를 벌합니다. 이제 더 큰 죄책감을 느낍니다. 곧, 자신의 경솔한 행동에 대한 다음 벌로 쿠키 한 봉지나 아이스크림 한 통을 다 먹습니다. 아마 여러분은 한 입도 즐겁게 먹지 못했을 것입니다. 많이 들어본 이야기 같지 않나요? 그렇습니다. 다이어트 업계는 살을 빼려는 대부분의 사람을 실패하게 만드는 이 이해할 수 없는 현상을 이용합니다.

이런 죄책감 때문에 세상은(공개적이진 않더라도 최소한 잠재의식적으로) 같은 것을 다시 하겠다는 의도를 가진, 속죄하는 사람들로 가득 차 있는 것입니다.

저는 지금 도덕이나 훈육 방침을 무시하고 무모한 방종으로 원하는 것이면 무엇이든 해도 된다고 제안하는 것이 아닙니다. 죄책감이 우리 대부분이 나중에 후회하게 될 행동을 멈추도록 해주지 않기 때문에, 기꺼이 죄책감과 수치심을 흘려보낸다면, 우리에게 엄청난 혜택이 돌아온다는 얘기를 하는 것입니다. 죄책감과 수치심에서의 해방은 우리가

세도나 메서드는 감정적인 층에 작용하고 부정적인
감정과 생각을 제거해줍니다. 이것은 빠르고 효과적
입니다. 왜냐하면 문제의 핵심에 직접 작용하기 때문
이죠. 이것을 사용하는 누구에게나 지름길이 됩니다.

더 좋고, 더 건강하고, 더 힘이 되는 선택을 자유롭게 할 수 있는 것을
뜻합니다.

죄책감이 중요한 역할을 하는 또 다른 분야는 바로 어린 시절의 학
대입니다. 어린 시절 부모님, 보호자, 선생님 또는 영적 스승 등이 우리
를 학대할 때, 우리는 이런 사람들이 무언가를 잘못할 수도 있다는 것
을 생각할 수 없습니다. 우리가 어렸을 때 어른은, 특히 부모님같이 영
향력이 큰 존재는 우리에 비해 이 세상에서 엄청난 힘을 갖고 있는 것
처럼 보입니다. 그들은 우리에게 먹을 것과 잘 곳을 주고 외부 세계로
부터 우리를 보호합니다.

우리는 아직 스스로 살아갈 수 없기 때문에, 그들의 불완전성을 발
견하는 것은 우리의 생존을 직접적으로 위협하는 것이 됩니다. 우리는
어른을 신의 위치에 두거나, 최소한 신을 대신하는 사람으로 올려다봅
니다. 그래서 학대를 받을 때, 그 책임을 돌릴 수 있는 사람, 우리가 찾
을 수 있는 유일한 사람, 즉 바로 자기 자신을 비난의 대상으로 삼게 되
죠. 자기 방어로써 이런 행동을 하는 것입니다.

세도나 메서드 과정에서 저는 종종 어린 시절 학대를 받았던 사람들

과 작업을 합니다. 그들은 일어난 일에 대해 자신을 비난하는 경우가 많기 때문에 죄책감을 느끼고, 그들이 믿었던 어른의 실수들로 인해 스스로를 책망하면서 평생을 보냅니다. 하지만 일단 죄책감을 흘려보내고 자신을 학대했던 사람들의 실수에 대해 자기 자신을 비난하고 처벌하는 것을 멈추면, 그들이 갇혀 있던 감정적, 정신적, 본능적 트라우마와 수치심에서 자유로워질 수 있습니다.

✧ 애니: 자신의 짐 내려놓기

의심할 여지도 없이 마음과 몸은 아주 밀접하게 연결되어 있습니다. 종종 깊게 흘려보내기를 할 때, 몸이 기억을 붙잡고 있는 것을 발견합니다. 또한 우리가 감정을 억압하면 감정은 몸을 통해 그것을 표출하려고 하는데, 이것은 일반적인 현상입니다.

애니는 몸과 마음이 연결되어 있다는 것을 보여주는 완벽한 사례입니다. 애리조나주 세도나에서 열린 7일간의 수련회에 참가했을 때 그녀는 목과 등에 심각한 통증이 있었습니다. 어깨에 수천 킬로그램 정도 되는 무언가가 얹혀 있는 것 같다고 말했죠. 이런 종류의 통증은 흔한 것이기 때문에 그녀가 수업 과정 중간에 제게 도움을 부탁했을 때, 저는 그녀에게 그룹 전체가 이 과정을 볼 수 있도록 5분에서 10분 정도 흘려보내기를 해도 되는지 물어보았습니다. 사실 그녀의 고통 뒤에 어떤 이야기가 있는지는 제게 중요하지 않았습니다. 그러나 그녀는 당시 임신 중인 스물네 살 된 딸이 너무 걱정된다고 털어놓았습니다. "솔직히 저는 치료도 받고, 세도나 메서드를 사용해 어머니로서 제 두려움을 흘려보냈다고 생각했어요. 하지만 문제가 다시 떠올랐어요. 제 딸은 열세 살 때 심한 발작 증상을 보이기 시작했어요. 처음 발작이 일어났을 때 딸아이가 죽을 거라 확신했죠. 그 후 수년간 딸을 볼 때마다 종종 그 공포에 사로잡혔어요. 비록 2년 동안 발작은 없었지만 약을 너무 많이 먹어 뱃속 아기한테 영향을 미칠까 두려워요. 저는 책임을 느껴요."

일단 저는 애니의 육체적 고통에 대해 일반적인 흘려보내기를 하도록 했습니다. 그 과정 중간에 그녀는 자신이 마치 아틀라스(그리스 신화에 나오는 거인 신. 천계를 어지럽힌 죄로 제우스에게 하늘을 두 어깨로 떠받쳐야 하는 벌을 받음-옮긴이)가 된 것 같다며, 자신의 어깨로 세상을 지탱하는 것이 자기 역할이라고 말했습니다. 저는 그녀에게 그것을 흘려보낼 수 있는지 물었고, 그녀는 동의하며 그 세상을 내려놓았습니다. 이것이 그녀의 고통 일부를 덜어주었지만, 우리는 거기서 멈추지 않았습니다. 다음의 질문을 사용하자 더 깊은 흘려보내기가 일어났습니다.

당신은 이제 자신을 충분히 벌주었나요? 자신을 벌하고 싶은 욕구를 흘려보낼 수 있나요? 그리고 죄책감을 흘려보낼 수 있나요? 그녀가 완전히 흘려보냈을 때, 고통은 사라졌고 다시 재발하지 않았습니다. 그녀의 딸이 공항으로 마중 나왔을 때 찌릿한 통증이 있었지만, 재빨리 흘려보내기를 하자 이내 사라졌습니다.

애니는 자신의 중요했던 흘려보내기 과정을 이렇게 말합니다. "제가 갇혀 있던 많은 것을 풀어주었어요. 저는 말 그대로 24년 동안 완벽하지 않은 아이를 가졌다는 죄책감을 달고 살았죠. 그것은 제 어깨 위의 짐이었어요. 이제 저는 제 딸의 간질이 제가 하거나 하지 않은 그 어떤 일과도 관계가 없다는 것을 깊게 이해했어요. 딸은 '제 것'이 아니라 딸아이 자신의 것이에요. 저는 더 이상 제가 세상을 통제해야 딸에게 더 좋다고 느끼지 않아요. 저는 그저 지금 이 순간에 있기만 하면 돼요. 이제 제가 두려워했던 일들은 그 어떤 것도 일어나지 않아요. 흘려보내기는 쉬운 일이에요. 우주의 힘은 제 딸과 아직 태어나지 않은 아기와 저를 위한 길을 알고 있어요."

✧ 죄책감과 수치심을 흘려보내기 위한 네 가지 간단한 과정

이제 죄책감과 수치심이라는 폭군을 없앨 수 있는 몇 가지 방법에 대해 알아보겠습니다. 이 방법은 앞에서 배운 다양한 흘려보내기 과정의 효과를 증진하기 위해 고안된 것입니다.

1. 근원적인 욕구 흘려보내기

앞에서 설명한 자기 처벌과 방어 증후군의 일부로 우리는 죄책감과 수치심을 인정이나 통제, 안전을 얻는 데 사용하려 합니다. 다음의 간단한 흘려보내기 질문이 도움이 될 것입니다.

나는 이 죄책감과 수치심을 인정이나 통제, 안전을 얻기 위해 사용하고 있는가?

나는 인정이나 통제, 안전을 원하는 욕구를 흘려보낼 수 있는가?

또는 다음 질문을 대신 사용할 수도 있습니다.

나는 죄책감과 수치심을 그런 식으로 사용하기를 원하는 욕구를 흘려보낼 수 있는가?

'사용'이라는 단어가 죄책감과 수치심이라는 감정에 책임감을 갖고 더 쉽게 그것을 흘려보내도록 해줍니다.

2. 나는 이미 충분히 벌을 받았다고 결정하기

죄책감과 수치심을 흘려보내는 또 다른 강력한 방법은 자신이 이미 충분히 벌을 받았다고 결정하고 자신을 벌하려는 마음을 흘려보내는 것입니다. 다음 질문을 사용할 수 있습니다.

나는 내가 충분히 벌을 받았다고 결정하도록 자신을 허용할 수 있는가?

나는 나 자신을 처벌하려는 욕구를 흘려보낼 수 있는가?

나는 미래에 다시 나 자신을 처벌하려는 계획을 멈출 수 있는가?

이 방법으로 죄책감과 수치심을 흘려보내기 어렵다면, 그냥 기본적인 릴리징 기법을 사용해 모든 질문에 "예."라는 대답을 할 때까지 계속하세요.

3. 이익과 손해 평가하기

앞서 설명한 과정과 함께 '이익과 손해' 과정은 일어난 일에 대해 스스로를 벌하거나 비난하는 것을 지속할지에 대해 결단을 내리도록 하는 훌륭한 도구입니다. 지금 이 순간의 자유를 확보하기 위해서는 과거형으로 질문하는 것이 가장 좋다는 점을 기억하세요. 그리고 이 방법은 어떤 흘려보내기라도 마지막 흘려보내기가 될 수 있는 가능성을 높여줍니다. 다음 두 가지 질문을 번갈아 하세요.

나 자신을 벌해서 내가 얻는 장점(이익)은 무엇이었는가? (과거형에 주의)

나 자신을 벌해서 내가 얻는 단점(손해)은 무엇이었는가? (과거형에 주의)

4. 일어난 일에 대해 자신의 진정한 감정 인정하기

가끔 속으로는 은밀히 "내가 그랬어. 내가 해서 기쁘다. 나는 또 할 거야."라고 생각하면서도 겉으로는 죄책감을 느끼는 척할 때, 죄책감은 끈질기게 붙어 있습니다. 이것이 죄책감과 수치심의 차이입니다. 만약 이 함정에 빠진다면, 여러분이 느끼는 감정의 진실을 인정하는 것이 많은 죄책감을 흘려보내는 데 도움을 줄 것입니다. 다음 질문으로 죄책감을 흘려보낼 수 있습니다.

나는 이것을 다시 하고 싶은 마음을 흘려보낼 수 있는가?

✧ 안도의 깊은 숨 쉬기

새로운 관점으로 죄책감과 수치심을 보는 것이 여러분의 삶에 새로운 가능성을 열어줄 뿐만 아니라, 이러한 억압적인 감정을 훨씬 쉽게 다루고 흘려보낼 수 있다는 것을 알았을 것입니다. 그런 방향으로 자신이 변화하는 데 도움이 되도록 이 장에서 배운 도구를 사용해보세요. 죄책감과 수치심은 단지 감정일 뿐입니다. 그것은 여러분이 아닙니다. 그래서 여러분은 그것을 흘려보낼 수 있습니다. 그러니 안도의 깊은 숨을 크게 내쉬고, 준비가 됐으면 앞으로 나아가세요.

15장

나쁜 습관
고치기

자아의 저항을 알아챌 때 당신은 그것을 흘려보낼 수 있습니다.
연습을 하면 그 일은 쉬워집니다. 당신이 충분히 자아를 흘려보낸다면
자연스럽게 존재의 평안과 기쁨을 느끼게 됩니다.

_레스터 레븐슨

세도나 메서드의 중요한 적용 분야 중 하나는 원치 않는 습관을 깨는 것입니다. 모든 습관이 나쁜 것은 아닙니다. 다만 좋지 않은 것을 알면서도 반복적으로 행하는 습관이 있습니다. 대부분의 사람들에게 습관을 깨는 것은 쉽지 않습니다. 습관은 우리의 생각, 감정 그리고 행동 패턴에 깊은 홈이 파인 것과 같습니다. 게다가 자주 이런 패턴을 만들어내고 그것과 싸우는 데 많은 시간과 에너지를 투자해왔기 때문에 우리는 때때로 이 패턴들을 흘려보내는 방법을 알고 난 후에도 그것들을 흘려보내는 과정에 저항합니다.

여러분이 습관적으로 행하는 것들에 대해 생각해보세요. 여러분은 흡연자일지 모릅니다. 스스로가 너무 적게 혹은 너무 많이 먹는다고 느낄지도 모릅니다. 텔레비전, 영화, 섹스 혹은 술에 중독되었을지도 모릅니다. 모든 중독과 습관이 그렇게 분명하지는 않습니다. 어떤 습관은 교묘해서 감지하기 힘듭니다. 여러분은 올바른 사람이어야만 한다고 느끼나요? 남들이 계속 여러분을 주목해야만 한다고 느끼나요? 끊임없이 자신이나 다른 사람에 대해 판단하는 것을 멈출 수 없다고 느끼나요? 이런 것들 또한 중독입니다. 인정 욕구, 통제 욕구, 안전 욕구 그리고 분리 욕구도 중독입니다. 아무리 멈추려 노력해도 멈추기 힘든, 우리가 중독되었다고 혹은 습관적으로 행한다고 느끼는 것들은 많습니다. 만약 여러분이 마음껏 하던 습관 하나를 멈추려는 노력을 해본 적이 있다면 그것이 아주 어려운 일이라는 걸 잘 알 것입니다.

이번 장의 목적은 행동한 뒤 나중에 후회하게 만드는 마음속 동기로부터 자신을 풀어주도록 도와줌으로써 내면으로부터 여러분이 어떻게 변화하는지를 보여주는 것입니다.

여러분은 지금껏 이 책에서 제가 여러분에게 무엇인가를 하라고 강요한 적이 없었음을 눈치챘을 것입니다. 저는 독자들이 따라야 할 새로운 행동 양식 목록을 주어야 한다고 믿는 사람이 아닙니다. 왜냐하면 외부에 의해 강요된 행동 양식은 대개 그것 자체가 우리에게 제한을

**M. L.,
미국**

나는 수십 년 동안 흡연을 흘려보내는 일로 절망해왔습니다. 그런데 세도나 메서드를 배운 후, 어떤 노력도 없이 담배를 덜 피웁니다. 이틀 전 나는 담배 생각을 전혀 하지 않고 저녁나절을 보냈다는 사실을 알고 매우 놀랐습니다. 오늘은 또 다른 놀라움이 있었습니다. 점심시간을 사무실에서 보내고, 간이식당에서 점심을 먹고, 다시 일하러 갈 때까지 담배를 피우지 않았는데도 박탈감을 전혀 느끼지 않았다는 것입니다. 흡연을 시작한 지(무려 45년 전!) 처음으로, 담배를 안 피우는 것이 자연스럽게 느껴집니다. 정말 놀랍습니다!

주는 새로운 습관이 되기 때문입니다.

그런데 저는 심각할 정도로 화학 약품에 의존적인 사람들조차 여기에서 비롯된 습관을 깨는 것을 봐왔습니다. 만약 여러분이 이런 의학적 상태에 있다면, 18장 '빛나는 건강 만들기'의 내용을 읽는 것과 더불어 이번 장에서도 확실한 도움을 받을 것입니다.

더 깊이 들어가기 전에 짚고 넘어가고 싶은 것이 있습니다. 만약 여러분이 알코올중독자갱생회Alcoholics Anonymous, AA에 참여 중이거나 혹은 어떤 종류의 화학적 또는 감정적 의존에 대해 치료 중이라면 저는 그것을 중단하라고 권하지 않습니다. 여러분이 이미 하고 있는 것을 돕는 것이라면 무엇이든 이 장에서 적용하십시오. 그리고 의사의 진찰 없이 자신의 식이 요법에 어떤 변화도 주지 마십시오.

만약 12단계 프로그램(twelve-step program: 중독 같은 행동 장애로부터 회복하기 위해 만든 프로그램. 도움을 주는 안내와 지침들로 이루어져 있으며 원래는 AA에서 시작되었음 - 옮긴이)에 참여 중이라면 후원자(12단계 프로그램 중 이끌어주는 사람을 지칭 - 옮긴이)의 승인 없이 단계를 전환하지 마십시오. 재활 단체와 함께한 세도나 메서드 작업을 통해 저는 흘려보내기 기법이 약물 중독(술, 담배, 마약, 기타 약물 중독)으로부터 자유롭도록 도울 뿐 아니라 재발을 방지하고 극복하는 데 필요한 훈련에 굉장한 도움이 된다는 것을 알았습니다.

✧ 습관을 깨는 다른 접근법

만약 여러분의 삶에서 바꾸거나 벗어나고 싶은 습관이나 중독이 있다면, 그렇게 할 수 있는 매우 간단한 방법이 있습니다. 예를 들어, 저녁 식사 후에 추가로 디저트를 먹거나 혹은 적당한 양보다 더 자주 디저트를 먹는 경향이 있다고 생각해보세요. 이런 상황에서는 많은 이들이 "난 더 이상 디저트를 먹지 않겠어."라고 결심할 것입니다. 그런 절박한 다짐은 며칠, 혹은 의지가 정말 강하다면 몇 주간 지속될 것입니다. 그러나 얼마 못 가서 다시 디저트를 먹게 되겠죠. 아마 전보다 더 많이 먹을 것입니다.

디저트를 먹고 싶을 때 겪는 그 딜레마에 접근하는 다른 방법이 있습니다. "절대로 먹지 않겠어."라고 말하기보다 다음처럼 다짐해보세요. "넌 네가 원할 때 언제든 디저트를 먹을 수 있어. 하지만 그러기 전에 먼저 릴리징해보자." 마음을 먼저 흘려보내는 이유는 모든 습관이 감정의 패턴에 갇혀 있기 때문입니다. **어떤 감정이 우리의 의식에서 올라올 때, 특정한 행동을 취함으로써 그 감정을 보상하기 때문입니다.** 과식 같은 것도 마찬가지입니다. 그러므로 습관을 흘려보내고자 할 때는 그 습관의 근본적인 이유나 동기, 감정을 흘려보내야 합니다.

주의 사항 만약 여러분이 규제 약물이나 처방에 중독되어 있다면 혹은 술에 중독된 상태라면 '그것을 먹도록 해주는 지시'가 적절치 않을 수도 있다는 사실을 유념하세요. 그럴 경우엔 중독된 그 물질에 대한 갈망을 일으키는 감정이 올라올 때마다 그저 흘려보내세요. 그런 훈련을 꾸준히 하세요.

파이 한 조각을 먹고 싶은 마음에 대해 이야기해봅시다. 스스로에게 그것을 먹을 수 없다고 말한다면, 그것은 단순히 여러분을 '밀고 당기는 상황'에 처하게 할 뿐입니다. 나에게 그것을 먹을 수 없다는 강요와 강압을 하게 되면, 먹지 못한 그 파이 조각에 집착하게 됩니다. 그리고 우울함을 느낍니다.

"그 파이 한 조각은 참 맛있었을 텐데."라는 주문을 무수히 반복하면서, 마음속으로 그것을 붙잡고 있는 것입니다. 이것은 그저 마음속의 압박감만 커지게 할 뿐입니다. 결국 파이를 먹거나 아니면 이틀 뒤쯤 결심이 무너져 원래의 한 조각 대신 두 조각의 파이를 먹게 되겠죠. 그러니 우선 파이를 먹어야만 한다고 느끼게끔 하는 감정을 흘려보낸 다음, 그래도 만약 여전히 파이를 원한다면 그때 먹으세요. 그게 더 쉽습니다. 이 방법은 습관을 흘려보낼 수 있는 여지를 만들어냅니다. 그리고 여러분은 습관이 줄어드는 것을 곧 눈치챌 것입니다.

제가 알던 한 여배우는 직업 특성상 몸무게 유지를 매우 중요하게 생각했습니다. 그녀는 20여 년이 넘게 체중 10킬로그램을 줄이기 위해 노력했지만 자신이 이상적으로 생각하는 몸매에는 결코 도달하지 못했습니다. 할 수 있는 모든 다이어트를 시도했죠. 운동도 광적으로 했습니다. 그 바람에 무릎이 손상되어 더 이상 달리기도 할 수 없는 지경이 되었죠. 그녀는 다른 유산소 운동을 찾아야만 했습니다. 우리는 그녀에게 2주에 걸쳐 세도나 메서드를 가르쳤습니다. 지도 강사는 제가 위에서 묘사한 세도나 기법을 써보라고 제안했습니다.

먼저 흘려보내기를 한 뒤에 원하는 것은 무엇이든 먹으라고 말입니다. 그런데 이것이 하나의 돌파구가 되었습니다.

이틀 정도 지난 후, 그녀는 밖으로 나가서 몇 년 만에 처음으로 초콜릿 아이스크림을 먹었습니다. 진실로 만족감을 느끼면서 아이스크림을 즐겼습니다. 그럼에도 음식을 먹기 전 매번 릴리징을 함으로써 단 5일 만에 2.5킬로그램을 줄일 수 있었습니다. 그리고 약 6개월 만에 10킬로그램을 감량했습니다. 몇 년이 지난 후 내가 마지막으로 보았을 때도 그녀는 여전히 이상적인 체중을 유지하고 있었습니다.

이 테크닉을 효과적으로 사용했던 이 여배우와 다른 수많은 사람들에게 이것이 가능했다면 여러분에게도 마찬가지로 가능합니다. 게다가 복잡하지도 않습니다. 여러분의 습관을 고치거나 바꾸려고 노력하는 대신, 담배에 손이 갈 때마다, 텔레비전을 켜고 싶은 순간마다, 디저트가 먹고 싶을 때마다 스스로에게 약속하세요. 흘려보내기를 한 후에도 여전히 내가 그것들을 원한다면 언제든 그럴 수 있다고 말입니다. 습관이 서서히 혹은 아주 빠르게 줄어드는 것을 깨달을 것입니다.

나는 이 방법으로 수많은 사람이 담배를 끊은 것을 보았습니다. 여러분이 이 실험을 해보면, 매우 효과적인 방법이라는 사실을 알게 될 것입니다.

습관을 깨고 중독을 뛰어넘는 원리에 대해 논의했으니 이제 실제적인 적용을 해봅시다.

✧ 습관의 기억 흘러보내기

습관을 깨는 매우 강력한 방법은 12장 끝부분에서 소개한 '아무런 문제가 없다.'는 균형적 관점을 이용하는 것입니다. 즉, 다른 문제와 마찬가지로 습관도 단지 무의식적으로 고착화된 패턴일 뿐이라는 것입니다. 저는 사람들이 패턴을 끊고 그것을 흘려보낼 때, 아주 빠르고 쉽게 모든 습관이 사라지는 것을 봐왔습니다.

다양한 12단계 프로그램과 다른 점이 하나 있다면, 모임에서 사람들이 하는 끊임없는 확언, 즉 "나는 _____ 중독입니다.(여러분이 갖고 있는 특정한 중독, 예를 들어 술, 섹스 혹은 과식 등을 빈 칸에 채워 넣으세요.)"에 관한 것입니다. 이것은 처음엔 부정을 극복하는 데 매우 큰 도움을 주지만, 프로그램을 마치고 습관을 버린 사람들에게는 다음과 같이 확언하는 게 훨씬 나을 것입니다.

"안녕, 나는 _____(당신의 이름을 쓰세요)야. 그리고 나는 한때 _____(당신의 특정 습관을 쓰세요)를 해왔어."

제게는 세도나 메서드도 배우고, 12단계 프로그램에 매우 열심히 한 친구가 있었습니다. 위에서 얘기한 관점이 저와 매우 다른 친구였죠. 하지만 그는 자신의 특정한 문제에 매우 깊이 빠져 있는 데다 앞뒤가 꽉 막혀 아무리 열심히 노력해도 그 문제에서 빠져 나올 수 없었습니다. 왜냐하면 과거의 문제들을 허락하고 거기에 동의하는 것으로 돌아가기를 계속 반복했기 때문입니다. 어느 날, 마침내 저는 그에게 적어도 그 문제들이 단지 기억일 뿐이라는 관점을 시도해봐야 한다고 주장했습니다. 이 같은 작업을 한 지 겨우 10분 만에 18개월 동안 빠져

> **S. D.,**
> **미국**
>
> 나는 수면제와 술에 중독됐었습니다. 3년 동안 매일, 인생을 잊고 잠들기 위해 술 대여섯 잔을 마신 뒤 수면제를 먹었습니다. 또한 스트레스로 인해 심한 대장염에 시달렸습니다. 그래서 핫팩을 붙이고 며칠을 누워 있곤 했죠. 그런데 세도나 메서드 과정이 끝날 무렵, 더 이상 술을 마시지 않고, 약도 먹지 않게 되었습니다. 1년이 지나자 마침내 대장염이 사라졌을 뿐 아니라 가끔씩 와인 한 잔을 마시는 여유까지 갖게 되었습니다.

있고, 막혀 있던 그의 문제가 완전히 사라졌습니다. 그의 삶이 완전히 호전된 것입니다.

만약 과거가 반드시 미래를 좌우하지 않는다는 가능성을 허용할 수 있다면, 여러분이 경험하게 될 결과는 기적일지 모릅니다.

여러분이 **가졌다고 믿었던 습관**을 기억하는 것부터 시작하세요. 제가 일부러 이 질문을 과거 시제로 표현한 것에 주의하시고요. 그러고 나서 스스로에게 질문하세요. **내가 어떻게 이런 습관을 가졌다고 믿었는지 기억할 수 있는가?**

다음 질문: **내가 과거로부터 그것을 바꾸길 바라는가?**

만약 대답이 "예."라면 이렇게 물어보세요. **내가 과거로부터 그것을 바꾸고 싶어 하는 욕구를 흘려보낼 수 있는가?** 그런 다음, 최선을 다해 그것을 흘려보내세요.

만약 대답이 "아니요."라면 그냥 다음 단계로 넘어가세요.

마지막 질문입니다. **내가 그 습관을 다시 가졌다고 믿으려는 욕구를 흘려보낼 수 있는가? 혹은, 내가 그 습관을 다시 갖길 원하는 욕구를 흘려보낼 수 있는가?**

언제나 그렇듯이 흘려보내는 데 최선을 다하세요. 그러나 이 순간 여러분이 여전히 그 기억을 고수한다는 것을 발견하면, 충분히 흘려보낼 수 있을 때까지 처음부터 이 과정을 반복하세요.

✦ 이익과 손해 기법 · 좋은 점 · 싫은 점 기법

'이익과 손해' 기법 그리고 '좋은 점 · 싫은 점' 기법은 습관에 관한 작업에서 훌륭한 도구입니다. 만약 습관을 바꾸려는 노력이 그동안 성공적이지 못했다면, 대개 최소한 하나의 숨은 이익 혹은 그 습관적인 행동에 대한 애호가 여러분의 의식 아래에 있다는 점을 이해하셔야 합니다. 여러분이 그 숨겨진 이익을 의식적으로 알아차릴 수 있고 또 그것을 흘려보낼 수 있다면, 그 습관은 저절로 서서히 사라질 것입니다. 기억하세요. 하나의 습관에 대해 직접적으로 작업하는 중이라면 과거 시제의 문장을 사용해야 합니다. 여러분 스스로에게 그것이 다시 발생하지 않도록 가능성을 열어주세요.

세도나에서의 7일 수련에 참여한 후 스티브는 세도나 메서드를 자신의 쇼핑 중독에 적용하기로 결심했습니다. 그는 고급 남성 의류를 너무 좋아해서 심지어 좋은 가격의 옷을 알아보고 찾아내는 것에 대한 책을 출판했을 정도였습니다.

"나는 내가 하는 모든 것에 푹 빠지는 경향이 있습니다. 그런데 상점에 갈 때마다 마치 공중에 뜬 물건들이 나에게 '여기요!' 하고 말하는 것 같았습니다. 물론 그것들을 살 만한 경제적 여유도 있었죠. 하지만 내 돈을 그런 식으로 쓸 필요가 정말 있었을까요? 나는 항상 처음에 사려 했던 물건보다 5~6배 많은 물건을 사곤 했습니다. 세도나에서 배운 원리를 적용하기로 한 나는 흘려보내기를 한 후에도 여전히 무언가를 원한다면 그것을 가질 수 있다고 스스로에게 말했습니다. 직매장에서 우연히 훌륭한 셔츠 하나를 발견했을 때, 나는 먼저 흘려보내기를 하고 스스로 몇 가지 규칙을 세웠습니다. 1) 만약 그 옷이 내게 잘 맞고 2) 단지 옷장에 옷을 하나 더하는 것이 아니라 이번 계절에 그 옷을 입을 수 있고 3) 그 셔츠에 완벽하게 어울리는 넥타이가 이미 나에게 있고 4) 가격의 80퍼센트에 살 수 있다면 구입하겠다. 이렇게 말입니다. 이러한 이익들이 더 컸기 때문에 나는 셔츠를 샀습니다. 며칠 동안 이 같은 테크닉을 계속 사용한 결과, 마침내 다른 옷들을 사지 않게 되었습니다. 그 방법이 효과가 있었던 것입니다."

✧ 습관 흘려보내기

습관대로 마음껏 하기 전에 흘려보내기를 하는 것이 이상적이기는 하지만, 그렇게 하지 못할 수도 있습니다. 흘려보내기를 먼저 할 수 있다는 것을 알지만 그렇게 하지 않았을 수도 있습니다. 흘려보내기를 한 뒤 또다시 습관대로 행동하기를 반복할 수도 있습니다. 여러분은 그런 자신에 대해 죄책감, 부끄러움, 분노, 슬픔 등을 느낄 것입니다. 하지만 걱정할 필요 없습니다. 버리고 싶은 습관을 다시 행하고 난 후에 작업하는 흘려보내기 역시 습관을 깨는 강력한 방법이 될 수 있으니까요. 습관 혹은 중독과 관련한 감정을 흘려보낼 때마다, 다시 말해 습관적인 행동을 하기 전 또는 하는 동안 혹은 하고 난 후에 흘려보낼 때마다 습관과 중독의 관성이 약화됩니다. 결국, 릴리징 과정이 여러분의 행동을 완전히 바꾸는 데 도움을 줄 것입니다.

기억하세요. 우리의 행동 패턴을 만들어내는 것은 바로 우리 감정의 패턴입니다. 우리가 감정의 패턴을 부술 때마다 그 행동들은 수월하게 사라집니다.

자신을 먼저 편안하게 하세요. 그런 다음 여러분이 흘려보내고 싶은 구체적인 습관을 생각하세요. 술, 담배, 약물, 섹스, 과식, 텔레비전 시청 혹은 여러분을 꼼짝 못하게 만드는 어떤 것도 좋습니다. 일단 마음속에 습관이 떠오르면, 내면에 집중하세요. 그리고 그것에 대한 **지금** 여러분의 느낌과 접촉하세요.

지금 이 순간 당신은 그 감정을 환영하고 허용할 수 있나요?

이런 특정한 중독을 가진 것이 어떤 느낌인지 알아차리세요. 또한 이런 행동을 되풀이하는 자신에 대한 못마땅한 감정이 어떤 것인지 알아차리세요. 그리고 다시 그 중독에 대한 지금 자신의 느낌에 집중하세요.

당신의 그 감정이 인정, 통제 혹은 안전 욕구에서 오는 것인지 아닌지 좀 더 파고들도록 스스로를 허용할 수 있나요?

어떤 욕구에서 비롯되었든 그것을 흘려보낼 수 있나요?

여러분의 감정이 좀 더 가볍고, 좀 더 넓고, 좀 더 느긋하게 될 때까지 필요한 만큼 위의 단계를 반복하세요. 습관에 대한 여러분의 감정을 흘려보내면서, 그 습관을 하든 하지 않든, 어느 쪽이든 괜찮다는 상태에 도달하는 것이 목표입니다.

이것이 과도한 비약처럼 보이는 것은 당연합니다. 그러나 습관을 예전 그대로 갖고 있다 해도 완전히 괜찮다는 상태까지 흘려보내기를 할 수 있다면, 여러분은 그 싸움을 끝낼 것입니다. 그러면 습관이나 중독에서의 해방이 훨씬 더 쉬울 것입니다.

중독에 대한 여러분의 감정이 어떤지 다시 한 번 집중하세요. 그 습관에 대해 갖는 여러분의 감정을 그저 느껴보세요.

그 감정이 인정, 통제, 안전 욕구에서 비롯되었나요?

그 욕구를 흘려보낼 수 있나요?

위의 단계들을 몇 번 더 반복하세요.

이제, 습관이 작동하는 구체적인 순간, 여러분이 특정 행동에 푹 빠지는 순간을 상기하세요. 아마도 술을 마시는 혹은 담배를 피우는 시점에 도달할 것입니다. 여분의 쿠키를 먹었을지도 모릅니다. 여러분이 집중하는 그 시간이 언제든, 특정 행동을 취하기 바로 전 현재의 그 감정을 느껴보세요.

그 감정을 환영할 수 있나요?

그 감정을 불러일으키고, 그 감정 아래에 숨어 있는 욕구가 무엇인지 발견할 수 있나요?

그것을 흘려보낼 수 있나요?

같은 상황에 다시 집중하세요. 그리고 그것을 하기 직전 어떻게 느겼는지 보세요. 습관의 방향으로 여러분을 몰아붙이는 다른 감정들이 있나요? 배고픔, 분노, 슬픔, 공허감, 충동 같은 것일 수 있습니다. 그것들은 감지하기 힘들거나 또는 매우 강력합니다.

우리는 매우 자주 자신의 감정을 느끼지 못하도록 중독적인 행동을 합니다. 그래서 처음에는 감정들과 접촉하는 게 쉽지 않을지도 모릅니다. 부디 그 과정을 끈질기게 하세요. 이 작업을 하면 할수록 여러분의 감정이 더욱 명확해질 것입니다. 습관적인 행동을 하기 전에 나타나는 여러분의 감정이 무엇이든 가능한 한 그 감정적인 경험을 다시 하게끔 내버려두세요.

그것이 인정, 통제, 안전을 원하는 마음에서 비롯된 것인지 살펴보세요.

당신은 그것을 흘려보낼 수 있나요?

다음으로, 여러분이 특정 행동을 실제로 할 때 어떻게 느끼는지 보세요. 쿠키를 먹는 것, 술을 마시는 것, 담배를 피우는 것 혹은 여러분이 집중하고 있는 어떤 것이든 말입니다.

그렇게 함으로써 얻는 인위적인 좋은 감정뿐 아니라 그 당시 여러분이 가졌던 감정이 어떤 것이든 그것에 바짝 주의를 기울이세요. 아마도 여러분 내부에서 투쟁이 일어나고 있을 것입니다.

당신은 그 행동을 취하는 당신을 마음속으로 그려보면서, 느껴지는 감정들을 환영할 수 있나요?

어떤 욕구가 이 순간 일어나나요?

그것을 흘려보낼 수 있나요?

매우 자주 습관적인 행동에서 비롯된 안도감 혹은 부적절한 기쁨이 있습니다. 하지만 그것들을 흘려보내면, 우리는 그런 행동 없이도 바로 즐거움을 느낄 수 있습니다. 왜냐하면 좋은 느낌은 매 순간 언제나 가능하기 때문입니다. 기억하세요. 모든 제한적인 감정은 이른바 긍정적이라 불리는 것들조차 흘려보낼 수 있습니다.

여러분이 특정 행동에 사로잡힌 구체적인 때에 다시 한 번 집중하세요. 행동의 동기가 되는 그 감정들을 알아채고 환영하세요. 그것들을 허용하세요.

거기에 근원적인 욕구가 내재되어 있나요?

당신은 그것을 흘려보낼 수 있나요?

이제 특정 행동을 한 직후, 어떻게 느끼는지 기억해보세요. 그것들을 하고 나면 죄책감, 후회, 혐오감 혹은 다른 어떤 감정을 느끼나요? 아마도 여러분은 이렇게 생각할 것입니다. "맙소사, 내가 또 이랬어!" 거기에 탐탁지 못한 느낌이나 통제할 수 없는 느낌이 있다면 살펴보세요.

당신은 지금 그 감정을 알아차리기 위해 최선을 다할 수 있나요?

기억하세요. 이것들은 그저 감정일 뿐입니다.

그것들의 기저에 인정, 통제, 안전에 대한 욕구가 있나요?

그것을 흘려보낼 수 있나요?

위의 단계들을 몇 번 더 반복하세요.

여러분의 특정 습관이나 중독에 대한 전반적인 감정이 어떻게 변화했는지 알아차리기 위해 시간을 가져보세요. 그것은 작은 변화일 수도 있고, 혹은 커다란 변화일 수도 있습니다. 그러나 대부분의 변화는 여러분이 긍정적인 방향으로 발을 뗐음을 보여주는 것이리라 믿습니다.

이제, 습관을 깨는 것에 대해 여러분이 어떻게 느끼는지 알아보세요. 사람들은 흔히 습관을 변화시키려는 이전의 시도에서 비롯된 잔여 감정을 갖고 있습니다. 이런 잔여 감정은 여러분이 "난 이제 그만할 거야."라고 할 때마다 나타났을 테고, 결국 여러분은 변화하지 못했을 것입니다.

습관을 변화시키는 것에서 비롯된 잔여 감정이나 의심을 갖고 있다면, 그저 그 감정을 여러분의 의식 안으로 환영하세요.

거기에 인정, 통제 혹은 안전에 대한 근원적인 욕구가 있나요?

그것을 흘려보낼 수 있나요?

다시 한 번 내면으로 시선을 돌려 중독이나 습관을 넘어서는 지금 이 순간, 여러분 스스로 느끼는 감정을 허용하세요.

당신은 그 감정을 포용할 수 있나요?

당신은 인정, 통제, 안전을 원하나요?

그것을 흘려보낼 수 있나요?

✧ 릭: 초콜릿 중독을 끊다

릭은 땅콩초콜릿에 중독됐었습니다. "나는 과자 괴물이었습니다. 땅콩초콜릿 없이 보내는 날이 하루도 없었죠. 어떤 날에는 밤 10시에 초콜릿을 사러 뛰어나가기도 했습니다. 내가 영화관에 간 이유는 90퍼센트가 커다란 봉지에 담긴 과자를 마음껏 먹기 위해서였습니다. 솔직히 무슨 영화인지 관심도 없었습니다."

하지만 지금 그는 그것을 갈망하지 않습니다. 땅콩초콜릿을 필요로

하는 감정을 흘려보낼 수 있었기 때문입니다. 의식적으로 그 갈망을 진심으로 환영하면서 말입니다. 그는 여전히 가끔씩 초콜릿을 즐깁니다. 하지만 예전과 달리 중독은 결코 아닙니다. "진실은 우리 모두가 이 세상을 살아가면서 무언가가 스스로를 통제하게끔 한다는 것입니다. 하지만 우리가 그것을 놓아주면, 그것이 우리의 힘을 해방시킵니다. 나는 땅콩초콜릿 때문에 고생한 적이 있지만, 더 이상은 그러지 않습니다. 이 과정을 수행하면서 얻은 최고의 선물은 지금 이 순간을 자유롭게 즐기는 법을 알았다는 것입니다. 나는 있는 그대로의 나입니다. 나는 그 어느 때보다 더 **지금**에 충실합니다."

✦ 덧붙이는 말

습관 흘려보내기의 집중적인 릴리징 과정을 자주 이용할 것을 권합니다. 그 작업을 할 때마다 매번 여러분은 더 많은 것을 얻을 것입니다. 물론 원치 않는 습관을 릴리징하는 기본적인 작업을 지속하는 것이 중요합니다. 습관적인 행동을 하기 전에 또는 하는 동안에 혹은 하고 난 후에도 흘려보내기를 하세요.

또한 여러분이 의학적인 치료를 받고 있지 않다면, 혹은 여러분이 하고 있는 12단계 프로그램의 규율과 충돌하지 않는다면, 그 행동을 하게끔 만드는 감정을 흘려보낸 후 마음껏 습관대로 해도 괜찮다고 스스로에게 약속하세요. 그런 약속을 잘했다면 습관대로 하지 않아도 점점 괜찮아질 것입니다. 그리고 이내 그 습관은 사라질 것입니다.

The
Sedona
Method

16장

경제적으로
풍요해지기

우리는 사다리를 오르고 있습니다.
하나의 계단을 오를 때마다 우리는 아래에 놓인 계단을 잊습니다.
꼭대기에 이르렀을 때 우리는 사다리를 걷어찰 수도 있습니다.

_레스터 레븐슨

경제적 자유와 풍요를 위한 미니 코스에 오신 것을 환영합니다. 이번 장에서는 세도나 메서드를 적용해 여러분의 부를 늘리는 몇 가지 연습을 할 것입니다. 각각의 연습은 여러 번 반복해서 하게끔 고안한 것으로서 작업을 할 때마다 여러분의 부는 계속 증가할 것입니다. 이 연습은 지금까지 다뤘던 내용을 기초로 만든 것입니다. 그러므로 만약 1부를 아직 다 보지 못했다면, 이번 16장이 매력적일지라도 1부로 돌아가 그 내용을 반드시 읽어보길 바랍니다.

경제적인 풍요는 세도나 메서드 세미나 참석자나 오디오 프로그램을 들은 사람들이 가장 흔히 언급하는 효과 중 하나입니다. 생활 속에서 어떤 부분을 릴리징하든 우리는 자연스럽게 점점 더 긍정적으로 변화합니다. 그 때문에 우리의 삶이 더욱 풍요롭게 되는 것이지요. 물론, 풍요란 꼭 물질적인 것만을 뜻하지 않습니다. 하지만 세상은 이건 좀 아니다 싶을 정도로 물질에 의존하는 게 현실입니다. 때문에 우리 모두는 자신의 경제적 상황에 따라 다양한 깊이의 감정을 느낍니다. 돈에 대한 믿음을 흘려보내기 시작할 때, 우리는 더 쉽게 받고, 더 쉽게 소유하고, 더 쉽게 더 많은 돈을 저축할 수 있습니다.

많은 사람이 그랬던 것처럼 저 역시 돈을 소유하는 게 어느 정도는 영적이지 못한 것이라고 믿었습니다. 그래서 번 돈을 모두 써버리고 제가 받아야 할 대가에도 신경 쓰지 않았습니다. 세도나 메서드를 사용해 이런 믿음을 흘려보내기 시작하자 재정적인 부분뿐 아니라 삶의 모든 부분에서 풍요로움이 증가하는 것을 경험했습니다.

✧ 예금은 머릿속이 아닌 은행에

갈망은 종종 스스로 깨닫지 못하는 가운데 원하는 것을 갖기에 앞서 우리를 머뭇거리게 만드는 감정 상태입니다. 서론에서 설명했듯이 부동산 영업을 할 때, 저는 은행에 예금하는 대신 '머릿속'에 예금을 했습니다. 이 계약이 성사된다면 얼마나 좋을까! 이런 환상을 갖게 만들었던 갈망을 흘려보내고 나서야 더 많은 계약을 체결할 수 있었죠. 세일즈맨, 마케터, 사업가 그리고 매니저들은 머릿속으로만 예금하기 쉽습니다. 물론 그들만 그런 것이 아니죠. 많은 사람이 투자와 관련해 머리로만 예금을 합니다.

다음과 같은 투자 관련 표현을 들어본 적이 있을 겁니다. "황소와 곰은 돈을 벌지만 돼지는 도살장에 갈 뿐이다."[(주식 관련 격언으로, 황소는 매수자(상승장을 예측하는 사람) 곰은 매도자(하락장을 예측하는 사람)를 의미하며, 돼지는 고위험 고수익을 노리는 사람을 의미 – 옮긴이)] 비밀은 이 말 뒤에 숨어 있습니다. 여러분도 아마 직접 경험해봤을 것입니다. 대부분의 투자 결정은 확실한 사실과 명확한 직관에 바탕을 두는 대신 감정에 바탕을 두고 이루어집니다. 성공하지 못한 투자자와 심지어 일부 성공한 투자자들도 종종 실제 거래가 끝나기 전에 손익 계산을 하기 시작합니다. 실제 수입이 들어오기 전에 머리로 예상 이익을 계산하고 머리로 그 돈을 사용하죠. 그리고 필요 이상으로 거래에 시간을 오래 끄는 경향이 있습니다. 그래야 더 좋은 결과가 있을 거라고 생각하기 때문입니다. 이러한 행동은 모두 갈망과 환상에서 비롯된 것입니다. 이런 투자자라면 인정, 통제 그리고 안전 중 어떤 욕구가 자신의 갈망 안에 있는지 찾아내 곧바로 흘려보내야 합니다. 그러면 더 현명한 투자 결정을 할 수 있습니다.

두려움 역시 감정적인 투자를 하게 되는 원인 중 하나입니다. 투자와 관련해 사람들은 종종 직감적으로 무엇이 옳은지 알아차려도 실수를 하는 게 두려워 그것을 행동으로 옮기지 못합니다. 또는 두려움에 얼어붙어 수익을 내지 못하고, 손실도 막지 못합니다. 그러므로 만약 두려움이 내재된 투자를 한다면, 그것을 바로 흘려보내거나 그것이 어떤 욕구인지 알아내 흘려보내기를 해야 합니다.

세 번째 부류는 팩트를 쫓아다니면서 자기가 바라는 대로 투자 시장이 움직이기를 원하는 사람입니다. 그들은 자신이 실제 능력보다 더 통제력이 있다고 믿습니다. 그리고 종종 실제 거래보다는 '가상 매매'를 훨씬 더 잘하기도 합니다. 그러나 실제로 돈을 사용할 때는 잘못된 결정을 내립니다. 다시 한 번 이야기하지만, 감정은 나중에 후회하게 될 행동을 하도록 감각을 교란합니다.

사업이나 주식 거래를 시작하거나 끝내기 전에 스스로 흘려보내도록 허용한다면, 여러분은 자신의 거래 타이밍이 향상되는 것을 발견할 것입니다. 그리고 어떤 예감을 따라 행동하기 전에 흘려보낸다면, 두려움과 탐욕과 직감 간의 차이를 알게 될 것입니다. 투자 활동에 세도나 메서드를 더 많이 활용할수록 환상 대신 팩트를 그리고 갈망이나 두려움 대신 직감에 따르는 자신을 발견할 것입니다.

✦ 부모의 재정적 활동 패턴 흘려보내기

경제적 자유와 풍요에 대해 생각할 때, 많은 사람이 곤란을 겪는 부분 중 하나가 바로 그들의 부모가 돈을 어떤 관점에서 바라보고, 돈을 어떻게 다루었는지입니다. 사람들은 돈에 대한 부모의 패턴에 저항하거나 그것을 변화시키려 할 때 어려움을 겪습니다. 우리 대부분은 자기 부모님이 돈에 대해 가졌던 관점, 그것이 우리에게 도움이 되든 안 되든 그 관점을 맹렬히 따라가거나 혹은 그것에 저항하며 살아갑니다. 아마도 그 둘 중 하나일 것입니다. 어느 쪽이든 그것은 우리 자신이 갖고 있는, 삶에서 우리가 원하는 것을 창조할 수 있는 힘을 완전히 막아버립니다. 그것은 또한 우리로 하여금 원하는 것을 갖는 데 주저하게끔 만듭니다.

낸시라는 학생은 어느 날 경제적 자유에 관한 세도나 메서드 오디오 프로그램을 듣다가 커다란 발견을 했습니다. 그녀는 이렇게 말합니다.

"어떤 악성 바이러스가 내 운영 시스템에 침투했습니다. 그것이 나에게 '돈은 무서운 거야.'라는 메시지를 반복했습니다. 그 전에는 돈에 대한 부모님의 패턴에 내가 얼마나 깊이 영향을 받았는지 전혀 깨닫지 못했죠. 너무나 많은 영향을 받은 나머지 내 삶에서 그러한 패턴을 재현하고 있었지만 말입니다. 어머니는 재정적으로 웬만큼 안정되어 있었는데도 끊임없이 걱정을 했죠. 돈이 충분치 않다고요. 물론 어머니가 이런 태도를 갖게 된 데는 내 할아버지 할머니까지 거슬러 올라갑니다. 이른바 '농부식 사고방식'이죠. 돈에 대해 비밀스러운 규칙도 있었습니다. '가난하지 않더라도 가난한 것처럼 행동해야 해.' '네 성공에 대해 절대 떠벌리면 안 돼.' 나는 커미션제로 일을 하게 되었는데, 그것은 대박 아니면 쪽박 둘 중 하나였죠. 그러던 중 세도나 메서드를 통해 내가 거의 성공까지 갔다가 일부러 다시 원래 자리로 되돌아가는 패턴을 만들고 있다는 사실을 깨달았어요. 이제 나는 좀 더 자유롭습니다. 모든 게 릴리징 때문입니다."

이제, 돈에 대한 여러분 부모님의 태도를 생각해보세요. 그분들이 돈에 대해 당신에게 어떻게 가르쳤나요?

그리고 나서 물어보세요. **돈에 대한 부모님의 태도나 행동 중에서**

당신이 바꾸고 싶거나 혹은 저항하는 것이 있나요?

당신은 돈에 대한 부모님의 과거나 현재 패턴에 대해 바꾸고 싶은 욕구나 저항을 흘려보낼 수 있나요?

부모님의 돈에 대한 태도나 돈을 다루는 방식에 대해 당신이 저항하는 또 다른 것들을 찾아보세요.

당신은 지금 그 저항을 흘려보낼 수 있나요? 당신은 그 저항이 풀어지도록 그냥 허용할 수 있나요?

이제, 부모님이 돈을 다루었던 방법에 대해 바꾸고 싶은 다른 것들을 생각해보세요. 돈과 관련해 그들에게 무슨 일이 생겼었는지 혹은 돈과 관련해 당신에게 부모님이 어떻게 대했는지 생각해보세요.

당신은 그것을 바꾸고 싶은 욕구를 흘려보낼 수 있나요?

더 나아가기 전에 위의 질문을 몇 차례 더 반복합니다.

돈과 관련해 당신이 깨닫지도 못한 채 이미 친숙해져서 삶의 일부로 채택한 부모님의 부정적인 패턴이 있었나요?

만약 그렇다면 당신은 그러한 태도, 믿음, 습관적인 패턴을 환영할 수 있나요?

그것은 인정, 통제, 안전 욕구에서 비롯된 것인가요?

그것이 어떤 욕구에서 비롯된 것이든 당신은 그것을 흘려보낼 수 있나요?

당신이 싫어하거나 바꾸고 싶은, 부모님의 경제 개념을 본떠 만든 또 다른 재정 방식이 있나요?

잠깐 동안이라도 그것을 그냥 환영할 수 있나요?

그것을 바꾸려는 욕구를 흘려보낼 수 있나요?

그리고 부모님을 따라 하려는 욕구를 흘려보낼 수 있나요?

죄책감과 수치심을 다룬 장에서 언급한 것처럼 우리 삶에서 처음 몇 년 동안 그리고 성장하는 동안에도 부모님은 우리에게 신과 같은 존재입니다. 우리를 먹이고 입히고 재워주기 때문에 우리는 무의식적으로 그분들을 본받습니다. 심지어 그분들의 방식이 효과적이지 않을 때조차 말입니다.

이제, 과거에 무의식적으로 본받은 그런 종류의 것들이 있는지 생각해보세요.

만약 있다면 당신은 그것을 그냥 있는 그대로 허용할 수 있나요?

거기에 인정, 통제, 혹은 안전에 대한 욕구가 있나요?

만약 있다면 당신은 그 욕구를 흘려보낼 수 있나요?

이제, 다시 한 번 확인해보세요. 부모님이 갖고 있는 '돈에 대한 태도'에 여러분이 저항하고 있거나 혹은 바꾸려고 하는 것이 있는지 한 번 보세요. 혹은 부모님을 본받아 모방하고 있는지 보세요.

당신은 그저 그것을 있는 그대로 허용할 수 있나요? 혹은 환영할 수 있나요?

그것은 인정, 통제, 안전에 대한 욕구에서 비롯된 것인가요?

당신은 그것을 흘려보낼 수 있나요?

흘려보낸 후에 잠시 시간을 갖고 지금의 기분이 어떤지 확인해보세요. 여러분을 가로막던, 돈에 대한 부모님의 신념과 태도로부터 완전히 자유로울 수 있을 것입니다. 이제 여러분은 자신의 길을 선택할 수 있습니다. 더 이상 부모님이 원했던 방식대로 해야 할 필요가 없습니다. 이제 더 이상 부모님의 방식에 저항하면서 살아갈 필요도 없습니다.

핵심은 여러분의 저항, 즉 바꾸고 싶은 욕구를 흘려보내는 것입니다. 그리고 부모님의 인정을 얻기 위해 혹은 안전해지기 위해 부모님처럼 되고자 했던 욕구를 흘려보내는 것입니다. 이것이 바로 핵심입니다.

✦ 돈에 대한 두려움 흘려보내기

우리가 돈 문제에 대해, 사실은 모든 문제에 대해 꼼짝달싹 못하는 지경에 빠지게 되는 또 하나는 이유는 바로 공포입니다. 만약 13장에서 이야기한 것을 기억한다면, 우리가 무언가를 걱정하고 있을 때, 사실 잠재의식적으로 그것이 일어나길 바란다는 사실을 알았을 것입니다. 의식적으로 원하지 않거나 혹은 인식하지 못한 사이에 부정적인 방향으로 끌려가고 있는 것이죠. 돈에 대한 여러분의 개인적인 공포를 생각해보세요.

우리 대부분은 돈에 관해 원치 않았던 일을 경험한 적이 있습니다. 혹은 우리가 알고 있는 누군가에게 그런 일이 생겼던 적이 있습니다. 그래서 두 번 다시 그런 일이 생기는 것을 피하고 싶고, 경험하고 싶지 않은 것입니다. 그런데 이것은 두말할 필요 없이 우리가 그것을 마음속에 간직하고(붙잡고) 있다는 뜻입니다. 여러분은 그런 모든 생각을 여러분의 경험으로 끌어당기는 것보다 의식 속에서 쫓아내는 것이 더 낫다고 확신할 겁니다. 그렇다면 이제 저와 함께 이 주제에 대해 생각해보도록 합시다.

저의 부모님은 대공황 때 성장하셨죠. 아버지는 당신의 가족들이 집을 잃는 것을 보셨습니다. 어머니는 아버지를 설득해 작은 이윤이라도 얻기 위해 부동산을 사자고 했습니다. 부동산 중개업자이던 아버지는 비교적 넉넉한 생활을 했죠. 아버지가 거래를 주선한 사람 중에는 백만 장자가 된 이들도 많았습니다. 하지만 아버지는 스스로 많은 부동산 구입 기회를 포기했습니다. 만약 포기하지 않았다면 아주 적은 투자만으로도 백만장자가 되었을 텐데 말입니다.

사실, 아버지는 때때로 임대 주택에서 살았는데, 집을 살 수 있을 만큼 넉넉할 때조차 그렇게 하셨죠. 이런 사실을 모른 채 저는 이 분야에서 아버지를 본받으려 했습니다. 제 아내 에이미는 이런 사실을 깨닫도록 몇 년 동안이나 저를 설득했습니다. 그리고 마침내 제가 갖고 있던 부동산 소유에 대한 공포를 흘려보낼 수 있었습니다. 얼마 후 우리는 피닉스에 있는 집을 구입한 다음 그것을 되팔아 이익을 보았습니다. 현재 우리는 애리조나주의 세도나에 아름다운 집을 갖고 있습니다.

저는 압니다. 제 아버지로부터 물려받은 부동산 소유에 대한 공포를 흘려보내지 않았다면 이것이 가능하지 않았으리란 것을 말입니다.

만약 여러분이 아주 많은 돈을 갖고 있다면 혹은 경제적으로 자유로워서 발생할 수 있는 두려운 일에는 어떤 것이 있을까요? 아마 국세청으로부터 회계 감사를 받거나 높은 세금을 부과받거나 혹은 잘못된 투자를 두려워할 수도 있습니다. 그 두려움과 공포가 무엇이든 **당신은 잠시 동안만이라도 그것이 일어나길 바라는 마음을 흘려보낼 수 있나요?** 이것이 약간 우스운 질문이란 것을 저도 압니다. 하지만 앞 장에서 본 것처럼 해봅시다.

만약 당신이 은행에 돈이 아주 많다면, 어떤 일이 일어날까봐 걱정

**피터 피에조,
미국**
내가 얻었고 앞으로 얻게 될 성취는 어떤 노력 없이도 늘어날 것 같습니다. 세도나 메서드를 알기 전, 나는 직장에서 보너스를 한 번도 받지 못했습니다. 세도나 메서드를 배우던 중 첫 보너스를 받았죠. 그리고 1등 생산자에게 주는 세 번의 상을 포함해 매달 보너스를 받았습니다. 그러자 매니저들이 저에게 묻기 시작했습니다! 다른 사람에게 똑같은 동기 부여를 하려면 어떻게 해야 하는지 말입니다.

하게 될까요? 그것을 당연히 여기게 될까봐 걱정인가요? 그것이 인간관계에 많은 타격을 줄까봐 걱정되나요? 돈을 매우 많이 갖게 되거나 경제적으로 자유로워지는 것에 대한 여러분의 두려움이 무엇인지 확인해보세요. 그리고 그중 하나를 선택하세요.

당신은 그것이 일어나길 바라는 마음을 흘려보낼 수 있나요?

만약 여러분이 완전한 경제적 자유와 풍요를 얻게 된다면 또 어떤 일이 일어날까봐 걱정하게 될지 찾아보세요. 아마도 여러분은 돈을 책임지고 잘 다루지 못할까봐 걱정할 수도 있습니다.

당신은 그것이 일어나길 바라는 마음을 흘려보낼 수 있나요?

당신의 걱정과 두려움, 공포가 사라질 때까지 위의 질문을 몇 번 더 반복하세요. 두려움이 실제가 되길 바라는 마음을 흘려보내는 방법에 덧붙여 여러분은 또한 돈과 풍요, 경제적 자유에 대한 두려움을 목록으로 만들 수 있습니다. 그리고 나서 인정, 통제(조종), 안전(생존)에 대한

400   세도나 메서드

질문을 사용해 곧바로 흘려보내는 방법을 사용할 수도 있습니다. 어떤 방법을 쓰든 걱정과 두려움을 제거할수록 여러분은 자유로워질 것이며 앞으로 나아가게 될 것입니다. 그리고 여러분이 삶에서 꿈꾸는 풍요로움을 정확하게 이뤄낼 것입니다.

♦ 돈에 대한 좋은 점 · 싫은 점 기법

돈에 대해 갖고 있는 신념과 태도는 흔히 우리를 경제적 풍요와 자유로부터 멀어지게 합니다. 대부분 그런 것들은 우리가 숨 쉬는 공기와도 같습니다. 우리는 그런 것들을 전혀 의식하지 못하죠. 그런 것들 밑바탕에는 집착과 혐오가 숨어 있습니다. 9장에서 배운 '좋은 점 · 싫은 점 기법'은 무의식적인 부분을 의식으로 끌어내 우리로 하여금 그것들을 흘려보낼 수 있도록 도와줄 것입니다.

돈에 대한 신념과 태도는 2단계로 나누어 진행하기 바랍니다. 우선 자신의 현재 재정 상태에서부터 시작합시다. 지금 자신과 돈의 관계가 어떤지 생각해보세요. 여러분이 싫어하는 부분뿐 아니라 좋아하는 부분 역시 흘려보내는 것이 매우 중요하다는 사실을 꼭 명심하기 바랍니다.

당신의 현재 재정 상태에 대해 당신이 좋아하는 점은 무엇입니까?

그것은 인정, 통제, 혹은 안전 욕구에서 비롯된 것인가요?

어떤 욕구에서 비롯되었든 **그것을 흘려보낼 수 있나요?**

현재 재정 상태에 대해 여러분이 좋게 느끼는 점을 떠올리기 어려울 수도 있습니다. 특히 자신의 재정 상태가 원하는 방식대로 돌아가지 않을 때는 말입니다. 하지만 만약 그 상태에 막혀서 꼼짝 못하고 있다면, 틀림없이 어떤 무의식적 욕구나 감정이 흘려보내는 것을 방해하고 있는 것입니다. 그러므로 가능한 한 마음을 열고 의식적이 되도록 허용해주세요. 그리고 아래의 질문을 하면서 처음으로 떠오르는 생각이나 감정을 허용하고, 인정해주세요.

현재 재정 상태에 대한 당신의 싫은 점은 무엇입니까?

그것이 인정 욕구, 통제 욕구 혹은 안전 욕구에서 비롯된 것인지 살펴봅니다.

어떤 것으로부터 비롯되었든 **그것을 흘려보낼 수 있나요?**

당신의 현재 재정 상태에 대한 좋은 점은 무엇입니까?

그것이 인정, 통제 혹은 안전 욕구에서 비롯된 것인가요?

당신은 그것을 흘려보낼 수 있나요?

현재 재정 상태에 대해 당신이 싫은 점은 무엇입니까?

그것은 인정, 통제 혹은 안전 욕구에서 비롯된 것인가요?

여러분 스스로 자유롭게 일련의 질문을 계속해보세요. 하나의 주제에 대해 '좋은 점·싫은 점 기법'을 아홉 번 정도 반복하세요.

이제, 위의 과정을 마치고 준비가 되었다면 좀 더 깊이 들어가겠습니다.

당신은 돈에 대한 관계에서 당신의 삶을 있는 그대로 환영하거나 허용할 수 있나요?

여러분이 선택한 방식이 아니거나 여러분이 원하는 대로 결과가 나오지 않을 때조차 있는 그대로의 상황을 그저 허용할 수 있다면, 여러분은 앞으로 나아갈 수 있는 멋진 발판을 마련한 것입니다.

그러므로 잠시만이라도 지금 이 순간 있는 그대로의 상황을 허용할 수 있나요?

그것을 그저 인정할 수 있나요? 그래도 괜찮다는 것을 알겠나요?

여러분이 더욱 자유롭게 있는 그대로의 방식을 인정할수록 더욱더 원하는 방식대로 될 수 있게끔 행동할 수 있습니다.

이제 다시 한 번 보세요. **당신은 그저 허용하고, 환영하고, 혹은 삶에서 돈에 관해 어떤 일이 있어도 있는 그대로를 수용할 수 있습니까?**

여러분의 생각, 감정, 태도, 행동에 대해 **당신은 잠시 동안만이라도 이것들을 있는 그대로 환영할 수 있겠습니까?**

이제, 잠시 시간을 갖고 느껴보세요. 위의 세 가지 과정(돈에 대해 본받은 부모님의 패턴 흘려보내기, 돈에 대한 공포 흘려보내기, 돈에 대한 좋은 점·싫은 점 기법 수행하기)을 마친 뒤에 느낌이 어떻게 달라졌는지요? 만약 두려움이나 잠깐 동안의 걱정이 의식 속에 나타난다면 인정, 통제, 안전 욕구에 대한 질문을 이용해 그것을 흘려보내세요. 또는 그냥 단순하게 두려움이 실제로 일어나길 바라는 욕구를 흘려버리세요. 여러분은 또 몇 가지 중요한 것들에 대해 '좋은 점·싫은 점 기법'을 사용할 수 있습니다.

최종적으로는 여러분의 재정 상태를 있는 그대로 환영할 수 있습니다. 최선을 다해 가능한 한 더 많이 환영할수록 그것을 바꿀 수 있는 더 많은 자유를 갖게 됩니다.

✦ 돈에 대한 불필요한 개념 청소하기

여러분이 삶에서 원하는 것을 갖는 데 방해가 되는 장애물 그리고 여러분의 경제적 자유를 막고 있는 장애물에 대한 탐구를 계속합시다. 청소하기 과정은 해결책을 찾아내는 탁월한 도구이며, 여러분으로 하여금 평정심을 갖게 만들어줍니다. 또한 여러분의 경제적 상황과 사업 능력을 향상시키는 매우 강력한 방법입니다. 우선 몇 가지 사항을 꼭 명심하세요. 먼저, 이 과정을 해나가면서 몇몇 릴리징은 저절로 일어날 것입니다. 둘째로 릴리징은 언제나 선택 사항일 뿐입니다. 상황을 있는 그대로 허용해주는 것처럼 그것은 단지 선택 사항일 뿐입니다. 셋째로 이 과정을 진행하는 동안 마음속에 어떤 생각이 일어나도 그것을 환영해주세요. 이 과정에서 질문을 계속 반복하는 이유는 여러분의 의식과 무의식 속에 있는 제한된 생각과 느낌을 완전히 제거하기 위함입니다. 관심을 갖고 끝까지 집중해주시기 바랍니다. 이제 준비되었으면 시작합니다.

돈이 당신을 조정하려 한다는 느낌을 가진 적이 있나요?

지금은 이것이 좀 우스운 질문처럼 느껴질 수 있습니다. 왜냐하면 돈은 무생물이니까요. 하지만 여러분이 그렇게 느꼈을 수도 있다는 얘기입니다.

그러면 반대로 당신이 돈을 조종하려고 하는 욕구를 환영할 수 있나요?

그리고 나서 그것을 흘려보낼 수 있나요?

당신은 돈을 조종하려 한 적이 있나요? 우리 대부분은 항상 돈을 조종하려 하지요.

지금, 당신은 돈을 조종하려는 마음을 흘려보낼 수 있나요?

돈이 당신을 조종하려 한 적이 있나요? 혹은 당신이 돈에 의해 조종당한다는 느낌이 들었던 적이 있나요?

만약 그렇다면 반대로 내가 돈을 조종하려는 욕구를 흘려보낼 수 있나요?

당신은 돈을 조종하려 한 적이 있나요?

만약 그렇다면 당신은 돈을 조종하려는 욕구를 흘려보낼 수 있나요?

돈이 당신을 조종하려들거나 혹은 그런 식의 느낌이 들었나요?

당신은 돈 때문에 희생당했다고 느낀 적이나 돈에 휘둘렸다고 느낀 적이 있나요?

당신은 그렇기 때문에 생긴, 돈을 조종해야 한다는 욕구를 흘려보낼 수 있나요?

당신은 어떻게 해서라도 돈을 조종하려고 한 적이 있나요?

만약 그렇다면 지금 돈을 조종하려는 마음을 흘려보낼 수 있나요?

당신은 돈에 스스로만의 방식이 있고 또한 그럴 권리가 있다는 것을 인정할 수 있나요?

기억하세요. 이 마지막 문장은 단순한 선택(결정)입니다. 그것은 돈에 자기만의 존재 방식이 있음을 인정하는 결정입니다. 여러분과 돈의 관계가 강력하게 변화할 것입니다.

돈이 있는 그대로의 방식으로 있을 수 있도록 지금 인정할 수 있나요?

당신은 이제 돈이 자기 스스로의 존재 방식으로 있을 수 있게 돈의 권리를 인정합니까?

만약 여러분이 아주 조금이라도 위와 같이 할 수 있다면, 그렇게 해 본 뒤 기분이 얼마나 나아졌는지 한 번 느껴보세요. 만약 나아진 게 전혀 느껴지지 않는다면, 돈을 조종하려는 것과 관련해 분명 계속 릴리징 해야 할 것이 있다는 뜻입니다. 완전히 흘려보낼 때까지 위에 있는 질문을 계속 반복하세요. 만약 대답이 "예."가 되면, 인정을 다루는 다음 과정으로 넘어가도 좋습니다.

당신은 돈에 대해 싫어하거나 탐탁지 않게 여기는 무언가가 있나요?

만약 그렇다면 돈을 인정하기를 주저하는 그 마음을 흘려보낼 수 있나요?

당신은 돈에 대한 그런 거부감이나 탐탁지 않은 마음을 흘려보낼 수 있나요?

돈이 당신의 무엇인가를 싫어하거나 탐탁지 않게 여긴다는 것을 느낀 적이 있나요?

이 말이 약간은 이상할 수도 있다는 것을 알지만, 여러분이 그런 식으로 느꼈을 수도 있다는 뜻입니다.

당신은 돈으로부터 인정받길 바라는 마음을 흘려보낼 수 있나요?

당신은 돈을 싫어하거나 탐탁지 않게 여겼었나요?

당신은 지금 이 순간만이라도 돈에 대한 그런 마음을 흘려보낼 수 있나요?

돈이 당신을 싫어하거나 탐탁지 않게 여기는 것을 어느 정도 느낀 적이 있나요? 혹은 돈이 당신과의 관계를 주저하거나 머뭇거린다고 어느 정도 느낀 적이 있나요?

당신은 돈으로부터 인정받고 싶다는 욕구를 흘려보낼 수 있나요?

돈 그 자체나 돈과 관련한 어떤 것이든 싫어하거나 탐탁지 않게 여긴 적이 있나요?

당신은 돈에게 당신의 인정을 주지 않으려는 욕구를 흘려보낼 수 있나요?

돈이 어느 정도 당신을 싫어하거나 못마땅해한다고 느낀 적이 있나요?

당신은 돈에게 인정받고 싶은 욕구를 흘려보낼 수 있나요?

그저 지금 이 순간, 당신은 돈에 대해 오직 사랑과 수용의 느낌만을 가질 수 있도록 스스로를 허용할 수 있나요? 그저 할 수 있는지요?

돈에 대해 오직 사랑과 수용의 느낌만을 가질 수 있도록 스스로를 허용할 수 있나요?

당신은 돈에 대해 오직 사랑과 수용의 느낌만을 가지고 있나요?

이 마지막 질문은 선택 사항임을 기억하세요. 그리고 다시, 돈에 대한 관계에서 인정하고 인정받는 것에 대한 약간의 릴리징이 여러분 마음속에 어떤 변화를 일으켰는지 주의 깊게 지켜보세요. 만약 필요하다면 인정에 대해 질문을 계속할 수도 있고 또는 돈에 대한 안전(생존) 욕구를 작업하기 위해 다음 단계로 나아갈 수도 있습니다.

당신은 돈 또는 돈과 관련한 일로부터 어떤 식으로든 당신에게 도전하거나, 반대하거나, 위협하는 느낌을 받은 적이 있습니까?

만약 그렇다면 당신은 안전이나 생존에 대한 욕구를 흘려보낼 수 있나요?

당신은 어떤 방식으로든 돈에 도전하거나, 반대하거나 혹은 위협한 적이 있었나요?

다시 말하지만 돈은 사람이 아니기 때문에 그것을 인격화하는 말이 약간 과장스럽게 들릴 수 있습니다. 하지만 감정적인 수준에서는 얼마든지 그런 식으로 느낄 수 있습니다.

당신은 돈에 도전하거나, 반대하거나, 혹은 돈을 위협하려는 욕구를 흘려보낼 수 있나요?

돈이 당신에게 도전하거나, 당신을 반대하거나, 당신을 위협한 적이 있었나요? 혹은 그런 식으로 느낀 적이 있나요?

만약 그렇다면 당신 마음에 느껴지는 안전과 생존에 대한 욕구를 흘려버릴 수 있나요?

당신은 어떤 식으로든 돈에 도전하거나, 돈을 반대하거나 혹은 돈을 위협한 적이 있나요?

그렇게 하고자 하는 마음을 흘려버릴 수 있나요?

돈이 당신을 거부하거나, 당신에게 도전하거나, 혹은 당신을 위협한 적이 있나요? 혹은 당신이 그런 식으로 느낀 적이 있나요?

만약 그렇다면 당신은 안전과 생존에 대한 욕구를 흘려버릴 수 있나요?

당신은 돈을 위협하거나 반대하거나 돈에게 도전한 적이 있습니까? 또는 그렇게 하고 싶었던 적이 있었나요? 당신은 그저 그것을 흘려보낼 수 있나요?

당신은 돈에 대해 오직 신뢰와 안전과 행복의 감정만을 가지도록 허용할 수 있나요?

당신은 돈에 대해 오직 신뢰와 안전과 행복의 감정만을 가지도록 허용하고 싶나요?

당신은 돈에 대해 오직 신뢰와 안전과 행복의 감정만을 가지고 있나요?

마지막 세 가지 질문에 대해 "예."라고 대답할 수 있을 때까지 필요한 만큼 얼마든지 위의 질문을 반복할 수 있습니다. 만약 그렇게 할 수 있다면, 돈에 대한 모든 감정과 관계가 변화되었음을 알게 될 것입니다. 돈은 비록 물건에 불과하지만 우리 의식 안에서 돈과의 관계를 그렇게 느낀다는 얘깁니다. 이런 방법으로 돈에 관한 감정을 흘려보냄으로써 수많은 잡음을 진정 깨끗하게 청소할 수 있습니다.

◇ 줄리아: 마땅히 최고를 누릴 자유

줄리아는 약 10년 전, 루마니아에서 캐나다로 이민을 왔습니다. 그리고 그때 세도나 메서드를 알게 되었죠. 이민해서 정착하는 과정은 참 어려웠습니다. 그녀는 홀로 아이를 키웠고, 돈도 없고, 퀘벡에 살았기 때문에 영어와 불어 두 가지 언어를 배워야만 했습니다. 매니큐어 칠해주는 일을 하고 받는 월급 900달러는 생활비로 쓰기에도 적었습니다. 다른 일은 말할 것도 없고 끼니를 때우기도 벅찼죠.

"내 걱정과 고통은 자유에 대한 것이 아니었어요. 그저 하루하루 먹고사는 것뿐이었죠. 그래서 세도나 메서드를 배우기 시작했을 때 아주 놀랐어요. 그것은 아주 쉽고 효과도 아주 빨랐거든요. 궁핍함에 대한 저항 흘려보내기를 하고 4일 후, '유대인 공동체'에서 새 고객을 한 명

알게 되었어요. 전화번호부에 실린 아주 작은 제 광고를 보았던 것이죠. 그녀는 자신의 엄마, 할머니, 조카들, 친구들에게 저를 소개해주었어요. 덕분에 한 달 반 만에 제 사업은 세 배로 커졌습니다. 무려 2000달러를 벌었습니다. 릴리징 말고는 한 게 아무것도 없는데 말이에요."

줄리아는 빈곤에 대한 자신의 의식이 그녀가 살던 모국 사람들에게서 물려받은 것이란 사실을 깨달았습니다. 잠재의식 속에 부자가 되는 것에 대한 두려움이 있었던 것입니다. 가난과 부유함에는 어떤 이익이 있을까? 그녀는 자문했습니다. 그리고 돈을 쓰는 것이 마음을 기쁘게 해준다는 걸 알았습니다. 그녀는 언제나 가장 싼 것만을 사는 습관을 바꾸기로 결심했습니다. 그리고 계속 릴리징을 했습니다. 다음의 질문들을 사용해서 말입니다.

가난했었다는 믿음을 기억하도록 나를 허용할 수 있을까? 돈을 벌 수 없을 거라고 어떻게 믿곤 했는지 기억할 수 있을까? 그녀는 또한 돈에 대한 집착이 안전과 생존에 대한 욕구에서 비롯되었다는 것도 알게 되었습니다.

"흘려보내기를 하기 전에는 제가 사슬에 묶여 있는지조차 몰랐습니다. 흘려보내기를 배운 후에야 그 사실을 알게 되었고, 흘려보내지 않으면 고통스럽다는 것도 알게 되었습니다. 저항할 때는 태양신경총에 통증을 느꼈지만 경제적 안정에 대한 목표를 릴리징하자 그 통증이 서서히 풀렸습니다. 이제 저는 평화롭고, 제 수입은 안정되었습니다."

✦ 돈에 대한 이익과 손해 기법

이제, 여러분이 살아가면서 갖고자 원하는 것에 집중하도록 이익과 손해 테크닉을 쓸 차례입니다. 이익과 손해 모두를 흘려보내는 것이 핵심임을 명심하세요. 양쪽 모두를 흘려보냄으로써 경제적 자유와 풍요라는 결과를 여러분의 깨어 있는 의식 안으로 끌어당겨줄 것입니다.

경제적 자유 또는 풍요가 당신에게 주는 이익(장점)은 무엇인가요?

그것은 인정, 통제, 안전(생존) 욕구에서 비롯된 것인가요?

어떤 욕구에서 비롯되었든 **그것을 흘려보낼 수 있나요?**

경제적 자유 또는 풍요가 당신에게 주는 손해(단점)는 무엇인가요?

아무것도 떠오르지 않을 수 있습니다. 우리는 흔히 "돈이 많은 것에 무슨 손해(단점)가 있겠어?"라고 생각하기 때문입니다. 만약 아무런 손해도 떠오르지 않는다면 그것 자체를 흘려보내세요. 그러고 나서 마음 밑바닥에 인정, 통제, 안전에 대한 욕구가 느껴지는지 확인해보세요.

어떤 욕구가 느껴지든 **당신은 그것을 흘려보낼 수 있나요?**

다음을 기억하세요. 만약 여러분이 삶에서 경제적 자유 또는 풍요를 이루지 못할 것처럼 느껴진다면 아마도 경제적 자유와 풍요에 대한 숨겨진 손해(단점, 불리한 점)가 있을 것입니다. 그러므로 이 과정에 최대한 마음을 열어주세요. 그리고 마음속에 어떤 생각이나 느낌이 가장 먼저 떠오르는지 집중하세요. 그러고 나서 그것을 흘려보내세요. 숨겨진 손해를 찾아낼 때까지 말입니다. 그것들이 여러분의 삶을 지배하고 조종합니다.

나는 《포춘》 선정 500대 기업 중 하나인 회사에서 25년간 일하는 동안 나 자신을 잃어가고 있다는 느낌이 들었습니다. 언제나 흔히 모선母船이라는 것에서 탯줄을 끊고, 나만의 사업을 하고 싶었습니다. 그때 누군가가 세도나 메서드 오디오 프로그램을 주었는데, 그것을 자동차 운전을 하며 1년 동안 들었습니다. 그리고 나만의 사업을 시작했죠. 시작이 전혀 두렵지 않았습니다. 나는 그저 사업이 성공할 것이라 믿었고, 실제로 그렇게 됐습니다. 기적적으로요. 말로는 설명할 수 없어요. 나는 예전보다 덜 열심히 일하지만 더 많은 돈을 법니다. 내가 좋아하는 일을 해서 더 평화롭습니다. 세도나 메서드에 이 영광을 돌립니다. 왜냐하면 다른 어떤 것도 세도나 메서드보다 내 삶에 변화를 주지 못했기 때문입니다.

경제적 자유 또는 풍요가 당신에게 주는 이익은 무엇인가요?

그것은 인정, 통제, 안전 욕구에서 비롯된 것인가요?

그것을 흘려보낼 수 있나요?

경제적 자유 또는 풍요가 당신에게 주는 손해는 무엇인가요?

그것이 인정, 통제, 안전에 대한 욕구에서 비롯된 것인지 확인해보세요.

당신은 단지 그 욕구를 놓아줄 수 있나요?

이익과 손해 기법의 질문을 번갈아가면서 최소 아홉 차례 반복하세요. 그리고 반드시 각각의 층들을 릴리징하세요. 질문을 한 번 할 때마다 나오는 대답은 무의식의 층이 한 겹씩 드러나는 것입니다. 그러므로 계속 릴리징하세요.

앞서 말한 것처럼 저는 때때로 어떤 한 주제에 대해 이익과 손해 기법을 앉은자리에서 한 시간 이상씩 할 때가 있습니다. 보통은 그보다 훨씬 더 긴 시간 작업을 하지요. 왜냐하면 각각의 이익과 손해가 모여 감정의 전체적인 층을 형성하기 때문에 그런 것을 흘려보낼수록 경제적 자유와 풍요에 더 가까이 갈 수 있기 때문입니다

✧ 이상적인 재정 상태 시각화하기

만약 여러분이 경제적 자유와 부를 성취했다면, 자신의 삶이 어떨지 한 번 시각화해보세요. 마음속으로 그림을 그리듯, 영화를 보듯 상상하는 것입니다. 모든 감각이 시각화에 몰입할 수 있도록 집중하세요. 마음속으로 그린 '그림'은 시각적이거나 운동 감각적이거나 청각적일 수 있습니다. 항상 바랐던 완전한 경제적 자유와 부를 누릴 만큼의 돈을 소유한 장면을 생생하게 그려보세요. 그 장면을 깊고 완전하게 진실로 경험해보세요. 그러고 나서 지금, 여러분의 마음속에 "안 돼. 나는 그것을 가질 수 없어." "나는 그것을 가져선 안 돼." "그것은 진짜가 아니야." "그것은 불가능해." 따위의 생각이 있는지 확인하세요. 또는 자신의 상상과 반대되는 생각이나 감정이 조금이라도 있는지 확인하세요.

그런 반대 생각의 밑바탕에 인정, 통제, 안전에 대한 욕구가 있나요?

그 욕구를 잠시만이라도 흘려보낼 수 있나요?

이제, 다시 이 순간 여러분이 풍요롭고 지금, 이 순간 경제적으로 자유롭다고 상상해보세요. 그것을 바로 지금 이 순간 상상해보세요. 그것은 무엇을 닮았는지, 어떤 느낌일지, 어떤 소리일지 보고, 느끼고, 들어보세요.

그리고 그 반대되는 생각이나 느낌이 조금이라도 있는지 확인하세요.

그러고 나서 그런 생각이나 느낌과 관련해 인정, 통제, 안전에 대한 욕구가 있는지 살펴보세요.

이제 당신은 그것들을 흘려보낼 수 있나요?

다시, 여러분이 경제적으로 자유롭고 풍요롭다고 시각화해보세요.

그것을 가진 당신의 삶은 어떤 모습인가요?

상상한 그 모습은 인정, 통제, 안전에 대한 욕구에서 비롯된 것인가요?

당신은 그것을 흘려보낼 수 있나요?

상상한 그 모습 안에 어떤 내재된 욕구가 있는지 살펴보세요.

만약 어떤 욕구가 있다면, 그것을 흘려보낼 수 있나요?

다시, 여러분이 **지금 현재**, 경제적으로 자유롭고 풍요롭다고 마음속으로 그려보세요. 상상해보세요. 여러분 내부에 아직도 그런 상상을 하는 것에 주저하거나, 머뭇거리거나, 저항하는 무언가가 있는지 확인해보세요. "너 는 할 수 없어!" "너는 그래선 안 돼!" 이렇게 말하는 무언가가 있는지 확인해보세요.

만약 있다면, 그것은 인정, 통제, 또는 안전에 대한 욕구에서 비롯된 것인가요?

어떤 것이든 **그것을 흘려보낼 수 있나요?**

다시, **지금 현재**, 경제적으로 자유롭고 풍요롭다고 마음속에 그려보세요. "그것을 갖는 것은 아무런 문제가 없다." "괜찮다." 이런 것을 깨달아보세요.

당신은 시각화한 그 장면이 완전히 마음속으로 들어올 수 있도록 환영할 수 있나요?

그것을 감싸 안으세요. 그것을 보살피고 더 키워주세요. 그것이 여기 있도록 허용해주세요.

당신이 바로 지금! 그것을 갖는 것! 그것은 아무런 문제가 없고, 괜찮다는 깨달음 속에서 자신을 편히 쉬게 해주세요. 그저 여러분의 삶에 경제적 자유와 풍요가 들어올 수 있도록 허용해주세요. 여러분은 그럴 만한 자격이 있습니다.

✦ 목표를 설정하고 행동으로 옮기는 과정

여러분! 반드시 돈과 관련해 무엇을 창조하고 싶은지 목표 선언문으로 작성해보길 강력히 권합니다. '목표 과정'은 여러분이 진정 원하는 것을 마음속에 품도록 도와줌으로써 여러분을 자유롭게 만들 것입니다. 그리고 여러분의 목표에 반하는 모든 느낌과 감정은 전부 흘려보낼 것입니다.

항상 그렇듯이 금전적 목표를 성취하기 위해 어떤 행동을 취할 때 반드시 릴리징 기법을 활용해야 한다는 것을 기억하기 바랍니다. 여러분이 취할 수 있는 행동 또는 실제로 취하는 행동에 릴리징 기법을 접목시키면, 이전보다 훨씬 쉽게 결과를 이끌어낼 수 있을 것입니다. (이 과정에 대한 자세한 내용은 8장 '목표 설정 및 성취'를 참고하세요.)

✧ 덧붙이는 말

이 장을 자주 반복해서 읽으세요. 그러면 더 많은 것을 얻을 수 있습니다. 경제적 자유와 안정을 얻기에 충분하다는 사실을 아주 깊이 받아들이기 시작하면, 여러분은 더욱더 자신의 경제적 풍요에 긍정적인 태도를 갖게 될 것입니다.

The
Sedona
Method

17장

관계의
마법

성장의 전체 과정은 생각들을 흘려보내는 것입니다.
우리의 생각을 모두 제거하면 남는 것은 오직 내 존재뿐입니다.

_레스터 레븐슨

왜 어떤 친밀한 관계는 잘 만들어지는데, 다른 관계는 그렇지 못한지 궁금한 적이 있나요? 왜 우리 중 많은 이들이 각기 다른 사람과 같은 종류의 관계를 반복해서 맺는 것처럼 보일까요? 왜 어떤 사람은 쉽게 배우자를 찾는 반면 다른 사람은 그렇지 못할까요? 이 같은 인간관계에 관한 해답이 여기 있습니다. 이 장에서 소개하는 연습, 관점, 과정이 사랑에 대한 여러분의 타고난 본성을 일깨우고 드러나게 할 것입니다. 그것도 아주 빠르게 말입니다.

우리 대부분을 짜증나게 하는 관계에 대한 해답은 사실 매우 간단합니다. 일반적으로 관계를 맺는 패턴뿐 아니라 우리의 관계 대부분은 사랑보다 필요에 기반을 두고 있습니다. 이 사실이 아마 놀랍지는 않을 것입니다. 하지만 이 문제와 관련해 우리가 할 수 있는 무언가가 있다는 사실이 우리를 놀라게 할 수 있습니다. 그것은 바로 여러분이 이미 알고 있듯이 흘려보내기입니다.

사랑을 제외한 모든 감정은 '사랑이 아닌 감정non-love feeling'입니다. 우리가 갖고 있는 기본적인 본성은 바로 우리가 항상 다른 사람에게서 찾고 있는 그 사랑입니다. 세도나 메서드를 이용해 흘려보내기를 할 때마다 우리는 스스로를 사랑이 아닌 감정들로부터 자유롭게 하는 것이고, 내적으로나 외적으로나 더욱더 '사랑'하는 것입니다. 점점 더 사랑하게 될수록 우리의 관계는 더욱더 성공적이 될 테고, 우리 각자의 완벽한 파트너에게 더욱더 매력적인 사람이 될 것입니다. 매우 단순합니다. 우리가 이미 하고 있는 모든 흘려보내기 그리고 이 장에서 배우게 될 것들이 우리의 현재 관계 그리고 미래의 관계를 향상시킬 것입니다.

✦ 모든 잘못된 곳에서 사랑 찾기를 그만두자

우리 대부분은 밑 빠진 독을 채우려는 노력과 비슷하게 사랑을 찾습니다. 외부로부터, 특히 다른 사람으로부터 사랑을 얻으려 할 때마다 그것은 오직 사랑을 우리들 밖에서만 발견할 수 있다는 믿음을 강화할 뿐입니다. 따라서 사랑받거나 인정받고 싶어 하는 감정은 본래 시작부터 '물이 새는 구멍'인 것입니다. 일반적으로 그 '구멍'은 사랑을 잃는 것에 대한 두려움, 사랑을 얻고 싶었던 사람들에 대한 분노 그리고 천성적으로 우리에게 이미 존재하는 사랑으로부터 눈길을 다른 곳으로 돌리는 단순한 행동을 포함합니다.

여기, 좋은 소식이 있습니다. 그것은 바로 사랑과 인정을 원하는 마음을 단순히 흘려보냄으로써 이런 각각의 딜레마를 해결할 수 있다는 것입니다. 여러분은 또한 서로 사랑하는 방법을 찾음으로써, 즉 사랑받는 것뿐 아니라 사랑을 주는 방법을 찾음으로써 그 과정을 앞당길 수 있습니다. 만약 여러분이 어떤 종류든 친밀한 관계, 즉 배우자나 친구 혹은 가족 속에 있고 최선을 다해 상대방을 그 자체로서 그냥 사랑할 수 있게 된다면, 여러분과 상대방 모두는 서로 편안해지고 진정한 관계가 될 수 있습니다. 이것은 서로의 관계를 더욱 만족스럽고 건강하게 발전시킵니다.

관계 향상과 관련해 흔히 간과하는 몇 가지 중요한 사항이 있습니다. 그중 하나가 상호 관계입니다. 제가 아내와의 관계에서 겪었던 간단한 예를 들어보겠습니다. 저는 오직 '남자들 취향의 영화'만을 즐겼고, 에이미는 '여자들 취향의 영화'만을 원했습니다. 그래서 텔레비전을 볼 때, 극장에 갈 때 늘 충돌과 대립을 초래했지요. 하지만 이내 우리의 의지(자기가 보고 싶은 영화만을 보는 것)를 서로에게 강요하거나 혹은 우리 중 한 사람이 상대를 위해 희생하는 것 같은 행동을 하는 대신 마음을 열고 그 문제를 의논했죠. 그리고 그것에 대한 우리의 감정을 흘려보내며 둘 다 즐길 수 있는 영화를 찾기 시작했습니다.

이렇게 상호 관계를 얻기 위해 릴리징한 덕분에 지금 우리는 영화에 관한 서로의 취향에 마음을 열게 되었습니다. 서로의 의견이 정말 다를 때는 존중하는 마음을 갖고 그냥 상대가 고른 영화를 보러 갑니다. 그도 아니면 혼자 또는 다른 친구와 함께 가기도 합니다. 어느 쪽이든 우린 둘 다 더 행복해합니다. 요즘 나는 '남자들 취향의 영화'를 즐기는 것만큼 '여자들 취향의 영화'도 즐기죠. 물론 에이미 또한 '남자들 취향의 영화'를 즐기고요.

진정으로 보살피고 지지하면 사랑은 반드시 아무런 조건 없이 다가옵니다. 되돌려 받고 싶은 마음 없이 최선을 다해 더 많이 보살피면 더욱 행복해질 것입니다.

반대로, 우리의 인간관계는 대부분 교환의 형태를 띠죠. "당신이 날 위해 그것을 해주면, 난 당신을 위해 이것을 할 거야." 이렇게 말입니다. 상업적 거래에서 물물 교환은 최선이 될 수 있습니다. 하지만 진정한 사랑은 거래를 뛰어넘습니다.

진정한 사랑이나 보살핌은 두 사람(배우자, 연인, 상호 관계를 맺은 사람)이 서로를 항상 지원해줘야 합니다. 만약 한쪽의 베풂이 개인적 희생의 관점에서 이뤄진다면 그것은 '주는 것'이 아닙니다. 그런 관계는 종속적이거나 심지어 모욕적인 관계가 될 수도 있습니다. 그래서 무언가를 줄 때는 그것 자체를 확실히 즐겨야 합니다. 물론 자신의 파트너가 원하는 것을 항상 해줘야 한다는 뜻은 아닙니다. 또 여러분이 원하는 것만을 해야 한다는 뜻도 아닙니다. 서로의 유익한 관계를 만드는 법을 찾으라는 뜻입니다.

친밀한 관계에 대해 제시하는 몇 가지 가이드라인을 따른다면, 여러분의 관계는 훨씬 좋아질 것입니다.

✧ 만약 당신의 파트너가 이미 완벽하다면?

로맨틱한 관계를 경험한 적이 있다면, 아마 대부분의 사람이 '신혼의 단꿈'이라고 표현하는 시기를 겪어봤을 것입니다. 여러분의 관계가 새롭게 시작된 게 아니라면, 신혼의 단꿈 시기에 경험했던 사랑, 보살핌, 즐거움은 지금 아마 기억으로만 남았을 것입니다. 그렇다면 그 시절(신혼의 단꿈)과 지금 당신이 경험하는 것의 차이는 무엇일까요?

단순합니다. 관계를 시작하는 단계에서, 여러분은 파트너를 그 자체로 사랑하고 받아들였으니까요. 여러분은 그 사람만의 어떤 특정한 면모를 사랑해왔을지도 모릅니다. 그 점이 비록 지금은 당신을 미치게 만드는 것이라 할지라도 말입니다.

관계가 틀어질 수 있는 상황은 파트너가 여러분이 마음속으로 받아들이기 어려운 말이나 행동을 했을 때 일어납니다. 그럴 때 여러분은 그 특정 행동이나 말에 저항하기 시작하고, 한편으로는 동시에 그 사람이 그런 것을 다시 드러내기를 바랍니다. 8장에서 언급했듯이, 우리는 마음속으로 파트너가 변하기를 원하거나 혹은 거기에 저항하는 것들에 대한 목록을 만들고, 그들이 그 내면의 목록과 똑같이 행동하는지 모든 것을 비교하기 시작합니다. 만약 그것이 일치하면, 마음속으로 "그럼 그렇지!" 하고 체크 표시를 하며 더욱 저항합니다. 한 번 이 목록을 만들기 시작하면, 끊임없이 추가 사항을 찾습니다. 이런 모든 과정은 대체로 통제가 불가능해 결국 헤어지거나, 이혼하거나 혹은 더 이상 서로를 지원하지 않는 관계를 그냥 참고 살게 됩니다.

이런 패턴을 깨고 여러분의 남은 삶을 위해 신혼의 단꿈 기간을 늘리는 간단한 방법이 있습니다. 우선, 그 목록부터 태워버리세요. 여러분이 현재의 관계를 무너뜨리기로 결정하지 않았다면, 자신의 목록을 계속 추가하고 수정하는 것은 단지 트러블만 찾는 셈입니다. 파트너를 어떻게 변화시킬 수 있을지 모색하기보다 그에 대해 사랑하고 고마워할 만한 것을 찾는 습관을 가져보세요. 그러면 관계의 전체 역학이 달라질 것입니다.

이는 여러분이 바라지 않는 일을 파트너가 하도록 허용함으로써 사랑을 유지하려는 행위가 아닙니다. 또 파트너나 여러분이 명백히 파괴적인 행동에 빠져 있는 짓을 계속하도록 허락하는 것도 아닙니다. 이것은 단지 현재의 상황을 바꾸고 허니문을 즐겼던 때로 돌아가는 방법입니다. 좋은 점·싫은 점 기법 또한 훌륭한 '목록 태우기' 방법입니다.

앞에서 언급했듯이, 우리는 모두 파트너가 저지른 잘못이나 우리를 기분 나쁘게 했던 것에 대해 내면의 목록을 만들어내는 경향이 있습니다. 그리고 나서 파트너가 같은 잘못을 되풀이하길 기대하고, 그들이 다시 그런 잘못을 했을 때 자신이 옳았다고 생각하죠. 그런 뒤에는 애초에 파트너를 매력적이게 만든 그 사랑의 감정을 키우기보다 자신이 옳다는 잘못된 안전 욕구를 고수하는 것이 무엇보다 중요해집니다. 우리 대부분이 빠지는 이 패턴과 파트너의 잘못 따위는 눈에 보이지 않는 '허니문' 단계의 차이점은 간단합니다. **바로 우리가 집중하는 것과 기대하는 것의 차이인 것입니다.**

아내와 함께한 지난 11년은 서로가 서로에게 화를 내게 하거나 잘못한 것들의 목록을 지워가는 시간이었습니다. 그렇습니다. 에이미는 때때로 내가 좋아하지 않는 성향을 지녔습니다. 저 역시 그녀가 좋아하지 않는 특성을 지녔고요. 하지만 우리 중 누구도 서로에게 맞서 그것을 붙잡고 있지 않았습니다. 우리가 서로에게 준 상처와 서로에 대한 기대를 흘려보내고 지금 있는 그대로 함께하는 방법을 찾으면서, 이 순간 함께하는 것이 그냥 옳다는 것을 깨달았습니다. 우리는 서로를 사랑하는 무한한 가능성을 공유합니다. 그래서 지금 '신혼의 단꿈' 시기보다 더 많이 사랑하고 있습니다.

❖ 릴리징으로 관계 향상시키기

이제부터 우리는 친밀한 관계에 대해 1부에서 설명한 원칙과 과정을 구체적으로 적용할 것입니다. 다음에 나오는 과정을 연습함으로써 여러분은 자신이 향상시키고 싶은 관계, 완성하고 싶었던 지난 과거의 관계, 혹은 자신과 진실로 적합한 새로운 관계를 맺는 것에 집중할 수 있습니다. 심지어 여기에서 설명하는 몇 가지 행동을 그냥 한번 해보는 것만으로도 그동안 릴리징을 통해 관계를 향상시킨 수많은 사람 중 한 명이 될 것입니다.

❖ 부모님 넘어서기

돈의 영역에서뿐만 아니라 부모님은 우리가 어떤 관계를 맺을 때 하는 행동의 관점에까지 영향을 미칩니다. 이를테면 부모님끼리 또는 자식과 관계 맺는 방식을 통해 여러분에게 최초의 모델이 되는 것이죠. 따라서 관계 문제에서 완전한 자유를 얻으려면 먼저 부모님과 당신의 관계, 혹은 부모님끼리의 관계에 집중해야 합니다.

그것(부모님과 당신의 관계 또는 부모님들끼리의 관계)에 대해 무엇이든 당신이 저항하거나 바꾸고 싶은 것, 혹은 모델로 삼은 것이 있나요?

그것이 인정, 통제 혹은 안전을 원하는 마음을 불러일으키나요?

어떤 욕구가 일어나든 **당신은 그것을 흘려보낼 수 있나요?**

당신과 부모님 모두와의 관계, 혹은 한쪽 부모님과의 관계, 혹은 그분들 서로의 관계에서 당신이 바꾸기를 원하는 것이 있는지 찾아보세요.

당신은 그것을 바꾸고 싶은 마음을 흘려보낼 수 있나요?

당신과 부모님 사이의 관계, 혹은 부모님 두 분의 관계에서 당신이 바꾸기를 원하는 것이 있나요?

만약 그렇다면 당신은 그것을 바꾸고자 하는 마음을 흘려보낼 수 있나요?

다시 한 번 살펴보세요. 당신과 부모님 중 한 사람과의 관계, 혹은 두 분 사이의 관계에서 당신이 좋아하지 않았던, 혹은 지금 좋아하지 않는 그리고 바꾸길 바라는 것이 있는지 살펴보세요.

당신은 바꾸고 싶은 마음을 흘려보낼 수 있나요?

이제, 여러분과 부모님 사이의 관계나 부모님 두 분 사이의 관계가 지금의 당신 삶에서 인간관계에 영향을 주었던 것이 있나요?

여러분은 이런 초기 관계에 대한 저항 속에서 살아가거나 당신 스스로 부모님을 모방하며 살아가고 있음을 명심하세요. 심지어 그것이 아무런 효과가 없더라도 말입니다.

물론, 여러분은 부모님과 매우 좋은 관계를 유지해왔을 수도 있습니다. 하지만 지금 약간의 흘려보내기를 하면 그 관계가 더 좋아질 것입니다.

여러분과 부모님의 관계 그리고 부모님 두 분의 관계에 대한 여러분의 전반적인 느낌을 한 번 살펴보세요. **그 느낌은 인정, 통제, 안전을 원하는 욕구에서 비롯되었나요?**

어떤 욕구에서 비롯되었든 **그것을 흘려보낼 수 있나요?**

이제, 친구들과의 어렸을 때 관계 속에서 여러분이 자신에 대해 좋아하지 않거나 혹은 바꾸고 싶은 것들이 있는지 살펴보세요.

만약 있다면 바꾸고 싶어 하는 마음을 흘려보낼 수 있나요?

여러분 친구들과의 초기 관계에서 바꾸고 싶은 다른 무엇이 있나요? 아마도 여러분은 함께 자란 어릴 적 친구들과의 관계에서 부끄러움이나 어려움을 느꼈을 것입니다.

친구들과의 어릴 적 관계에서 지금 여러분이 저항하는 무언가가 있나요?

지금 그것에 대해 인정, 통제 혹은 안전을 바라는 욕구가 있나요?

만약 그렇다면 당신은 그것을 흘려보낼 수 있나요?

여러분과 부모님 사이의 관계, 부모님 두 분 사이의 관계 그리고 친구들과 맺었던 초기 관계를 계속 흘려보낼 것을 강력히 권합니다. 이런 '처음의' 관계는 우리가 어른이 되어서 갖게 되는 대인 관계 패턴의 첫 시작점이며, 몇 가지 내면 청소 작업을 통해 여러분이 경험한 모든 게 바뀔 것입니다.

✧ 클레어: 관계에서 안전 창조하기

클레어는 이렇게 말합니다. "사람들은 대부분 다른 얼굴을 한 같은 사람과 계속해서 관계를 맺죠. 저의 경우, 그건 아버지에 대한 투사였어요. 아버지는 저의 관계들 속에서 계속 모습을 드러냈죠." 세도나 메서드는 클레어가 아버지를 용서하고 안전함을 느끼는 데 큰 도움을 주었습니다. 그 결과 그녀는 아버지라는 유령(아버지가 투영된 인물)에 반응하는 대신 한 남자와 진정한 관계를 시작할 수 있었습니다. 일단 인정, 통제 그리고 안전을 원하는 마음, 특히 과거를 바꾸고자 했던 마음을 흘려보내자 엄청난 도약을 하게 된 것입니다.

"예전엔 저에 대한 사람들의 사랑을 결코 느낄 수 없었죠. 그런데 지금은 꿈도 꾸지 못했던 사랑을 하고 있어요. 제 파트너와 저는 모두 세도나 메서드를 사용합니다. 세도나 메서드는 첫 관계를 맺을 때부터 우리의 문제를 극복하는 데 엄청난 도움을 주었어요. 일단 저 자신과 다른 사람에 대해 용서를 하고 나니 저 자신을 더욱 사랑하게 되었어요. 저는 더 이상 자학하는 사람이 아닙니다."

✧ 두려움에서 사랑으로 나아가기

두려움은 관계 맺을 때 우리를 주저하게 만드는 또 하나의 요소입니다. 우리는 실수할까 두려워하고, 친밀해지는 것에도 두려움을 느끼며, 상처받는 것에 대해서도 두려움을 느낍니다. 하지만 조금 더 깊이 들어가면 우리 스스로 그 두려움을 흘려보냈을 때, 자신의 현재 관계에 충분히 만족하고 자유롭게 될 것입니다. 혹은 자신에게 완벽한 누군가를 만나 함께하게 될 것입니다. 두려움을 흘려보내는 것에는 인정, 통제, 안전에 대한 욕구를 흘려보내는 것과 더불어 여러분이 쓸 수 있는 지름길, 즉 비밀스러운 방법이 있음을 기억하세요.(13장 '두려움과 걱정 속에 숨겨진 의도' 참고) 이제, 두려움에 대한 집중적인 흘려보내기 지금까지 내가 들은 수업들은 어떤 면에서 혼란스럽고 두려웠습니다. 그러나 세도나 메서드는 다른 어떤 것보다 훨씬 효과가 있었습니다. 나는 통제하길 원하고, 인정받길 원하고, 안정되길 원함으로써 스스로 인간관계를 파괴하고 있다는 사실을 깨달았습니다. 나는 아주 친한 친구와 세도나 메서드를 함께했는데, 내가 몸소 체험한 성장과 그걸 증명해줄 내 친구의 성장이 우리의 삶을 바꾸었습니다. 우리는 계속 친밀하게 서로를 돕고 있습니다.

를 시작합니다.

당신의 현재 관계에서든, 당신이 생각하는 이상적인 관계에서든, 혹시라도 일어날까봐 두려워하는 것은 무엇인가요?

당신이 인간관계에서 혹은 지금 맺고 있는 관계에서 두려운 것은 무엇인가요?

그런 상황이 일어나길 바라는 마음을 흘려보낼 수 있나요?

지금 맺고 있는 관계에서든 혹은 일반적인 인간관계에서든 일어날까봐 두려워하는 다른 것을 찾아보세요. **당신은 그런 상황이 일어나길 바라는 마음을 흘려보낼 수 있나요?**

이 질문들을 4~5회 반복하면서 올라오는 어떤 두려움도 환영하세요. 그리고 그것을 흘려보내세요. 이런 식으로 여러분은 하루 종일 계속 흘려보낼 수 있습니다. 현재 관계에서 두려워하는 것이나, 혹은 관계 맺길 고려하는 사람과의 사이에서 발생할까봐 두려운 무언가를 깨달았을 때, 그 순간 그것을 알아차리고 그 두려움이 현실화되기를 원하는 마음을 흘려보낼 수 있을지 보세요. 물론, 의식적인 수준에서 여러분은 그 일이 일어나기를 바라지 않겠죠. 그러나 어떤 일이 생겼을 때 무의식적으로 우리는 그 일이 일어나기를 바랍니다. 그래서 인간관계가 어려워지는 것입니다. 이것이 우리가 계속해서 흘려보내기를 해야 하는 이유입니다.

✧ 좋은 점·싫은 점 기법

이제 특정한 관계를 막히게끔 하거나 일반적으로 만족스러운 관계 형성을 가로막는 다양한 집착과 혐오감에 대해 알아보겠습니다. 좋은 점·싫은 점 기법에 대해 기억해야 할 두 가지 핵심이 있습니다. 먼저, 이 기법은 좋은 점과 싫은 점 양쪽을 번갈아가면서 흘려보내는 것입니다. 좋은 점 한 가지를 흘려보내고, 이어서 싫은 점을 흘려보내는 식입니다. 두 번째, 만약 이 순간 좋은 점 혹은 싫은 점을 떠올릴 수 없다면, 그런 상황 자체에 대한 자신의 감정을 흘려보내고 이 과정을 계속 수행합니다. 한 쌍의 좋은 점과 싫은 점이 모여서 여러분이 해결하고자 하는 주제에 한계를 만드는 층을 형성합니다.

관계에 대해 여러분이 좋아하는 점은 무엇인가요? 지금 자신이 맺고 있는 관계든 과거에 맺고 있었던 관계든 혹은 미래에 맺길 바라는 관계든 말입니다.

그것이 인정, 통제, 안전에 관한 마음을 불러일으키나요?

어떤 욕구가 되었든 그것을 흘려보낼 수 있나요?

여러분이 현재의 관계에서, 과거의 관계에서 혹은 예상되는 미래의 관계에서 싫어하는 점은 무엇인지 생각해보세요.

그것이 인정, 통제, 안전을 원하는 마음을 불러일으키나요?

어떤 욕구가 되었든 그것을 그저 자유롭게 놓아줄 수 있나요?

관계에 대해 당신이 좋아하는 것은 무엇인가요?

그것은 인정, 통제, 안전에 대한 것들인가요?

당신은 그것을 흘려보낼 수 있나요?

관계에 대해 당신이 싫어하는 것은 무엇인가요?

그것은 인정, 통제, 혹은 안전을 원하는 마음에서 비롯된 것인가요?

당신은 그것을 흘려보내도록 자신을 허용할 수 있나요?

위의 질문을 4~5회 반복하고 흘려보내세요. 이 과정은 이상적인 인간관계를 방해하는 집착과 혐오감을 없애는 강력한 방법입니다.

✧ 있는 그대로 받아들이기

앞서 언급했듯이, 파트너를 있는 그대로 받아들이면 여러분이 이제껏 찾아온 사랑을 향해 마음을 활짝 열게 될 것입니다.

당신은 그저 현재 갖고 있는 관계를 환영하도록 스스로를 허용할 수 있나요? 당신은 과거에 일어났던 일들과 미래에 다가올 어떤 일들도 안아줄 수 있나요?

당신은 지금 있는 그대로를 끌어안도록 스스로를 허용할 수 있나요? 그것이 그저 존재할 수 있도록?

삶에서 여러분이 원하는 모든 것을 창조하는 가장 역동적인 근원은 **모든 것이 지금 있는 그대로 완벽하다는 관점**입니다. 이것은 여러분이 주어진 선택 이외의 다른 선택을 하면 안 된다는 뜻이 아닙니다. 지금 이 순간 있는 그대로를 환영하고 받아들이고 끌어안고 허용할 수 있을 때, 그것은 여러분에게 사랑 그 자체 속에 존재하며 훨씬 더 긍정적인 관계로 자신을 열게 하는, 이 두 가지 모두를 가능케 하는 엄청난 힘을 줍니다.

그러므로 당신은 지금 가진 관계를 있는 그대로 포용하도록 스스로를 허용할 수 있나요?

그것이 있는 그대로 있을 수 있도록 허용할 수 있나요?

이 자체로 아무런 문제가 없음을 인식하세요. 그런 지혜로 말미암아 더 나아질 가능성이 있는 것입니다.

지금 이 순간 모든 것이 괜찮다는 깨달음 속에서 당신을 편안하게 이완할 수 있나요?

지금 이 순간, 여러분은 기분이 더 나아지고 편안함을 느낄 수 있을 뿐만 아니라 사람들과의 관계도 더 많이 좋아질 것입니다. 여러분이 곁에 있으려 할 때 그 사람들도 내면적으로 더 편안해하는 것을 여러분도 느끼리라 확신합니다. 그들이 여러분 곁에 올 때 긴장하거나 초조해하지 않습니다. 여러분이 더 많이 편안해지고 온종일, 매 순간 진정한 여러분 자신이 된다면, 여러분의 인간관계도 한층 향상될 것입니다. 편안하고 이완된 마음으로 존재하는 것은 매우 자연스러울뿐더러 여러분이 내면에서 흘려보내기를 할 때마다 언제든 가능합니다.

관계에 대한 지금 여러분의 기분이 불과 몇 분 전 자신이 느꼈던 것과 비교해 얼마나 나아졌는지 잠시 시간을 갖고 느껴보세요. 그리고 여러분이 작업했던 특정 관계에 대한 느낌이 얼마나 더 나아졌는지도 느껴보세요.

◇ 내면 청소하기

내면 청소 기법은 제가 알고 있는 관계 향상을 위한 도구 중 가장 강력합니다. 매우 어려운 상황에서조차도 여러분을 사랑의 상태로 돌아오게 함으로써 관계를 완전히 바꿀 수 있도록 도와줄 것입니다. 저는 11장에서 소개한 '내면 청소하기' 과정에 '분리'에 대한 네 가지 질문을 추가함으로써 이 과정을 개발해왔습니다. 이는 여러분이 사랑하는 사람들과 더 가까워질 수 있도록 특별히 고안한 것입니다.

이 작업을 할 때 주의해야 할 것이 몇 가지 있습니다. 먼저, 제가 "이 사람이 당신을 통제하려 했습니까?" 같은 질문을 던졌을 때, 여러분 의식에서 떠오르는 어떤 감정도 환영해주세요. 그 감정을 환영했을 때, 통제를 원하던 감정이 그냥 녹아버리는 것을 느껴보세요. 두 번째, 각각의 질문 그룹에서 마지막 세 번째 질문은 하나의 결정(선택)일 뿐입니다. 반드시 그렇게 해야 한다기보다 그럴 의지가 있는지를 물어보는 것입니다. 세 번째, 이 과정을 여러분 자신을 위해 수행하세요. 여러분의 파트너나 장차 파트너가 될 가능성 있는 사람을 위해 하는 것이 아닙니다. 내면 청소 기법은 인간관계에서 여러분이 바라던 자유를 얻도록 도와주는 강력한 도구입니다.

먼저, 자신을 편안히 해주고 내면에 집중하세요. 청소 기법을 적용할 대상을 고르세요. 그는 현재 여러분이 관계를 맺고 있는 사람이 될 수도 있고, 과거의 누군가가 될 수도 있으며, 잠재적인 동반자 혹은 부모님 중 한 사람이 될 수도 있습니다.

11장에서 이미 언급했듯이, 제가 저 자신의 자유를 향상시키기 위해 저 자신에게 했던 가장 중요한 방법은 제 어머니를 대상으로 작업한 청소 기법입니다. 그때부터 우리는 정말 멋진 관계를 유지하고 있습니다. 제가 어머니를 대상으로 이 과정을 사용하자 단지 어머니와 나 그리고 다른 모든 사람과 나와의 관계만 변화된 게 아니라 나 자신과 내 감정 사이의 관계까지도 변화되었습니다.

이제, 지금 청소 기법을 적용하고 싶은 사람, 여러분과의 관계를 향상시키고 싶은 누군가를 생각하세요. 혹은 지금 현재의 관계에서 그런 사람을 찾지 못하겠다면, 과거의 어려웠던 관계를 찾아내 청소 기법을 사용하세요. 그 사람을 떠올려보세요. 여러분의 주된 감각을 이용해 마음의 눈으로 그들을 바라보세요. 여러분은 그들을 느낄 수도 있고, 볼 수도 있고, 혹은 그들에 대한 이야기를 들을 수도 있습니다. 각자의 주된 감각에 따라 떠올리는 방법은 다양합니다.

그 사람이 당신을 통제하려고 했나요?

만약 그렇다면 반대로, 그들을 통제하려 했던 마음을 흘려보낼 수 있나요?

당신은 그 사람을 통제하려고 했나요?

만약 그렇다면 이제 지금, 그들을 통제하고 싶은 마음을 흘려보낼

수 있나요?

필요한 만큼 여러 번 이 과정을 반복하세요. 그러고 나서 준비가 되면 다음 질문으로 넘어가세요.

당신은 그 사람이 있는 그대로의 모습으로 존재할 권리가 있다는 것을 인정할 수 있나요? 그저 그렇게 할 수 있나요?

당신은 기꺼이 그 사람이 있는 그대로의 모습으로 존재할 권리가 있다는 것을 인정할 것인가요?

이제 당신은 그가 그 자신 그대로 존재할 권리를 인정하나요?

기억하세요. 이것은 단지 선택일 뿐입니다. 다시 말해서, 자유를 선택하는 것입니다.

그의 모습 중에서 당신이 싫어하거나 탐탁지 않게 여기는 것이 있나요?

만약 그렇다면 그 사람에게 사랑 주기를 주저하는 마음을 흘려보낼 수 있나요?

그 사람이 당신 모습 중에서 싫어하거나 탐탁지 않게 여기는 부분이 있나요?

만약 그렇다면 그 사람이 당신을 인정해주기 바라는 마음을 흘려보낼 수 있나요?

위의 인정하는 질문을 필요한 만큼 반복해보세요. 그리고 준비가 되었다면 다음 질문으로 넘어가세요.

당신은 그 사람에게 사랑 또는 허용이라는 느낌만 가질 수 있나요? 그저 그렇게 할 수 있나요?

당신은 기꺼이 그 사람을 사랑하도록 자신을 허용할 수 있나요?

다시 한 번, 이는 그저 선택일 뿐임을 기억하세요.

이제 당신은 그 사람에 대한 사랑의 감정만 가지고 있나요?

만약 "예."라고 대답했다면 다음 단계로 넘어가세요.

그 사람이 당신에게 도전하거나 반대하거나 위협을 했나요?

그것이 당신 안에서 안전이나 생존에 대한 욕구를 불러일으켰나요?

만약 그랬다면 그것을 그저 흘려보낼 수 있는지 살펴보세요.

당신은 그 사람에게 도전하거나 반대하거나 위협을 했었나요?

만약 그랬다면 그 사람에게 도전하거나 반대하거나 위협하려는 마음을 내려놓을 수 있나요?

그 사람이 당신에게 도전하거나 반대하거나 위협을 했었나요?

만약 그랬다면 당신에게 떠오른 안전이나 생존에 대한 욕구를 흘려보낼 수 있나요?

당신이 그 사람에게 도전하거나 반대하거나 위협한 적이 있나요?

만약 그렇다면 그런 식으로 당신 자신을 보호하려는 마음을 흘려보낼 수 있나요?

이 질문들을 필요한 만큼 계속 반복하세요. 만약 준비가 되었다면 다음 질문으로 넘어가세요.

당신은 그 사람에 대해 행복, 안전, 신뢰의 느낌만을 가질 수 있도록 허용할 수 있나요? 그저 그렇게 할 수 있나요?

당신은 기꺼이 그 사람에 대해 행복, 안전, 신뢰라는 감정만을 가질 것인가요?

이제 당신은 그 사람에 대해 행복, 안전, 신뢰라는 감정만 가지고 있나요?

만약 대답이 "예."라면 다음 단계로 나아가세요.

그 사람이 당신을 거절하고, 잘라내려 하고, 밀쳐내고, 어떤 방법으로든 당신과 떨어지려고 하나요?

만약 그렇다면 그 사람과 하나가 되고 싶어 하는 마음을 흘려보낼 수 있나요?

당신은 그 사람을 거절하고, 잘라내려 하고, 밀쳐내려 하고, 어떻게 해서든 그와 떨어지려고 하나요?

만약 그렇다면 그 사람을 거절하고, 그 사람과 분리되려는 마음을 흘려보낼 수 있나요?

이 질문들을 필요한 만큼 반복하세요. 만약 준비가 되었다면 다음 질문으로 넘어가세요.

자, 이제 당신은 그 사람과의 하나 됨(일치감), 즉 "당신은 나입니다." 라는 느낌을 가질 수 있나요? 그저 그렇게 할 수 있나요?

당신은 기꺼이 그 사람과의 하나 됨을, 즉 "당신은 나입니다."라는 느낌을 가질 것인가요?

당신은 그 사람과의 하나 됨만을, 즉 "당신은 나입니다."라는 느낌만을 가지고 있나요?

기억하세요. 이것은 그저 선택일 뿐입니다. 만약 대답이 "예."라면 이제 쉬어도 됩니다. 만약 확실하지 않다면, 좀 더 흘려보내기 작업을 하세요.

✧ 이익과 손해 기법

'이익과 손해 기법'은 관계를 좋게끔 해주는 또 다른 강력한 방법입니다. 다음과 같은 상황에서 이 기법을 써보세요.

- 배우자와 좋은 관계이지만 더 좋은 느낌을 갖고 싶은 경우
- 관계를 맺을 가능성이 있지만 그 관계에 대해 완전히 확신하지 못할 경우
- 지나간 관계에 대해 해결책을 원할 경우

자, 이제 '이익과 손해 기법'을 시작해보겠습니다.

일단 현재의 관계, 과거의 관계 또는 이상적인 인간관계를 갖는 것에 집중하는 것부터 시작해보세요.

당신에게 이 관계의 이익(장점)은 무엇인가요?

그 이면에 인정받고, 통제하고, 안전(생존)하고 싶은 욕구가 있나요?

그것이 어떤 욕구이든 **그것을 흘려보낼 수 있나요?**

무엇이 이 관계의 손해(단점)인가요?

그 이면에 인정받고, 통제하고, 안전(생존)하려는 욕구가 있나요?

그것이 어떤 욕구이든 **그것을 흘려보낼 수 있나요?**

이러한 관계를 가짐으로써 얻는 이익(장점)은 무엇인가요?

이것이 인정받고, 통제하고, 안전해지려는 욕망을 일으키나요?

그것을 흘려보낼 수 있나요?

이런 식으로 이 관계를 갖는 것의 손해(단점)는 무엇인가요?

이것이 인정받고, 통제하고, 안전해지려는 욕구를 불러일으키나요?
그저 그것을 흘려보낼 수 있나요?

이 질문들을 통해 명확한 답을 얻고 새로운 통찰을 얻을 때까지 최소한 아홉 번을 반복하세요. 그리고 가까운 시일 내에 '이익과 손해 기법'을 한 번 더 수행하길 강력히 권합니다. 이 기법은 정말로 여러분의 막혀 있는 관계나 더 많은 자유를 느끼고 싶은 관계에 변화를 주는 강력한 힘이 있습니다.

◇ 하나 됨과 분리

분리되려는 욕망과 그 반대인 하나가 되려는 욕망은 인간관계에서 우리가 흘려보내야 할 중요한 문제입니다. 왜냐하면 인간관계에서 대부분 어떤 사람은 항상 더 가까워지려 하고, 어떤 사람은 밀쳐내려 하기 때문입니다. 가끔 서로의 입장이 바뀌기도 하는데, 여러분이 어느 쪽에 해당하든 흘려보내기를 할 수 있습니다.

여러분은 가까워지려는 마음을 흘려보냄으로써 상대와 좀 더 가까워진 자신을 발견할 것입니다. 분리되려는 욕망을 내려놓음으로써 있는 그대로 편안해질 것입니다.

그러므로 여러분의 관계에서 하나가 되려는 욕구와 분리되려는 욕구에 주의하세요. 이 문제를 꾸준히 흘려보내면, 인간관계가 한층 좋아질 것입니다.

세도나 메서드의 가장 위대한 선물은 나를 있는 그대로 인정한다는 것입니다. 나는 그 어느 때보다 현재에 충실합니다. 나는 어린 시절부터 계속된 내 욕구들이 대부분 인정과 안전에 대한 카테고리에 속한다는 것을 발견했습니다. 그것을 흘려보내는 것은 정말이지 굉장합니다! 나의 성생활은 한층 나아졌고, 더 이상 고민할 필요가 없습니다. 정말 훨씬 나아졌거든요. 수업료를 낼 만한 가치가 있었던 겁니다.

◇ 윌리엄: 더 이상 그 무엇도 심각하지 않다

윌리엄과 그의 아내 에밀리는 6년 동안 함께 살았습니다. 세도나 메서드를 배우기 전, 그들은 한 번 싸우고 나면 며칠 또는 몇 주 동안 부정적인 에너지에 휩싸였습니다. 그 부정적인 에너지에만 집중했기 때문에 실제로 무슨 일이 일어나는지 제대로 볼 수조차 없었죠. 그러나 흘려보내기를 하면서, 그들은 자신이 마치 어린애처럼 화내고, 속상해하고, 무관심하게 행동한다는 것을 차츰 깨닫게 되었습니다. 그런 사실을 깨닫자 싸움이 시작되면 이내 웃음을 터뜨렸습니다. 싸우고 있는 자신들의 모습이 너무 우스꽝스러웠기 때문입니다.

윌리엄은 이렇게 말합니다. "세도나 메서드의 7일간 수련회 때 일입니다. 아침에 호텔을 떠나 강연장으로 가는 자동차 안에서 아내와 의견 충돌이 있었습니다. 달리는 차 안에서 우리 두 사람은 동시에, 우리가 우리 몸에서 빠져나와 한창 싸우는 모습을 발견했지요. 순간, 우린 웃음을 터뜨렸습니다. 더 이상 아무것도 심각하지 않습니다. 예전엔 몇 시간, 며칠, 몇 주 동안 큰 싸움의 빌미가 되었던 문제들이 이제 더 이상 그렇게 느껴지지 않아요."

✧ 원하는 관계 시각화하기

일단 자신을 편안하게 해주고, 자신이 원하는 인간관계가 어떤 것인지 생각해보세요. 기억하세요. 무언가를 시각화할 때는 모든 감각을 쓰도록 최선을 다해야 합니다. 상상력을 더 증가시키고 싶다면, 마음속 장면을 물리적인 감각이나 소리, 심지어 향기와도 결합시키세요. 만약 지금 현재의 관계가 완벽하다면 어떤 모습일까? 또는 여러분이 생각하는 이상적인 인간관계는 무엇인가? 가능한 한 많은 감각을 사용해서 어떤 모습일지 그 장면을 그려보세요.

당신의 이상적인 관계는 어떤 모습이고, 어떤 느낌이고, 어떤 소리인가요?

당신의 내면에서 "아니야. 넌 그것을 가질 수 없어." 또는 "그걸 가져선 안 돼." 혹은 "넌 가지고 있지 않잖아."라고 하지 않나요?

그것은 인정, 통제, 안전(생존)을 위한 욕구에서 비롯되었나요?

어떤 욕구가 되었든 **그것을 흘려보낼 수 있나요?**

다시, 지금 이 순간, 여러분의 이상적인 인간관계에 대한 장면을 마음속으로 그려보세요. **어떻게 보이고, 어떻게 느껴지고, 어떤 소리가**

나나요? 모든 감각을 동원하세요. 가능한 한 생생하게 그려보세요.

이번에는 "너는 그것을 가질 수 없어." 또는 "너는 그것을 가져선 안돼." 혹은 "그건 절대 가질 수 없어." 또는 "그건 불가능해."라는 생각이나 의심이 떠오르는지 보세요.

그런 생각들이 인정받고, 통제하고, 안전해지려는 욕구에서 비롯된 것인가요?

그것들을 흘려보낼 수 있나요?

이제, 여러분의 이상적인 인간관계를 다시 그려보세요. **그냥 그렇게 허용할 수 있나요?** 여러분이 그린 이상적인 인간관계를 가져도 괜찮다는 것을 인식하세요. 그리고 동시에, 이 순간 여러분의 관계가 어떻든 그것을 있는 그대로 허용해주세요. 자신을 편안하게 이완하고, 자신의 인간관계에 안심하세요. 그것을 지금 여기 있는 그대로 내버려두세요.

만약 이상적인 관계를 갖는 것에 대해 생각할 때 아직도 어떤 저항감이 있다면, 그것을 흘려보내고, 지금 이 순간 괜찮다는 것을 인식할 수 있나요? 시각화와 더불어 자신의 인간관계를 목표 과정으로 작업한다면 좋은 효과를 얻을 것입니다. (8장 '목표 설정 및 성취' 참고)

✦ 흘려보내기는 모든 종류의 관계를 향상시킨다

이번 장에서 살펴본 기법, 즉 사랑하는 관계에 적용한 기법은 여러분의 아이, 부모, 친구, 동료, 그 외 모든 사람에게도 똑같이 적용할 수 있습니다. 이런 형태의 흘려보내기 방법을 여러분의 모든 인간관계에 어떻게 적용할 수 있을지 생각해보세요. 약속하건대 자기 자신과의 관계를 비롯해 모든 관계가 엄청나게 발전하고 즐거움과 편안함의 원천이 될 것입니다.

18장

빛나는 건강
만들기

자유를 갈망하는 것이 핵심입니다.
일단 그것을 갖게 되면 당신은 내내 황홀할 것입니다.

_레스터 레븐슨

1970년대 중반 세도나 메서드를 처음 가르치기 시작할 무렵에는 억압된 감정과 스트레스가 종종 질병을 악화시키거나 질병의 직접적인 원인이 된다는 사실이 일반적으로 알려져 있지 않았습니다.

오늘날 몸과 마음의 관계는 많은 의료·건강 전문가들에게 알려져 투약 처방을 할 때 감정에 대한 조언과 지시 사항도 자주 포함됩니다. 세도나 강사들이 질병과 증상을 진단하거나, 치유하거나, 처치하려 하지 않고 심지어 사람들의 특정한 건강 문제에 대해 어떤 조언조차 하지 않았음에도 불구하고, 가장 빈번히 보고되는 세도나 메서드의 결과물 중 하나가 점점 개선되는 건강과 신체적 안녕입니다.

전부는 아니라 해도 대부분의 고통은 몸이 경험하는 것에 따른 감정적인 반응에 영향을 받습니다. 예를 들면, 어떤 경우에는 아프다는 것이 크게 고통스럽지 않았는데, 다른 경우에는 비슷한 정도의 통증만으로도 극심한 괴로움을 느낀 적이 있지 않나요? 아마 대부분의 경우 대답은 "예."일 것입니다. 왜 이런 일이 생길까요? 우리가 쓰는 질병(dis-ease: 편안하지 않다.)이라는 용어에 하나의 단서가 있습니다.

우리는 너무 자주 자기 몸을 편안하게 느끼지 못합니다. 그리고 종종 우리가 가진 특정한 신체적 문제를 심판합니다. 아마 다른 사람들로부터 그 신체적 문제는 우리 스스로가 초래한 것이라는 이야기를 들었을 수도 있고, 그 문제는 순전히 자기 탓이라고 우리 스스로가 해석한 것일 수도 있습니다. 혹은 '잘못된' 행동 때문에 받는 벌이라고 믿을지도 모릅니다. 이런 식의 생각들이 우리 몸에 불필요한 고통을 만들어냅니다

정신적인 문제를 연구하는 사람들이 자주 쓰는 씁쓸한 농담이 하나 있습니다. "죽음은 고결한 것이지만, 신은 병드는 것을 허락하지 않았다." 이 말은 결국, 질병은 어찌 됐든 여러분이 실패했다는 것을 뜻합니다. 하지만 저는 이런 철학에 동의하지 않습니다.

성인들, 현인들 그리고 감정적으로 건강한 사람들조차 아파하고 죽습니다. 그런데 하물며 왜 우리가 스스로에게 이런 힘든 시간을 줘야 하나요?

만약 여러분이 질병을 갖고 있다면, 그런 상황에 처한 당신 자신에게 혹독한 심판까지 더하지 마세요. 물론, 몸과 마음은 서로 연결되어 있으므로 여러분이 감정적인 수준에서 좀 더 건강하다면, 육체적 질병을 덜 경험할 수는 있습니다. 하지만 감정적인 건강이 육체적 건강을 지켜준다는 보장은 없습니다. 때때로 육체적 고통이 세도나 메서드를 통해 완화될 수도 있습니다.(이번 장에서 그와 관련한 여러 가지 방법을 알아볼 것입니다.) 그럼에도 불구하고 우리의 고통과 다른 신체 증상이 계속된다면, 그것에 대한 자신의 감정적인 반응을 흘려보냄으로써 다시금 고통을 완화할 수 있습니다.

이번 장은 육체적 건강에 대한 '미니 코스'로서 크게 두 부분으로 나

뉘어져 있습니다. 첫 번째는 질병과 통증을 극복하는 5단계 과정이고, 두 번째는 좋은 점·싫은 점 기법, 이익과 손해 기법, 육체 청소하기 그리고 건강과 몸에 대한 릴리징과 시각화 작업 같은 일반적 기법을 사용하는 과정입니다.

만약 지금 여러분이 육체적 질병을 치료 중이라면 담당 의사, 치료 전문가, 그 외 다른 치료사의 조언 없이 치료법을 변화시키지 마세요. 여기서 설명하는 과정은 오로지 감정적 도움만을 주기 위한 목적으로 만든 것입니다. 또한 만약 여러분의 상태가 전문적인 도움을 받아야 한다면, 뒤에 나오는 내용을 작업하기 전에 의사의 조언을 듣는 것이 중요합니다. 자, 그럼 이제 시작해봅시다.

◇ 질병과 통증을 극복하는 5단계

이 5단계 과정은 몇 가지 예를 들면 질병, 부상, 외모, 체중 감량 등과 관련한 주제를 릴리징하는 데 유용합니다. 사실, 이 단계는 여러분이 '문제'라고 생각하는 대부분의 것들에 효과적입니다. 13장에서 언급했듯이, 이 단계는 의학적 치료를 받고 있는 우울증, 공황 장애, 조울증 등에 대해서도 매우 쉽게 효과적으로 적용할 수 있습니다. 이 테크닉은 포괄적이며 여러분이 어떤 조건을 '가졌었든' 당신의 몸과 마음과 영혼을 전체적으로 사랑하고 자기 스스로를 받아들이도록 돕는 것이 목표입니다.

1단계: 치료 가능성에 마음 열기

이미 말했듯이 세도나 메서드는 어떤 육체적 질병 치료를 약속하지 않습니다. 다만, 1단계 제목처럼 육체적 수준에서 긍정적 변화를 가져올 수 있도록 여러분의 생각과 감정을 전환시키는 것에 마음을 열 수는 있습니다. 감정과 육체의 관계는 이미 충분히 검증되었습니다. 달리 말하면 여러분의 몸을 바꾸기 위해 마음을 바꾸는 것입니다. 세도나 수업에서 저는 참가자 중 누군가의 육체적 문제에 대해 함께 작업할 때는 그것을 시작하기 전에 그가 치료 가능성에 마음을 열고 있는지 혹은 의심을 갖고 있는지 먼저 검토합니다.

여러분도 이제 똑같이 할 것입니다. 자신의 내면을 살펴보고, 감정을 흘려보내는 것이 육체적 건강을 향상시킬 수 있다는 가능성에 마음을 열고 있는지 잠시 동안 살펴보세요. 만약 그렇다면, 훌륭합니다! 그저 읽으십시오. 만약 그 가능성에 마음이 열리지 않는다면, 즉 마음에 어떤 의심이 남아 있다면, 그 의심이 인정, 통제 혹은 안전 욕구 중 어떤 것에서 비롯된 것인지 확인하세요.

이 단계는 여러분의 릴리징 과정에 커다란 영향을 줄 것입니다. 이 단계는 마치 달궈진 칼로 버터를 자르는 것처럼 저항을 잘라낼 것입니다. 저는 그 가능성을 받아들이는 것만으로도 여러 해에 걸친 문제를 흘려보낸 사람들을 많이 봐왔습니다.

2단계: 자신을 있는 그대로 사랑하기

육체적 문제에 대해 스스로에게 힘든 시간을 부과하는 것을 알아차렸을 때는 다음과 같은 간단한 연습을 하세요.

첫째, 자신에 대한 반감, 즉 탐탁지 않은 마음을 알아차리고 단순히 스스로에게 질문하세요. **나 자신에 대한 반감을 흘려보낼 수 있는가?** 그리고 최선을 다해 자신에 대한 그 못마땅함을 흘려보내세요. 반감을 흘려보낼 때까지 계속하세요. 그런 다음 아무런 이유 없이 여러분 스스로를 인정해줌으로써 한 단계 더 깊은 과정으로 들어가세요.

여러분에게 괴로움(스트레스)을 주는 몸의 한 부분에 대한 못마땅함을 스스로 눈치챘을 때는 이렇게 질문하세요.

나 자신의 _____ (몸의 부위 명칭)에 대한 못마땅한 마음을 흘려보낼 수 있는가? 그리고 그 순간 최선을 다해 그 부위에 사랑을 보내주세요. 매우 단순한 이 방법은 경탄할 만큼 효과적입니다. 여러분 자신과 몸에 대한 못마땅함을 흘려보낼수록 그리고 여러분 자신을 아무 이유 없이 인정해주는 습관을 들일수록 더 행복을 느끼고, 더 살아 있는 기분을 느낄 것이며, 어떤 치료 과정에서든 틀림없이 도움이 될 것입니다.

3단계: '왜'에서 '지혜'로 나아가기

우리는 종종 왜 그 문제를 갖게 되었는지, 그 문제가 어떤 것인지에 대한 답을 찾아내기 위해 애쓰다 길을 잃습니다. 그렇기 때문에 육체적 문제가 계속되는 것이죠. 앞에서 언급했듯이, 어떤 문제일지라도 그것에 대해 '왜'를 이해하려고 애쓰는 것은 미래에도 그 경험을 다시 하려고 계획하는 것입니다. 그 미래는 내일, 다음 주 혹은 지금부터 5분 후가 될 수도 있습니다. 좋지 않은 감정을 가지려는 계획을 흘려보낼 때 고통은 줄어듭니다.

물론, 여러분의 의학적 상태를 무시하라는 것이 아닙니다. 만일 여러분이 의학적인 조치를 필요로 하는 상태라면, 부디 즉시 그에 따른 조치를 받으십시오.

지금의 몸 상태에 대한 집착을 뛰어넘을 수 있도록 다음과 같이 질문하세요. **당신은 왜 아프게 되었는지를 알아내는 것이 좋나요, 아니면 기분이 더 나아지는 것이 좋나요?** 만약 '기분이 나아지는 것'이 더 좋다면, 그것을 알아내려 하는 마음을 흘려보내세요. 그리고 그 부분은 전문가에게 맡기도록 하세요.

어떤 사람은 의사에 대해 두려움을 갖고, 또 어떤 사람은 어떤 형태로든 도움을 청하는 것에 저항하는데, 이 두 부류 모두 자신이 적절하게 치료받는 것을 가로막는 것입니다.

만약 여러분이 정말 의사와 의학적 처치에 대한 두려움을 갖고 있다면, 스스로 이렇게 질문함으로써 단순히 그것을 흘려보내세요. **나는 의사와 병원 그리고 의학적 처치에 대해 어떻게 느끼고 있는가?** 이 질문에 대해 어떤 생각, 감정 혹은 그림이 의식 속에 올라오든 그것을 환영해주세요. 그러고 나서 스스로에게 물어보세요. **이것들은 인정, 통제, 혹은 안전과 생존 욕구에서 비롯된 것인가? 어떤 욕구이든지 그것을 흘려보낼 수 있는가?**

의사, 병원, 의학적 처치 그리고 일반적 보살핌과 도움에 대한 자신의 마음이 자유로워질 때까지 위의 질문을 계속 반복하세요. 이 과정은 치료를 촉진할뿐더러 여러분과 건강 담당 전문가의 의사소통을 확실히 촉진시킬 것입니다.

4단계: 진단 넘어서기

신체적 혹은 정신적 문제에 대해 작업할 때, 사람들이 자주 갇히는 부분(13장 참고)은 진단 그 자체입니다. 우리가 전문가로부터 특정한 진단, 몇 가지 예를 들면 암, 심장 질환 혹은 불안 장애 등에 대한 진단을 들으면, 그것 자체가 '자기 충족적self-fulfilling' 예언이 될 수 있습니다. 우리는 전문가에게 '우리의 문제가 무엇인지 그리고 그것에 대해 무엇을 해야 하는지' 최고의 의견을 듣기 위해 비용을 지불하는 것입니다. 그렇지 않은가요?

저는 여러분에게 의사의 조언을 따르라고 말합니다. 하지만 동시에 의사가 당신을 위해 무엇을 해주든 그것을 넘어 당신의 상태가 더 좋아질 수 있다는 가능성에 마음을 계속 열어놓기를 강력히 권합니다. 아주 많은 사람에게 진단은 강박 관념(집착)이 될 수 있습니다. 그리고 나서 증상이 재발되길 마치 주문처럼 반복적으로 기대하죠.

더 많은 문제와 고통에 대한 기대를 흘려보내는 훌륭한 방법은 그것을 12장에서 소개한 것처럼 과거의 기억으로 바라보는 것입니다.

우선, 이렇게 질문합니다. **나는 내가 만성 위염(당신의 진단)을 가졌었다고 어떻게 믿었는지 기억할 수 있나요?**

이 질문은 여러분의 의식을 전환시켜 웃게 만들지도 모릅니다. 아마 여러분 내부에서 어떤 감정이 일어나게 만들지도 모릅니다. 아니면 그저 여러분의 의식 속에서 "그래, 이것조차 기억이야."라는 가능성을 열게 할지도 모릅니다.

이어서 다음 질문을 합니다. **과거에서부터 그것을 바꾸고 싶나요?**

대답이 "예."라면 질문하세요. **과거에서부터 바뀌길 원하는 마음을**

흘려보낼 수 있나요? 그리고 최선을 다해 흘려보내세요.

대답이 "아니요."일지라도 다음 단계로 넘어가세요.

마지막 질문입니다. **내가 만성 위염(당신의 진단)을 가졌다고 믿기를 원하는 마음을 흘려보낼 수 있나요?**

그렇다면 그 믿음을 흘려보내기 위해 최선을 다하세요.

다시, 자신을 확인해보세요. 만약 여러분이 여전히 지금, 조금이라도 그 문제의 기억에 매달려 있다면(집착하고 있다면), 완전히 흘려보낼 때까지 처음부터 이 과정을 반복하세요.

이런 작업을 더 많이 할수록 흘려보내기가 점점 더 쉬워질 것입니다. 심지어 절대 변하지 않을 것처럼 보이던 신체적, 감정적 문제일지라도 쉽게 흘려보내게 될 것입니다.

5단계: 육체적 통증과 증상 흘려보내기

지금까지 여러분은 고통을 덜어주는 4단계를 작업했습니다. 자신의 질병이 흘려보내기를 통해 변할 수 있다는 가능성에 마음을 열었고, 자신에게 반감 대신 인정을 주었고, 질병의 상태와 원인을 알아내고자 하는 마음을 흘려보냈으며, 자신의 질병과 불편함에 대한 믿음을 흘려보냈습니다. 더 남아 있는 게 없을 정도로요. 그럼에도 불구하고 혹시 남아 있는 고통을 위해 그리고 미래에 생길지도 모르는 어떤 신체적 문제든 그것을 처리할 방법을 알기 위해 육체적 증상에 직접 작업하는 두 가지 쉬운 방법에 대해 알아봅시다.

육체적 증상에 적용하는 첫 번째 효과적인 방법은 세도나 메서드의 기본 과정이기도 합니다. 먼저, 간단하게 특정 증상이나 질병에 대해 여러분이 어떤 느낌을 갖는지 알아보세요. 그리고 그 느낌이 인정, 통제, 혹은 안전의 욕구에서 비롯된 것인지 알아차리세요. 마지막으로, 그것을 흘려보내세요. 종종 질병을 고착화하는 원인은 그것에 대한 우리의 감정입니다. 이미 배웠듯이, 증상에 대한 우리의 감정은 고통을 초래합니다. 따라서 릴리징 후에 증상이나 통증이 지속된다 할지라도 여러분은 더 좋아진 것을 느낄 것입니다.

육체적 증상을 흘려보내는 두 번째 강력한 방법은 다음과 같습니다. 먼저, 육체적 증상을 완전히 느끼고 나서 그것을 둘러싸고 있거나 관통하는 공간을 느끼는 것입니다. 이 작업을 계속 번갈아가면서 해보세요. 이 단순한 기법을 그저 따라 해보고 약간 연습하는 것만으로도 아주 극심하고 오래된 증상을 흘려보낸 사람이 많습니다.

우리의 감정을 허용하면서 기꺼이 최선을 다해 증상을 느끼면 많은 안도감을 줄 것입니다. 증상이 지속되고 점점 악화되는 것처럼 보이는 이유 중 일부는 우리가 그것들의 존재에 저항하기 때문입니다. 우리의 느낌과 감정을 환영하는 것은 항상 강력한 첫 번째 단계입니다. 그러고 나서야 우리는 긍정적이고 부정적인 모든 경험을 허용해주는 우리의 내재적 고요함과 존재를 인식함으로써 더 깊은 단계로 나아갈 수 있습니다. 이 내재된 광활한 존재를 알아차림으로써 우리는 의식 표면에 드러난 어떤 감정이나 증상도 모두 용해할 수 있습니다.

그러므로 여러분의 증상과 관련한 느낌을 환영하는 것과 그것을 둘러싸고 관통하는 공간을 알아차리고 느끼는 것, 이 두 가지 사이를 넘나들어보세요. 그렇게 하다 보면 통증과 증상이 빠르게 그리고 효과적으로 사라지는 것을 보게 될 것입니다.

빛나는 건강 만들기

✧ 듀크: 동정을 구하는 것으로부터의 자유

듀크는 세도나 메서드를 배우기 전, 6년 동안 만성 피로 증후군을 겪어왔습니다. 심한 탈진과 함께 병의 주된 증상은 거의 끊임없이 계속되는 팔과 발, 다리의 통증이었습니다. 많은 진통제를 복용했지만 그를 안정시킬 다른 약이 없었습니다. 그런데 세도나 메서드가 통증을 줄일 수 있다는 것을 배우고 기뻐했죠.

"기본 과정을 배운 후, 통증이 있을 때마다 그것을 흘려보냈어요. 나는 앉아서 실제 통증 그 자체에 주의를 집중했고, 통증을 있는 그대로 허용하는 첫 번째 작업을 했습니다. 그리고 나서 그것을 흘려보냈죠. 과거에는 무의식적으로(자동적으로) 통증에 저항하고, 그것을 없애려고 노력하는 것이 내 기분을 상하게 만들었습니다. 하지만 지금은 그 통증을 그냥 허용하는 것만으로도 그것을 줄이는 효과가 있습니다. 그리고 때때로 통증 그 자체를 바로 흘려보내기도 합니다."

1년쯤 후, 듀크의 통증은 거의 대부분 사라졌습니다. 그렇지만 아직까진 자신이 바라는 만큼은 아니었습니다. 그러던 어느 날, 그가 욕조에서 물이 흠뻑 젖은 채로 내게 전화를 걸었습니다. 나는 질문을 통해 릴리징을 하도록 유도했습니다. **당신 스스로 그 질병을 갖길 원하는 마음을 흘려보낼 수 있나요?** 이 과정이 그에게 엄청난 충격을 주었습니다. 그는 이렇게 말합니다. "그건 내게 중요한 전환점이었어요. 내가 매우 깊은 수준에서 여러 가지 이유 때문에 아픈 것을 원해왔다는 걸 깨달은 겁니다. 아마도 남들로부터 관심과 연민을 받거나 혹은 일을 그만둘 수 있기 때문이었을지도 모릅니다. 난 정말 왜 그런지 몰랐습니다.

그런 것은 정말 상관이 없었는데 말이죠. 어쨌든 중요한 것은 즉각적으로 내 병이 다양한 측면에서 호전되는 것을 느낄 수 있었다는 겁니다. 그건 어마어마한 경험이었습니다."

✧ 전반적인 건강과 행복 흘려보내기

지금까지 우리는 육체적 문제와 관련해 특별한 방법들을 탐험해왔습니다. 이제 우리의 전반적인 건강과 행복에 관해 흘려보내기를 해봅시다. 1부에서 설명한 원리를 적용한 이 방법은 여러분의 자존감을 북돋우고 노화의 징후를 받아들일 수 있게 하며, 여러분이 겪고 있는 체중 감량 또는 해독 과정 그리고 질병과 통증의 증상을 극복하는 데 도움을 줄 수 있습니다. 모든 사람이 몸에 대한 흘려보내기로 이익을 얻을 수 있습니다.

✧ 있는 그대로 수용하기

몸을 있는 그대로 환영해주는 것만으로도 치유력을 북돋울 수 있습니다. 그것은 이 순간, 몸이 무엇이든 해도 또는 하지 않아도 괜찮다는 느낌을 갖도록 도와줍니다. 다음 질문을 마음속으로 혼자 읽거나 릴리징 파트너로 하여금 읽어주도록 요청하세요.

당신의 몸을 있는 그 자체로 완전히 허용할 수 있는지 지금 살펴보세요.

당신의 몸이 지금 방식 그대로 존재하는 것을 환영할 수 있나요?

당신의 몸이 지금 방식 그대로 존재하는 것을 환영하고 허용하는 느낌 속으로 더욱 이완해 들어갈 수 있나요? 어쨌거나 몸은 지금 있는 그대로 존재합니다. 그것에 저항하거나 바꾸려 하거나 있는 그대로에 반대하는 느낌을 갖는다면, 여러분의 기분을 나쁘게만 만들 뿐입니다. 그러므로 최선을 다해 몸이 있는 그대로 괜찮다고 허용해주세요. 몸의 상태가 어떻든 그리고 여러분이 어떻게 느끼든 모두 다 환영해주세요.

이제, 좀 더 그렇게 할 수 있나요?

자신의 몸을 보는 방식 혹은 몸에 대한 느낌 중 당신이 저항하는 것들이 있나요?

지금만이라도 저항하는 것을 흘려보내고, 있는 그대로의 모습 자체를 허용할 수 있나요? 몸은 지금 있는 그대로 존재합니다. 여러분의 저항과 몸을 바꾸고 싶은 욕구는 아무런 도움도 되지 않습니다.

그렇다면 당신은 몸을 있는 그대로 수용할 수 있나요?

편안하게 이완하며 그것을 환영하고 허용하는 느낌 속으로 들어갈 수 있나요?

그리고 더욱더?

그리고 여전히 더?

있는 그대로 받아들이는 것을 시험 삼아 한 번 허용해보세요. 심각한 질병이나 육체적 결함처럼 자기 몸에 대해 강하게 싫어하는 점을 흘려보냈다 해도, 그것을 바꾸고자 하거나 저항하면 다시 기분이 나빠질 것입니다. 만약 여러분이 잠시라도 몸을 있는 그대로 허용한다면,

기분이 훨씬 더 좋아질 것입니다. 그것이 변화의 가능성을 열어줄 것입니다.

✧ 부모님 뛰어넘기

앞에서 언급했듯이, 우리는 아주 어릴 때부터 부모님의 모습을 모방합니다. 부모님이 하는 것을 그대로 따라 하든지 혹은 그들이 하는 것에 저항하든지 말입니다. 두 가지 경우 모두 우리가 삶을 경험하고 느끼는 데 극적으로 영향을 미칩니다. 그러므로 부모님에 대해 릴리징하는 것은 몸에 관한 평화를 일구는 강력한 방법입니다. 여러분의 부모님 중 한 명이나 둘 모두에게 집중하는 것부터 시작합니다.

자신들의 몸과 외모에 대한 부모님의 감정은 무엇이었나요? 그리고 또 당신의 몸과 외모에 대한 두 분의 전반적인 감정은 무엇이었나요?

그것에 대해 당신이 바꾸기를 원하는 것이 있나요?

만약 있다면 그 바꾸고 싶은 마음을 흘려보낼 수 있나요?

자신들의 몸에 대한 부모님의 태도 혹은 당신의 몸에 대한 부모님의 태도 중에서 여러분이 바꾸고 싶은 다른 것이 있는지 찾아보세요.

그리고 나서 바꾸고 싶어 하는 마음을 흘려보낼 수 있나요?

다음 단계로 넘어가기 전에 이 연속된 질문을 몇 번 반복하세요.

이제, 자신들의 몸에 대해 갖는 부모님의 태도 또는 부모님이 당신의 몸에 대해 갖는 태도 중 당신이 저항하는 것이 있나요?

그 저항감을 흘려보낼 수 있나요?

자신들의 몸에 대해 갖는 부모님의 태도, 혹은 당신의 몸에 대한 부모님의 태도 중 당신이 저항하는 다른 것이 있는지 찾아보세요.

그러고 나서 그 저항이 풀어지도록 허용할 수 있나요?

부모님 중 한 분이나 두 분 모두 그들 자신에 대해 지나치게 뚱뚱하다고 생각하거나, 혹은 건강하지 못하다고, 혹은 보기 싫다고 생각했었나요? 당신은 부모님의 그런 믿음을 원하지도 않으면서 어떻게 스스로 채택하고 살아왔는지, 아니면 그것에 어떻게 저항하며 살아왔는지 확실하게 볼 수 있나요?

어느 쪽이든, 당신이 그것을 바꾸고 싶어 하는지 살펴보세요.

그것을 바꾸고 싶어 하는 마음을 흘려보낼 수 있나요?

부모님이 몸과 어떤 관계를 맺었는지 혹은 그들이 당신의 몸을 어떻게 생각했는지 살펴보고 그중에서 당신을 불편하게 만들고, 당신이 싫어하고, 당신이 바꾸기를 원하는 또 다른 것을 찾아보세요.

그것을 바꾸고 싶어 하는 마음을 흘려보낼 수 있나요?

부모님과 그들 자신의 몸과의 관계 혹은 부모님의 당신 몸에 대한 태도 중 당신이 저항하는 다른 무엇이 있나요?

그 저항감을 흘려보낼 수 있나요?

자신들의 몸에 대한 부모님의 태도나 당신의 몸에 대한 부모님의 태도 중 당신이 무의식적으로 자기 것으로 취한 것이 있나요?

만약 당신이 그것을 좋아하지 않는다면, 그것을 바꾸고 싶어 하는지 알아차리세요.

그러고 나서 그것을 바꾸고 싶어 하는 마음을 흘려보낼 수 있나요?

부모님이 자신들의 몸에 대해 갖는 태도나 부모님이 당신 몸에 대해

마이클 샤피로, 미국

나는 훨씬 더 편안해졌습니다. 혈압은 정상 수준까지 떨어졌습니다. 나 자신에 대해 더욱 편안해지고, 나 자신으로부터 도망치지 않습니다. 그리고 부정적인 혼잣말을 할 때마다 세도나 메서드를 사용하는 나 자신을 발견합니다. 나 자신의 중심을 잡고, 집중력도 서서히 좋아지고 있습니다. 요즘은 수면 무호흡 증후군에 흘려보내기 작업을 하고 있죠. 지금까지 시도해본 방법은 효과가 없었는데, 잠을 자는 동안 숨을 멈추게 하는 원인을 흘려보내자 모든 게 편안해졌습니다.

갖는 태도 중 당신이 자기 것으로 취해온 것이 있는지 보세요.

당신은 받아들였던 그것을 바꾸고 싶나요?

당신이 받아들였던 그것을 바꾸고자 하는 마음을 흘려보낼 수 있나요?

몸에 대한 당신의 태도 중에서 당신이 바꾸고 싶어 하는 것이 조금이라도 남아 있나요?

그것을 바꾸려는 마음을 흘려보낼 수 있나요?

당신의 몸에 대해 바꾸고 싶은 것이 또 있나요?

만약 있다면 바꾸고자 하는 욕구를 흘려보낼 수 있나요?

적절한 행동을 취하는 데는 아무런 문제가 없다는 것을 기억하세요. 하지만 몸을 있는 그대로가 아닌 다른 식으로 바꾸고자 하는 욕구는 우리를 곤경 속에서 꼼짝 못하게 하고, 거기에 필요한 행동을 못하도록 합니다. 때때로 우리가 몸에 대해 할 수 있는 게 아무것도 없는데도 불구하고 몸을 바꾸려고만 갈망하는 것은 오직 불필요한 고통만을 일으킬 뿐입니다. 예를 들어, 우리는 나이가 들어간다는 사실에 강박 관념을 갖습니다. 하지만 모든 몸은 노화를 겪습니다.

우리가 부모로부터 취해온 건강과 외모에 관한 태도를 흘려보내는 것은 몸을 릴리징하는 매우 강력한 방법입니다. 몇 주 동안 혹은 기회 있을 때마다 정기적으로 이 주제에 대해 릴리징하기를 강력히 권합니다. 여러분이 행할 때마다 한계를 이루는 깊은 층들이 벗겨질 것입니다.

✧ 아프게 하는 두려움 뛰어넘기

13장에서 살펴봤듯이, 잠재의식 수준에서 우리는 두려워하는 것이 일어나기를 실제로 원합니다. 당연히 의식적으로는 아니지만, 우리의 의식 아래쪽에서는 그렇습니다. 특정한 두려움을 흘려보낼 때, 의식 속에서 그것이 일어날 가능성을 제거하는 것입니다. 그 결과 우리는 삶에 대해 더 나은 그림을 그리고, 몸에 대해 기분이 더 좋아지고 더 이완되고 더 편안해집니다.

여기, 몸과 관련한 두려움을 흘려보내는 과정이 있습니다.

몸에 관한 당신의 두려움은 무엇인가요? 몸의 상태에 대한 두려움 혹은 그 상태가 될지도 모른다는 두려움인가요? 일어날지도 모른다는 두려움을 느끼는 것이 정확히 무엇인가요?

당신은 그것이 일어나길 원하는 마음을 흘려보낼 수 있나요?

몸에 대해 두려워하는 다른 것을 찾아보세요. 나이가 들수록 주름이 생기는 것, 혹은 몸무게가 느는 것, 아니면 아프게 되는 것이 두려운가요? 여러분이 느끼는 두려움이 어떤 것이든 최선을 다해 의식 안으로 그 그림을 허용해보세요. 그래야 그것을 흘려보낼 수 있습니다. 일어날까봐 두려워하는 것을 진정으로 허용해주세요.

당신은 그것이 일어나길 바라는 마음을 흘려보낼 수 있나요?

당신의 몸에 일어날까봐 두려운 것, 의식적으로 일어나지 않길 바라는 것을 찾아보세요.

당신은 상처를 입을까봐 두렵나요?

당신은 높은 데서 떨어질까봐 두렵나요?

당신은 특정한 질병이 두렵나요?

무엇이 됐든 그것이 일어나길 갈망하는 마음을 흘려보낼 수 있나요?

당신의 몸에 일어날지도 모르는 다른 두려운 것은 무엇인가요?

당신은 그것이 일어나길 바라는 마음을 흘려보낼 수 있나요?

이 연속적인 질문을, 두려움을 완화하기 위해 필요할 때마다 여러 번 반복하세요. 여러분은 이렇게 언제든지 바로바로 두려움을 릴리징할 수 있습니다. 또 그 두려움 밑에 인정, 통제 혹은 안전을 갈망하는 욕구가 있는지 확인하고 그 욕구를 흘려보낼 수 있습니다. 어떤 기법이든 두려움을 흘려보내는 데 매우 강력한 방법입니다.

✧ 조지: 어떤 상황에서도 몸을 사랑하기

4년 전, 조지는 전립선이 약간 부은 것을 발견하곤 병원으로 갔습니다. 의사가 진찰하면서 매우 걱정스러운 눈치를 보이며 몇 가지 테스트를 더 해보자고 했기 때문에, 조지의 마음은 즉시 최악의 상황으로 치달았습니다. 전립선암! 이제 겨우 서른일곱 살인데! 하지만 그에게는 스스로 두려움을 직면할 수 있게 해주는 세도나 메서드가 있었습니다.

"우리는 몸에 일어난 일들에 대해 많은 선택을 할 수 있고, 우리의 몸이 할 수 있는 것과 할 수 없는 것에 대해 많은 생각을 합니다. 테스트를 받는 동안 나는 흘려보내기를 수행했습니다. 죽음에 대한 공포와 질병에 대한 공포를 흘려보냈죠. 하지만 공포의 물결은 계속 밀려왔습니다. 집에 돌아와서도 계속 흘려보내기를 하며 전립선에게 사랑과 감사를 보내는 일에 집중했습니다."

그날, 조지의 혈액 검사 결과는 정상으로 나왔습니다. 몇 달 후, 추가 검사를 받았는데 의사는 모든 게 완전히 정상이라고 말했습니다.

"그때 느꼈던 증상들이 이따금 재발합니다. 그때마다 나는 흘려보내기를 합니다. 흘려보내기는 내 컨디션이 감정에 따라 좌우되지 않도록 도와줍니다. 그리고 나는 그것이 내 육체적인 측면을 향상시켰다고 믿습니다. 내 경험상 흘려보내기는 육체적인 문제를 많이 일으키는 긴장과 수축을 사라지게 해줍니다."

조지는 이렇게 덧붙입니다. "몸은 몸이 하는 일을 할 뿐입니다. 몸을 통제하기 위해 흘려보내는 것은 효과가 없습니다. 우리 모두는 좋은 결과를 원하죠. 하지만 원하는 결과를 흘려보내면 고요함을 느낄 수 있습니다. 일어나려고 하는 일을 일어나도록 허용해주는 것 그리고 내가 어디에 있든 나 자신을 사랑하는 것이 그것을 더 쉽게 받아들일 수 있도록 해줍니다."

✧ 우리의 몸이 있는 그대로도 괜찮다면 어떨까

이제 9장에서 배운 '좋은 점·싫은 점 기법'을 몸에 적용해봅시다. 몸에 대해 좋아하는 것과 싫어하는 것들을 흘려보낼 때, 여러분은 몸을 있는 그대로 받아들인다는 것이 무엇인지 경험하게 될 것입니다. 그리고 그것은 즉시 여러분을 더 기분 좋게 해줄 것입니다. 더욱이 수용(받아들임)의 높은 에너지 상태에 있을 때마다 여러분은 하나의 한정적인 감정 상태에 갇혀 있을 때 했을 법한 행동보다 훨씬 긍정적인 행동을 취할 것입니다.

여러분의 몸에 대해 여러분이 좋아하는 것을 찾아보세요.

그리고 그것이 인정, 통제, 안전에 대한 욕구를 일으키는지 한 번 보세요.

만약 그렇다면 당신은 그것을 흘려보낼 수 있나요?

다음으로, 여러분이 몸에 대해 싫어하는 것을 찾아보세요.

그것이 인정, 통제, 안전에 대한 욕구를 불러일으키나요?

어떤 욕구이든 **그것을 흘려보낼 수 있나요?**

당신이 몸에 대해 좋아하는 것은 무엇인가요?

거기엔 내재된 욕구(인정, 통제, 안전에 대한 욕구)가 있나요?

어떤 욕구가 내재해 있든 **그것을 흘려보낼 수 있나요?**

당신이 자기 몸에 대해 싫어하는 것은 무엇인가요?

그것이 인정, 통제, 안전에 대한 욕구를 불러일으키나요?

어떤 욕구이든 **그것을 흘려보낼 수 있나요?**

이렇게 좋은 점·싫은 점을 바꿔가면서 질문하는 과정을 적어도 아홉 번 되풀이하세요. 여러분이 고치고 싶어 하는 특정한 증상이나 상태에 집중하면서 작업하세요. 건강에 대한 느낌을 글로 적을 때는 과거 시제를 사용해 아래와 같은 흘려보내기 질문을 해볼 것을 권합니다.

- 내가 _____(증상)이 있는 것에 대해 어떤 점을 좋아했을까?
- 내가 _____(증상)이 있는 것에 대해 어떤 점을 싫어했을까?

✧ 몸 청소하기

청소하기 과정은 원래 사람에 대한 감정을 작업하기 위해 만들었습니다. 그러나 우리는 자신의 몸에 대한 감정도 작업할 수 있습니다. 사실 우리 대부분은 다른 사람과의 관계와 거의 비슷하게 자기 몸과 관계를 맺고 있습니다. 올라오는 이미지와 감정을 이해하거나 분석하려 하지 말고 그저 최선을 다해 작업하세요. 이 과정은 매우 강력합니다. 몸에 대한 작업을 하게 되면, 여러분은 아마 심오한 결과를 얻기 시작할 것입니다.

당신의 몸이 당신을 통제하려고 했었나요? 혹은 그런 식으로 느꼈

었나요?

만약 그렇다면 당신이 반대로 몸을 통제하고자 하는 욕구를 흘려보낼 수 있나요?

당신은 몸을 통제하려고 했었나요?

만약 그렇다면 당신은 몸을 통제하려고 하는 욕구를 흘려보낼 수 있나요?

이 질문을 4~5회 정도 되풀이하고, 다시 물어보세요.

당신은 몸에게 있는 방식 그대로 있을 권리를 인정할 수 있나요? 그냥 그렇게 할 수 있나요?

당신은 몸에게 있는 방식 그대로 존재할 권리를 기꺼이 인정할 것인가요?

지금 당신은 몸에게 있는 방식 그대로 존재할 권리를 인정하나요?

기억하세요. 이 마지막 질문은 여러분의 선택 사항일 뿐입니다.

마지막 세 개의 질문, 즉 여러분이 몸에게 있는 방식 그대로 존재할 권리를 준다는 질문에 "예."라는 대답을 할 때까지 몇 번 더 반복하세요. 그리고 준비가 됐다고 느끼면, 다음으로 넘어가세요.

당신은 자기 몸에 있는 어떤 부분을 거부하거나 탐탁지 않게 생각했었나요?

당신은 그 싫어함과 탐탁지 않음을 흘려보낼 수 있나요? 지금만이라도 그럴 수 있나요?

당신의 몸이 당신을 싫어하거나 탐탁지 않아한다고 느낀 적이 있나요?

만약 그렇다면 당신은 몸의 인정을 바라는 욕구를 흘려보낼 수 있나요? 지금만이라도 그렇게 할 수 있나요?

위의 네 가지 질문을 4~5회 반복한 후, 다시 물어보세요.

이제, 당신은 몸에 대해 사랑과 수용만을 갖도록 스스로를 허용할 수 있나요? 그럴 수 있나요?

당신은 잠시만이라도 몸에 대해 오직 사랑과 수용만을 느끼도록 기꺼이 스스로를 허용할 것인가요?

당신은 지금 몸에 대해 오직 사랑과 수용만을 느끼고 있나요?

만약 대답이 "아니요."라면 다음 단계로 넘어가기 전에 이 질문을 몇 번 더 반복하세요. 대답이 "예."라면 다음으로 넘어가세요.

몸이 당신에게 어떤 식으로든 도전하고, 반대하고, 협박했었나요?

만약 그렇다면 그것이 안전과 생존 욕구를 불러일으키는지 살펴보고 질문합니다.

당신은 그것을 흘려보낼 수 있나요?

당신은 몸에게 도전하고, 반대하고, 협박했었나요? 혹은 그렇게 보였나요?

몸에게 도전하고, 반대하고, 협박하고 싶은 욕구를 흘려보낼 수 있나요?

몸이 당신에게 도전하고, 반대하고, 협박한 것처럼 보였나요?

만약 그렇다면 당신은 그것으로부터 자신을 지키기 위해 반대로 몸에 도전하고, 반대하고, 협박하고자 하는 욕구를 흘려보낼 수 있나요?

샤론 크레인, 미국

나는 나날이 심해지는 만성 편두통 때문에 세도나 메서드 수업을 찾게 됐습니다. 두통이 너무 심해서 1년 6개월 동안 일도 하지 못했습니다. 고통 때문에 세도나 메서드 수업에 많이 참석하지 못할까 걱정스러울 정도였지요. 그런데 코스 기간 동안 나는 단지 세 번, 그것도 한 시간 미만의 사소한 '머리의 감각'만을 경험했습니다. '과거의 두통'과 관련해 나는 매우 귀중한 것을 배웠습니다. 두통을 없애려고 내가 했던 모든 것이 그것을 남아 있게 하는 원인이 됐다는 사실을 깨달은 것이지요. 인생을 다시 되찾은 것에 어떻게 감사를 표하죠? 정말 엄청난 경험입니다.

당신은 몸에게 도전하고, 반대하고, 협박했었나요? 아니면 그렇게 보였나요?

만약 그렇다면 당신은 그렇게 하고 싶은 욕구를 흘려보낼 수 있나요?

당신의 몸이 당신에게 도전하고, 반대하고, 협박했었나요?

만약 그렇다면 당신은 안전이 위협받는 불안함을 흘려보내도록 허용할 수 있나요?

당신은 몸에게 도전하고, 반대하고, 협박했나요?

만약 당신이 그랬다면 혹은 당신이 그랬던 것처럼 보였다면, 당신은 그렇게 하고 싶은 욕구를 지금 흘려보낼 수 있나요?

이제, 당신은 몸에 대해 행복, 안전, 신뢰의 감정만을 가질 수 있나요?

당신은 기꺼이 몸에 대해 행복, 안전, 신뢰의 감정만을 가질 것인가요?

당신은 몸에 대해 행복, 안전, 신뢰의 감정만을 갖고 있나요?

대답이 "예."라면 훌륭합니다! 대답이 "아니요."라면 다음 단계로 넘어가기 전에 몇 번 더 흘려보내보세요.

✦ 이익과 손해 기법

여러분은 '이익과 손해 기법'을 어떤 육체적 불편에 대해서도 사용할 수 있습니다. 체중 감량 중이거나 금연 중에 발생하는 정체기 또는 여러분이 어떤 육체적 상태에 갇혀 있음을 느낄 때 사용할 수 있죠. 열린 마음과 가슴으로 작업한다면, 이 기법은 우리가 쥐고 있던 문제로부터 우리를 풀어줄 것입니다.

앞에서 '좋은 점·싫은 점 기법'을 쓸 때는 과거 시제로 된 질문을 사용하는 것이 좋다고 권했습니다. 그러면 이번에는 여러분의 몸이 앞으로 어떻게 되었으면 좋겠는가라는 관점에서 릴리징을 할 것입니다.

당신이 원하는 방식으로 몸을 갖는 것은 어떤 이로운 점이 있을까요?

그것이 인정, 통제, 안정의 욕구를 일으키나요?

그 욕구가 무엇이든 그것을 흘려보낼 수 있나요?

당신이 원하는 방식으로 몸을 갖는 것은 어떤 불리한 점이 있을까요?

그것이 인정, 통제, 안정의 욕구를 일으키나요?

그 욕구가 무엇이든 그것을 흘려보낼 수 있나요? 그저 놓아줄 수 있나요?

위의 여섯 가지 질문을 아홉 번 반복하세요. 더 많이 흘려보낼수록 더 기분이 좋아질 것입니다. 더 나아가 몸에 대한 '이익과 손해 기법'을 2주 동안 규칙적으로 작업하길 권합니다. 여러분이 무의식적인 프로그램의 많은 층을 뚫고 들어가도록 도와줄 것입니다.

디레샤는 자신의 목표를 이루기 위해 세도나 메서드를 사용하고 있었습니다. "나는 내 이상적인 몸무게에 쉽게 도달하고 그걸 유지하도록 나를 허용합니다." 예전에 그녀는 다이어트가 쉽다는 것을 몰랐습니다. 살이 빠지고 나서, 심지어는 다이어트 프로그램에 참가하는 도중 다시 살이 찌곤 했습니다. 그러나 이번에는 흘려보내기 기법을 다이어트 프로그램에 접목함으로써 큰 성공을 거두었습니다. 그녀는 말합니다. "처음에 닥친 가장 큰 문제는 엄격한 제약이었습니다. 과식은 깨기 힘든 습관이죠. 다이어트 중이거나 먹는 방식을 바꾸려 할 때조차도 우리는 이전의 몸무게를 재창조하려는 심리를 갖고 있습니다. 제가 이상적인 몸무게가 아니라는 것뿐 아니라 흘려보내야 할 신념이 굉장히 많았습니다. '나는 영적으로 성숙하지 않아.' '나는 좋은 사람이 아니야.' '나는 게을러.' '내가 원하는 것을 가질 수 없다는 것은 불공평해.' '나는 밤에 먹어줄 필요가 있어.' '나는 빨리 살을 빼야만 해.' 이런 문제에 빠져 있었죠."

디레샤는 '이익과 손해 기법'을 과식 문제에 적용하는 것이 엄청나게 효율적이라는 것을 발견했습니다. 그리고 남자들이 자신에게 치근덕거릴 걱정을 하지 않아도 된다는 것, 자신이 어떻게 보이든 생각하지 않아도 된다는 것, 사람들이 외모보다 성격 때문에 자신을 좋아한다는 것, 자신이 먹고 싶은 것은 무엇이든 먹어도 된다는 것을 포함해 많은 이로운 점들을 흘려보냈습니다.

그녀는 또한 영원히 살이 찔지도 모른다는 것, 옷을 입은 자신의 모습을 좋아하지 않는다는 것 같은 불리한 점들도 흘려보냈습니다. 그리고 항상 음식이 자신을 조종했기 때문에 스스로 '좋은' 사람이라고 느끼지 못했습니다. 흥미롭게도 그녀는 이 마지막 불리한 점이 또한 이로운 점이기도 하다는 것을 발견했습니다. 바로 그것이 '완벽해야 한다.'는 압박을 제거해주었기 때문입니다.

"저는 사물을 다른 관점으로 보기 위해 마음속 여유가 필요했어요. 저는 제가 변하든 그렇지 않든 상관하지 않는 지점에 도달해야 했습니다. 바로 초연함 말이죠. 세도나 메서드는 진실로 그것을 도와줍니다. 무언가를 흘려보낼 때, 저는 그것을 몸 안에서 느낍니다. 명치에 있던 긴장이 사라지죠. 그리고 평화로움을 느끼죠. 세도나 메서드는 제 삶의 방식을 바꿨습니다. 더욱이 점진적으로 그리고 쉽게 몸무게가 줄고 있습니다."

◇ 원하는 것 그리기: 시각화와 흘려보내기의 결합

미국 전역의 많은 건강 증진 센터에서 치료를 돕는 방편으로 시각화와 상상 요법을 제공하고 있습니다. 일반 사람뿐 아니라 암 환자와 심장 질환을 가진 환자들이 그것을 사용했죠. 흘려보내기와 결합한 시각화는 여러분의 몸을 치료하고 최적으로 작동하게 해주는 엄청나게 효과적인 방법입니다. 이것은 또한 체중 감량과 해독 치료의 좋은 동반 프로그램이기도 합니다.

어떤 의미에서 시각화는 8장에서 살펴본 '목표 과정'과 비슷합니다. 왜냐하면 우리가 건강과 이상적인 몸에 대한 이미지를 마음속에 창조할 때, 그것들을 반대하거나 지지하는 다른 감정과 신념이 의식에 나타나기 때문입니다. 이런 감정과 신념을 흘려보낼 때, 우리는 엄청난 용기, 수용, 평화의 상태로 나아가게 되고, 결국 행동에 필요한 에너지를 자유롭게 풀어줍니다.

명심하세요. 무언가를 '시각화'할 때는 최선을 다해 자신의 모든 감각을 사용해야 합니다. 마음속 그림과 육체적 감각, 소리를 결합하세요. 여러분의 상상을 고양시키는 데 도움이 된다면, 향기도 사용하세요. 이제 계속해봅시다.

여러분의 이상적인 몸을 상상하도록 스스로를 허용하는 것부터 시작하세요.

그것은 어떻게 보이나요? 어떻게 느껴지나요? 건강의 수준은 어떤가요?

자신의 몸이 그런 식인 것에 대한 느낌이 어떤지 지켜보세요. 더 나아가 그 그림과 관련해 인정, 통제, 안전에 대한 욕구가 있는지 살펴보세요.

만약 있다면 어떤 욕구든 **그저 그것을 흘려보낼 수 있나요?**

건강한 몸이나 여러분이 원하는 정확한 그 장면으로 돌아오세요. 최대한 생생하게 상상하세요. 그리고 다시 한 번 그 장면이 인정, 통제, 안전의 욕구에서 비롯되는지 확인하기 위해 잘 살펴보세요.

어떤 욕구든 **그저 그것을 흘려보내도록 허용할 수 있나요?**

자, 여러분의 이상적인 몸을 다시 그려보세요. 할 수 있는 만큼 생생하게 상상해보세요. 이번엔 일어나는 생각과 신념이 다음과 같이 말하는지 잘 지켜보세요. "너는 그것을 가질 수 없어." "너는 그것을 가져선 안 돼." "너는 그것을 절대 못 가질 거야." "그것은 불가능해."

그 생각이 인정, 통제, 안전의 욕구에서 오나요?

어떤 욕구든 그저 그것을 흘려보낼 수 있나요?

다시, 여러분이 정확히 원하는 방식의 이상적인 몸 그림으로 돌아오세요. 여러분의 모든 감각을 동원하는 것을 잊지 마세요. 그 그림에 대해 어떤 반대나 저항 혹은 다른 감정이 있나요?

그 감정이 무엇이든 그저 환영할 수 있나요?

그것이 인정, 통제, 안전의 욕구에서 오나요?

당신은 그것을 적어도 지금 이 순간만이라도 흘려보낼 수 있나요?

위의 질문을 몇 번 되풀이하면서, 일어나는 욕구와 저항이 무엇이든 흘려보내도록 스스로를 허용하세요. 준비가 되면 다음으로 넘어가세요.

자, 정확히 여러분이 원하는 방식 그대로 존재하는 몸을 그리세요. 그림에 여러분을 완전히 맡기세요. 여러분 자신을 그 그림에 가능한 한 완전히 몰입하세요. 그리고 물어보세요.

당신은 그 그림을 당신의 완전한 의식 속으로 환영하고, 그것을 완전히 허용할 수 있나요?

그리고 더 많이 그렇게 할 수 있나요?

당신은 그 이상적인 그림을 그렇게 있는 그대로 둘 수 있나요?

당신은 이상적인 그림을 있는 그대로 진실로 허용할 수 있나요?

이제, 여러분의 완전한 의식 속으로 그림을 환영해줄 때, 여러분이 그 이상적인 몸을 가져도 괜찮다는 것을 이해하세요. 또한 동시에 여러분의 몸이 지금 있는 그대로 있어도 괜찮다는 사실을 받아들이세요. 그 둘 사이에는 진정 아무런 충돌도 없습니다. 자신의 몸에 대한 모든 것이 얼마나 괜찮은지 느끼도록 최선을 다해 허용해주세요. 그리고 잠시 동안, 자기 수용 안에서 편안하게 쉬세요.

✧ 마지막 당부

이번 장에 있는 연습을 많이 할수록 여러분은 몸에 대해 더 좋게 느낄 것입니다. 그리고 더욱 건강해질 것입니다. 다음 장으로 넘어가기 전에 여러분의 행복 증진을 위해 이번 장에서 소개한 연습을 최선을 다해 작업해보길 권합니다.

19장

조직의 자유와
효율성

당신의 모든 관심과 주의가 자신에게는 꺼지고,
다른 이들에게는 켜지는 그 지점까지 성장하십시오.

_레스터 레븐슨

지금까지 이 책을 재미있게 읽고 있다면, 세도나 메서드가 여러분이 속한 그 어떤 조직이나 단체에도 긍정적인 영향을 끼칠 수 있다는 것에 동의하실 겁니다. 세도나트레이닝협회는 많은 기업으로부터 회사 내의 매니저와 팀들이 직면한 특정 문제나 도전을 처리하거나 그들의 목표를 더 쉽게 성취할 수 있도록 도와주는 훈련 프로그램을 고안해달라는 요청을 자주 받았습니다. 여러분이 회사나 단체에서 핵심적인 의사 결정자가 아니더라도 이 책을 담당자에게 소개해주세요. 여러분이 속한 조직이나 단체에서 더 많은 사람이 세도나 메서드를 사용할수록 이 기술이 더 많은 영향을 줄 것입니다.

눈에 보이는 행동을 바꾸거나 단순히 문제되는 분야의 주위만 맴돌아서는 어떤 시스템을 고쳐도 그 효과가 오래가지 못합니다. 비록 그런 재구성이 순간적인 성과를 나타낸다 하더라도 그 효과는 일시적일 뿐인 경우가 많습니다. 단순히 근무 환경이나 지식적인 관점을 넘어 더 깊은 변화를 가져오지 않는 한 곧 예측할 수 없는 일이 늘어날 테고 성과 역시 거의 비슷하게 예전 수준으로 돌아갈 것입니다.

그러나 여기 좋은 소식이 있습니다. 조직 내에서 여러분과 다른 사람들이 흘려보내기에 대해 알고 세도나 메서드를 사용하기 시작하면, 실패를 가져오는 내면의 태도를 흘려보내게 될 것입니다. 조직을 내부에서부터 한 사람씩 변화시키는 것입니다. 이것은 영속적인 변화를 가져옵니다.

여러분과 팀원들이 모든 불편함과 원하지 않는 것, 제한된 감정, 제한된 생각 또는 제한된 신념을 즉석에서 흘려보내고 자신의 자연스러운 본성을 일깨우는 방법을 배우게 되면 각 팀원의 행복과 업무 만족도가 높아지고 그 조직은 더 높은 수준의 효율성과 성과를 얻게 될 것입니다.

흘려보내기를 하면 당면한 사업이나 개인적인 도전 과제가 무엇이든 더 명확하게 생각하고, 더 결단력 있게 행동할 수 있습니다. 동시에 평온함과 통제력도 얻게 되는데, 이는 모두 여러분 스스로를 흘려보내기를 통해 자유롭게 해주었기 때문입니다. 세도나 메서드는 여러분이 경력을 쌓고 스스로 선택한 삶을 사는 데 필요한 중요한 변화를 이끌어낼 수 있도록 해줄 것입니다. 이번 장에서는 목표를 이루고 그 과정을 즐기는 것을 막는 습관적인 생각, 감정, 행동의 패턴을 어떻게 흘려보내는지 보여줄 것입니다. 매 순간을 깨어 있고 효율적이게 해줌으로써 스트레스를 받는 상황에서조차 세도나 메서드는 여러분을 자유롭게 해 더 생산적이고 더 즐거운 삶을 살도록 할 것입니다. 조직 내에서 가능한 한 많은 사람이 흘려보내기를 사용한다면 가장 이상적이겠지만 반드시 그럴 필요는 없습니다. 회사 내에서 여러분이 의식적으로 흘려보내기를 하는 유일한 사람일지라도 종종 근무 환경 전체를 바꿀 수 있기 때문입니다.

✧ 감성 지능과 감정 지배

감성 지능이 한 사람의 성공도와 삶의 만족도를 예측하는 데 IQ 이상은 아니더라도 그만큼 중요하다는 의견이 설득력을 얻고 있습니다. 이런 의견은 영리하고 효과적이라는 전통적인 의미를 재정립하는 데 도움을 줍니다. 예를 들어, 평균적인 수준의 연주자와 뛰어난 연주자의 차이는 약 90퍼센트가 감성 지능에서 비롯되고 오직 10퍼센트만이 기술적 측면에 기인한 것이라는 연구 결과가 있습니다. 세도나 메서드만큼 빨리 감성 지능을 성장시키는 방법은 없습니다. 그런데 감성 지능은 정확히 무엇이고, 세도나 메서드는 어떻게 그것을 증진시키는 데 도움이 될까요?

감성 지수라는 용어를 만든 대니얼 골먼은 자신의 책『EQ 감성 지능』에서 감성 지수를 형성하는 다섯 가지 핵심적인 요건을 정의했습니다.

1. 자기 인식self-awareness: 골먼은 자기 인식을 '감정이 일어날 때 그것을 인식하는 것'이라고 정의합니다. 세도나 메서드는 감정이 일어나는 순간 그것을 관찰하는 데 도움을 주고, 여러 가지 감정의 영역에서 길을 제대로 찾을 수 있도록 올바른 방향을 안내합니다. 높아진 자기 인식이 업무상 더 나은 결정을 할 수 있도록 해줍니다.

2. 감정 관리managing emotions: 감정에 대한 집착과 혐오에 의해 움직이는 대신, 세도나 메서드는 고통스럽고 제한적인 감정을 적절하게 다

룰 수 있는 효과적인 도구를 제공합니다. 흘려보내기는 스트레스를 줄이고 에너지는 높이며, 살아가면서 피할 수 없는 시행착오와 도전을 극복하도록 우리를 도와줍니다. 업무에서 우리가 최선을 다할 수 있도록 해줍니다.

3. 자기 동기화self-motivation: 골먼은 '감정 통제는 집중력과 자기 동기화, 자기 통달 그리고 창조에 필수적'이라고 했습니다. 세도나 메서드 기법들은 우리가 삶 속에서 원하는 것을 이루지 못하도록 막는 감정을 손쉽게 제거해줍니다. "나는 못해." "나는 어떻게 하는지 몰라." "나는 그럴 자격이 없어." "나는 그것을 처리 못해." 이런 생각과 감정을 제거함으로써 우리는 자연스럽게 우리를 좀 더 큰 성공으로 이끄는 "나는 할 수 있어."라는 내면의 느낌을 얻게 됩니다. 끊임없이 흘려보내기를 함으로써 우리로 하여금 모두가 추구하는 상태, 즉 애쓰지 않더라도 모든 것이 이루어지는 상태와 순조로운 삶의 흐름 속으로 들어갈 수 있게 해줍니다.

4. 공감empathy: 세도나 메서드를 사용하면 자신의 감정을 더 잘 알 수 있을 뿐만 아니라 다른 사람의 감정도 더 잘 알게 됩니다. 또한 그들을 향한 우리의 행동과 우리를 향한 그들의 행동에 감정이 미치는 영향에 대해서도 더 잘 알게 됩니다.

5. 관계 다루기handling relationships: 골먼은 '관계의 기술은 대개의 경우 다른 사람들의 감정을 다루는 기술'이라고 말합니다. 세도나 메서드

를 사용해 자기감정의 짐을 흘려보내면, 우리는 자연스럽게 다른 사람과 더 나은 관계를 맺는 능력을 키울 수 있습니다. 더 나아가 사람들이 우리와 관계 맺는 것을 즐기게 되고, 또한 우리가 원하는 것을 우리에게 주는 것을 즐거워하게 됩니다. 이것이 결과적으로 직장 내에서, 동료들 사이에서 그리고 직장 밖에 있는 의뢰인이나 고객과의 업무에서 일의 흐름을 부드럽게 해줍니다.

세도나 메서드 강사들은 1974년부터 개인과 조직의 감성 지능 계발을 돕고, 그것을 뛰어넘어 감정을 완전히 마스터할 수 있도록 도움을 주었습니다. 이번 장에서 우리는 조직의 이익을 위해, 자신의 감정과 상대방의 감정을 다루는 기술을 향상시키기 위해 세도나 메서드를 어떻게 그리고 왜 사용해야 하는지 배울 것입니다.

✧ 통제의 패러다임을 넘어서

대부분의 조직은 내외적인 환경을 모두 통제하는 것을 그 기반으로 합니다. 그러나 조직이 결과물을 통제하려는 관리 팀에 의해 움직일 때 종종 잘못된 결정이 이루어집니다. 그들이 어떤 계획을 세우든 그 계획이 부족감(통제 욕구)에서 비롯된 것이라면 그 결과는 기대에 미치지 못합니다. 4장에서 설명했듯이, 저항은 세상을 밀어내는 것이기 때문에 세상도 반대로 자신을 밀어내게 됩니다. 통제식 관리 스타일은 환경과 조직 내 모든 계층에서 불필요한 반발을 낳습니다.

개인과 조직 전체가 통제하고 싶은 욕구에서 조금이라도 자유롭게 되면 조직 내에서 조화와 능률이 뚜렷이 향상되고, 시장에서는 효율성이 증가합니다. 만약 여러분이 통제 때문에 길을 잃은 조직의 관리를 맡고 있다면, 흘려보내기를 포함한 여러 방법을 통해 자신의 역할을 수행할 수 있다는 사실을 기억하세요. 직원을 통제하려는 마음을 흘려보내면 팀을 일일이 관리해야 한다는 생각이 멈추고, 좀 더 쉽게 책임과 권한을 위임하게 될 것입니다. 책임과 권한을 받은 팀은 더 적은 노력으로도 더 많은 성과를 거둘 것입니다.

권한을 주는 것에 어려움을 느낀다면 다른 누군가에게 일을 맡기는 것에 진정으로 편안함을 느낄 때까지 1부에서 배운 기본적인 흘려보내기 질문을 하세요. 그런 과정에서 업무를 맡긴 사람이 일을 제대로 처리하지 못할 것 같다는 부정적인 생각이 들면 그것 또한 흘려보내세요. 언제라도 걱정될 때마다 흘려보내기를 하세요.

이 말은 실력이 의심스러운 사람한테 권한을 넘기라는 뜻이 아닙니다. 통제가 필요하다는 생각과 권한을 넘긴 사람의 실력을 의심하는 생각, 이 두 가지 모두를 진정으로 흘려보내지 못했다면, 그것이 자연스러워질 때까지 계속 흘려보내세요. 아주 많은 관리자들이 권한 위임의 필요성에 대해서는 알고 있지만 실제로 그렇게 하는 것에는 많은 압박감을 느끼는 게 사실입니다. 진정한 흘려보내기 없이는 결국 자포자기 심정으로 권한을 넘기게 될 테고, 그 결과는 마음이 가볍기보다 부담만 늘어날 뿐입니다.

만약 여러분이 팀장이 아닌 팀원이라면, 조직과 자신이 맡은 업무가 잘 흘러갈 수 있도록 하는 최선의 방법은 내면의 저항감을 흘려보내는 것입니다. 우리는 즐겁지만은 않은 일들을 반복적으로 매일매일 하고, 그 일들은 원활하게 이루어져야만 합니다. 그러니 간단히 물어보세요.

나는 이 특정 작업을 하는 것에 대한 저항감을 흘려보낼 수 있는가?
그 일을 하지 않는 것에 대한 저항감을 흘려보낼 수 있는가?

여러분의 의식에 저항감이 떠오를 때 위의 두 가지 질문을 교대로 반복해 그 저항감을 흘려보내면 그 일을 더 쉽게, 더 즐겁게, 더 활발하게 할 수 있을 것입니다.

물론, 앞에서 배운 기본적인 흘려보내기 기법도 모든 일을 더 쉽게 할 수 있도록 도와줄 것입니다. 여러분의 기분이 더 좋아질 뿐 아니라 주변 사람들에게도 긍정적인 영향을 주게 될 것입니다.

✧ 화합하는 팀을 만들고 이끌기

모든 조직의 진정한 리더는 팀원들이 옳은 일을 하고 있다고 믿는 사람입니다. 그런 사람들의 마음속 최대 관심사는 분명 그 자신이 아닌 그의 조직 그리고 함께 일하는 팀원들입니다. 이와 같은 진정한 헌신은 아무리 노력해도 거짓으로 꾸며낼 수 없습니다. 그러나 그것을 계발할 수는 있습니다. 흘려보내기를 하면 할수록 여러분은 더욱더 조직 사람들에게서 최상의 것을 찾아내게 될 것입니다. 또한 다른 사람의 입장을 더 잘 파악하고, 더 열린 마음으로 관계를 갖게 될 것입니다. 진정한 자기 모습을 드러내고 표현할수록 사람들은 자연스럽게 여러분의 지휘를 믿고 따를 것입니다.

많은 조직에서 팀을 만들 때 외부 행사에 참여하거나 인위적 모임을 통해 강제로 결속을 다집니다. 이런 모임이나 행사가 도움이 되고 재미있을 수는 있지만, 이 장 앞에서 언급한 대로 그 결과는 대개 일시적인 경우가 많습니다. 그러나 흘려보내기를 시작하면 그들은 강요하지 않아도 즉각적으로 의기투합할 것입니다.

✧ 제임스: 직장에서의 성공을 위한 흘려보내기

제임스는 1983년부터 세도나 메서드를 사용하고 있습니다. 인정 욕구와 통제 욕구를 흘려보내는 방법만을 가르쳤던 초기 세미나를 통해 처음 세도나 메서드를 접했죠. 그러다 나중에 안전에 대한 욕구 흘려보내기가 포함된, 더 완성도 높은 세도나 메서드 오디오 프로그램을 구입했습니다.

"처음 세도나 메서드 세미나에 참가했을 때, 저는 제 삶에 대해 화가 많이 나 있는 상태였습니다. 저는 실리콘밸리에서 컴퓨터 프로그래머로 일하고 있었는데, 한 해에 고작 2만 5000달러밖에 벌지 못했죠. 게다가 제 일을 평가하는 상사의 방식을 좋아하지 않아 화가 많이 났고 시시때때로 저를 강압한다고 느꼈습니다. 근무 시간도 맘에 들지 않았습니다. 상사는 제가 오전 9시부터 오후 5시까지 일하기를 바랐지만 저는 자유롭게 일하고 싶었습니다. 흘려보내기를 시작한 후, 처음으로 깨달은 것은 제가 분노에서 자유로워졌다는 것입니다. 저는 더 이상 희생자가 아니었습니다."

제임스는 다른 일을 찾아보기 시작했습니다. 그러던 중 샌프란시스코 남서쪽 퍼시피카에 있는 회사에서 연봉 3만 5000달러를 받고 일하게 되었습니다. "세미나는 4월에 있었고, 새 직장을 얻은 것은 6월이었습니다. 그해 10월에는 에이전시가 뉴저지와 시애틀의 일자리를 소개해주었는데, 모두 연봉이 7만 5000달러였습니다. 저는 저를 더 필요로 할 것 같은 시애틀로 자리를 옮겼습니다. 이때부터 제 모든 삶이 바뀌기 시작했죠. 지금의 아내를 만나 사랑에 빠졌고 제 건강도 좋아졌습니다."

그 후 대학원에 진학해 공부한 다음 해외에 나가 몇 년 동안 일을 한 뒤, 제임스는 시애틀로 돌아와 대형 컴퓨터 소프트웨어 회사에서 엄청난 연봉을 받으며 일했습니다.

"저는 정말 그 회사에서 일하고 싶었습니다. 그러나 아직 기저귀를 차는 아이가 셋이나 있고 저와 아내는 주택 담보 대출과 자동차, 학비 상환이라는 재정 문제에 직면했습니다. 그런데 새로운 상사는 그런 저를 도와주기보다는 더욱더 몰아붙였습니다. 업무조차 제대로 할 수 없었죠. 그런데도 재정적 불안 때문에 제 상사와 맞설 수 없었습니다. 그때 안전 욕구를 흘려보내는 과정을 설명한 세도나 메서드 오디오 프로그램을 구입했을 당시 느꼈던 감정이 떠올랐습니다. 저는 밤을 새워 안전에 대한 에너지를 흘려보냈죠. 그 후 상사가 소리를 질러도 더 이상 겁먹지 않고 회의에서는 제 의견을 당당하게 주장했습니다. 그때부터 그녀는 제 일에 간섭하지 않았고, 저는 제 일을 더 잘할 수 있었습니다. 그런데 나쁜 점도 있었죠. 서로 의사소통이 안 되었던 것입니다. 그녀는 심지어 제 업무 평가도 이메일로만 했죠."

제임스는 회사를 그만두고 싶었습니다. 그러던 중 회사 내 다른 팀으로 옮길 기회가 있었는데, 그 기회를 그의 상사가 극구 반대했습니다. 그리고 제임스를 소프트웨어 테스트 팀의 책임자로 승진시켰습니다.

"관리자로서 저는 세도나 메서드를 업무에 어떻게 적용할지 생각하면서 많은 시간을 보냈습니다. 처음 세도나 메서드를 배울 때 제가 원했던 것은 화를 없애고 자존심을 되찾는 상태로 나아가는 것이었습니다. 그룹의 리더가 되기 전에는 그런 것들이 제 목표였죠. 왜냐하면 그것들이 저를 더 행복하게 만들었으니까요. 그런데 제가 팀원일 때는 그런 것들이 좋았지만, 관리를 하는 입장에서는 좋지 않았습니다. 사람들이 제 우월감에서 비롯된 감정적 에너지 때문에 저와의 만남을 피했기 때문이죠. 그래서 저는 용기의 상태로 나아가야 할 필요성을 느꼈습니다.(감정의 상태 도표로 보면, 자존심의 상태에서 한 걸음 나아간 상태가 용기의 상태입니다-옮긴이)"

　그 후 제임스는 다른 사람보다 자신이 '낫다'는 감정을 알아차릴 적
마다 모든 사람은 동등하고 팀원 모두 신의 자식으로서 같은 목표를
향해 일하고 있다고 느낄 때까지 사람들을 무시하려는 마음을 흘려보
냈습니다. 누군가를 '어리석다'고 생각하는 것을 알아차릴 때마다 바로
바로 그 감정을 흘려보냈죠. 이처럼 흘려보내기를 하자 긍정적인 놀라
운 일들이 나타나기 시작했습니다.

　"팀원들은 스스로의 능력을 더 입증해주었고, 다른 팀의 경우에는
우리와 의견이 일치하지 않을 때면 제 제안을 더 잘 받아주거나 절충
안을 제시하곤 했습니다. 회사 문화가 종종 적대적일 때가 있음에도 불
구하고 제 부서에서는 전쟁이 전혀 없었습니다. 팀을 융화시키는 그런
능력 덕분에 저는 몇 년 지나지 않아 회사 내에서 최고 테스터 매니저
자리에 올랐습니다. 저와 함께 일하는 사람들은 편안함을 느꼈고 그래
서 다른 이들보다 더 창조적으로 일했습니다. 저는 이 모든 성공을 세
도나 메서드에 돌리고 싶습니다. 저는 흘려보내기를 할 때의 느낌을 사
랑합니다. 일반적으로 그것은 마치 에너지가 제 몸의 한가운데, 일테면
복부를 바로 흘러나가는 것 같습니다. 마치 먼지가 제게서 떨어져나가
는 것 같고, 먼지에 둘러싸인 무언가가 흘러나가는 듯한 느낌입니다.
보통 흘려보내기를 하면 얼얼하거나 우두둑거리는 느낌이 들죠. 그리
고 가끔은 귀에서 무언가가 터지는 소리도 들립니다. 저는 제 내면에
갇혀 있는 감정이 있다는 것을 알고, 흘려보내기를 할 때 느껴지는 여
러 감각은 그 감정들을 가둬뒀던 감옥의 벽들이 무너지는 신호라는 것
을 알고 있습니다."

✦ 스트레스 줄이기

여러분이 만약 스트레스에서 자유로운 근무 환경을 조성하는 데 관심이 있다면 간단한 원칙을 적용해보세요. **시키지 말고, 요청하세요.** 이것과 관련해 4장에서 읽은 내용이 기억날 것입니다. 이 방법을 사용하면 여러분은 직원과의 관계에서 협조적인 경향이 눈에 띄게 향상하는 것을 확인하고, 그들과 우리 모두의 스트레스를 가볍게 만들 것입니다. 근무 환경에서 스트레스를 줄이는 또 다른 강력한 방법은 자기 자신과 다른 이들에게 달성해야 할 목표를 강요하지 않는 것입니다. 다른 장에서 이미 설명했듯이 **모든 압박은 심지어 자기 스스로에게 하는 것마저도 그만큼의 반발을 낳습니다.** 그러니 자기에게나 다른 사람에게 압박을 가하는 자신의 모습을 발견했다면, 그저 흘려보내고 뒤로 물러나세요. 그리고 최선을 다해 쇼가 펼쳐지는 것을 지켜보는 듯한 태도를 취해보세요. 모든 것이 잘 진행되고 있으며, 모든 것이 그냥 원래 진행될 방향으로 펼쳐진다는 것을 받아들이세요.

이것이 어느 누구에게도 명령하지 말라는 뜻일까요? 물론 아닙니다. 자신을 압박하지 말라고 해서 자기 자신을 다스리지 말라는 뜻일까요? 물론 아닙니다. 스트레스를 만드는 감정과 욕구를 흘려보내는 것은 우리의 업무 공간을 더 효율적이고 일하기 편하게 만드는 것입니다.

여러분이나 동료의 흘려보내기가 근무 환경에 명확히 적용되지 않는다 하더라도 흘려보내기 자체가 조직 전체의 행복을 향상시킬 것입니다. 상대적으로 명령이 줄어들어 현재의 스트레스로 가득한 업무 환경이 좀 더 자유로워질 것이기 때문입니다.

✦ 시간에 쫓기는 근무 환경

대부분의 조직에서 시간이란 늘 부족하게 마련입니다. 그만큼 중요하다는 얘기죠. 그렇습니다. 시간은 중요합니다. 하지만 그렇게 믿으면 시간은 그저 부족한 것일 뿐입니다. 대부분의 경우 마감 시간 때문에 서두르거나 압박을 느끼면 효율성 저하로 이어져 좋지 않은 결과로 나타납니다. 저는 회사를 운영하며 처음 그 사실을 발견했습니다. 일정이란 것이 스케줄대로 될 수도 있고 안 될 수도 있다는 것을 충분히 감안해 계획을 세우자 직원은 물론 저 역시 덜 조급해하고 동시에 실수도 덜 한다는 것을 발견한 것입니다.

그러므로 서두르는 자신을 발견할 때마다 자신이 이 세상 모든 시간을 갖고 있다는 자세로 최선을 다해 그 압박을 흘려보내세요.

2장에서 언급했듯이 또 다른 방법도 있습니다. 무언가를 하고 있을 때는 그것을 하고, 무언가를 하고 있지 않을 때에는 그것을 하지 않는 것입니다. 우리 대부분은 자신이 하고 있지 않은 것을 생각하며 시간을 보내고, 그것을 하지 않는 스스로를 자책합니다. 또는 재미있거나 더 생산적인 것을 하길 기대합니다. 이러한 정신적 활동이 우리로 하여금 눈앞에 있는 일을 못하게 막습니다. 그러므로 실제로 현재에 머무를 수 있어야 합니다. 그래야 시간이 늘어난 것처럼 느껴지니까요. 그렇게 하면 우리는 좀 더 분명하게 집중하고, 일을 좀 더 쉽고 효율적으로 해낼 수 있습니다.

하루하루 그날을 어떻게 보냈는지에 대한 감정을 흘려보내세요. 아마 여러분은 특정한 일을 너무 오래 잡고 있거나, 마치지 않은 일에 대해 좌절을 느낄 것입니다. 여러분이 자신에게 주어진 시간을 어떻게 썼는지에 대해 스스로 어떤 감정을 느끼든 그것을 흘려보내도록 자신을 허용해주세요. 예를 들어, 쓸 데 없이 의사소통 장려 정책을 시행한 것은 직원들에게 인정받기를 원했기 때문이라는 걸 깨닫게 될지도 모릅니다. 또는 나에게 방해가 될지라도 직원이 원할 때 그들과 이야기를 나눈 것이 나의 안전 욕구에서 비롯되었다는 걸 깨달을 수도 있습니다. 시간 사용과 관련한 감정과 욕구를 흘려보내면 지금의 비생산적인 패턴이 쉽게 바뀔 것입니다.

특정 관리 시스템을 사용해 시간을 관리하고 있다면 적당한 방법으로 거기에 흘려보내기 기법을 추가해보세요. 8장의 목표 설정 및 성취 과정을 다시 작업해보면 많은 도움이 될 것입니다. 적은 시간과 노력을 들여 일상생활 속에서 흘려보내기를 정착시키면 거기에 들어간 시간과 노력의 몇 배에 해당하는 시간과 에너지를 얻게 될 것입니다.

✧ 효과적인 판매

모든 상호 작용에서 우리는 우리 자신을 팔고 있습니다. 더 많이 흘려보내기를 하고 우리의 뜻을 다른 사람에게 강요하는 대신 상호간의 이해를 찾는다면, 더 많은 것을 얻을 수 있습니다. 그러므로 다른 사람의 관점에서 상호 작용을 하도록 최선을 다하세요. 빨리 동의를 얻고, 빨리 거래를 완료하기를 원할 때마다 흘려보내세요. 거래의 일부인 그 사람과 연결되는 방법을 찾아보세요.

자신의 필요를 흘려보내면 훨씬 더 쉽게 그 필요를 채울 수 있을 것입니다. 또 이 세상에는 다른 사람도 있다는 것을 깨닫고 그들이 필요로 하는 것에 관심을 갖게 될 것입니다. 여러분이 그들을 돌보고 있다는 것을 느낄 때, 사람들은 훨씬 더 여러분의 성공을 바랄 것입니다.

세도나 메서드를 사용하면 여러분이 다른 사람과 의사소통을 할 때 자연스럽게 '윈-루즈win-lose' 관계에서 '윈-윈win-win' 관계로 나아가게 됩니다.

✧ 목표 달성

세도나 메서드를 사용하면 목표 설정을 하는 데 스트레스, 압박감, 실망감을 없애고 쉽게 그 목표를 이룰 수 있습니다. 심지어 애쓰지 않고도 말입니다. 8장에서 소개한 목표 설정과 성취 지침을 따르면 더 쉽고 빠르게 결실을 이룰 것입니다.

단체에서, 팀원 모두가 세도나 메서드를 사용하면 공통의 목표를 작업할 수 있습니다. 여러분이 한 단체의 리더라면 팀의 멤버들이 같은 목표에 대해 개인적으로 흘려보내기를 하도록 하세요. 이 과정을 설정하는 한 가지 방법은 목표를 노트나 화이트보드에 적고 개인적으로 그 목표에 대한 자신들의 생각과 감정을 흘려보내는 것입니다. 모든 사람이 함께 각자의 마음속에 올라오는 각각의 문제를 흘려보내면 팀 전체는 빠르게 목표에 대해 더 긍정적인 자세를 가질 수 있습니다.

저는 이 과정을 과학자와 엔지니어로 구성된 기술 조사 및 개발 그룹과의 의사소통 작업에 적용해봤는데, 그 결과는 놀라울 정도로 성공적이었습니다. 그 작업을 하기 직전 그들은 시장에 특정 제품을 출시하기 위해 다른 회사와 경쟁하는 중이었습니다. 누구든 처음으로 시장에 그 제품을 출시하면 신흥 사업의 주도권을 쥘 수 있다는 것을 알고 있었죠. 그들은 3년 넘게 개발 작업에 몰두했고 시제품 디자인 완료까지는 6개월이 채 남지 않았습니다. 그러나 프로젝트를 완성하기 위해 필요한 외부 파트너를 참여시키는 부분에 어려움이 있었습니다. 그들은 절망에 빠져 시간이 두 배 있더라도 그 임무를 완성하는 것은 불가능하다고 느꼈죠.

이때 목표 그 자체에 대한 작업을 하기에 앞서 목표에 접근하는 그들의 첫 번째 저항감을 먼저 흘려보내자 절망적이기만 하던 태도가 바뀌고, 마침내 목표 그 자체에 집중할 수 있게 되었습니다. 그리고 우리 모두에게 놀라운 일이 벌어졌습니다. 그들이 불가능하다고 느끼고 믿었던 그 일이 일정보다도 빠르게 완성된 것입니다!

✧ 강력한 의사 결정

특히 오늘날처럼 급속한 변화 속에서는 조직의 매니저와 팀원으로서 적절한 결정을 내리고, 적절한 행동을 하고, 끊임없이 활동하는 것이 매우 중요합니다. 세도나 메서드를 사용해 흘려보내면 스스로의 직감과 타고난 지혜를 드러내는 자신을 발견할 것입니다.

10장의 '이익과 손해 기법'을 적극적으로 권합니다. 행동의 정확한 과정을 모르거나 어떤 결정을 내려야 할지 모를 때마다 '이익과 손해 기법'에 약간의 시간을 투자하면 엄청난 시간과 에너지를 얻을 것입니다. 그리고 더 큰 자신감으로 결정을 내리는 자신을 발견할 것입니다. 물론 그것은 여러분과 팀에게 더 긍정적인 결과로 이어질 것입니다.

✧ 까다로운 사람과 일하기

거의 모든 사람이 사업상 적어도 한 번쯤은 까다로운 상사를 위해 일하거나, 까다로운 직원을 관리하거나, 까다로운 동료와 잘 지내려 애를 쓰게 됩니다. 이런 상호 관계에서 우리가 그 사람들에 대한 인정과 통제, 안전 욕구를 흘려보내지 않는다면 자칫 일을 망칠 수도 있습니다. 이때는 여러분은 물론 여러분이 속한 조직의 다른 모든 이가 11장에서 설명한 청소하기 과정을 규칙적으로 작업할 것을 적극 권합니다. 이는 내부 미팅 전후, 혹은 영업 전화 전후, 또는 고객이나 의뢰인 그리고 외부 업체와의 접촉 전후에 할 수 있는 아주 훌륭한 작업입니다.

언제든 어려움이 있거나 어려움이 예상될 때마다 직원들로 하여금 이 청소하기 과정을 하도록 권장할 것을 제안합니다. 이 한 가지 과정만으로도 제가 말한 것뿐만 아니라 너무도 많은, 다른 수많은 분야에서 관계의 조화를 가져올 수 있습니다.

✧ 덧붙이는 말

이번 장에서 조직에 도움이 되는 세도나 메서드 도구를 찾았기를 바랍니다. 회사에서 더 많은 사람이 이 책에 담긴 원칙과 과정을 받아들이고 익히면, 조직 전체의 시스템이 꾸준히 더 높은 수준의 효율성과 생산성을 갖게 되리라 약속합니다. 그리고 그만큼 여러분과 조직의 구성원들이 더 자유롭고, 더 행복하고, 더 일관되고, 더 충만한 느낌을 갖게 될 것입니다.

The
Sedona
Method

20장

세상을
지원하기

모든 경험 하나하나는 당신을 축복하는 것입니다.
당신이 만약 당신을 다치게 하거나 상처주려는 것이 아닌
이 원칙을 따라간다면 더욱 높이 날아오를 것입니다.

_레스터 레븐슨

여기까지 온 여러분은 자신의 문제를 해결하기 위해 그리고 목표를 이루기 위해 흘려보내기를 하면서 이미 우리 세상의 버팀목이 된 것입니다. 어떤 대상이나 누군가에 대한 감정과 생각 그리고 오래된 믿음을 흘려보낼 때마다 여러분은 자신의 근본 존재인 사랑을 점점 더 드러내게 됩니다. 레스터 레븐슨은 이렇게 말했습니다. "한 사람의 마음이 오직 사랑으로만 가득 찰 때, 모든 사람이 적극적으로 이 세상의 문제를 해결하려고 나서는 것보다 더 많은 문제를 바로잡을 수 있습니다." 여러분이 흘려보내기를 하면서 상상에서 비롯된 한계를 벗겨낼 때마다 한계 그 바로 아래 있던 사랑이 드러납니다. 그리고 더 나아가 흘려보내기를 할 때마다 여러분은 자신의 의식 속 한계뿐 아니라 집단의식의 한계도 녹여내는 것입니다.

세도나 메서드를 처음 가르치기 시작한 이후, 제 경험상 세도나 메서드를 배운 사람이라면 그가 어디에 살든, 어떤 사람이든, 그것을 사용해 자신이 갖고 있는 용기와 수용, 평화를 발견함으로써 더욱더 건설적이고 긍정적인 사람이 되었습니다. 우리 대부분이 파괴적이라고 생각하는 마음속 동기가 이 도구를 통해 간단히 사라지기 때문입니다.

✦ 세상을 지원하는 흘려보내기

흘려보내기를 통해 더 평화롭고, 사랑 가득하고, 건설적이 되는 것을 넘어서 세상 전체를 지원할 수 있도록 세도나 메서드를 적용하는 다른 방법이 있습니다. 이제 그중 몇 개를 살펴봅시다.

최상의 것을 마음속에 품기

이 세상을 생각할 때 우리 대부분은 마음속에 특별히 긍정적인 그림을 떠올리지 않습니다. 제 말이 무슨 뜻인지 알기 위해 여러분이 해야 할 일은 그저 텔레비전 뉴스를 보거나 라디오 뉴스를 듣거나 신문을 보는 것입니다.

사실, 많은 사람이 뉴스가 자신의 일상적 스트레스에 큰 부분을 차지한다고 말합니다. 그런데 대부분은 어떤 일이 일어나는지 알려면 뉴스를 보거나, 읽거나, 들어야 한다는 강제성을 느낍니다. 또 다른 부류의 사람들은 자신이 보는 것에서 부정적인 영향을 받지 않기 위해 뉴스를 전혀 접하지 않습니다. 뉴스에 사로잡히는 것을 권하지도 않지만, 뉴스를 전혀 보지 않는 것 또한 저는 권하지 않습니다. 대신, 여러분이 뉴스를 보거나 듣거나 읽을 때 다음처럼 흘려보낼 수 있도록 스스로를 허용해보세요.

분노, 불안, 걱정 그리고 저항처럼 뉴스로 인해 내면에서 떠오르는 감정을 흘려보내려면 자신이 원하는 세상의 모습을 그리도록 허용하세요. 그러고 나서 "그렇게 될 수는 없을 거야." 혹은 "그런 일은 일어나지 않을 거야."처럼 모든 반대되는 감정이나 생각을 흘려보내세요.

동시에, 세상을 바꾸고 싶어 하는 마음을 흘려보내면서 세상을 있는 그대로 받아들이는 데 최선을 다하세요.(5장 '평온의 열쇠' 참고) 세상을 있는 그대로 받아들일수록 세상에 더 많은 사랑과 완전함을 투사할 수 있을 것입니다.

뉴스를 접하면서 흘려보내기를 계속하세요. 그럼으로써 여러분은 어떤 직접적인 행동을 하지 않더라도 이 세상에 이바지하는 것입니다.

반대보다는 해결책 선택하기

우리 중 가장 긍정적인 사람일지라도 이 세상에서 자신이 좋아하지 않는 것에 대해 '반대'하는 경향이 있습니다. 그러나 만약 어떤 것에 반대한다면, 여전히 그것을 마음속에서 붙잡고 있는 것입니다. 심지어 어떤 경우에는 찬성하는 사람들보다 더 강하게 그것을 붙잡고 있기도 합니다. 예를 들어, 베트남 전쟁 기간 동안 미국에서 일어난 모든 반전反戰 정서가 그 전쟁을 빠르게 종식시킨 것은 아닙니다.

우리는 마음속으로 붙잡고 있는 것에 좋은 것이든 나쁜 것이든 에너지를 보내고, 그것을 창조하는 데 도움을 주기도 합니다.

여기, 여러분의 관심을 재구성하는 몇 가지 실질적인 방법이 있습니다. 환경 오염에 반대하는 대신 환경론자가 되세요. 차별에 반대하는 대신 평등주의자가 되세요. 전쟁에 반대하는 대신 평화주의자가 되세요. 목표 과정을 수행하면서 마음속으로 문제를 붙들고 있는 것이 아니라 그 반대되는 해결책을 간직하는 것입니다. 그러면 자연스럽게 더 건설적이 되어 더 적은 노력으로도 더 많은 것을 이룰 것입니다.

지도자를 지원하도록 자신을 허용하기

이것은 우리 대부분에게 어려운 일로, 특히 정치적으로 다른 견해를 가질 때 그렇습니다. 지도자는 우리가 좋아하지 않는 일에 대해 비난받는 경향이 있습니다. 그러나 정치 지도자들은 한 지역이나 국가의 집단의식을 대표할 뿐입니다. 입법 과정에 참여하고, 원하는 후보자에게 투표하세요. 하지만 여러분이 동의하지 않는 사람일지라도 선거에서 승리했다면 그 사람을 지원하도록 자신을 허용하세요.

정치 지도자에게 사랑이 아닌 미움을 보낸다면 여러분은 해결책이 아닌 문제의 일부가 되는 것입니다. 지도자가 여러분이 동의하지 않는 어떤 일을 하거나 그것에 대해 말하면, 한편으로는 여러분 마음속에서 일어나는 반응을 흘려보내면서 그들에게 자신의 뜻을 알리세요. 편지나 이메일을 보내고, 전화를 하거나 투표를 하는 방식으로 말입니다. 자신의 목소리를 들려줄 때는 가능한 한 가장 긍정적인 방법을 택하세요.

이와 관련해 훌륭한 방법은 청소하기 과정입니다. 우리 모두가 지도자에 대해 청소하기 과정을 수행한다면, 우리 모두가 지도자를 있는 그대로 인정하고 있는 그대로의 모습을 사랑한다면, 이 세상이 어떤 모습일지 한 번 상상해보세요. 그것만으로도 큰 변화가 올 것입니다. 왜냐하면 지도자가 우리의 반대로부터 자신을 보호하기보다는 가까이에 있는 문제들을 해결하는 데 집중할 수 있기 때문입니다.

✧ 사랑이 담긴 친절 연습

17장 '관계의 마법'에서 말했듯이, 대가를 바라지 않고 주는 것은 다른 이와의 관계를 지키는 훌륭한 방법입니다. 이것은 또한 세상을 지원하는 데 효과적이기도 합니다. 그러니 여러분이 속한 사회와 종교, 나라에 줄 수 있는 방법을 찾으세요. 한마디로 말하면, 누구를 만나든 그 사람은 잠재적으로 여러분의 도움을 통해 혜택을 받을 수 있습니다.

그러나 언제나 여러분의 능력에 맞춰주세요. 봉사나 지식 또는 간단한 친절과 존경을 통해 줄 수도 있습니다. 모든 상황에서 돈이 유일하거나 최선의 방법은 아닙니다. 또 여러분 자신의 희생을 담보로 무언가를 주지 말라는 점을 명심하세요. 여러분의 삶과 여러분이 도와주는 이들의 삶이 그로 인해 고통을 받아서는 안 됩니다.

불필요한 희생과 고통은 여러분이나 여러분이 돕고자 하는 사람과 단체에게 오히려 해롭습니다. 다른 이들과 세상을 진정으로 도울 수 있는 두 가지 열쇠가 있습니다.

1. 그 어떤 대가도 바라지 말고 주세요. 심지어 인정 같은 것도 바라지 마세요.

2. 도와주는 사람을 있는 모습 그대로 온전하고 완벽하게, 자신과 완전히 동등하게 보도록 자신을 허용하세요. 그들을 불완전하고 바꿀 필요가 있거나 도움이 필요한 존재로 보는 것이 아니라, 그들의 존재를

인정하고 있는 그대로 보세요.

이 두 가지 열쇠를 효과적으로 사용하는 유일한 방법은 바로 흘려보내기입니다. 인정받거나 대가를 바라는 마음을 흘려보내세요. 여러분이 도와준 누군가에 대한 모든 판단을 흘려보내세요.

사랑이 담긴 친절은 이 세상을 도울 뿐만 아니라 자신도 돕습니다. 여러분이 흘려보내는 관점에서 더 많이 줄수록 기분은 더 좋아지고, 여러분의 세계가 여러분 내면의 선함을 그대로 반영할 것입니다.

✧ 마음이 열린 사람과 나누는 메시지

여기까지 읽었다면, 이 책에서 소개하는 메시지와 과정이 이 세상을 진정 도울 수 있다는 것에 공감할 것이라 생각합니다. 사람들이 과거를 흘려보내고 지금 이 순간을 살며 사랑하는 그런 세상을 상상해보세요. 갈등과 대립이 폭력과 공격이 아니라 의논과 흘려보내기로 해결되는 세상을 상상해보세요. 모든 사람이 '사랑하지 않는 감정'을 흘려보내고 자신의 진정한 본성(사랑)을 발견하는 세상을 상상해보세요. 자신을 있는 그대로 있을 수 있도록 도와주는 세상을 상상해보세요. 이것이 바로 제가 많은 사람들에게 흘려보내기와 있는 그대로를 사랑하는 법을 가르치며 꿈꾸는 세상입니다.

만약 여러분이 저의 꿈을 지지한다면 이 책이 담고 있는 메시지를 통해 도움을 받을 수 있는 사람과 이 책을 공유하길 권합니다. 그러나

갑작스러운 열정은 금물입니다. 다음과 같은 일이 벌어질 수도 있으니까요.

하루는 보이스카우트 회의 때 소년 둘이 단장에게 이번 주에 자신들이 한 선행을 보고했습니다. 한 학생이 할머니가 길 건너는 것을 도와주었다고 말하자, 다른 한 학생이 일어나 똑같은 할머니가 길 건너는 것을 도와주었다고 말했습니다. 단장은 어리둥절해서 물어보았습니다. "왜 너희 모두 같은 할머니가 길을 건너는 걸 도와주었지?" 그러자 그 둘은 이렇게 대답했습니다. "할머니가 길을 건너고 싶어 하지 않았거든요."

많은 사람이 특정한 것에 빠져들면 그것을 나누는 데 약간 지나치게 열성적이 될 수 있습니다. 이것을 다른 사람에게 강요하지 마세요. 열려 있고 흥미를 가진 사람에게만 흘려보내기를 나누도록 자신을 허용하세요. 그러면 여러분이 생각했던 것보다 더 많은 관심을 가질 수도 있습니다.

제가 세도나 메서드 과정을 가르치면서 알게 된 가장 놀랄 만한 발견 중 하나는 이 과정에 매료되어 긍정적인 영향을 받은 사람이 무척 다양했다는 것입니다. 제 경험상 진심으로 자신의 삶을 바꾸거나 개선하고 적어도 무언가를 하겠다는 작은 의지라도 있는 사람이라면 세도나 메서드를 통해 혜택을 받을 수 있다고 믿습니다.

이 세상과 더불어 가능성과 자유의 메시지를 나누는 일에 저와 함께하시겠습니까?

세상을 지원하기

21장

홀리스틱
릴리징

모든 시험 중 가장 큰 시험은 바로 당신, 바로 당신의 가정에 있습니다.
그러므로 가정은 성장하기 위한 최적의 장소입니다.
영적인 큰 성장은 당신 가족과 친구들에게
아무런 조건 없이 진심으로 사랑을 베풂으로써 성취됩니다.

_레스터 레븐슨

흘려보내기의 또 다른 방법은 '홀리스틱 릴리징Holistic Releasing'이라고 부르는 것입니다. 홀리스틱 릴리징은 실제로든 상상으로든 우리가 삶에서 경험하는 모든 것이 쌍을 이루거나 상대적으로 일어난다는 것을 전제로 합니다.

이런 쌍대성雙對性의 관점에서 볼 때, 우리가 안의 것을 갖게 되면 또한 바깥의 것을 갖게 되고, 옳음을 갖게 되면 동시에 틀림도 갖게 됩니다. 만약 선함을 가지면 동시에 악함도 갖게 되고, 고통을 가지면 동시에 기쁨도 갖게 되는 것입니다.

그러나 우리 대부분은 살아가면서 좋은 것만 붙잡고 싶어 하고 나쁜 것은 제거하려 합니다. 그럼으로써 우리는 분명한 사실을 놓치게 됩니다. 한 번 생각해보세요. 우리가 무언가 좋은 것을 붙잡으려고 집착하면 그것은 언제나 사라져버립니다. 무언가 좋거나 더 좋은 것이라고 판단한 것을 꽉 붙들려 할 때마다 그것은 오히려 찾기 어렵고 교묘히 우리의 의식에서 빠져나갑니다. 이번엔 반대로 생각해보세요. 우리가 저항하거나 또는 싫어하는 것들을 피하려고 할 때 무슨 일이 생기나요? 맞습니다. 집요하게 계속되거나 심지어 더욱 커지는 것처럼 보입니다.

이제껏 한 우리의 행동이 우리가 싫어하는 것을 오히려 끌어오고, 우리가 좋아하는 것들을 멀리 밀어내는 결과를 가져왔던 것입니다!

또 우리는 자신이 싫어하는 것으로부터 최대한 멀어지고, 좋아하는 것을 최대한 지키려 노력함으로써 극성極性이 커지게끔 많은 시간과 에너지를 소비합니다. 이것은 방대한 양의 에너지를 소모하고, 우리가 '문제'라고 부르는 것을 만들어냅니다. 또 마음 이전에 존재하는, 이를테면 모든 쌍대성으로부터 전혀 영향을 받지 않는 내재된 통합성(하나 됨)을 간과하게 만듭니다.

홀리스틱 릴리징은 아주 간단합니다. 관점을 바꾸어 극성의 두 가지 측면에 집중하면 됩니다. 또는 두 가지 측면을 모두 환영하면 됩니다. 예를 들어, 행복에 대해 생각해봅시다. 우리 모두는 매 순간 행복을 느끼거나 혹은 불행을 느낍니다. 하지만 오직 한 가지만 보죠. 다른 쪽은 절대 보지 않지요. 간단한 실험을 한 번 해봅시다. 스스로에게 질문해보세요.

나는 지금 이 순간 최대한의 불행을 느낄 수 있도록 스스로를 허용할 수 있는가?

그러고 나서 나는 지금 이 순간 최대한의 행복을 느낄 수 있도록 스스로를 허용할 수 있는가?

그리고 나는 지금 이 순간 최대한 불행을 느껴볼 수 있는가?

그리고 나는 지금 이 순간 최대한 행복을 느껴볼 수 있는가?

이런 식으로 계속해서 한 주제의 양쪽 관점을 번갈아가며 연속적으로 몇 번 반복합니다. 그리고 동시에 내면에서 어떤 느낌이 드는지 알아차려보세요. 여러분은 이런 연습을 따라 하면서 벌써 알아챘을 수도 있습니다. 극성(상대성)은 실제로 서로를 소멸시켜준다는 것을 말입니다. 그럼으로써 여러분은 훨씬 더 커진 자유와 훨씬 더 명료한 현존 상태로 남습니다. 또 여러분은 쌍대성과 극성 아래 존재하는 내재된 통합성을 볼 수도 있습니다. 여러분은 그것을 에너지의 이동으로 경험할 수도 있고 녹아내림, 깨끗해짐, 가벼움 같은 감각으로 느낄 수도 있습니다. 자신에 대한 더욱 큰 명료함과 깨달음을 가질 수도 있습니다.

극성의 두 가지 측면을 모두 함께 허용할 때, 그것은 물질과 반反물질을 함께 가져오는 것과 같고, 플러스와 마이너스 에너지를 동시에 가져오는 것과 같습니다. 이렇게 쌍을 이루는 것들은 서로의 에너지를 상쇄하고 여러분을 더욱더 큰 자유와 더욱더 큰 현존 상태로 있게 해주며, 더욱더 큰 지혜에 접근할 수 있도록 해줍니다. 그 결과 여러분은 문제가 아닌 해결책을 보게 되고, 스스로 더욱 열리고, 더욱 살아 있고 그리고 더욱 평화로운 느낌을 경험하게 됩니다.

홀리스틱 릴리징으로 작업함에 따라 여러분은 이러한 효과가 시간이 흐를수록 더 커진다는 사실을 알 것입니다. 더 많은 가능성을 발견할 것이고, 사물을 더욱더 명료하게 보기 시작할 것입니다. 이런 방식으로 흘려보내기를 연습할 때마다 더 많은 것을 얻을 것이고, 여러분의 진정한 본성에 한발 더 다가가게 될 것입니다.

홀리스틱 릴리징은 그동안 여러분이 해왔던 다른 흘려보내기 방법과 똑같습니다. 다음의 내용은 이와 관련한 몇 가지 지침과 조언들입니다.

홀리스틱 릴리징은 선언과 질문으로 작업합니다. 질문할 때는 그저

그것이 가능한지를 물어보는 것입니다. "예." "아니요." 둘 다 좋은 대답
입니다. 여러분은 "아니요."라고 말했을 때조차 종종 흘려보내게 될 것
입니다. 질문에 대한 대답을 할 때는 최대한 생각을 적게 하고, 최대한
추측을 피하고, 최대한 이 과정의 장점이나 결과에 대해 자기 자신과
논쟁하지 마세요. 이 과정에서 사용하는 질문은 매우 단순합니다. 질문
은 그 자체로는 중요하지 않습니다. 여러분이 흘려보내기를 경험할 수
있도록 고안한 것일 뿐입니다.

다음의 목록은 여러분이 갖고 있는 주제와 특정 문제에 대해 사용할
수 있는 일반적인 질문입니다. 이것을 작업할 때는 간단히 문장을 읽어
보거나 질문을 하되 여러분 자신만의 속도로 두 가지 관점을 바꿔가며
반복하세요. 이 과정을 삶에 적용하면 여러분 자신을 가두고 있는 독특
한 극성을 찾게 될 것입니다. 아래의 예시에 자신이 갖고 있는 극성을
대입해 작업을 완성하세요.

나는 최대한 _____에 저항하도록 나를 허용할 수 있는가?
나는 최대한 _____을 환영하도록 나를 허용할 수 있는가?

나는 최대한 _____을 거절하도록 나를 허용할 수 있는가?
나는 최대한 _____을 수용하도록 나를 허용할 수 있는가?

나는 최대한 _____을 싫어하도록 나를 허용할 수 있는가?
나는 최대한 _____을 좋아하도록 나를 허용할 수 있는가?

나는 최대한 _____ 을 미워하도록 나를 허용할 수 있는가?

나는 최대한 _____ 을 사랑하도록 나를 허용할 수 있는가?

나는 최대한 _____ 에 "아니요."라고 말하도록 나를 허용할 수 있는가?

나는 최대한 _____ 에 "예."라고 말하도록 나를 허용할 수 있는가?

나는 최대한 _____ 에 마음을 열도록 나를 허용할 수 있는가?

나는 최대한 _____ 에 마음을 닫도록 나를 허용할 수 있는가?

✧ 양극성이 스스로 작업하도록 놓아두자

이 과정을 통해 가장 많은 것을 얻기 위해서는 배우고 연습하는 매 순간마다 그저 여러분 자신을 열린 상태로 놓아두는 것입니다. 머리가 아닌 가슴, 여러분의 느낌을 따라가도록 최선을 다하세요. 더 훌륭한 방법은 아무것도 하지 않음으로써 하는 것입니다.

매 순간마다 마음을 열린 상태로 놓아두기만 하세요. 그것이 여러분을 작업하도록 내버려두세요. 이 과정은 실제로 그 자체가 작업을 합니다. 여러분의 마음속에서 간단히 양쪽 극성을 만드는 특별한 두 개의 관점을 번갈아가며 취할 때, 그것들은 서로 소멸됩니다. 양극성을 갖고 작업할 때는 간단히 마음과 가슴을 열고 주의를 집중하세요. 마음속에 떠오르는 모든 생각, 감정, 제한된 신념을 그저 그 자리에 있도록 최선을 다해 환영해주세요. 그것들을 흘려보내려고 할 필요조차 없습니다. 그것들은 자연스럽게 서로 소멸될 테니까요.

✦ 부와 성공에 대한 양극성

당신은 최대한 돈을 갖는 것에 저항하도록 자신을 허용할 수 있나요?
당신은 최대한 돈을 환영하도록 자신을 허용할 수 있나요?

당신은 최대한 결핍감을 느끼도록 자신을 허용할 수 있나요?
당신은 최대한 풍요로움을 느끼도록 자신을 허용할 수 있나요?

당신은 최대한 돈을 싫어하도록 자신을 허용할 수 있나요?
당신은 최대한 돈을 사랑하도록 자신을 허용할 수 있나요?

돈은 악이다.
돈은 선이다.

나는 실패한 사람입니다.
나는 성공한 사람입니다.

나는 절대 충분하지 않습니다.

나는 항상 충분합니다.

✧ 인간관계에 대한 양극성

나는 최대한 이 사람에게 저항하도록 나를 허용할 수 있는가?
나는 최대한 이 사람을 수용하도록 나를 허용할 수 있는가?

나는 최대한 이 사람을 불신하도록 나를 허용할 수 있는가?
나는 최대한 이 사람을 신뢰하도록 나를 허용할 수 있는가?

나는 최대한 이 사람에게 의존하도록 나를 허용할 수 있는가?
나는 최대한 이 사람으로부터 독립하도록 나를 허용할 수 있는가?

인간관계는 어렵습니다.
인간관계는 쉽습니다.

좋은 사람은 없습니다.
모든 사람은 좋습니다.

✧ 건강과 행복에 대한 양극성

당신은 있는 그대로 자신의 몸이 불편하도록 자신을 허용할 수 있나요?

당신은 있는 그대로 자신의 몸이 편하도록 자신을 허용할 수 있나요?

당신은 중독된 상태로 자신을 허용할 수 있나요?

당신은 중독에서 벗어난 상태로 자신을 허용할 수 있나요?

당신은 최대한 자신의 몸을 바꾸도록 자신을 허용할 수 있나요?

당신은 최대한 자신의 몸을 있는 그대로 사랑하도록 자신을 허용할 수 있나요?

나는 불면증이 있습니다.

나는 숙면을 취합니다.

나는 뚱뚱합니다.

나는 날씬합니다.

나는 건강하지 않습니다.

나는 건강합니다.

여러분은 홀리스틱 릴리징을 하면서, 이미 충분하다고 느끼는 지점까지 도달할 수도 있습니다. 만약 그렇다면, 더욱더 이완해서 이 과정 속으로 들어갈 수도 있고, 아니면 그저 휴식을 취할 수도 있습니다. 산책을 하거나 일어서서 스트레칭을 하거나 두 눈을 크게 뜨고 방을 둘러보세요. 지금 이 순간의 패턴을 깨는 뭔가를 하세요. 그러고 나서 만약 완전하지 않은 것이 있다고 느끼면 작업을 몇 번 더 반복하세요.

여러분이 처음 홀리스틱 릴리징의 문장과 질문을 접했을 때 자신과 맞지 않다고 느끼는 것이 있을 수 있습니다. 만약 그렇다면, 그저 이완하고 양극성이 여러분을 작업할 수 있도록 살짝 허용해주세요. 시간이 갈수록 그것들은 점점 더 빈번히 여러분 마음에 들 것입니다. 심지어 여러분이 하는 흘려보내기의 커다란 핵심이 될 수도 있습니다. 또 관점을 바꿔가며 흘려보내기를 할 때 의미가 더 분명해지도록 단어나 문장을 수정해도 괜찮습니다.

양극성을 갖고 작업하는 초기 과정에는 그 결과가 미묘해서 알아차리기 어려울 수도 있습니다. 하지만 작업을 함에 따라 그 결과는 점점 더 깊고 커집니다. 만약 집요하고 꾸준하다면, 여러분은 '중화된 공간(중도, 생각과 감정으로부터 자유로운 본성)'에 도달하거나 또는 한계가 사라진 엄청난 내적 확장에 도달할 것입니다. 이런 변화가 아주 빨리 일어나리라는 것을 명심하세요.

단순히 관점을 바꾸며 양극성 사이를 왔다 갔다 하는 것이 종종 그것들을 완전히 소멸시켜 여러분을 존재 상태에서 편히 쉴 수 있게 해줄 것입니다.

✧ 일상의 삶에서 홀리스틱 릴리징 적용하기

홀리스틱 릴리징에는 두 가지 목적이 있습니다. 첫째는 여러분이 이미 배운 릴리징 작업에 깊이를 더해줍니다. 그리고 두 번째는 흘려보내기의 전체 과정에 대한 이해를 더 깊고 심오하게 해줍니다. 이 과정은 삶에서 경험하는 내적인 한계가 무엇이든 그것을 무너뜨리고, 소멸시키고, 흘려보낼 수 있도록 여러분을 돕습니다. 홀리스틱 릴리징을 작업할수록 여러분은 자연스럽게 삶 속에서 더 많은 가능성과 대안을 찾아내는 연습도 하게 됩니다. 여러분은 더욱더 유연해지고, 더욱더 열리고, 삶에서 무슨 일이 닥치더라도 그것을 더욱더 잘 다룰 수 있게 됩니다.

일상의 삶에 홀리스틱 릴리징을 적용하기 위해 생활 속에서 자신이 어떻게 양극성을 만들어내는지 알아차리도록 최선을 다하세요. 그리고 양극성의 두 가지 측면 모두를 함께 불러오세요. 단순히 알아차리는 것만으로도 양극성은 사라지기 시작하고, 여러분을 여러분 본래의 자유로운 상태로 더욱더 활짝 열리게 해줄 것입니다.

내적으로든 외적으로든 단 한 가지 가능성만을 인지할 수 있는 경우라면 여러분은 언제든지 적어도 한 가지나 그 이상의 가능성을 놓치고 있을 가능성이 아주 높습니다. 대안을 찾는 습관을 향상시키세요. 그러고 나서 더욱 명료한 마음을 얻기 위해 홀리스틱 릴리징을 하세요.

만약 여러분이 자기 스스로나 타인을 비판하고 있음을 알아챘다면, 간단히 자신이 갖고 있는 판단과 그 반대되는 판단을 왔다 갔다 하면서 살펴볼 수 있습니다.

만약 여러분이 어떤 상황이나 마음 상태, 인간관계 등에서 꽉 막히게 되었다면, 막혀 있는 자신뿐만 아니라 막혀 있지 않은 자신도 허용해주세요. 이 과정을 하면서 여러분은 좀 더 창조적일 필요가 있습니다. 한 가지 상황에 막혔을 때, 그 반대되는 상황을 상상해보는 것이 바로 지금 필요한 창조력입니다. 그렇게 한다면 여러분은 더욱더 많은 가능성을 보게 될 테고 궁극의 행복을 포함한 모든 것을 갖는 것에 대해서도 마음이 열릴 것입니다.

홀리스틱 릴리징은 여러분이 원하지 않는 행동, 생각, 감정의 모든 패턴으로부터 여러분을 자유롭게 도와줄 도구입니다. 홀리스틱 릴리징

커트 바그너, 미국

나는 요가 수업에서 매우 아름다운 여인을 만나 4개월 동안 멋진 시간을 보냈습니다. 마법같이 시작했던 것처럼 마법같이 그 관계는 끝났죠. 그녀는 이유도 알려주지 않고 나를 떠났습니다. 나는 2주 동안, 왜 그녀가 나를 떠났는지 이유를 알려고 애썼습니다. 그러나 답이 없었습니다! 나는 고통에 몸부림쳤습니다. 그때 홀리스틱 릴리징 기법을 사용했죠. 내가 그녀를 최대한 미워하도록 나 자신을 허용할 수 있을까? 내가 그녀를 최대한 사랑하도록 나 자신을 허용할 수 있을까? 모든 감정적인 고통을 흘려보낸 후, 나는 인생의 강렬한 환희와 평화로 가득 찼습니다. 그것은 나에게 내가 그녀에게 느꼈던 모든 사랑이 끝나서는 안 된다는 것을 상기시켜줬습니다. 내가 느꼈던 사랑은 온전히 내 것이었습니다. 나는 그녀를 사랑했다는 사실과 지금의 관계에서 느끼는 초연함에 매우 감사합니다.

은 여러분 내면에 있는 "너는 가질 수 없어. 너는 가지면 안 돼. 너는 그럴 자격이 없어." 같은 부정적인 자기 확신과 자신을 제한하고 자신을 저지하는 모든 느낌, 신념을 어떻게 흘려보내는지 보여줌으로써 여러분을 자유롭게 해 원하는 것을 갖게 해주고, 되게 해주고, 할 수 있게 해줍니다.

여러분이 해야 할 일은 그저 이 과정에 마음을 활짝 여는 것입니다. 그것이 여러분을 자유롭게 해 명료하고 맑은 생각을 하도록 만들어줍니다. 하지만 그것은 사고思考 과정이 아닙니다. 그것은 여러분을 높은 창조성에 접근할 수 있도록 도와줍니다. 일단 내면의 부정적인 것을 생산해내는 동력원을 제거하면 여러분은 자유롭게 되고 그 결과, 모든 것을 가질 수 있습니다.

The
Sedona
Method

22장

릴리징
제5의 길

사람들이 당신에 대해 험담할 때, 그때가 성장할 수 있는 좋은 기회입니다.

당신이 진짜 사랑을 연습할 수 있는 기회입니다.

당신이 진짜 평안을 연습할 수 있는 기회입니다.

왜냐하면 그들이 자신의 입을 놀려 소리를 만드는 게

당신이 기분 나빠야 할 그 어떤 이유도 되지 않기 때문입니다.

반대(대립)는 아주 유익합니다.

그것은 성장을 촉진하고 굳건히 만듭니다.

_레스터 레븐슨

세도나 메서드의 근간을 이루는 개념은 바로 **"감정은 감정일 뿐이다."**입니다. 감정은 사실이 아니고, 그것은 여러분이 아닙니다. 그리고 여러분은 그것을 흘려보낼 수 있습니다. 세도나 메서드 수업에서는 "우리가 자신이라고 생각하는 것들이 실은 우리가 아니다."라는 사실을 상기시키고자 많은 시간을 함께 작업합니다. 다르게 표현하면 '나'는 그저 생각일 뿐입니다. 그것은 우리가 아닙니다. 이런 인식을 하게 될 때, 삶을 경험하는 우리의 여정에 심오한 변화가 생깁니다. 그 어떤 문제도 실제로 '개인적'인 것이란 없다는 사실을 깨달으면 거기에 집착하거나 그 문제를 고수하지 않게 됩니다.

✦ 무엇이 내가 아닌지 인식하자

세도나 메서드 수련회에서 여러 번 있었던 일입니다. 사람들이 자기 자신을 발견하려 할 때, 혹은 그들이 '자신만의' 틀린 관점 속에서 길을 잃을 때, 저는 다음과 같이 질문했습니다. "지금 이 순간, 만약 여러분이 기억에 의지하지 않는다면, 여러분이 얘기하고 있는 '나'를 실제로 찾을 수 있나요?" 아직까지 지금 이 순간(여러분이 얘기하고 있는) '나'를 찾은 사람을 보지 못했습니다. 대부분의 모든 사람에게 이 질문은 마음을 완전히 멈추게 하고, 그들이 항상 그래왔던 현존 상태로 쉴 수 있게 해줍니다. 그러나 많은 사람이 쉬는 상태로 자신을 놔두지 않고, 잠깐 동안의 휴식이 끝나고 나면 다시 자신에 대한 잘못된 관점인 '나'를 자신과 동일시합니다. 하지만 많은 사람이 이 잘못된 관점의 '나'가 다시 등장해 현존의 순간을 방해하는 것처럼 보일 때조차도 이전에 느꼈던 편안한 느낌이 결코 완전히 사라지진 않는다는 사실을 발견합니다.

어느 쪽이든 이런 식으로 진정한 자신의 존재를 탐구할 때, 여러분의 존재는 결코 오거나 가는 것이 아님을 알아두세요.(존재는 결코 일시적으로 변하거나 생기거나 사라지는 것이 아니란 뜻. 이에 비해 생각, 감정, 신념 등은 변하거나 마음속에 생겼다가 사라지는 것 - 옮긴이) 또 오거나 가거나 하는 모든 것은 결코 여러분의 존재가 될 수 없다는 것을 알아두세요. 만약 잘못된 관점의 '나'가 다시 나타나면, 그것은 여러분이 무언가를 잘못하거나 무언가를 놓치고 있다는 뜻이 아닙니다. 단지 여러분의 습관이 아직 완전히 사라지지 않았음을 의미할 뿐입니다. 여러분은 언제나 스스로에게 무엇이 실제로 지금 여기 존재하는지를 상기시켜줄 수 있습니다. 또 언제나 세도나 메서드 기법을 사용할 수 있습니다.

우리 존재인 현존의 상태는 항상 지금 여기 있으며, 언제나 그래왔습니다. 이 현존은 모든 경험이 나타나는 배경입니다. 현존은 '앎'이라고도 불리는데, 왜냐하면 그것은 모든 경험을 허용해주고 알아차리는

'허공'이기 때문입니다. 우리 존재인 이 앎은 '생각'과 아주 밀접하게 연관되어 있습니다. 생각이 잘못된 관점의 '나'가 갖고 있는 신념에 의해 영향을 받을 때는 한계를 짓게 되지만 그것이 소멸될 때는 바로 항상 지금 여기 존재하는 앎이 드러납니다. 그러면 생각은 더 고요해지고 더욱더 우리의 본성에 맞춰 조정됩니다. 이것이 마음속을 환하게 비춰 명료한 이성과 직관적인 앎을 가능하게 하고, 몸에 에너지와 생기를 불어넣습니다. 저는 때때로 덧붙입니다. "만약 지금 이 순간 '나'가 없다면, 거기에 아무도 존재해오지 않았다는 게 가능할까요? 그렇다면 지금 여기 있는 것은 무엇일까요?"

여기, 여러분이 어떻게 자신의 감정이나 문제와 관련해서 이것들을 탐구할 것인지 가르쳐주는 방법이 있습니다. 여러분이 감정 속에 빠져서 길을 잃거나 과거의 이야기 속에서 길을 잃거나 혹은 단순히 '나'라는 환상 너머에 있는 진실을 보려 할 때는 스스로에게 물어보세요.

"이것은 누구의 감정이고, 누구의 생각이고, 누구의 이야기인가?"

만약 여러분이 잘못된 '나'와 동일시되어 있다면 답은 바로 '내 것'일 것입니다. 만약 여러분이 잘못된 '나'와 동일시되어 있지 않다면 거기엔 어느 누구의 것도 아닌 경험만 있을 것입니다. 경험의 소유를 주장할 존재는 아무도 없습니다. 만약 이런 일이 일어난다면, 그 상태로 쉬세요. 그리고 더 이상 어떤 질문도 필요치 않습니다.

만약 대답이 '내 것'이라면 스스로에게 물어보세요. **"지금 이 순간, 내 기억을 빌리지 않는다면, 나는 이 '나'를 실제로 찾을 수 있는가?"**

그리고 다음과 같이 물어보세요. **"만약 지금 이 순간 내가 없다면, 거기에 아무도 존재해오지 않았다는 것이 가능한 일일까?"**

✧ 지금 여기 있는 것이 무엇인지 알아채자

여러분은 스스로에게 다음처럼 질문할 수 있습니다. "지금 여기 있는 건 실제로 무엇인가?" 마음이 만들어내는 모든 대답이 사라질 때까지 이 간단한 질문을 계속하세요. 이 순간 더욱 명백한 존재 또는 앎의 현존 상태가 항상 여기에 있어왔다는 게 가능한 일인지 확인해보세요. 우리의 존재는 항상 현존하지만 때때로 무시당합니다.

여러분은 스스로에게 다음처럼 질문할 수도 있습니다. **"너니?"** 그리고 이 간단한 질문에 대한 답으로 그저 쉬어보세요. 그러고 나서 질문합니다. **"당신은 그것으로써 충분하다고 허용할 수 있나요?"** 이 질문을 마음이 더 이상 대답할 필요를 느끼지 않을 때까지 그리고 여러분이 여러분의 존재로서 쉴 때까지 계속하세요.

이것이 억지로가 아닌 자연스럽게 일어나도록 허용해주세요. 그리고 이것을 과거의 기억이나 경험해야 한다고 생각하는 것이 아닌 직접적인 경험으로써 하세요. 이것은 진정 기술이 아닌, 분리의 환상을 꿰뚫고 직접 사랑과 아름다움으로 빛나는 자신의 진정한 존재인 현존 상태를 경험하는 것입니다.

요컨대 여러분이 열린 마음과 가슴으로 지금 이 순간, 여기에서 경험하는 것이 무엇인지를 조사한다면 두 가지가 분명해질 것입니다. 첫째로, 고통스러운 이야기를 갖고 있는 분리된 '나'는 나의 진정한 존재가 아니며 둘째로, 지금 여기에 있는 것이 나의 존재이며 현존하는 의식과 모든 경험을 허용해주는 텅 빈 앎이라는 사실입니다.

이것은 여러분이 갖고 있는 문제의 목을 베는 것과 같습니다. 그리고 열린 마음과 가슴으로 최선을 다해 이것을 수행한다면, 여러분은 지금 만들어지는 고통을 즉시 흘려보낼 수 있을 뿐만 아니라 여러분을 고통스럽게 만드는 거대한 집착 덩어리를 사라지게 할 것입니다.

감사의 글 。

진심으로 감사드리고 싶은 많은 분들의 도움과 격려가 아니었다면 이 책은 나오지 못했을 것입니다. 먼저, 저를 사랑하고 지지해준 제 아내 에이미에게 큰 고마움을 전합니다. 우정과 관대함을 보여준 잭 캔필드에게도 깊은 감사를 드립니다.

진실하고 능력 있고 똑똑하고 유머 감각이 뛰어난 훌륭한 편집자 스테파니 거닝에게도 감사드립니다. 창조적이고 부지런하고 실력이 뛰어난 라이트본Lightbourne 유한 책임 회사의 디자이너 샤논 보디와 밥 스윙글에게도 감사드립니다. 헌신적으로 열심히 일해준 우리 직원들에게도 고마움을 전합니다.

친절한 마음으로 개인적인 이야기를 기꺼이 들려주신 수많은 분들께도 진심으로 고마움을 전합니다. 덕분에 이 책의 독자들이 세도나 메서드가 어떤 도움을 주는지 좀 더 잘 알게 되었습니다.

마지막으로, 이 대단한 기법을 사용하면서 또 한편으로는 이것을 주위 분들에게 알려 세상과 나누려는 용기를 가진 세도나 메서드의 모든 졸업생에게 깊은 감사의 마음을 전합니다.

내면의 평온과
자유를 위한 선택

레스터 레븐슨은 가장 깊고 힘든 곳에서부터 자신을 통찰했습니다. 가장 어려웠던 순간에 함몰되지 않고 스스로 자신이 처한 절망적이고 어두운 상황에서 걸어 나와 자유로운 마음의 길을 터득했죠. 그리고 아주 명료하고 단순한 가르침을 시작합니다.

흘려보내세요. 붙잡지 말고 흘려보냄으로써 당신의 자유를 만끽하세요.

우리는 자신이 만들어놓은 수많은 생각에 사로잡혀 있습니다. 하지만 우리는 어떤 것에도 영향받지 않는 자유롭고 무한한 존재입니다.

이 책의 1부 '세도나 메서드 과정'은 세도나 메서드의 기본 이론과 릴리징 연습 코스로 채워져 있습니다. 숙독하시고 많은 연습을 하길 바랍니다. 2부 '실제 생활에서의 적용'에서는 1부에서의 연습을 바탕 삼아 자유자재로 릴리징 기법을 구사하고, 현실 속에서 직면하는 여러 문제를 효과적으로 해결하는 방법이 수록되어 있습니다.

『세도나 메서드』는 하루아침에 읽는 책이 아닙니다. 우리의 목적은 빨리 다 읽는 것이 아니라 이 책에서 소개하는 릴리징 테크닉을 하나씩 체화해 우리 것으로 만드는 것입니다. 교과서와 문제집이 함께 있는 종합 참고서처럼 말입니다. 그러므로 여러 번 반복되는 내용과 질문을 귀찮게 여기지 말고, 옆에서 도와주는 친절한 친구처럼 여기세요. 이 책이 제시하는 내용을 차근차근 실습한다면 자신도 모르게 릴리징 테크닉이 습관으로 자리 잡을 것입니다. 릴리징 테크닉은 한순간에 끝나고 완성되는 것이 아닙니다. 계속해서 발전하는 것입니다. 레스터 레븐슨의 표현을 빌리자면 '바닥이 올라가는' 방법이죠. 이 책을 통해 우리는 우리를 사로잡는 생각과 감정으로부터 해방되고 최고의 행복과 최상의 자유를 누리게 될 것입니다.

　인간의 삶을 고해苦海라고도 합니다. 비관적이긴 하지만 어떤 면에서는 참 적절한 비유라고 생각합니다. 하지만 여러분이 마음을 열고 이 책을 본다면, 세상 무엇보다 귀중한 보석 같은 지혜를 얻을 수 있을 것입니다.

　하얀 종이 위에 여러 색의 셀로판지를 겹쳐놓으면 거무튀튀해 보이지만 하얀 종이 그 자체는 아무리 많은 셀로판지를 올려놓아도 전혀 영향을 받지 않습니다. 셀로판지를 거둬내면 하얀 종이가 다시 드러나듯 우리와 생각 또는 감정과의 관계도 그렇습니다. 『세도나 메서드』는 우리 내면에 쌓인 셀로판지가 아무리 많더라도 그것을 모두 거둬낼 수 있게 해주는 강력한 도구입니다. 과거에 머물러 있는 우리의 생각과 감정을 걷어내고 내면의 평온과 자유를 찾아가는 강력한 방법을 『세도나 메서드』를 통해 깨닫기 바랍니다.

부디 많은 독자들이 끈질기게 자신을 괴롭히고 힘들게 하는 수많은 생각과 감정, 습관, 상처로부터 벗어나 궁극의 행복을 경험하길 기원합니다.

레스터 레븐슨의 주옥같은 가르침은 크게 두 가지로 분류되는데, 그 중 하나가 이 책 『세도나 메서드』의 근간이 되는 릴리징 테크닉이라면, 다른 하나는 『러브 유어셀프』로 대표되는 자기 사랑에 관한 것입니다. 이 두 가지 가르침은 서로 보완적이며 서로 통합됩니다. 레스터 레븐슨의 또 다른 제자인 래리 크레인의 '자기 사랑'에 관한 책 또한 여러분들의 많은 기대와 뜨거운 성원을 부탁드립니다.

편기욱

세도나 메서드

1판 1쇄 발행 2021년 5월 18일
1판 8쇄 발행 2024년 9월 23일

지은이 헤일 도스킨
옮긴이 편기욱

발행인 양원석　**편집장** 차선화
디자인 강소정, 김미선
영업마케팅 윤우성, 박소정, 이현주, 정다은, 백승원

펴낸 곳 ㈜알에이치코리아
주소 서울시 금천구 가산디지털2로 53, 20층 (가산동, 한라시그마밸리)
편집문의 02-6443-8861　**도서문의** 02-6443-8800
홈페이지 http://rhk.co.kr
등록 2004년 1월 15일 제2-3726호

ISBN 978-89-255-8860-5(03320)

The
Sedona
Method